Rudyard Kipling
Lichtes und dunkles Indien

RUDYARD KIPLING

LICHTES UND DUNKLES INDIEN

ERZÄHLUNGEN

LIST BIBLIOTHEK

Umschlaggestaltung: Gabriele Feigl, München,
unter Verwendung der Miniatur „Jäger tragen einen erlegten Löwen“ (um 1600, Victoria & Albert Museum, London).
Photographie: Claus Hansmann,
Kulturgeschichtliches Bildarchiv, München

ISBN 3-471-77982-5

Neuausgabe 1991 Paul List Verlag
in der Südwest Verlag GmbH & Co KG München

Druck und Bindung: Mohndruck, Gütersloh

Inhalt

Vorwort

Im Norden Indiens stand einst ein Kloster, genannt die Chubara des Dhunni Bhagat. Niemand weiß heute mehr, wer Dhunni Bhagat gewesen ist. Er hatte sein Leben gelebt, wie es eben jeder Hindu lebt, hatte ein bißchen Geld erworben und es, wie jeder gute Hindu tun soll, auf ein frommes Werk verwendet: eben jene Chubara.

Diese Chubara enthielt eine Menge gemauerter Zellen, deren Wände mit Bildern von Göttern, Königen und Elefanten bunt bemalt waren. Asketisch aussehende Priester pflegten darin zu sitzen und über die Letzten Dinge nachzudenken. Die Gänge waren mit Ziegeln gepflastert; die nackten Füße Tausender hatten sie zu Rinnsteinen ausgehöhlt. Grasbüschel wuchsen in ihren Ritzen, heilige Feigenbäume breiteten ihre Blätter aus über die Brunnenwinde, die den ganzen Tag über knarrte und ächzte, Scharen von Papageien schwirrten durch das Geäst, Krähen und Eichhörnchen waren zahm wie Haustiere; wußten sie doch, daß ihnen von den Priestern keinerlei Gefahr drohte!

Die wandernden Bettler, die Amulettverkäufer und heiligen Landstreicher auf hundert Meilen in der Runde machten die Chubara zu ihrem Unterkunfts- und Ruheplatz. Mohammedaner, Sikhs, Hindus – einträchtig gesellten sie sich zueinander unter den Bäumen – Greise alle mitsammen. – Wenn der Mensch sich dem Wegkreuz der großen Nacht nähert, erscheinen ihm die vielen, verschiedenen Glaubensformen der Welt wunderbar gleich und farblos.

Govinda, der Einäugige, erzählte mir dies alles. Er war ein heiliger Mann, hatte früher auf einer Insel inmitten des Flusses gelebt und zweimal am Tage die Fische mit Brotkrumen gefüttert. Wenn zur Zeit des Hochwassers aufgedunsene Leichen an den Strand getrieben kamen, sorgte Govinda dafür, daß sie pietätvoll bestattet wurden – um der Ehre der Menschheit willen und auch mit Rücksicht auf seine eigene dereinstige Abrechnung mit Gott.

Als später eine Überschwemmung zwei Drittel der Insel wegspülte, kam Govinda über den Fluß hinüber in die Chubara des Dhunni Bhagat mit seinem kupfernen Trinkgefäß, das ihm am Brunnenseil befestigt um den Hals hing, mit seiner nägelbeschlagenen kurzen Armstütze, seiner Gebetrolle, seiner großen Pfeife, seinem Sonnenschirm, seiner hohen zuckerhutförmigen Kopfbedeckung mit der nickenden Pfauenfeder. – Er wickelte sich in seine aus Flicken jeder Farbe und jedes Stoffes der Welt zusammengesetzte Decke, hockte sich in eine Ecke der friedvoll ruhigen Chubara, stützte den Arm auf seine kurze Krücke und erwartete den Tod. – Das Volk brachte ihm Nahrung und Sträußchen von Dotterblumen und er gab ihnen seinen Segen dafür. – Er war fast blind und sein Gesicht über jede Beschreibung faltig, verrunzelt und durchfurcht, denn er hatte schon zu einer Zeit das Licht der Welt erblickt, als die Engländer noch nicht einmal auf fünfhundert Meilen an das Gebiet herangekommen waren, in der die Chubara des Dhunni Bhagat lag.

Als wir näher miteinander bekannt wurden, erzählte mir Govinda bisweilen Geschichten mit einer Stimme, dumpfrollend wie eine Holzbrücke, über die schwere Kanonen fahren. – Es waren wirklich wahre Geschichten, aber unter zwanzig könnte man auch nicht eine in einem europäischen Buche drucken; die Europäer denken in anderer Weise als die Eingeborenen. Sie brüten über Dinge, die zu überdenken der Eingeborene sich Zeit läßt, bis der geeignete Moment eingetreten ist, und worauf sie nicht zwei Gedanken verwenden würden, darüber grübelt der Eingeborene stundenlang nach. – Wenn dann Eingeborene und Europäer zu einer gemeinsamen Unterhaltung zusammentreffen, so starren sie einander verglast an, durch breite Klüfte des Mißverstehens getrennt.

„Und was ist dein ehrenwertes Gewerbe“, fragte mich eines Sonntags abends Govinda, „und womit erwirbst du dir dein tägliches Brot?“

„Ich bin“, sagte ich, „ein Kerani – einer, der mit der Feder auf Papier schreibt – obgleich ich nicht im Dienste der Regierung stehe."

„Was schreibst du also?" fragte Govinda. „Komm näher, denn ich kann dein Gesicht nicht sehen und das Tageslicht schwindet."

„Ich schreibe von allen Dingen, die ich verstehe, aber auch von vielen Dingen, die ich nicht verstehe. Hauptsächlich schreibe ich über das Leben und über den Tod, von Männern und von Weibern und über Liebe und Schicksal, je nach dem Maß meiner Kraft, indem ich die Geschichten einer, zwei oder mehreren Personen in den Mund lege. – Dann werden die Geschichten verkauft, wenn Gott es zuläßt, und das Geld fließt mir zu, damit ich davon leben kann."

„Ich verstehe", sagte Govinda. „Dasselbe tut auch der Geschichtenerzähler in den Basaren, nur spricht er unmittelbar zu den Männern und Frauen und schreibt nichts auf. Wenn jedoch seine Geschichte die allgemeine Erwartung erregt hat und auf dem Punkte angelangt ist, wo dem Tugendhaften in der Schilderung Gefahr droht, dann unterbricht er sie plötzlich und verlangt Bezahlung, bevor er fortfährt. – Machst du es bei deinem Berufe ebenso, mein Sohn?"

„Ich habe gehört, daß es auch bei meinesgleichen so etwas Ähnliches gibt. Wenn eine Geschichte sehr lang ist, dann verkauft man sie in Abschnitten wie eine Melone."

„O, ich war auch einmal ein berühmter Geschichtenerzähler", sagte Govinda. „Damals, als ich auf der Landstraße zwischen Koschin und Etra bettelte, vor meiner letzten Pilgerfahrt nach Orissa. – O, ich habe sehr viele Geschichten erzählt und noch viel mehr gehört, wenn wir des Abends nach langer Wanderung froh beisammensaßen. Ich trage die Gewißheit im Herzen, daß erwachsene Menschen so sind wie die Kinder, wenn es sich um Geschichten handelt; die ältesten Geschichten sind ihnen die liebsten."

„Bei deinen Leuten ist das so", sagte ich, „aber die Menschen meines Volkes wollen immer neue Geschichten, und wenn sie sie gelesen haben, dann stehen sie auf und sagen, so oder so geschrieben hätten sie ihnen besser gefallen; sie bezweifeln, ob sie auch wahr seien, oder sprechen geringschätzig von ihrer Erfindung."

„O wie töricht!" rief Govinda und erhob seine runzlige Hand. „Eine Geschichte ist wahr, solange die Erzählung dauert. Und was das Schwätzen darüber betrifft – nun, du weißt ja, was Bilas Khan, der doch der König aller Geschichtenerzähler war, zu einem gesagt hat, der ihn in einem großen Unterkunftshause an der Straße nach Dschelum unterbrach und verspottete: – ‚Fahr du jetzt fort, mein Bruder', sagte er, ‚und vollende, was ich begonnen habe!' – Der Spötter nahm zwar den Faden der Erzählung auf, aber da er weder die Stimme noch die nötige Gabe besaß, blieb er stekken und mußte es sich gefallen lassen, daß ihn die Pilger die halbe Nacht hindurch verhöhnten und knufften."

„Bei uns sind die Leute aber in ihrem Recht, da sie ja ihr Geld dafür hergeben. Man darf doch auch einem Schuster Vorwürfe machen, wenn die Schuhe nicht gut sind, die man bei ihm gekauft hat. Wenn ich wieder einmal ein Buch schreibe, sollst du es zu sehen kriegen und beurteilen."

„Jaja, auch der Papagei sagte zu dem fallenden Baum: ‚Warte, Bruder, bis ich eine Stütze hole'", sagte Govinda und lachte grimmig. – „Gott hat mir bereits achtzig Jahre gegeben und noch ein paar darüber. Ich kann jetzt nur mehr auf Tage rechnen. Jeder Tag, der mir gewährt wird, ist eine Gnade. Du müßtest dich also recht sehr beeilen."

„In welcher Weise gehe ich wohl am besten bei meinem Berufe vor", fragte ich, „o du Fürst aller derer, die Perlen mit der Zunge aufreihen?"

„Wie kann ich das wissen?" – Govinda dachte eine kleine Weile nach. „Doch warum sollte ich es auch nicht wissen! – Gott hat viele Köpfe gemacht, aber es gibt nur ein Herz in der ganzen Welt, bei deinen Leuten und bei meinen Leuten. Alle sind sie Kinder, wenn es sich um Geschichten handelt!"

„Ja, aber gerade Kinder können fürchterlich werden, wenn man ein Wort an die falsche Stelle setzt oder beim zweitenmal Erzählen auch nur um einen Deut abweicht."

„Freilich! Das weiß ich! Habe ich doch auch einst solchen Kindern Geschichten erzählt; mach es so:" – seine alten Augen ruhten versonnen auf den bunten Wandmalereien, der blauen und roten Kuppel und den flammenden Poinsettien im Hintergrund. – „Erzähl ihnen zuerst von den Dingen, die du mit ihnen zusammen gesehen hast. Dann wird ihr eigenes Wissen das ergänzen, was du unvollständig läßt. Sodann erzähle ihnen, was du allein gesehen hast, dann, was du selber gehört hast, und dann – da sie ja alle Kinder sind – erzähl ihnen von Schlachten, von Königen, Pferden, Teufeln, Elefanten und Engeln; aber vergiß auch nicht, ihnen von Liebe und dergleichen zu erzählen. Die Erde ist voll von Geschichten für jemand, der hören kann und die Armen nicht von seiner Türe weist; die Armen sind die besten Geschichtenerzähler, denn sie müssen jede Nacht ihr Ohr an die Erde legen." – –

Seit jenem Gespräch reifte der Stoff für mein Buch in meinem Kopf von Tag zu Tag, und Govinda erkundigte sich wiederholt und eingehend, welche Fortschritte es mache.

Nachdem wir uns Monate nicht mehr gesehen hatten, erhielt ich die Nachricht, daß ich verreisen müßte, und ging, Abschied von ihm zu nehmen.

„Ich komme heute, um dir Lebewohl zu sagen", begann ich, „denn ich muß eine lange Reise unternehmen, Govinda."

„Ich auch! Eine längere noch als du! – Aber wie steht es mit dem Buch, mein Sohn?"

„Es wird rechtzeitig geboren werden, wenn es so sein soll."

„Ich wollte, ich könnte es noch sehen", sagte der alte Mann und kauerte sich unter seiner Decke zusammen. „Aber das wird nicht geschehen. – Ich werde in drei Tagen sterben. Nachts. Kurz vor Sonnenaufgang. Die Zahl meiner Jahre ist reif."

In neun Fällen unter zehn täuscht sich ein Eingeborener nicht über den Tag seines Todes. Er hat in dieser Hinsicht das Ahnungsvermögen eines Tieres.

„Dann wirst du in Frieden scheiden; deine Rede ist gute Rede, daß das Leben dir keine Freude ist."

„Es ist schade, daß das Buch noch nicht geboren ist. Wie werde ich wissen, ob mein Name darin aufgezeichnet ist?"

„Ich verspreche dir, daß gleich am Anfang des Buches, allem andern voran, stehen soll, daß Govinda, der Sadhu, von der Insel im Flusse, und in Erwartung Gottes in der Chubara des Dhunni Bhagat, mir zuerst von dem Buche gesprochen hat", sagte ich.

„Und seinen Rat dazu gegeben hat – den Rat eines alten Mannes – den Rat Govindas, des Sohnes Govindas, aus dem Dorfe Dschunni im Kreis Karaon, im Distrikt Mooltan. – Wird auch das darin stehen?“ forschte der Greis.

„Auch das wird darin stehen.“

„Und das Buch wird über das Schwarze Wasser gehen bis in die Häuser der Leute deines Volkes, und alle Sahibs werden von mir wissen, der ich jetzt älter als achtzig Jahre bin?“

„Alle, die das Buch lesen, werden von dir wissen. Für die anderen kann ich nicht gutstehen.“

„Das ist gute Rede. Ruf sie alle herbei mit lauter Stimme, die im Kloster sind, damit ich es ihnen erzählen kann!“

Und sie kamen alle herbei, die Fakire, die Sadhus, die Sannyassins, die Bairagis, die Nhangis und Mullahs – Priester aller Religionen und in jedem Grade der Zerlumptheit. – Govinda, auf seine Krücke gestützt, sprach zu ihnen mit einer Begeisterung, daß sie sämtlich von Neid erfüllt wurden, bis ein weißhaariger Greis ihn ermahnte, an sein Ende zu denken, anstatt an den vergänglichen Ruhm im Munde der Fremden.

Dann gab mir Govinda seinen Segen und ich ging fort.

Die Geschichten, die ich in dem Buche bringe, habe ich an allen möglichen Orten gesammelt, habe sie gehört aus dem Munde so manchen Priesters in der Chubara, aus dem Munde Ala Yars, des Bildschnitzers, und Jiwun Singhs, des Schlossers – von Menschen ohne Namen, die ich auf Dampfern und in Eisenbahnzügen traf, von Weibern, die im Zwielicht vor ihren Hütten spannen, von Offizieren und Gentlemen, die längst tot und begraben sind; einige hat mir mein Vater auf den Weg mitgegeben, sie sind die besten.

Die bemerkenswertesten Geschichten kann ich hier nicht bringen – aus leichtbegreiflichen Gründen!

Die Brückenbauer

Das Geringste, das sich Findlayson vom Departement für Öffentliche Arbeiten erwartete, war der Titel eines C. I. E.[1], er träumte von dem C. S. I.[2], und in der Tat versicherten ihm seine Freunde, er sei noch größerer Auszeichnungen würdig. Drei Jahre lang hatte er Hitze, Kälte, Enttäuschung, Verdruß, Gefahr und Krankheit unter der Last einer Verantwortung ertragen, die für ein Paar Schultern fast zu schwer war; und in dieser Zeit war Tag um Tag unter seiner Leitung die große Kashibrücke über den Ganges gediehen. In kaum drei Monaten, wenn alles gut ging, konnte jetzt Seine Exzellenz, der Vizekönig, diese Brücke mit Gepränge einweihen; ein Erzbischof würde sie segnen, der erste Soldatentransportzug sie befahren, und Reden würden gehalten werden.

Findlayson, C. E.[3], saß in seiner Draisine auf der Feldbahn, die an einer der Ufermauern der großen Steindämme, die drei Meilen südlich und nördlich zu beiden Seiten des Flusses errichtet waren, entlanglief, und gestattete es sich, an das Ende der Arbeit zu denken. Die Rampen mitgerechnet, war sein Werk eindreiviertel Meilen lang; es war eine Fachwerkbrücke mit dem Findlaysonschen Hängewerk, die von siebenundzwanzig Backsteinpfeilern getragen wurde. Jeder dieser Pfeiler maß vierundzwanzig Fuß, war mit rotem Stein aus Agra verblendet und reichte mit seinen Fundamenten achtzig Fuß tief unter den Treibsand des Ganges-

1 Companion of Indian Empire (Inhaber des Indischen Verdienstordens).
2 Companion of Star of India (Inhaber des Sterns von Indien).
3 Chef Engineer (Chef-Ingenieur).

bettes. Die Brücke nahm Eisenbahngleise in der Gesamtbreite von fünfzehn Fuß auf, darüber lag eine Wagenfahrbahn von achtzehn Fuß Breite, mit Gehsteigen zu beiden Seiten. An den beiden Enden erhoben sich rote Backsteintürme mit Schießscharten für Gewehre und Öffnungen für schwere Geschütze, und die Wegrampe führte an den Flügelmauern herab. Die noch in Arbeit befindlichen Straßenabschnitte wimmelten von Hunderten und Hunderten kleiner Esel, die aus der tiefen Abschachtung mit Säcken voll Material beladen heraufkletterten; und die heiße Nachmittagsluft war erfüllt von dem Klappern der Hufe, dem Aufschlagen der Stöcke in den Händen der Treiber und dem Aufklatschen der niederrollenden Erde. Der Wasserstand war sehr niedrig, und auf dem blendendweißen Sande zwischen den drei mittleren Pfeilern waren Schwellenstapel, deren Zwischenräume innen und außen mit Erde ausgestampft waren, aufgerichtet, um die Last der Gitterträger bis nach deren Vernietung zu tragen. An einer Stelle, wo das Wasser weniger seicht war, wanderte ein Kran auf seiner Laufbahn hin und her, brachte ruckweise eiserne Konstruktionsteile an ihren Platz und bewegte sich schnaubend und grunzend rückwärts wie ein Elefant auf dem Zimmerplatze. Zu Hunderten schwärmten Monteure über das Gitterwerk und das Eisendach der Bahnlinie, hingen an unsichtbaren Gerüsten unter den Trägern, ballten sich rund um die Pfeiler und saßen rittlings auf den auskragenden Fußsteigen: Die Flamme ihrer Nietöfen und die Funken, die unter jedem Hammerschlage hervorsprühten, leuchteten nur schwachgelblich in dem Sonnenglaste. Aus Nord und Süd, aus Ost und West kamen die Bauzüge und rasselten und kreischten die Kais auf und ab; mit braunen und weißen Steinen beladene Kastenkipper ratterten hinter den Maschinen her, die Haken der Klappen wurden aufgeschlagen, und mit betäubendem Lärm rumpelten noch ein paar tausend Tonnen Material, die den Fluß im Zaum halten sollten, zu Boden. Findlayson, C. E., wandte sich auf seiner Draisine um und besah sich das Angesicht der Landschaft, das er sieben Meilen in der Runde verändert hatte. Er sah zurück auf das summende Dorf seiner fünftausend Arbeiter; stromauf- und stromabwärts über Sand und Uferbefestigungen; quer über den Fluß zu den ferneren Pfeilern, die in einem leichten Nebel verschwammen; aufwärts zu den Wachttürmen – und nur er allein wußte, wie stark sie waren –, und mit einem Seufzer der Zufriedenheit sah er, daß sein Werk gut war. Da stand seine Brücke vor ihm im Sonnenlichte, es fehlten nur noch drei Wochen Arbeit an den Trägern der drei mittleren Pfeiler – seine Brücke, roh und häßlich wie die Erbsünde, doch vortrefflich, beharrend, dauernd über die Zeiten hinaus, da die Erinnerung an den Erbauer, ja sogar an das außerordentliche Findlaysonsche Hängewerk verblichen sein würde. Die Sache war so gut wie fertig.

Hitchcock, sein zweiter Ingenieur, kam die Bahnlinie entlang angaloppiert auf einem kleinen Kabulipony mit gertendünnem Schweif, das infolge langer Übung sogar über einen Brückenbock hätte traben können; er nickte seinem Chef zu:

„Fast fertig", sagte er mit einem Lächeln.

„Auch ich dachte daran", erwiderte der Ältere. „Keine schlechte Sache für zwei Männer, nicht?"

„Einen und einen halben. Gott, was war ich für ein grüner Junge aus dem Lederstrumpf, als ich zu den Werken kam!" Hitchcock fühlte sich sehr gealtert in den gedrängten Erfahrungen der vergangenen drei Jahre, die ihn Macht und Verantwortung gelehrt hatten.

„Ja, Sie waren ein rechtes Füllen", sagte Findlayson, „ich bin neugierig, wie es Ihnen schmecken wird, an den Bürotisch zurückzukehren, wenn diese Arbeit beendet ist."

„Es wird mir wohl scheußlich vorkommen!" erwiderte der junge Mann, und indes sein Auge dem Blicke Findlaysons folgte, murmelte er: „Ist sie nicht verdammt gut geworden?"

‚Denke, wir wollen auch weiterhin gemeinsam die Dienstleiter hinaufklettern', dachte Findlayson. ‚Du bist ein zu guter Bursch, als daß du an einen andern verschwendet werden dürftest. Ein grüner Junge warst du, zweiter Ingenieur bist du jetzt; Personalassistent in Simla sollst du werden, wenn mein Werk nur einige Anerkennung findet.'

In der Tat hatte die ganze Last der Arbeit auf den Schultern Findlaysons und seines zweiten Ingenieurs gelegen, des jungen Mannes, den er sich als Neuling erwählt hatte, um ihn für seine Zwecke zu erziehen. Es gab hier ein halbes Hundert Bauaufseher, Monteure und Nieter, Europäer, die die Eisenbahnwerkstätten zur Verfügung gestellt hatten; jeder hatte etwa wieder zwanzig weiße und Halbblutuntergebene, die unter ihrer Oberleitung die Arbeitertrupps zu dirigieren hatten – aber keiner wußte so gut wie diese zwei, die sich einer auf den andern verließen, daß man sich auf Untergebene nicht verlassen könne. Oft hatten plötzliche Krisen sie alle auf die Probe gestellt – wenn ein Balken stürzte, Flaschenzugketten rissen, ein Kran brach oder der Fluß in Aufruhr geriet –, aber kein noch so wichtiges Ereignis hatte einen Mann ans Tageslicht gefördert, dem Findlayson und Hitchcock die Ehre zuerkannt hätten, ebenso unbarmherzig arbeiten zu dürfen, wie sie selbst arbeiteten. Findlayson überdachte, wie alles von Anbeginn gekommen war: Monatelange Arbeit am Zeichentische war mit einem Schlage zunichte geworden, als die indische Regierung im letzten Augenblicke die Brücke um zwei Fuß breiter zu bauen beschloß, wohl in der Meinung, man schneide Brücken aus Papier aus, und so zum mindesten einen halben Morgen Papiers voll Berechnungen zerstörte – und Hitchcock, dem Enttäuschungen noch etwas Unbekanntes waren, hatte den Kopf in die Arme gelegt und geweint: Die herzbrechenden Verzögerungen, die das Abschließen der Kontrakte in England mit sich brachte, die nichtigen Korrespondenzen mit der Anspielung auf reiche Kommissionsgebühren, wenn dies oder jenes zweifelhafte Zugeständnis durchginge, der Kampf, der auf die Ablehnung folgte, die vorsichtige, höfliche Obstruktion auf der Gegenseite, die auf den Kampf folgte – bis endlich Jung-Hitchcock zwei Urlaubsmonate zusammenlegte, sich noch zehn Tage dazu von Findlayson erbat und mit den kleinen, armseligen Ersparnissen eines Jahres eine wilde Spritzfahrt nach London unternahm und dort, wie er selbst berichtete und spätere Abmachungen es bestätigten, die Furcht des Herrn in das Herz eines Mannes einpflanzte, der so mächtig war, daß er nur das Parlament zu fürchten hatte und sich dessen auch rühmte, bis Hitchcock ihn an seiner eigenen Abendtafel so bearbeitete, daß er von nun an auch die Kashibrücke fürchtete und alle, die in ihrem Namen sprachen. Dann war über Nacht die Cholera in das

Dorf neben den Brückenwerken eingezogen, und nach der Cholera wurde es von den Pocken heimgesucht. Fieber gab es sowieso immer hier. Hitchcock war zum Beamten der dritten Rangklasse ernannt worden mit der Befugnis körperlicher Züchtigung, um die Gemeinschaft besser im Zaume halten zu können, und Findlayson sah ihm zu, wie er seine Macht sehr machtvoll ausübte und lernte, was er übersehen dürfe und was er sehen müsse. Lange, lange träumte er vor sich hin, und an ihm zogen Sturm und plötzliche Überschwemmungen vorbei, Tod auf jegliche Art und Weise, wilde Wut gegen den Amtsschimmel, der einen Mann, der wichtigere Dinge zu tun hatte, zur Raserei trieb; Trockenheit, Kanalisierung, Geldgebarung; Geburt, Hochzeit, Begräbnis und Aufstand in dem Dorf, in dem zwanzig einander feindliche Kasten hausten; Argumente, ernste Vorhaltungen, Überredung und die helle Verzweiflung, mit der ein Mann zu Bett geht und seinem Gotte dankt, daß sein Gewehr zerlegt im Gewehrschranke liegt. Hinter allem stieg die schwarze Gestalt der Kashibrücke auf –, Balken um Balken, Träger um Träger, Spanne um Spanne – und jeder Pfeiler rief ihm Hitchcock ins Gedächtnis zurück, den überall Gegenwärtigen, der seinem Vorgesetzten, ohne zu versagen, vom ersten bis zum letzten Tage zur Seite gestanden war.

So war die Brücke das Werk zweier Männer, wenn man nicht Peroo mitzählte, wie das Peroo selbst sicherlich tat. Dieser war ein Laskar, ein Kharva aus Bulsar, wohlvertraut mit jedem Hafen zwischen Rockhampton und London, der auf den Britisch-India-Dampfern zum Rang eines Serang (eines ersten Bootsmannes) aufgestiegen war; doch überdrüssig der harten Zucht und der reinen Kleider, hatte er den Dienst quittiert und war ins Binnenland gegangen, wo Männer seines Kalibers sicher sein konnten, Beschäftigung zu finden. Seine Geschicklichkeit, Gerüste zu bauen und mit schweren Lasten zu hantieren, war jeden Preis wert, den er für seine Dienste zu verlangen angemessen gefunden hätte; aber der Brauch bestimmte das Gehalt eines Vorarbeiters, und so erhielt Peroo weit weniger Silberstücke, als er für seine Brauchbarkeit verdient hätte. Weder rinnendes Wasser noch schwindelnde Höhen machten ihn bange, und als Exserang wußte er Disziplin zu halten. Kein Stück Eisen war zu groß oder so sehr am falschen Platze, daß Peroo nicht hätte Weisung geben können, wie das Gerät angesetzt werden müsse, um es zu heben – eine weitschweifige, endlose Anordnung, mit einem skandalösen Aufwand an Geschwätz verbrämt, aber vollkommen zweckentsprechend. Peroo war es, der einen Träger vom Pfeiler Numero sieben vor der Zertrümmerung gerettet hatte, als das neue Drahtseil aus der Rolle des Krans gesprungen war und der riesige Balken in seinen Schlingen kippte und seitlich herauszugleiten drohte. Da hatten die eingeborenen Arbeiter unter großem Geschrei den Kopf verloren, und Hitchcocks rechter Arm wurde von einem fallenden T-Eisen gebrochen; er knüpfte ihn in den Rock ein, wurde ohnmächtig, kam wieder zu sich und leitete noch vier Stunden lang die Arbeit, bis Peroo von der Spitze des Krans herab meldete: „Alles in Ordnung" und der Balken wieder zurückschwang. Im Stützen, Binden, Vertäuen und im Überwachen der Ladewinden hatte Peroo nicht seinesgleichen; er verstand es, eine gestürzte Lokomotive geschickt aus der Ausschachtung, in die sie gefallen war, emporzuhieven, und wenn es nötig war, entkleidete er sich und tauchte, um nachzusehen, wie die Zementblöcke um die Pfeiler dem Scheuern von Mutter Gungas Wassern standhielten. Er wagte sich in Monsunnächten stromaufwärts und berichtete über den Zustand der Dammflächen. Er pflegte furchtlos den Kriegsrat Findlaysons und Hitchcocks zu unterbrechen und ergoß sein wunderliches Englisch oder seine noch wunderlichere lingua franca (halb Portugiesisch, halb Malaiisch) so lange über sie, bis er es sich erzwang, seinen Senf dazutun zu können. Er war der Vorarbeiter seines eigenen Trupps von Zimmerleuten, geheimnisvoller Verwandter aus Kutch Mandvi, die er in monatelangem Suchen zusammengeholt und aufs äußerste erprobt hatte. Keine verwandtschaftlichen noch Familienrücksichten konnten Peroo bestimmen, untüchtige Hände oder einen unbesonnenen Kopf auf der Lohnliste zu behalten. „Meine Ehre ist die Ehre dieser Brücke", pflegte er zu dem, der vor der Entlassung stand, zu sagen. „Was schere ich mich um deine Ehre? Geh und arbeite auf einem Dampfer. Das ist das einzige, wozu du zu gebrauchen bist."

Im Mittelpunkte der kleinen Gruppe von Hütten, in denen er und sein Trupp hausten, stand die armselige Wohnstätte eines Schiffspriesters – eines, der nie auf dem Schwarzen Wasser gefahren war, sondern zum geistlichen Berater von zwei Generationen Seeräubern erwählt worden war, die von den Hafenmissionen und den Glaubensbekenntnissen, welche den Matrosen von den Vermittlungsstellen des Themseufers entlang aufgedrängt zu werden pflegen, gänzlich unbeeinflußt geblieben waren. Der Priester der Laskars hatte nichts mit ihrer Kaste noch überhaupt mit irgend etwas zu tun. Er verzehrte die Opfergaben seiner Kirche, schlief und rauchte und schlief wieder. „Denn“, wie Peroo sagte, der ihn tausend Meilen weit ins Binnenland geholt hatte, „er ist ein sehr heiliger Mann. Er kümmert sich nie darum, was man ißt, solange man nicht vom Rinde ißt; und das ist gut so, denn auf dem Lande verehren wir Schiwa, wir Kharvas; aber zur See auf den Dampfern der Kumpani gehorchen wir genau den Geboten des Burra Malum (ersten Maats), und auf dieser Brücke halten wir uns daran, was Finlinson Sahib sagt.“

Findlayson Sahib hatte an diesem Tage Befehl gegeben, das Gerüst des Wachtturms auf dem rechten Ufer abzubrechen, und Peroo und seine Gefährten brachen die Bambuspfähle und die Planken los und ließen sie so rasch herab, wie sie nur je die Ladung eines Küstendampfers gelöscht hatten. Von seiner Draisine aus konnte Findlayson den Pfiff der silbernen Pfeife Peroos und das Knirschen und Krachen der Flaschenzüge hören. Peroo stand auf der Zinne des Turmdaches, in den groben blauen Kattun seiner einstigen Uniform gekleidet, und als Findlayson ihm zurief, er möge sich in acht nehmen, sein Leben dürfe nicht aufs Spiel gesetzt werden, umklammerte er den letzten Pfahl, beschattete seine Augen wie ein Seemann und erwiderte mit dem langgezogenen Schrei des Matrosen auf dem Ausguck: „Ham dekhta hai (Bin auf Ausguck).“ Findlayson lachte, dann seufzte er. Jahre war es her, daß er keinen Dampfer mehr gesehen hatte, und er war krank vor Heimweh. Als seine Draisine unter dem Turm durchfuhr, ließ sich Peroo wie ein Affe an einem Seil herab und rief: „Sie sieht jetzt gut aus, Sahib.

Unsere Brücke ist so gut wie fertig. Was denkst du, wird Mutter Gunga sagen, wenn die Schienen über sie laufen werden?"

„Sie hat bis jetzt wenig gesagt. Niemals war es Mutter Gunga, die uns Verzögerungen verursachte."

„Sie hat noch immer Zeit dazu; und es hat ja doch Verzögerungen gegeben. Hat der Sahib die Überschwemmung im letzten Herbst vergessen, als die Steinkähne ohne Warnung sanken – oder wenigstens nach einer Warnung, die uns nur einen halben Tag Zeit ließ?"

„Ja; aber jetzt kann uns nur mehr eine große Überschwemmung etwas anhaben. Die Buhnen auf dem Westufer halten gut."

„Mutter Gunga frißt große Bissen. Auf den Ufermauern ist noch immer Platz genug für noch mehr Steine. Ich erzähle das dem Chota Sahib (er meinte Hitchcock), und er lacht."

„Macht nichts, Peroo. Im nächsten Jahr bist du imstande, selbst eine Brücke zu bauen, nach deinem Geschmack."

Der Laskar grinste: „Dann wird sie nicht von dieser Art sein, nicht so Steinwerk ins Wasser versenkt, wie die ‚Quetta' versenkt worden ist. Mir gefallen Hängebrücken, die sich von Ufer zu Ufer schwingen, mit einem großen Schritt, wie ein Laufsteg. Dann kann kein Wasser Schaden tun. Wann kommt der Lord Sahib, um die Brücke zu eröffnen?"

„In drei Monaten, wenn das Wetter kühler ist."

„Hoho! Er ist wie der Burra Malum. Er schläft unter Deck, während die Arbeit getan wird. Dann kommt er auf das Achterdeck und rührt alles mit seinem Finger an und sagt: Das ist nicht sauber, verdammter Schmutzkerl!"

„Aber mich nennt der Lord Sahib nicht einen verdammten Schmutzkerl, Peroo."

„Nein, Sahib; aber er kommt auch nicht eher an Deck, bis nicht alle Arbeit getan ist. Sogar der Burra Malum von der ‚Nerbudda' sagte einmal in Tuticorin –"

„Geh nur! Ich habe zu tun."

„Ich auch!" sagte Peroo mit unerschütterlicher Haltung. „Darf ich das leichte kleine Boot nehmen und die Uferbuhnen entlangrudern?"

„Um sie mit deinen Händen zu stützen? Ich denke, sie sind schwer genug."

„Nein, Sahib. Das ist so: Zur See, auf dem Schwarzen Wasser, haben wir Raum, uns ohne Sorge auf- und niederblasen zu lassen. Aber hier haben wir gar keinen Raum. Sieh, wir haben den Fluß in ein Dock eingeschlossen und ihn zwischen Steinschwellen gepreßt."

Findlayson lächelte über das „wir".

„Wir haben die Mutter Gunga gezügelt und gezäumt. Sie ist nicht wie das Meer, das eine sanft ansteigende Küste anschlagen kann. Sie ist Mutter Gunga – in Eisen." Seine Stimme sank ein wenig.

„Peroo, du bist in der Welt herumgekommen, fast mehr als ich. Sprich jetzt die Wahrheit. Wie stark glaubst du in deinem Herzen an Mutter Gunga?"

„Alles, was unsere Priester sagen, glaube ich. London ist London, Sahib, Sydney ist Sydney und Port Darwin ist Port Darwin. So ist auch Mutter Gunga Mutter Gunga, und wenn ich an ihre Ufer zurückkehre, weiß ich das und verehre sie immer aufs neue. In London habe ich mich vor dem großen Tempel am Fluß zur Ehre des Gottes in seinem Innern verneigt . . . Ja, ich werde die Kissen nicht ins Boot mitnehmen."

Findlayson bestieg sein Pferd und trabte zu seinem Bungalow, einer Art Schuppen, den er gemeinsam mit seinem zweiten Ingenieur bewohnte. Der Platz war ihm in den letzten drei Jahren zu einem Heim geworden. Hier hatte er in der Hitze geschmort, im Regen gedünstet unter dem groben, strohgedeckten Dach und im Fieber gezittert. Der Kalkanstrich neben der Tür war mit rohen Zeichnungen und Formeln bedeckt, und auf dem Mattenbelage der Veranda war ein Pfad wie von einer Schildwache ausgetreten und zeigte an, wo er allein auf und ab gegangen war. Kein Achtstundentag schränkt die Arbeit eines Ingenieurs ein, und das Abendessen mit Hitchcock verzehrte er gestiefelt und gespornt. Sie rauchten ihre Zigarren und lauschten den Geräuschen des Dorfes, als die Trupps vom Flußbett zurückkehrten und die Lichter aufzufunkeln begannen.

„Peroo ist in Ihrem Boot zu den Buhnen gefahren. Er hat

ein paar von seinen Verwandten mitgenommen und lehnt im Heck wie ein Kommodore", sagte Hitchcock.

„Das ist richtig. Er hat irgend etwas im Sinn. Man müßte eigentlich annehmen, daß zehn Jahre Dienst auf den Britisch-India-Dampfern ihm seine ganze Religion ausgetrieben hätten."

„Haben sie auch", lachte Hitchcock. „Ich habe ihn unlängst bei einem höchst atheistischen Gespräch mit einem dicken alten Guru belauscht. Peroo bestritt die Wirksamkeit des Gebetes und forderte den Guru auf, auf See während eines Sturmes mit ihm Wache zu halten und zuzusehen, ob er einem Monsun Einhalt gebieten könne."

„Trotzdem – nähme man ihm seinen Guru – dann würde er uns mit Pfeilgeschwindigkeit verlassen. Er hat mir da eine Geschichte erzählt, daß er die St.-Pauls-Kathedrale angebetet habe, als er in London war."

„Mir hat er erzählt, daß er, als er zum ersten Male noch als Knabe den Maschinenraum eines Dampfers betrat, den Niederdruckzylinder angebetet habe."

„Keine so schlechte Sache, eins und das andre anzubeten. Er stimmt jetzt seine eignen Götter günstig und versucht zu erfahren, was Mutter Gunga von der Brücke denkt, die wir über sie gelegt haben. Wer ist da?" Ein Schatten verdunkelte den Eingang und eine Depesche wurde Hitchcock in die Hand gedrückt.

„Sie muß jetzt schon reichlich daran gewöhnt sein. Nur ein Telegramm. Es müßte Rallis Antwort betreffs der neuen Nieten ... Gott im Himmel!" Hitchcock sprang auf die Füße.

„Was gibt's?" fragte der Ältere und nahm das Telegramm. „Das ist's, was Mutter Gunga denkt", sagte er im Lesen. „Bleiben Sie ruhig, junger Hunne. Sehen wir zu! Muir telegraphiert: ‚Überschwemmung auf der Ramgunga. Achtung!' Gut, das gibt uns eins – zwei – neuneinhalb Stunden Zeit, bevor das Wasser Melipur Ghaut erreicht, plus sieben sind sechzehneinhalb bis Latodi – sagen wir fünfzehn Stunden, bis sie zu uns herunterkommt."

„Verfluchte Ramgunga, dieser Abzugskanal aller Bergwasser! Findlayson, das kommt zwei Monate früher, als wir hätten erwarten dürfen, und das linke Ufer ist noch voll von Material, das da herumliegt. Zwei volle Monate vor der Zeit!"

„Deswegen geschieht es uns ja auch. Ich kenne jetzt indische Flüsse erst fünfundzwanzig Jahre, und ich bilde mir nicht ein, sie zu verstehen. Hier kommt noch ein Telegramm." Findlayson öffnete es: „Diesmal depeschiert Cockran vom Gangeskanal: ‚Schwere Wolkenbrüche hier. Bös.' Das letzte Wort hätte er sich ersparen können. Na, mehr brauchen wir nicht zu erfahren. Wir müssen die Schichten die ganze Nacht arbeiten und das Flußbett räumen lassen. Nehmen Sie das Ostufer und arbeiten Sie auf die Mitte zu, um mich dort zu treffen. Alles, was schwimmt, bergen Sie unter die Brücke: Es wird genug den Fluß herabgeschwemmt kommen, daß wir es nicht auch noch nötig haben, die Pfeiler von den Steinkähnen rammen zu lassen. Was ist drüben auf dem Ostufer wegzutransportieren?"

„Ein Ponton, der große Ponton mit dem Kran. Der andere Kran auf dem ausgebesserten Ponton mit dem Nietzug für die Fahrbahn vom zwanzigsten bis zum dreiundzwanzigsten Pfeiler und zwei Baugeleise. Das Pfahlwerk muß man seinem Schicksal überlassen", antwortete Hitchcock.

„Gut. Transportieren Sie alles weg, was Ihnen in die Hände gerät. Geben wir den Leuten noch fünfzehn Minuten Zeit zur Fütterung."

Neben der Veranda hing ein großer Nachtgong, der nur bei Feuers- oder Überschwemmungsgefahr ertönte. Hitchcock hatte sich ein frisches Pferd bringen lassen und war schon auf die ihm zugewiesene Seite der Brücke geritten, als Findlayson den stoffumwickelten Schlägel zur Hand nahm und den Gong mit einem streichenden Schlage anschlug, der das Metall zu vollem Laute erdröhnen ließ.

Lange bevor der letzte Ton verklungen war, hatte jeder Nachtgong im Dorfe die Warnung aufgenommen. Dazu kam noch das heisere Kreischen der Muschelhörner in den kleinen Tempeln, das Rasseln der Trommeln und der Tamtams; und von dem europäischen Viertel her, wo die Monteure wohnten, blökte jämmerlich das Waldhorn von Mac Cartney (sonst als ohrenbeleidigendes Instrument bekannt von Sonn- und Feiertagen her) und blies den Alarm. Die Maschinen, die nach getaner Tagesarbeit die Uferbefestigungen entlang mühsam heimwärtskrochen, pfiffen zur Antwort, bis ihr Pfeifen vom andern Ufer her erwidert wurde. Dann donnerte der große Gong dreimal, zum Zeichen, daß nicht Feuer drohe, sondern Überschwemmung; Muschelhörner, Trommeln, Pfeifen wiederholten echogleich den Ruf, und das Dorf erzitterte unter dem Tritt nackter Füße, die über die weiche Erde liefen. Für alle Fälle galt der Befehl, sich an seinen Arbeitsplatz zu begeben und Instruktionen abzuwarten. Die Arbeitertrupps strömten in der Dunkelheit vorbei; hier blieb einer stehen, um noch das Lendentuch zu knüpfen, dort einer, der sich die Sandale festband; die Schichtvorarbeiter riefen ihre Untergebenen an, die an ihren Platz liefen oder vor den Werkzeugschuppen einhielten, um Hauen und Stangen in Empfang zu nehmen; Lokomotiven, bis an die Räder im Gedränge steckend, krochen auf ihren Geleisen rückwärts; endlich verschwand der braune Strom im Dunkel des Flußbettes, eilte über das Pfeilerwerk, schwärmte das Gitterwerk entlang, ballte sich um die Kräne und stand still, jeder Mann an seinem Platze.

Dann gab der erregte Schlag des Gongs den Befehl, alles abzutransportieren und hinter die Hochwasserstandsdemarkation in Sicherheit zu bringen.

Die Schweißapparate der Monteure flammten zu Hunderten zwischen dem Netzwerk aus Gußeisen auf, als sie ihr nächtliches Werk begannen, das den Kampf mit der kommenden Überschwemmung aufnehmen sollte. Die Träger der drei mittleren Pfeiler – jene, die noch auf Schwellenstapeln ruhten – waren alles eher als am richtigen Fleck. Sie hatten soviel Vernietungen nötig, als nur irgend in sie hineingetrieben werden konnten, denn es war zu befürchten, daß das Hochwasser ihre Stützen unterwaschen und das Eisenwerk sich auf die Blendsteine senken würde, wenn sie nicht an den Enden genietet würden. Unzählige Brechstangen stemmten sich gegen die Schwellen der provisorischen Geleise, die zu den unvollendeten Pfeilern führten. Die einzelnen Schienen wurden emporgehoben, in Lastwagen verladen und von stöhnenden Lokomotiven ans Ufer hinter die Hochwasserdemarkationslinie zurückbefördert. Die Vorräte in den Werkzeugschuppen schmolzen unter dem Ansturm schreiender Heere zusammen und mit ihnen die aufgestapelten Vorräte in den Regierungsmagazinen, eisenbeschlagene Kisten voll von Nieten, Zangen, Schneidemaschinen, Ersatzteilen der Nietmaschinen, Reservepumpen und Ketten. Der große Kran wurde zuletzt abtransportiert, denn er hißte all das schwere Material auf den Hauptbau der Brücke. Die Zementblöcke auf den Steinkähnen wurden ins Wasser gelassen, wo es etwas tiefer war, um die Pfeiler zu schützen, und die leeren Boote selbst in der Richtung der Strömung unter der Brücke vertäut. Hier schrillte am lautesten Peroos Pfeife, denn beim ersten Schlage des großen Gongs war das kleine Boot in rasender Geschwindigkeit zurückgekommen, und Peroo und seine Leute, bis an die Hüften nackt, arbeiteten aus allen Kräften um Ehre und Anerkennung, die mehr wert sind als das Leben selbst.

„Ich wußte, sie würde sprechen", rief er aus. „Ich wußte es, aber der Telegraph warnte uns gut. O, ihr Söhne unnennbarer Herkunft, ihr Kinder unaussprechlicher Schande, sind wir hier, um uns die Sache anzusehen?" Ein zwei Fuß langes Drahtseil tat Wunder, als Peroo so, sich kräftig der rauhen Seemannssprache bedienend, behende von Deck zu Deck sprang.

Findlayson war um die Steinkähne mehr besorgt als um alles andere. Mac Cartney mit seinen Arbeitern vernietete die Enden der zweifelhaften Träger zwischen den drei Pfeilern, aber treibende Boote konnten dennoch, wenn das Hochwasser sehr stieg, die Träger gefährden, und es war immerhin eine ganze Flotte in den engen Durchfahrten zwischen den Pfeilern versammelt.

„Bring sie in den Schutz des Wachtturms", rief er zu Peroo hinunter, „dort wird das Wasser ruhig sein, bring sie unter die Brücke!"

„Accha (sehr wohl)! Ich weiß. Wir vertäuen sie mit Drahtseilen", war die Antwort. „Hoho, hört den Chota Sahib, er arbeitet schwer."

Vom andern Ufer gellten fast ununterbrochen Lokomotivenpfiffe und das Poltern der Steine herüber, Hitchcock verbrauchte noch in letzter Stunde ein paar hundert Waggonladungen Tarakeesteine, um seine Dämme und Uferbefestigungen zu verstärken.

„Die Brücke fordert Mutter Gunga heraus", sagte Peroo, „aber wenn sie spricht, weiß ich, welche Stimme am lautesten ertönen wird."

Stundenlang arbeiteten die nackten Männer und riefen einander laut im Lichte der kleinen Laternen an. Es war eine heiße, mondlose Nacht, zuletzt wurde sie durch heraufziehende Wolken noch finsterer, und eine plötzlich einsetzende Bö erregte Findlaysons ernsteste Besorgnis.

„Sie rührt sich", sagte Peroo, als es zu dämmern begann. „Mutter Gunga ist erwacht. Horch!" Er tauchte seine Hand über den Bootsrand ins Wasser, und die Strömung murmelte darüber hin. Eine kleine gekräuselte Welle traf seitlich den Pfeiler mit einem leichten Aufklatschen.

„Sechs Stunden vor der Zeit", sagte Findlayson und wischte sich wild die Stirn, „jetzt müssen wir auf alles gefaßt sein. Es wird wohl das beste sein, das Flußbett von den Leuten räumen zu lassen."

Wieder schlug der große Gong an, und abermals erklang der Tritt nackter Füße auf Erde und tönendem Eisen der Brücke; der Lärm der Werkzeuge verstummte. In dem plötzlich einsetzenden Schweigen vernahm man das rauhe Geräusch durstigen Sandes, der das einherkriechende Wasser einschluckte.

Ein Vorarbeiter nach dem andern rief Findlayson, der sich neben dem Wachtturm aufgestellt hatte, zu, daß sein Abschnitt des Flußbettes geräumt sei, und als die letzte Stimme verklungen war, eilte Findlayson über die Brücke bis dorthin, wo die schon fertiggestellte eiserne Fahrbahn in den provisorischen Bretterweg über die drei mittleren Pfeiler überging – und dort traf er auf Hitchcock.

„Alles geräumt auf Ihrer Seite?" fragte Findlayson. Das Flüstern widerhallte im Gerüst.

„Ja, die östliche Durchfahrt beginnt sich jetzt zu füllen. Wir haben uns völlig verrechnet. Wann kann das Hochwasser bei uns sein?"

„Das kann man nicht sagen. Der Fluß steigt so rasch, wie er kann. Sehen Sie!" Findlayson deutete auf die Planken unter seinen Füßen; der Sand, von monatelanger Arbeit verbrannt und verunreinigt, begann reibend zu knirschen.

„Was für Befehle?" fragte Hitchcock.

„Zum Appell rufen lassen, die Vorräte nachzählen, auf Ihrem Hintern sitzen und für die Brücke beten. Das ist alles, nach meiner Meinung. Gute Nacht. Setzen Sie nicht Ihr Leben aufs Spiel beim Versuch, irgend etwas, das heruntergeschwommen kommt, herauszufischen."

„Oh, ich will ebenso vorsichtig sein wie Sie. Gute Nacht! Gott, wie es steigt! Jetzt kommt wahrhaftig auch der Regen."

Findlayson kehrte an sein Ufer zurück und scheuchte dabei die letzten Monteure Mac Cartneys vor sich her. Die Arbeitertrupps hatten sich auf den Dämmen zerstreut; unbekümmert um den kalten Morgen standen sie und warteten auf das Hochwasser. Peroo hielt mit seinen Leuten hinter der Anhöhe des Wachtturmes, wo die Steinkähne mit Tauen, Drahtseilen und Ketten befestigt lagen.

Ein schriller Ruf lief das Ufer entlang und wuchs zu einem Schrei, in dem Furcht und Verwunderung zugleich waren; die Oberfläche des Stromes wurde von Ufer zu Ufer zwischen den Steindämmen weiß, und die entfernten Uferbefestigungen verschwanden in Schaumspritzern. Mutter Gunga kam in Dammhöhe angeeilt, und eine Mauer schokoladefarbenen Wassers war ihr Bote. Das Gebrüll des Wassers übertönend, erscholl ein Ächzen; klagenden Tons senkten sich die Träger auf ihre Blöcke nieder, indes die Schwellenstapel unter ihnen weggewirbelt wurden. Die Steinkähne stöhnten und stießen gegeneinander in dem Strudel, der um die Mauer des Wachtturms tobte, und ihre plumpen Masten stiegen höher und höher über den matten Horizont empor.

„Bevor Mutter Gunga zwischen diese Mauern eingeschlossen wurde, wußten wir, was sie tun würde. Jetzt, da sie so eingeengt ist, weiß Gott allein, was sie tun wird", sagte Peroo, der den wilden Aufruhr rund um den Wachtturm betrachtete. „Ohe! So kämpfe denn! Kämpfe tüchtig, denn so tobt sich ein Weib aus!"

Aber Mutter Gunga wollte nicht so kämpfen, wie Peroo es wünschte. Keine Wassermauern folgten mehr dem ersten Schwalle, sondern der Fluß hob sich leibhaftig wie eine

Schlange, die zur Sommersonnenwende trinkt, tastete und fingerte sich an den Uferbefestigungen entlang und staute sich um die Pfeiler, bis sogar Findlayson es für nötig hielt, seine Berechnungen der Widerstandskraft seines Werkes nachzuprüfen.

Als der Tag kam, stand das Dorf mit offenem Munde da. „Noch gestern abend war eine ganze Stadt im Flußbette. Nun seht hin!" sagten die Leute zueinander.

Und sie schauten und wunderten sich von neuem über das tiefe Wasser, das reißende Wasser, das an den Pfeilerhälsen leckte. Das jenseitige Ufer war in einen Regenschleier gehüllt, in den die Brücke hinauslief und verschwand. Die Uferbefestigungen waren nur mehr an Wirbeln und Strudeln kenntlich, und tiefer stromabwärts hatte sich der eingepferchte Fluß, endlich von seinen einengenden Dämmen befreit, wie ein Meer bis zum Horizonte ausgebreitet. Dann kamen Leichen und Kadaver von Ochsen, sich drehend, vorbeigetrieben, das Stück eines Strohdaches, das bei der Berührung mit den Pfeilern zerging.

„Ein großes Hochwasser", sagte Peroo, und Findlayson nickte. So groß, wie er es sich nur wünschen konnte. Seine Brücke konnte dem, was jetzt über sie hereinbrach, gerade noch standhalten, aber nicht viel mehr, und wenn dank einer von tausend Möglichkeiten in den Dämmen ein schwacher Punkt war, würde Mutter Gunga seine Ehre mitsamt allem andern Gerümpel ins Meer hinausschwemmen. Das Ärgste war, daß man nichts tun konnte als stillsitzen, und Findlayson saß still unter seinem wetterfesten Mantel, bis sich sein Helm in Brei verwandelte und seine Füße knöcheltief im Schlamm staken. Er brauchte nicht nach der Uhr zu sehen, denn der Fluß gab die Stunden an, Zoll für Zoll, Fuß für Fuß den Damm entlang, und er horchte starr und hungrig auf die Steinkähne, deren Seile sich spannten, auf das hohle Donnern unter den Pfeilern und die hundert Geräusche, die zusammen die Melodie einer Überschwemmung bilden. Einmal brachte ihm der triefnasse Diener zu essen, aber er konnte nicht essen; einmal glaubte er, den schwachen Pfiff einer Lokomotive quer über den Fluß herüber vernommen zu haben, und da lächelte er. Der Untergang der Brücke würde seinen zweiten Ingenieur nicht wenig schmerzen, aber Hitchcock war ein jünger Mann und hatte sein großes Werk noch vor sich. Für ihn selbst bedeutete das den Zusammenbruch alles dessen, was ein hartes Leben lebenswert gemacht hatte. Seine Berufsgenossen würden sagen – er entsann sich der halb mitleidigen Worte, die er selbst gesprochen hatte, als Lockharts große Wasserwerke brachen und zu Ziegelhaufen und Schlamm zerbarsten und Lockharts Geist zerbrach und er starb. Er erinnerte sich seiner Worte, als die Sumaobrücke in dem großen Zyklon zerstört wurde, und am besten entsann er sich des Gesichtes des armen Hartopp drei Wochen später, als die Schande es schon gezeichnet hatte. Seine Brücke war doppelt so lang wie die Brücke Hartopps und war mit dem Findlaysonschen Hängewerk sowie auf dem neuen Pfeilerschuh – dem Findlaysonschen – erbaut. In seinem Dienste gab es keine Entschuldigungen. Die Regierung würde ihm vielleicht Gerechtigkeit widerfahren lassen, aber sein eigener Stand würde ihn nach seiner Brücke beurteilen, ob sie stand oder fiel. Er ging sie im Kopf durch, Balken für Balken, Träger für Träger, Backstein für Backstein, Pfeiler für Pfeiler – vergleichend, schätzend, nachrechnend, ob nicht doch irgendwo ein Fehler stecke; und aus den langen Stunden und aus den langen Reihen der Formeln, die vor ihm tanzten und wirbelten, stieg kalte Furcht auf und krallte sich in sein Herz. Seine Berechnung war fraglos richtig; aber wer kannte Mutter Gungas Arithmetik? Selbst wenn er sich mit der Multiplikationstabelle davon überzeugte, konnte indes der Fluß tiefe Löcher ins Fundament jedes dieser achtzig Fuß hohen Pfeiler nagen, auf denen sein guter Ruf ruhte. Wieder brachte ein Diener Speise, aber sein Mund war trocken, er konnte nur trinken und zu den Dezimalstellen in seinen Gedanken zurückkehren. Und der Strom stieg noch immer. Peroo, im wetterfesten Anzug, kauerte zu seinen Füßen und betrachtete bald sein Gesicht, bald das des Flusses; aber er sprach kein Wort.

Endlich erhob sich der Laskar und tappte durch den Schlamm ins Dorf; er hatte jedoch vorsorglich einen Gefährten zur Überwachung der Boote zurückgelassen. Er kehrte alsbald zurück und trieb höchst respektlos den Priester seines Glaubens vor sich her – einen dicken alten Mann mit einem grauen Bart, gegen den der Wind peitschend das nasse Schultertuch wehte. Niemals noch hatte es einen bejammernswürdigeren Guru gegeben.

„Wozu sind Opferspenden und Kerosenlämpchen und trockenes Korn gut, wenn du nichts kannst als im Schlamm tappen?" brüllte Peroo. „Du hast mit den Göttern Umgang gepflogen, als sie zufrieden und wohlgesinnt waren. Jetzt sind sie zornig. Sprich zu ihnen!"

„Was ist ein Mensch vor dem Zorne der Götter?" winselte der Priester und kauerte sich zusammen, da ihn der Wind erfaßte. „Laß mich in den Tempel gehen, und ich werde dort beten."

„Sohn eines Schweines, bete hier! Gibt es keine Gegengabe für Salzfisch, Currygewürz und getrocknete Zwiebel? Ruf laut! Sag Mutter Gunga, daß wir genug von ihr haben. Heiß sie in dieser Nacht einhalten. Ich kann nicht beten, aber ich habe auf den Kumpani-Dampfern gedient, und wenn die Leute nicht meinen Befehlen gehorchten –", ein Schnörkel, mit dem Drahtseil in die Luft geschrieben, rundete den Satz ab; und der Priester riß vor seinem Schüler aus und floh ins Dorf zurück.

„Dickes Schwein!" sagte Peroo. „Nach all dem, was wir für ihn getan haben. Wenn das Wasser gefallen ist, will ich dafür sorgen, daß wir einen neuen Guru bekommen. Findlayson Sahib, die Nacht dunkelt schon, und seit gestern wurde nichts gegessen. Sei weise, Sahib! Kein Mann hält es aus, mit leerem Bauche zu wachen und tief nachzudenken. Lege dich nieder, Sahib! Der Fluß wird tun, was der Fluß tun wird."

„Die Brücke ist mein; ich kann sie nicht verlassen."

„So willst du sie denn mit deinen Händen aufrecht halten?" lachte Peroo. „Ich sorgte für meine Boote, bevor das Hochwasser kam. Jetzt sind wir in den Händen der Götter. Der Sahib will nicht essen und sich nicht niederlegen? Nimm denn dies, es ist Fleisch und guter Grog in einem und tötet alle Qualen, zusamt dem Fieber, das auf die Regenzeit folgt. Ich habe heute nichts anderes gegessen."

Er nahm eine kleine zinnerne Tabaksdose aus seinem geschwellten Hüftgurt und legte sie in Findlaysons Hand mit den Worten: „Fürchte nichts, es ist nichts als Opium, reines Malva-Opium."

Ohne zu wissen, was er tat, schüttelte Findlayson zwei oder drei der dunkelbraunen Kügelchen in seine Hand und würgte sie hinunter. Die Droge war wenigstens ein guter Schutz gegen das Fieber – das Fieber, das aus der nassen Erde in ihm hochkroch –, und er hatte gesehen, was Peroo in den brodelnden Herbstnebeln leisten konnte mit der Kraft, die ihm eine Dosis aus der Zinnbüchse verlieh.

Peroo nickte mit leuchtenden Augen: „In einer kleinen Weile – in einer kleinen Weile wird der Sahib merken, daß er wieder gut denken kann. Auch ich werde –", er griff in seine kostbare Dose, zog das Ölzeug wieder über den Kopf zurecht und stapfte hinunter, um die Kähne zu beobachten. Es war jetzt schon zu dunkel, um weiter als bis zum ersten Pfeiler zu sehen, und die Nacht schien dem Fluß neue Kräfte verliehen zu haben. Findlayson, das Kinn auf die Brust gesenkt, stand da und dachte nach. Es gab einen Punkt an einem Pfeiler, dem siebenten, über den er sich nicht klar werden konnte. Die Ziffern wollten sich nicht mehr vor seinem innern Auge formen, nur langsam, in ungeheuren Zwischenräumen gestaltete sich eine nach der andern. Ein voller weicher Ton eines Kontrabasses, ein hinreißender Klang, über den er mehrere Stunden lang, wie ihm schien, nachsann. Dann stand plötzlich Peroo dicht neben ihm und rief ihm zu, eine Trosse sei gerissen und die Steinkähne seien daran, sich loszumachen. Findlayson sah vor sich, wie die Boote fächerförmig auseinanderschwangen, unter dem langgezogenen Kreischen des Drahtseils, das quer über die Decks schleifte.

„Ein Baum hat sie getroffen. Sie werden sich alle losreißen", schrie Peroo, „die Haupttrosse ist gerissen! Was tut der Sahib?"

Ein unerhört umfassender Plan formte sich plötzlich in Findlaysons Gedanken. Er sah die Taue von Boot zu Boot in geraden Linien und Winkeln laufen – jedes Tau eine Linie weißen Feuers. Aber da war ein Tau, das Haupttau; er konnte das Tau sehen. Wenn er ein einziges Mal daran ziehen könnte, war es absolut und mathematisch sicher, daß die in Unordnung geratene Bootsflottille sich wieder im Stauwasser hinter dem Wachtturm zusammenfinden würde. Er wunderte sich nur, warum Peroo sich so verzweifelt an ihn klammerte, als er das Ufer hinunterhastete. Es war notwendig, den Laskar wegzuschieben, freundlich und langsam, weil es nötig war, die Kähne zu retten und weiter noch zu demonstrieren, wie außerordentlich leicht das Problem, das so schwierig schien, zu lösen sei. Und dann – aber es war von keiner sonderlichen Wichtigkeit – raste ein Drahtseil brennend durch seine Hand, das hohe Ufer verschwand, und mit ihm zerstreuten sich langsam alle Faktoren des Problems. Er saß in der regnerischen Dunkelheit – saß in einem Boot, das sich wie ein Kreisel drehte, und Peroo stand über ihm.

Langsam sagte der Laskar: „Ich habe vergessen, daß Opium Menschen, die es nicht gewöhnt sind oder gefastet haben, schlechter bekommt als irgendein Wein. Diejenigen, so in der Gunga sterben, gehen zu den Göttern ein. Dennoch habe ich noch keine Sehnsucht, vor solch Erhabene hinzutreten. Kann der Sahib schwimmen?"

„Wozu? Er kann fliegen – fliegen, so leicht wie der Wind", antwortete Findlayson schwer.

„Er ist verrückt!" murmelte Peroo vor sich hin, „und er hat mich zur Seite geschleudert wie einen Düngerfladen. Wohl, so wird er nicht wissen, daß er sterben muß. Das Boot kann sich keine Stunde mehr halten, selbst wenn es gegen keine Trift prallt. Es ist nicht gut, den Tod mit klaren Augen zu betrachten."

Wiederum erquickte er sich aus seiner Zinndose, kauerte sich am Bug nieder und starrte durch den Nebel in das Nichts, das vor ihm lag. Eine warme Schläfrigkeit überkam Findlayson, den Chefingenieur, dessen Posten doch bei seiner Brücke gewesen wäre. Die schweren Regentropfen trafen ihn mit tausend prickelnden kleinen Schlägen, und das Gewicht aller Zeit – seit Zeit begann – lag schwer auf seinen Augenlidern. Er dachte und nahm wahr, daß er vollkommen in Sicherheit sei, denn das Wasser war so fest, daß ein Mensch sicher darauftreten konnte, und wenn er nur mit gegrätschten Beinen, um das Gleichgewicht zu wahren, stünde – das war der wichtigste Punkt –, würde er eilig und leicht ans Ufer getragen werden können. Doch kam ihm noch ein besserer Plan. Es bedurfte nur einer Willensanstrengung der Seele, um den Leib ans Land zu wirbeln, wie der Wind ein Papier treibt; ihn wie mit Geierflügeln ans Ufer zu wehen. Was geschah wohl dann – das Boot drehte sich schwindelerregend um sich selbst –, wenn der Sturmwind unter den befreiten Leib geriet? Würde er sich erheben wie ein Geier und jäh auf den fernen Sandbänken aufschlagen oder, von jedem Zwang befreit, in alle Ewigkeiten auf und nieder tauchen? Findlayson hielt sich am Bootsrand fest, um einen Halt zu haben, denn er war im Begriffe, den Flug zu beginnen, ehe er all seine Pläne zu Ende gedacht hatte. Opium hat auf einen Weißen größere Wirkung als auf einen Farbigen. Peroo fühlte sich nur angenehm gleichgültig gegen Unglücksfälle gestimmt. „Das Boot kann's nicht durchhalten", brummte er. „Die Fugen öffnen sich schon. Wenn es wenigstens ein Ruderboot wäre, hätten wir die Sache gemacht, aber eine durchlöcherte Schachtel taugt nicht. Finlinson Sahib, sie läuft voll!"

„Accha. Ich gehe fort. Kommst du auch?"

In Gedanken war Findlayson schon aus dem Boot entkommen und kreiste hoch in der Luft, um einen Ruheplatz für seine Sohlen zu finden. Sein Körper, dessen grobe Hilflosigkeit er bedauerte – lag im Bug, und das Wasser rauschte über seine Knie hin.

„Wie unendlich lächerlich", sagte er zu sich von seinem luftigen Standpunkte aus, „das – ist Findlayson – Chefingenieur der Kashi-Brücke. Das arme Biest wird auch bald ertrinken. Ertrinken, wo es doch dem Ufer so nahe ist. Ich – ich bin schon am Ufer. Warum kommt es nicht mit?"

Höchlichst angewidert fand sich seine Seele plötzlich wieder in seinen Körper zurück, und dieser Körper lag sprudelnd und würgend in tiefem Wasser. Der Schmerz der Wiedervereinigung war fürchterlich, aber er war notwendig; ebenso notwendig war es, um den Leib zu kämpfen. Er wurde sich bewußt, daß er wild in nassen Sand griff und wunderlich große Schritte machte, wie man im Traum ausschreitet, um in dem wirbelnden Wasser festen Fuß zu fassen, bis er sich endlich aus dem Griff des Flusses befreite und keuchend auf nasse Erde hinsank.

„Noch nicht diese Nacht“, flüsterte Peroo ihm ins Ohr. „Die Götter haben uns beschützt.“

Der Laskar setzte vorsichtig einen Fuß vor den andern, sie raschelten über vertrocknete Stümpfe: „Das ist irgendeine Insel mit dem vorjährigen Indigo“, fuhr er fort, „Menschen werden wir hier nicht begegnen; aber nimm dich sehr in acht, Sahib, hundert Meilen weit hat das Hochwasser alle Schlangen herabgeschwemmt. Da kommt der Blitz auf den Fersen des Windes. Jetzt werden wir auch sehen können, doch schreite vorsichtig.“

Findlayson war weit, weit jenseits von Schlangenfurcht oder irgendeinem menschlichen Gefühl. Er sah, nachdem er sich das Wasser aus den Augen gerieben hatte, mit ungeheurer Klarheit und schritt, wie ihm schien, mit weltumspannenden Schritten aus. Irgendwo in der Zeiten Nacht hatte er eine Brücke gebaut – eine Brücke, die grenzenlose, leuchtende Meeresspiegel überspannte; aber die Sintflut hatte sie weggeschwemmt und nur dies Eiland unter dem Himmel übriggelassen für Findlayson und seinen Gefährten, die einzigen Überlebenden der menschlichen Rasse.

Ununterbrochen zuckten gegabelte blaue Blitze nieder und beleuchteten alles, was auf dem kleinen Fleck inmitten der Fluten zu sehen war: Dornbüsche, eine Gruppe knarrenden Bambusses und einen grauen knorrigen Peepulbaum, der eine Hindukapelle überschattete, von deren Kuppel eine zerrissene rote Fahne wehte. Der heilige Mann, dessen sommerlicher Ruheplatz dies gewesen war, hatte ihn schon lange verlassen, und das Wasser hatte das rot angestrichene Standbild seines Gottes zerstört. Mit schweren Gliedern und trüben Augen stolperten die beiden Männer über die Aschenhaufen des aus Ziegel gemauerten Feuerplatzes und ließen sich unter dem Schutzdach der Zweige zu Boden gleiten, indes Regen und Strom um die Wette tobten.

Die Stümpfe des Indigos krachten, Geruch von Rindern war in der Luft, und ein riesiger, von Wasser tropfender Brahminenbulle brach sich seinen Weg durchs Gebüsch zu dem Baume hin. Die Blitze beleuchteten das dreizackige Zeichen des Schiwa auf seiner Flanke, das hochmütige Haupt und den Höcker, die leuchtenden Hirschaugen, die Stirne, gekrönt von einem Gewinde erblühter Dotterblumen, und die seidenweiche Wamme, die fast am Boden schleifte. Hinter ihm brachen lärmend andere Tiere vom Ufer her durch das Dickicht: Schwere Tritte und keuchender Atem wurden hörbar.

„Hier sind noch mehr Lebende außer uns", sagte Findlayson; den Kopf an den Baumstamm lehnend, blickte er voll Behagen, mit halbgeschlossenen Augen vor sich hin.

„Wahrhaftig, und keine geringen", erwiderte Peroo undeutlich.

„Wer sind sie denn? Ich sehe nicht klar."

„Die Götter. Wer denn sonst? Sieh!"

„Ach, wirklich! Die Götter – sicherlich die Götter."

Findlayson lächelte und ließ den Kopf auf die Brust fallen. Peroo hatte vollkommen recht. Wer sollte nach der großen Überschwemmung noch im Lande am Leben sein, außer den Göttern, die es geschaffen hatten – den Göttern, zu denen sein Dorf allnächtlich betete –, den Göttern, die in aller Menschen Mund und auf aller Menschen Pfad waren? Er konnte weder den Kopf heben noch einen Finger rühren, da ihn Verzückung gefangenhielt, und Peroo blickte leer lächelnd in die Blitze.

Der Stier machte neben dem Altar halt und senkte seinen Kopf zur feuchten Erde. Ein grüner Papagei in den Zweigen putzte seine nassen Schwingen und mischte sein Kreischen in das Dröhnen, indes sich der Kreis unter dem Baum mit den schwankenden Schatten von Tieren füllte. Dem Stier auf den Fersen folgte ein Schwarzbock – ein solches Tier mochte Findlayson in den Träumen seines längst vergangenen Erdenlebens geschaut haben –, ein Bock mit königlichem Haupte, ebenholzschwarzem Rücken, silberfarbenem Bauch und spiegelblanken geraden Hörnern. Ihm zur Seite, den Kopf zu Boden gesenkt, mit brennenden grünen Augen unter den schweren Brauen, mit dem Schwanz ruhelos das abgestorbene Gras peitschend, schritt vollgefressen, sichernd eine Tigerin.

Der Bulle ließ sich neben dem Altar nieder; und aus dem Dunkel sprang ein ungeheurer grauer Affe und setzte sich auf Menschenweise an die Stelle des zerbrochenen Standbildes; der Regen tropfte wie Edelsteine von der Halskrause an seinem Nacken.

Andere Schatten nahten und traten hinter den Kreis, unter ihnen ein betrunkener Mann, Stab und Flasche schwingend. Dann ertönte ein heiseres Bellen vom Boden herauf. „Die Flut nimmt jetzt schon ab", erklang es, „Stunde um Stunde fällt das Wasser – und Ihre Brücke steht noch."

„Meine Brücke", sprach Findlayson zu sich. „Das muß jetzt schon ein sehr altes Werk sein. Was haben die Götter mit meiner Brücke zu schaffen?"

Seine Augen wandten sich in der Dunkelheit in die Richtung, aus der das Gebrüll kam. Ein Krokodil – der stumpfnasige, die Furten heimsuchende Magger des Ganges – schleppte sich, mit dem Schwanz wütend rechts und links den Grund peitschend, vor die Tiere.

„Sie haben sie mir zu stark gemacht. In dieser ganzen Nacht habe ich nur eine Handvoll Planken losgerissen. Die Dämme stehen! Die Türme stehen! Sie haben meine Gewässer in Ketten geschlagen, und mein Fluß ist nicht mehr frei. Himmlische, nehmt dies Joch von mir. Gebt mir die Freiheit meiner Wasser von Ufer zu Ufer! Ich bin's, Mutter Gunga, die spricht. Gerechtigkeit der Götter! Laßt mir die Gerechtigkeit der Götter zuteil werden!"

„Was sagte ich?" flüsterte Peroo. „Dies ist in Wahrheit ein Punchayet[1] der Götter. Jetzt wissen wir, daß die ganze Welt tot ist, außer dir und mir, Sahib."

Wiederum kreischte der Papagei und schlug mit den Flügeln, und die Tigerin, mit zurückgelegten Ohren, knurrte bös.

Irgendwo im Schatten schwang ein großer Rüssel auf und nieder, glänzten mächtige Stoßzähne auf, und ein tiefes Gurgeln brach durch die Stille, die dem Knurren gefolgt war.

„Wir sind hier, die Erhabenen", sagte eine tiefe Stimme. „Ein einziger und sehr viele. Schiwa, mein Vater, ist hier mit Indra. Kali hat schon gesprochen. Auch Hanuman lauscht."

„Kashi ist heute nacht ohne ihren Kotwal", rief der Mann mit der Flasche und warf seinen Stab zu Boden; die Insel

1 Versammlung.

widerhallte von Hundegekläff. „Laßt ihr die Gerechtigkeit der Götter zuteil werden."

„Ihr bliebt still, als sie meine Gewässer verunreinigten", bellte das Krokodil. „Ihr gabt kein Zeichen, als mein Fluß zwischen Mauern gefangengesetzt wurde. Keine Hilfe hatte ich als meine eigene Kraft, und auch sie versagte – Mutter Gungas Kraft versagte – vor ihren Wachttürmen. Was konnte ich tun? Ich habe alles getan. Endet ihr es nun, Himmlische!"

Ein krummbeiniger Esel mit gespaltener Nase und wunden Stellen in seinem abgeriebenen Fell hinkte vor: „Ich brachte den Tod; ich trug die fleckige Krankheit von Hütte zu Hütte ihrer Arbeiter, und dennoch wollten sie nicht ablassen von ihrer Arbeit. Ich blies aus meinen Nüstern den Tod auf sie, und dennoch wollten sie nicht ablassen von ihrer Arbeit."

Peroo wollte sich bewegen, doch das Opium lastete schwer auf ihm. „Äh", sagte er ausspeiend, „hier ist Sitala selbst, Mata, die Pockenkrankheit. Hat der Sahib ein Taschentuch, um es sich über das Gesicht zu legen?"

„Geringe Hilfe! Einen Monat lang fütterten sie mich mit Leichen, und ich warf sie auf die Sandbänke aus, aber ihr Werk gedieh. Dämonen sind sie und Söhne von Dämonen. Und ihr ließet Mutter Gunga im Stich, so daß ihre Feuerwagen sie zum Gespötte machen konnten. Das Gericht der Götter über die Brückenbauer!"

Der Stier erwiderte, langsam wiederkäuend: „Wenn das Strafgericht der Götter über alle die käme, so mit heiligen Dingen Spott treiben, stünden viele Altäre dunkel im Lande, Mutter!"

„Aber dies ist mehr als Spott", sprach die Tigerin und schnellte die Tatze mit gespreizten Krallen vor. „Du weißt es, Schiwa, und ihr auch, Himmlische, daß sie Gunga geschändet haben. Dies muß wahrlich vor den Zerstörer gebracht werden. Laßt Indra richten."

Der Bock blieb unbeweglich, als er zur Antwort gab: „Wie lange dauert dies Übel schon?"

„Drei Jahre nach menschlicher Zeitrechnung", erwiderte der Magger, sich an die Erde drückend.

„Stirbt denn Mutter Gunga in einem Jahre, daß sie jetzt so angstvoll nach Rache giert? Gestern noch war das tiefe Meer dort, wo sie heute strömt, und morgen wird das Meer sie wiederum bedecken, denn so rechnen wir Götter, was die Menschen Zeit nennen. Kann einer sagen, daß ihre Brücke bis morgen stehen wird?“ fragte der Bock.

Ein langes Schweigen trat ein, und da nun der Sturm die Wolken fortfegte, stand der Vollmond über den tropfenden Bäumen.

„Richtet ihr denn“, sprach finster der Fluß, „ich habe meine Schande verkündet. Noch immer fällt das Hochwasser. Mehr kann ich nicht tun.“

„Ich für mein Teil liebe es, die Menschen zu beobachten, und erinnere mich dabei, daß auch ich keine kleine Brücke in der Jugendzeit der Welt erbaut habe“, ertönte die Stimme des Affen, der auf dem Altare saß.

„Man sagt auch, daß diese Männer aus den Trümmern deiner Heere hervorgegangen sind, Hanuman, und darum hast du geholfen“, knurrte die Tigerin.

„Sie mühen sich, wie meine Heere in Lanka sich gemüht haben, und glauben, daß ihre Mühsal von Dauer sei. Indra ist zu erhaben, aber du, Schiwa, weißt, wie sehr das Land von ihren Feuerwagen wie mit Fäden überzogen ist.“

„Ja, ich weiß es“, sprach der Bulle. „Ihre Götter lehrten sie dies.“

Ein Lachen durchlief die Runde.

„Ihre Götter? Was sollten ihre Götter wissen? Gestern wurden sie geboren, und die, die sie gezeugt hatten, sind kaum noch kalt geworden“, sagte der Magger. „Morgen werden ihre Götter sterben.“

„Ho, Mutter Gunga spricht ein gutes Wort“, sagte Peroo. „Ich sagte dasselbe zu dem Padre Sahib, der auf der ‚Mombassa‘ predigte, und er bat den Burra Malum, mich wegen meiner großen Frechheit in Eisen legen zu lassen.“

„Sicherlich tun sie diese Dinge, um ihren Göttern wohlgefällig zu sein“, sprach wiederum der Bulle.

„Nicht ganz und gar“, brach der Elefant los. „Sie tun es zum Nutzen meiner Mahajuns – meiner fetten Geldverleiher, die mich an jedem Neujahrstage anrufen, wenn sie mein Bild auf die erste Seite ihrer Rechnungsbücher zeichnen. Ich blicke ihnen im Lampenlicht über die Schultern und sehe, daß in ihren Büchern die Namen von Menschen aus weit entfernten Orten stehen, denn alle Städte sind einander nahe gerückt durch die Feuerwagen, und das Geld kommt und geht eilig, und die Rechnungsbücher werden so dick – wie ich selbst. Und ich, der ich Ganesh, der Gott des Glückes bin, ich segne meine Völker."

„Sie haben das Angesicht des Landes verändert – das mein Land ist. Sie haben an meinen Ufern Städte zerstört und neue errichtet", sprach der Magger.

„Nichts als ein wenig Schmutz bewegt sich. Laß den Schmutz in Schmutz wühlen, wenn es dem Schmutz gefällt", erwiderte der Elefant.

„Und später?" fragte die Tigerin. „Später werden sie darauf sehen, daß Mutter Gunga für keine Beleidigung Rache nehmen kann; und sie werden erst von ihr abfallen und dann von uns, von einem nach dem andern. Und zum Schluß bleiben wir übrig mit unsern nackten Altären, Ganesh."

Der betrunkene Mann taumelte auf seine Füße und rülpste den versammelten Göttern ins Gesicht: „Kali lügt. Meine Schwester lügt. Auch dieser mein Stock ist der Kotwal von Kashi, und in seinen Kerben hält er die Zahl der Pilger, die zu mir kommen, fest. Wenn die Zeit kommt, Bhairon anzubeten – und sie ist immer da –, naht ein Feuerwagen nach dem andern, und jeder trägt tausend Pilger. Sie kommen nicht mehr zu Fuß, sie rollen auf Rädern an, und meine Ehre ist größer als zuvor."

„Gunga, in Pryag habe ich dein Bett schwarz von Pilgern gesehen", sagte der Affe, sich vorbeugend, „und wären die Feuerwagen nicht, dann wären sie langsamer und in geringerer Zahl erschienen. Denk daran."

„Sie kommen immer zu mir", fuhr Bhairon hurtig fort. „Tag und Nacht beten sie zu mir, alles niedere Volk auf den Straßen und auf den Feldern. Wer kommt heute Bhairon gleich? Welches Geschwätz, daß der Glaube sich ändere! Ist mein Stab umsonst Kotwal von Kashi? In ihn sind die Kerben geschnitten, und er sagt, daß es noch niemals so viel Altäre gegeben habe wie heute und daß die Feuerwagen gute

Dienste leisten. Bhairon bin ich – Bhairon des niederen Volkes und heute der Oberste der Himmlischen. So sagt auch mein Stab –."

„Still, du!" brüllte der Stier. „Die Verehrung der Schulen gilt mir, und sie sprechen sehr weise; an der Frage, ob ich einer sei oder viele, ergötzt sich mein Volk, und ihr wißt, was ich bin. Kali, mein Weib, auch du weißt es."

„Ja, ich weiß es", antwortete die Tigerin gesenkten Hauptes.

„Größer bin ich auch als Gunga. Denn ihr wißt ja, wer die Gemüter der Menschen dazu bewogen hat, Gunga unter die heiligen Flüsse zu zählen. Wer in Gunga stirbt – ihr wißt, so sagen die Menschen –, geht straflos zu uns ein, und Gunga weiß, daß der Feuerwagen Scharen und Scharen Verlangender zu ihr getragen hat; und Kali weiß, daß sie ihre größten Festmähler unter den Wallfahrern, die sich auf den Feuerwagen drängten, gehalten hat. Wer schlug in Poree unter dem Standbilde dort tausend in einem Tag und einer Nacht und band die Krankheit an die Räder der Feuerwagen, so daß sie das Land von einem Ende zum andern durchlief? Wer anders als Kali? Ehe der Feuerwagen kam, war es eine große Plage. Die Feuerwagen haben dir gute Dienste geleistet, Mutter des Todes. Aber ich spreche für meine eigenen Altäre, der ich nicht Bhairon vom niederen Volke bin, sondern Schiwa. Menschen kommen und gehen, machen Worte und erzählen Geschichten von fremden Göttern, und ich höre zu. Ein Glaube macht dem andern Platz in den Schulen meines Volkes, und ich bin nicht zornig darob. Denn wenn die Worte gesagt sind und die neue Geschichte zu Ende erzählt ist, kehren die Menschen zuletzt zu Schiwa zurück."

„Wahr ist es, wahr", murmelte Hanuman. „Zu Schiwa und den andern kehren sie zurück, Mutter. Von Tempel zu Tempel im Norden schleiche ich mich, wo sie einen Gott und seinen Propheten verehren, und dermalen stehen meine Standbilder allein in ihren Schreinen."

„Geringen Dank", sprach der Bock und drehte langsam sein Haupt. „Ich bin der eine und auch sein Prophet."

„So ist es, Vater", gab Hanuman zurück. „Und in den

Süden gehe ich, der ich der älteste Gott bin, seit Menschen Götter kennen, und berühre die Altäre des neuen Glaubens, und die Frau, die wir kennen, ist zwölfarmig gebildet, und dennoch nennen sie sie Maria."

„Geringen Dank, Bruder", sagte die Tigerin. „Ich bin diese Frau."

„So ist es, Schwester; und ich gehe westwärts zu den Feuerwagen und stehe in vielen Formen vor den Brückenbauern, und um meinetwillen wechseln sie den Glauben und sind sehr weise. Hoho! Ich bin der Erbauer von Brücken, wahrhaftig, von Brücken zwischen Hier und Dort, und jede Brücke führt gewißlich am Ende zu uns. Sei zufrieden, Gunga. Weder diese Menschen noch ihre Nachkommen verspotten dich."

„So steh ich denn allein, ihr Himmlischen? So soll ich denn meine Fluten sanft zurückziehen, daß ich nicht unseligerweise ihre Mauern davontrage? Wird Indra meine Quellen in den Bergen austrocknen und mich demütig zwischen ihren Dämmen dahinkriechen lassen? Soll ich mich lieber im Sande begraben, ehe ich mich gegen sie vergehe?"

„Und all dies Reden um einer kleinen Eisenstange willen mit dem Feuerwagen darauf. Wahrlich, Mutter Gunga bleibt immer jung!" sagte Ganesh, der Elefant. „Ein Kind spricht nicht so närrisch. Laß den Schmutz im Schmutze wühlen, ehe er wieder zu Schmutz wird. Ich weiß nur, daß mein Volk reich wird und mich preist. Schiwa hat gesagt, daß die Menschen in den Schulen seiner nicht vergessen; Bhairon ist mit den Scharen seines niederen Volkes zufrieden, und Hanuman lacht."

„Sicherlich lache ich", ergriff der Affe das Wort. „Gering an Zahl sind meine Altäre neben denen Ganeshs oder Bhairons, aber die Feuerwagen bringen mir Anbeter von jenseits des Schwarzen Wassers, Menschen, die glauben, daß ihr Gott die Mühsal sei. Ich laufe winkend vor ihnen her, und sie folgen Hanuman."

„So gib ihnen denn die Mühsal, die sie ersehnen", sprach der Fluß. „Ziehe eine Schranke durch meine Fluten und staue das Wasser an der Brücke. Einmal, in Lanka, warst du stark, Hanuman. Bücke dich und erhöhe mein Bett."

„Wer Leben gibt, kann auch Leben nehmen." Der Affe wühlte mit seinem langen Zeigefinger im Schlamm herum. „Und doch, wer hätte einen Vorteil von dem Morden? Sehr viele würden sterben."

Da erklangen vom Wasser herauf ein paar Töne eines Liebesliedes, wie es die Knaben beim Rinderhüten in der Mittagshitze des Spätfrühlings singen. Der Papagei kreischte fröhlich auf und kletterte mit gesenktem Kopfe an seinem Zweig entlang, als der Gesang lauter wurde; und in einem Flecken reinen Mondlichtes stand plötzlich ein junger Hirt da, der Liebling der Gopis, das Idol träumender Jungfrauen und gesegneter Mütter – Krishna, der sehr Geliebte. Er neigte sich, sein langes, nasses Haar aufzubinden, und der Papagei flatterte auf seine Schulter.

„Wandern und singen, wandern und singen", rülpste Bhairon. „So kommst du verspätet zur Ratsversammlung, Bruder."

„Und was weiter?" fragte Krishna und warf lachend das Haupt zurück. „Wenig könnt ihr tun ohne mich und Karma." Er streichelte das Gefieder des Papageis und lachte wieder. „Wozu sitzt ihr und schwatzt miteinander? Ich hörte in der Dunkelheit Mutter Gunga brüllen, und so kam ich eilig aus einer Hütte, in der ich warm lag. Und was habt ihr Karma getan, daß er so naß und schweigsam ist? Und was tut Mutter Gunga hier? Ist in den Himmeln kein Raum, daß ihr herabsteigen müßt, um wie die Tiere im Schlamm zu waten? Karma, was tun sie?"

„Gunga bat um Rache an den Brückenbauern, und Kali steht auf ihrer Seite. Nun heißt sie Hanuman die Brücke zermalmen, auf daß ihr Ansehen steige", rief der Papagei. „Ich wartete hier, wohl wissend, daß du kommen würdest, o du mein Herr!"

„Und die Himmlischen sagen nichts? Haben Gunga und die Mutter der Kümmernisse sie überredet? Hat keiner für mein Volk gesprochen?"

„Nein", erwiderte Ganesh und trat unruhig von einem Fuß auf den andern. „Ich sagte, es handle sich ja nur um Schmutz, und warum sollten wir diesen Schmutz zerstampfen?"

„Ich war es zufrieden, sie sich abmühen zu lassen – recht zufrieden“, sagte Hanuman.

„Was hatte ich mit Gungas Zorn zu schaffen?“ sprach der Bulle.

„Ich bin Bhairon des niedern Volkes, und dieser mein Stab ist Kotwal von ganz Kashi. Ich sprach für das niedere Volk.“

„Du?“ Die Augen des jungen Gottes funkelten.

„Bin ich nicht heute der Erste der Götter in ihrem Munde?“ gab Bhairon keineswegs verlegen zurück. „Zum Heil des niederen Volkes sagte ich sehr viele weise Dinge, die ich jetzt vergessen habe – aber dieser mein Stab –“

Krishna wandte sich ungeduldig ab, erblickte den Magger zu seinen Füßen, und niederkniend schlang er seinen Arm um den kalten Nacken und sagte freundlich:

„Mutter, kehre in deine Gewässer zurück. Zu gering ist die Sache für dich. Wie kann deine Ehre durch diesen lebenden Schmutz zu Schaden kommen? Du hast ihnen ihre Felder von Jahr zu Jahr erneuert, deine Fluten haben sie fruchtbar gemacht. Zuletzt kommen doch alle zu dir. Zu welchem Zwecke willst du sie jetzt töten? Hab Mitleid, Mutter, nur eine kleine Weile – und es dauert ja nur eine kleine Weile.“

„Wenn es nur für eine kleine Weile ist“, begann das langsame Tier.

„Sind sie denn Götter?“ gab Krishna lachend zurück und blickte in die matten Augen des Flusses. „Sei sicher, es ist nur für eine kleine Weile. Die Himmlischen haben dich gehört, und alsbald werden sie dir Gerechtigkeit widerfahren lassen. Geh jetzt, Mutter, kehre in deine Gewässer zurück. Männer und Vieh drängen sich auf deinen Fluten – die Ufer sinken – die Dörfer zergehen durch deine Kraft.“

„Aber die Brücke – die Brücke steht.“ Der Magger wandte sich grunzend ins Unterholz zurück, als sich Krishna erhob.

„Es ist zu Ende“, sprach die Tigerin böse. „Keine Gerechtigkeit kommt mehr von den Himmlischen. Ihr habt Gunga Schande und Spott angetan, die um nichts bat als ein paar Menschenleben.“

„Leben meines Volkes – das unter den Blätterdächern des Dorfes drüben liegt – Leben der jungen Mädchen und der jungen Männer, die ihnen im Dunkel ein Lied singen – Leben des Kindes, das morgen geboren werden soll und dessen, das heute nacht gezeugt wurde", sagte Krishna. „Und wenn es geschehen ist, wer hat einen Vorteil davon? Der morgige Tag sieht sie wieder am Werke. Ja, und wenn ihr die Brücke von einem Ende zum andern wegfegtet, würden sie von neuem beginnen. Hört mich an! Bhairon ist immer betrunken. Hanuman macht sich über sein Volk mit neuen Rätseln lustig."

„Nein, es sind doch sehr alte Rätsel", fiel der Affe lachend ein.

„Schiwa hört das Geschwätz in den Schulen und die Träume der heiligen Männer; Ganesh denkt nur an seine fetten Handelsleute; aber ich – ich lebe mit diesen, den Meinigen, ich begehre nicht nach Gaben und erhalte sie doch zu jeder Stunde."

„Und sehr zärtlich bist du den Deinen zugetan", sagte die Tigerin.

„Sie sind mein eigen. Die alten Frauen träumen von mir, wenn sie sich im Schlafe hin und her wälzen; die Jungfrauen halten nach mir Ausschau und horchen nach mir, wenn sie an den Fluß gehen, ihre Krüge zu füllen. Ich bin an der Seite der Jünglinge, wenn sie an den Toren in der Dunkelheit warten, und rufe den weißbärtigen Männern freundlich zu. Ihr wißt, Himmlische, daß ich allein von uns allen beständig über die Erde wandere und keine Freude in den Himmeln empfinde, solange noch ein grünes Blatt hier unten aufschießt, solange zwei Stimmen im Zwielicht auf den reifen Feldern erklingen. Weise seid ihr, doch ihr lebt ferne und vergaßt, woher ihr kamt. Ich aber vergesse nicht. Und der Feuerwagen bringt euren Altären Nahrung, sagt ihr? Und die Feuerwagen führen Tausende von Pilgern dorthin, wo in alten Jahren kaum zehn hinkamen? Wahr ist es, heute ist es wahr."

„Aber morgen sind sie tot, Bruder", sagte Ganesh.

„Friede!" sprach der Bulle, als sich Hanuman, um zu reden, vorneigte. „Und morgen ..."

„Nun, Vielgeliebter, was geschieht morgen?"

„Nur dieses. Ein neues Wort schleicht von Mund zu Mund im niedern Volke – und weder Gott noch Mensch kann dies

Wort recht erfassen – ein böses Wort – ein kleines, müßiges Wort unter dem niedern Volke, das besagt (und niemand weiß, wer das Wort aufgebracht hat), daß sie eurer müde sind, ihr Himmlischen."

Die Götter lachten leise: „Und dann, Geliebter?" fragten sie.

„Und um den Überdruß zu verhehlen, werden sie, die Meinigen, dir, Schiwa, und dir, Ganesh, zuerst größere Gaben darbringen und lärmendere Verehrung zollen. Aber das Wort ist schon unterwegs, und später werden sie euren fetten Brahminen weniger Abgaben zahlen. Und dann werden sie schließlich eure Altäre vergessen, aber so allmählich, daß kein Mensch sagen kann, wann eigentlich dieses Vergessen begonnen hat."

„Ich wußte es – ich wußte es. Auch ich sprach dies aus, aber sie wollten nicht hören", sagte die Tigerin, „wir hätten sie schlagen sollen, wir hätten sie schlagen sollen."

„Jetzt ist es zu spät. Ihr hättet sie zu Anfang schlagen sollen, als die Männer von jenseits des großen Wassers unser Volk noch nichts gelehrt hatten. Jetzt aber sieht mein Volk ihr Werk und geht in Gedanken von ihnen. Sie denken ganz und gar nicht mehr an die Himmlischen. Sie denken an den Feuerwagen und die andern Dinge, die die Brückenbauer gemacht haben, und wenn eure Priester, um Almosen bettelnd, die Hand ausstrecken, geben sie ihnen widerwillig eine Kleinigkeit. So beginnt es mit einem oder zwei oder fünf oder zehn Menschen – denn ich, der ich unter meinem Volke wandle, weiß, was in ihren Herzen ist."

„Und das Ende, Narr der Götter? Wie wird das Ende sein?" fragte Ganesh.

„Das Ende wird sein, wie der Anfang war, o du träger Sohn des Schiwa! Die Flamme wird auf den Altären sterben und das Gebet auf der Zunge, bis ihr wieder kleine Götter werdet, Götter des Dschungels, Namen, die die Rattenjäger und Hundefallensteller im Dickicht und in den Höhlen flüstern – Götter des Steins, Götterlinge des Baumes und der Dorfgemarkung, die ihr zu Anbeginn wart. Das ist das Ende für dich, Ganesh, und für Bhairon – Bhairon des niederen Volkes."

„Noch ist es weit bis dahin", schnaubte Bhairon. „Auch ist das eine Lüge."

„Viele Frauen haben Krishna geküßt. Sie erzählten ihm dies, um ihren eignen Herzen Mut zu machen, als die grauen Haare kamen, und er hat uns die Geschichte erzählt", sagte der Bulle leise.

„Ihre Götter kamen, und wir haben sie verwandelt. Ich nahm die Frau und machte sie zwölfarmig. So werden wir alle ihre Götter umwandeln", sprach Hanuman.

„Ihre Götter! Die Rede geht nicht um ihre Götter, einen oder drei – Mann oder Frau. Die Rede geht um das Volk. Die Menschen wandeln sich und nicht die Götter der Brükkenbauer", erwiderte Krishna.

„So sei es. Ich brachte einen Menschen dazu, den Feuerwagen anzubeten, als er Rauch speiend stillstand, und er wußte nicht, daß er mich anbetete", sagte Hanuman, der Affe. „Sie werden nur die Namen ihrer Götter ein wenig ändern. Ich werde die Erbauer von Brücken leiten, wie von je; Schiwa wird in den Schulen von denen verehrt werden, die in Zweifeln leben und ihre Gefährten verachten; Ganesh soll seine Mahajuns haben und Bhairon die Eselstreiber, die Pilger und die Spielzeughändler. Geliebter, sie werden nur die Namen wechseln, und dies haben wir doch schon tausendmal erlebt."

„Sicherlich werden sie nur die Namen wechseln", echote Ganesh; aber dennoch ging eine Bewegung des Unbehagens durch die Schar der Götter.

„Sie werden mehr als die Namen ändern. – Mich allein können sie nicht zerstören, solange Jungfrau und Mann einander begegnen, solange Frühling auf die Winterregen folgt. Himmlische, nicht umsonst bin ich auf der Erde gewandelt. Mein Volk weiß noch nicht, was es weiß; aber ich, der ich mit ihm lebe, lese in seinem Herzen. Große Könige, der Anfang vom Ende ward schon geboren. Die Feuerwagen rufen die Namen neuer Götter aus, die nicht die alten unter neuen Namen sind. Eßt und trinkt üppig! Badet eure Angesichte im Rauche der Altäre, bevor sie erkalten. Empfanget die Gaben und lauschet den Zymbeln und Trommeln, Himmlische, solange es noch Blumen und Lieder gibt. Nach Menschenrechnung ist das Ende noch fern; aber wir, die wir wissen, erkennen, daß es heute ist. Ich habe gesprochen."

Der junge Gott verstummte, und seine Brüder blickten einander in langem Schweigen an.

„Dies habe ich noch nie vorher gehört", flüsterte Peroo seinem Gefährten ins Ohr. „Und dennoch, manchmal, wenn ich die Maschine unten im Maschinenraume der ‚Goorkha' ölte, habe ich mich gefragt, ob unsere Priester gar so weise seien – so weise. Der Tag kommt herauf, Sahib. Wenn der Morgen naht, werden sie verschwunden sein."

Gelbes Licht breitete sich über den Himmel, und die Farbe des Flusses wandelte sich, da die Dunkelheit wich.

Plötzlich trompetete der Elefant laut los, als hätte ihm ein Mensch den Stachelstock in die Seite getrieben: „Laßt Indra richten! All-Vater, sprich du! Was ist an den Dingen, die wir vernommen haben? Hat Krishna wirklich gelogen? Oder . . ."

„Ihr wißt es", sprach der Bock und erhob sich. „Ihr wißt das Rätsel von den Göttern. Wenn Brahma zu träumen aufhört, verschwinden die Himmel und die Höllen und die Erde. Seid ruhig. Noch träumt Brahma. Die Träume kommen und gehen, und die Natur der Träume verändert sich, aber noch träumt Brahma. Krishna ist zu lange auf der Erde gewandelt, und dennoch liebe ich ihn noch mehr um der Geschichte willen, die er erzählt hat. Die Götter wechseln, Geliebter — alle, bis auf einen!"

„Ja, alle, bis auf den einen, der die Liebe in den Herzen der Menschen erweckt", entgegnete Krishna und knotete seinen Gürtel fest. „Nur eine kleine Zeit noch geduldet euch, und ihr sollt sehen, ob ich lüge."

„Wahrlich, es ist nur eine kleine Zeit, wie du sagst, und dann werden wir wissen. Kehre zurück zu deinen Hütten, Geliebter, und scherze mit den jungen Wesen, denn noch träumt Brahma. Geht, meine Kinder! Brahma träumt, und bevor er erwacht – sterben die Götter nicht."

„Woher sind sie gekommen?" fragte angsterfüllt der Laskar; er zitterte vor Kälte. „Gott weiß, woher", erwiderte Findlayson. Der Fluß und die Insel lagen jetzt im vollen

Tageslicht da, und keine Abdrücke von Hufen und Klauen waren in der nassen Erde unter dem Peepulbaume zu sehen. Nur ein Papagei kreischte in den Zweigen, und als er seine Flügel lüftete, fiel ein Tropfenschauer herab.

„Auf! Wir sind vor Kälte erstarrt. Ist die Wirkung des Opiums erloschen? Kannst du dich bewegen, Sahib?"

Findlayson stand taumelnd auf und schüttelte sich. In seinem Kopfe war ein verschwimmender Schmerz, aber die Wirkung des Opiums war vorbei, und nachdem der Chefingenieur der Kashibrücke seine Stirn in einer Wasserlache gekühlt hatte, dachte er verwundert darüber nach, wie es ihm gelungen war, auf diese Insel zu gelangen, und welche Möglichkeiten es gäbe, sie am gleichen Tage zu verlassen, und vor allem, ob sein Werk noch stehe.

„Peroo, ich habe vieles vergessen. Ich befand mich unterhalb des Wachtturms und beobachtete den Fluß; und dann? – – Hat uns das Hochwasser fortgerissen?"

„Nein. Die Kähne haben sich losgemacht, Sahib" (wenn der Sahib das Opium vergessen hatte, wollte Peroo ihn keineswegs daran erinnern), „und im Bemühen, sie wieder zu vertäuen, schien mir – aber es war dunkel –, daß ein Seil den Sahib mitriß und ihn auf ein Boot schleuderte. Und da ich daran dachte, daß doch wir zwei mit Hitchcock Sahib, wie es in der Tat der Fall war, die Brücke gebaut haben, kam ich auf das Boot, das auf den Wellenkämmen auf diese Insel zutrieb, wo es zerschellte und uns an Land warf. Ich tat einen großen Schrei, als das Boot den Kai verließ, und zweifellos wird uns Hitchcock Sahib suchen kommen. Und was die Brücke betrifft – es sind so viele während des Baues gestorben, daß sie nicht einstürzen kann."

Eine glühende Sonne war auf den Sturm gefolgt, die alle Gerüche aus dem durchweichten Erdboden zog, und in ihrem hellen Lichte war kein Raum für Gedanken an nächtliche Träume. Findlayson starrte stromaufwärts über die blendenden bewegten Wasser, bis seine Augen ihn schmerzten. Keine Spur von einem Gangesufer war zu sehen, noch weniger die Linie einer Brücke.

„Wir sind weit heruntergetrieben worden", sagte er. „Es ist wunderbar, daß wir nicht hundertmal ertrunken sind."

„Das wäre das geringste der Wunder, denn kein Mensch stirbt, ehe seine Zeit um ist. Ich habe Sydney gesehen, ich habe London gesehen und zwanzig große Häfen, aber" – Peroo warf einen Blick auf den feuchten, ausgeblaßten Altar unter dem Peepulbaume – „nie hat ein Mensch das gesehen, was wir gesehen haben."

„Was?"

„Hat der Sahib vergessen, oder sehen nur wir Dunkelhäutigen die Götter?"

„Fieber lag auf mir." Noch immer blickte Findlayson voll Unbehagen über das Wasser hin. „Es schien mir, als sei die Insel voll von sprechenden Tieren und Menschen gewesen, aber ich erinnere mich nicht genau. Ein Boot könnte sich jetzt auf dies Wasser wagen, nicht?"

„Oho! Dann ist es wahr. Wenn Brahma zu träumen aufhört, sterben die Götter. Jetzt weiß ich wahrhaftig, was er meinte. Einmal sagte mir auch der Guru ebendasselbe, aber damals habe ich es nicht verstanden. Jetzt bin ich weise."

„Was?" fragte Findlayson leichthin.

Peroo fuhr fort, als spräche er zu sich selbst: „Sechs, sieben – zehn Monsune ist es her, da stand ich auf Wache auf der Brücke der ‚Rewah' – dem großen Kumpani-Dampfer, und da war ein großer Taifun, der peitschte grünes und schwarzes Wasser auf; und ich hielt mich fest an den Sicherheitsleinen und erstickte fast unter dem Wasseranprall. Da dachte ich an die Götter – an die, die wir heute nacht gesehen haben." (Er starrte mit sonderbarem Ausdruck auf Findlaysons Rücken, aber der weiße Mann schaute über das Wasser hin.) „Ja, ich sage, ich dachte an die, die wir diese Nacht gesehen haben, und rief sie an, mich zu beschützen. Und während ich betete und dabei doch meine Wache hielt, kam eine große Woge und schleuderte mich vorwärts auf den Schäkel des großen, schwarzen Bugankers, und die ‚Rewah' stieg höher und höher, holte nach Backbord über, das Wasser sank unter dem Bug weg, und ich lag auf meinem Bauch, hielt mich an dem Schäkel und blickte in diese große Tiefe hinab. Dann dachte ich, sogar angesichts des Todes, wenn ich loslasse, sterbe ich, und für mich wird es nie mehr die ‚Rewah' noch meinen Platz in der Kombüse, wo der Reis gekocht wird, noch Bombay, noch Kalkutta, nicht einmal mehr London geben. Ich sagte: ‚Wie soll ich dessen gewiß sein, daß die Götter, zu denen ich bete, mir überhaupt beistehen?' So dachte ich, und die ‚Rewah' tauchte ihre Nase ein, wie ein Hammer fällt, und die See überflutete sie und schwemmte mich nach achtern an der Brücke vorbei und über die Brückennocke, und ich schlug mir an den Ladewinden eine böse Beule am Schienbein; aber ich bin nicht gestorben, und ich habe die Götter gesehn. Sie taugen für die Lebenden, aber nicht für die Toten – – – Sie haben es selbst verkündet. Daher werde ich, wenn ich ins Dorf zurückkehre, den Guru dafür verprügeln, daß er in Rätseln spricht, die keine Rätsel sind. Wenn Brahma zu träumen aufhört, gehen die Götter unter."

„Schau stromaufwärts. Das Licht blendet. Ist dort nicht Rauch?"

Peroo beschattete seine Augen mit der Hand: „Er ist ein weiser Mann und hurtig. Hitchcock Sahib wollte keinem Ruderboot trauen. Er hat sich des Rao Sahib Dampfbarkasse ausgeliehen und kommt, nach uns zu suchen. Ich habe immer gesagt, daß wir bei den Brückenwerken eine Dampfbarkasse nötig hätten."

Das Territorium des Rao von Baraon lag zehn Meilen von der Brücke entfernt, und Findlayson und Hitchcock hatten ein gut Teil ihrer geringen Mußezeit damit verbracht, mit dem jungen Manne Schwarzböcke zu schießen und Billard zu spielen. Er war von einem englischen Hofmeister, der für Sport viel übrig hatte, fünf oder sechs Jahre lang erzogen worden und war nun damit beschäftigt, seine Revenuen, die die indische Regierung während seiner Minderjährigkeit für ihn angehäuft hatte, königlich zu verschwenden. Seine Dampfbarkasse mit silberbeschlagener Reling, gestreifter Seidenmarkise und Mahagonidecks war ein neues Spielzeug, das Findlayson oft schrecklich im Wege gewesen war, wenn der Rao kam, um die Brückenarbeit zu besichtigen.

„Es ist ein großes Glück", murmelte Findlayson, doch war er nicht wenig in Angst, welche Neuigkeiten er über seine Brücke zu hören bekommen würde.

Der prunkend blau-weiße Schlot kam rasch stromabwärts.

Sie konnten Hitchcock im Bug stehen sehen, mit einem Fernglase in der Hand; sein Gesicht war ungewöhnlich blaß. Dann rief Peroo sie an, und die Barkasse hielt auf die Insel zu. Der Rao Sahib, im Jagdanzuge, mit einem siebenfarbigen Turban auf dem Kopfe, winkte mit der königlichen Hand, und Hitchcock stieß einen Freudenschrei aus. Aber er kam nicht dazu, Fragen zu stellen, denn Findlaysons erstes Wort galt seiner Brücke.

„Alles klar! Gott, ich dachte nicht, Sie je wieder zu sehen, Findlayson. Sie sind sieben Koß stromabwärts getrieben worden. Ja, kein Stein ist losgerissen – aber wie geht es Ihnen? Ich lieh mir die Barkasse des Rao Sahib, und er war so freundlich, mitzukommen. Steigen Sie ein!"

„Ah, Finlinson, Sie sind wohlauf, nicht? Das war ein noch nicht dagewesenes Unglück gestern nacht, nicht? Mein königlicher Palast hat auch ein teuflisches Leck, und die Ernte in meinem Lande wird wohl recht gering sein. Jetzt müssen Sie sie zurückgehen lassen, Hitchcock. – Ich – ich verstehe mich nicht auf Dampfmaschinen. Sind Sie durchnäßt? Ist Ihnen kalt, Finlinson? Ich habe einiges zu essen hier, und Sie bekommen auch einen ordentlichen Trunk."

„Ich bin Ihnen ungeheuer dankbar, Rao Sahib. Ich glaube, Sie haben mir das Leben gerettet. Wie hat Hitchcock –"

„Hoho, ihm sind die Haare zu Berge gestanden. Um Mitternacht kam er zu mir geritten und weckte mich aus Morpheus' Armen auf. Ich war wirklich so betroffen, Finlinson, daß ich mitkam. Mein Oberpriester ist eben jetzt sehr zornig über mich. Wir wollen uns eilen, Herr Hitchcock. Ich bin verpflichtet, mich um zwölf Uhr fünfundvierzig im Staatstempel einzufinden, wo wir irgendein neues Götterbild einweihen. Wenn das nicht wäre, hätte ich Sie gebeten, den Tag mit mir zu verbringen. Verteufelt langweilig, diese religiösen Zeremonien, nicht, Finlinson?"

Peroo, der der Besatzung gut bekannt war, hatte sich des Steuerrades bemächtigt und steuerte die Barkasse geschickt stromaufwärts. Aber während er steuerte, war er in Gedanken damit beschäftigt, ein zwei Fuß langes, teilweise aufgedröseltes Drahtseil zu handhaben; und der Rücken, auf den er losschlug, war der Rücken seines Guru.

Das Stigma des Tieres

„Eure Götter, oder meine Götter – wissen wir, welche von beiden die mächtigeren sind?“

Indisches Sprichwort

Östlich von Suez scheint die Vorsehung irgendwie zu versagen; die Menschen werden dort der Macht der Götter und Teufel Asiens überlassen; wenigstens tritt jene Vorsehung, die die englische Kirche lehrt, nur gelegentlich und auch dann nur sehr lahm in Tätigkeit, soweit es Europäer betrifft.

Diese Theorie könnte so manches überflüssig grauenhafte Geschehnis im Leben Indiens erklären. Ich erwähne das, weil es auf meine Geschichte hier einigen Bezug hat.

Als Fleete nach Indien kam, nannte er ein kleines Vermögen nebst Landbesitz in Dharmsala im Himalajagebiet sein eigen: Er hatte es von seinem Onkel geerbt und gedachte es zu verwalten.

Er war ein großer, schwerfälliger, dabei heiterer und friedfertiger Mann; seine Kenntnis der Eingeborenen war natürlich nur sehr oberflächlich, und er klagte oft darüber, daß er ihre Sprache nur mit Mühe und sehr unvollkommen verstehen könne.

Eines Tages kam er von seiner Besitzung in den Vorbergen angeritten, um Neujahr in der Station zu feiern, und lud sich bei Strickland zu Gast.

Am Silvesterabend fand ein großes Festessen im Klub statt, und die Nacht verlief entsprechend feuchtfröhlich. – Wenn Leute aus den äußersten Grenzen des indischen Kaiserreichs zusammenkommen, haben sie ein gewisses Recht, ein wenig über die Schnur hauen zu dürfen!

Das Himalaja-Grenzgebiet hatte zu diesem Feste ein Kontingent von mehr oder weniger Hol-mich-der-Teufel-Existenzen entsandt; lauter Leute, die im Jahr keine zwanzig weiße Gesichter zu sehen bekamen und gewohnt waren, fünfzehn Meilen weit zum Essen zu reiten, dabei in beständiger Gefahr, statt Speise und Trank eine Khyber-Paß-Kugel kredenzt zu bekommen. – Sie benützten ihre augenblickliche Sicherheit dazu, mit einem zusammengerollten Igel, den sie im Garten aufgestöbert hatten, Billard zu spielen, wobei einer von ihnen die Schreibtafel zwischen den Zähnen im Zimmer herumtrug. – Ein halbes Dutzend Pflanzer aus dem Süden ergötzte sich damit, einen als größten Lügner Asiens bekannten Gentleman durch Erzählen grobdrähtiger Geschichten zu übertrumpfen, wurden aber alsbald von ihm aus dem Sattel gehoben. Kurz: Die Gesellschaft war so bunt wie nur möglich zusammengewürfelt, und es gab keinen Unterschied des Ranges oder Standes. – Man stellte fest, wer im verflossenen Jahr hinweggerafft oder sonstwie trinkunfähig geworden war – mit einem Wort: Die Nacht verlief in Lust und Feuchtigkeit. Ich erinnere mich noch, daß wir „Auld Lang Syne" sangen, die Füße in den Polo-Meisterschaftspokalen und unsere Köpfe in den Sternen, und uns unverbrüchliche Treue schworen. – Im Laufe der späteren Zeit gingen einige von uns hin und eroberten Birma, andere bemühten sich, den Sudan zu erschließen, fielen aber in jenem grauenvollen Gemetzel vor Suakim; andern gelang es, Orden und Medaillen zu ergattern, andere wieder heirateten, was an sich schon schlimm genug ist, und noch andere taten etwas, was womöglich noch schlimmer war. Der Rest von uns blieb an seine alten Ketten geschmiedet und mühte sich ab, auf Grund unzulänglicher Erfahrungen Geld zu machen.

Fleete eröffnete die Nacht mit Sherry und Magenbittern, trank dann rastlos bis zum Dessert Champagner, kratzenden Capri dazu, stark wie Whisky, nahm Benediktiner zum Kaffee, vier oder fünf Whiskys mit Soda, um die Billardbälle besser sehen zu können, vertilgte um halb drei Uhr mehrere Biere mit „Feuerwasser" und setzte einen alten Brandy drauf. – Kein Wunder also, daß er um halb vier Uhr morgens, bei vierzehn Grad Kälte ins Freie tretend, vor Wut außer sich geriet, weil sein Pferd hustete, während er sich bemühte, mit Grätschsprüngen in den Sattel zu gelangen. – Da es der Gaul vorzog, durchzugehen, um den Stall wieder aufzusuchen, mußten Strickland und ich eine Unehrengarde bilden und Fleete nach Hause geleiten.

Unser Weg führte durch den Basar, dicht an einem kleinen Tempel Hanumans, des Affenkönigs, vorüber, der eine Gottheit ersten Ranges ist und sich größter Ehrfurcht erfreut, denn alle Götter haben, wie die Priester, stets hervorragende Eigenschaften. Was mich betrifft, so zolle ich Hanuman jegliche Hochachtung, – auch bin ich seinem Volke, den großen, grauen Affen der Berge, überaus wohlgesinnt. Kann man doch nie wissen, ob man nicht einmal einen Freund nötig hat!

Im Tempel schien Licht, und als wir vorübergingen, hörten wir Männerstimmen drin Hymnen singen: In einem Hindutempel stehen jede Stunde der Nacht die Priester auf und ehren ihre Götter.

Bevor wir Fleete zurückhalten konnten, war er die Tempelstufen hinaufgelaufen, klopfte zwei Priestern auf die Rücken und malte mit der Asche seines Zigarrenstummels auf die Stirn des roten Steinbildes Hanumans ein paar Striche. Strickland versuchte, ihn wegzuziehen, aber er setzte sich nieder und sagte feierlich:

„D–d–da! Das Z–z–zeichen des Viehs! Ich ha–huck–hab's gemacht. Fein, was?"

Kaum eine Minute verging, da wurde es im Tempel lebendig. Lärm und Getöse entstand, und Strickland, der genau wußte, was derlei Götterschändungen für Folgen haben konnten, meinte, es sei Gefahr im Verzug. Durch seine Stellung als Polizeibeamter, seinen langen Aufenthalt in der Gegend und seine Vorliebe, sich unter die Eingeborenen zu mischen, war er den Priestern wohlbekannt, was ihm jetzt überaus peinlich wurde. – Fleete saß auf der Erde, weigerte sich aufzustehen und brummte: „Der gute alte Hanuman – huck – ist ein vortreffliches Ruhekissen!"

Da plötzlich – lautlos – stürzte aus einem Schlupfwinkel hinter der Bildsäule des Gottes ein silberner Mensch hervor.

Er war vollkommen nackt, trotz der bitteren, grimmigen Kälte. Sein Körper schimmerte wie reifbedecktes Silber, denn er war, wie es in der Bibel steht: „ein Aussätziger, weiß wie Schnee. Er hatte kein Gesicht mehr, war seit vielen Jahren aussätzig, und das Übel lastete schwer auf ihm."

Wir bückten uns beide schnell, um Fleete wegzureißen, während der Tempel sich zusehends mit Menschen füllte, die wie aus dem Boden zu wachsen schienen, aber schon war der Silberne mit einem Ton, der dem Miauen einer Otter glich, unter unseren Händen durchgeschlüpft, hatte mit beiden Armen Fleete umfaßt und, ehe wir ihn fortstoßen konnten, seinen Kopf auf Fleetes Brust gepreßt. – Dann zog er sich in einen Winkel zurück und saß miauend da, derweil die Menge die Türen verrammelte.

Die Priester schäumten vor Wut; erst als sie sahen, daß der Silberne Fleete berührt und sich an ihm gewetzt hatte, beruhigten sie sich.

Nach einigen Minuten tiefsten Schweigens trat einer der Priester an Strickland heran und sagte in tadellosem Englisch: „Führen Sie Ihren Freund weg. Er ist mit Hanuman fertig, aber Hanuman nicht mit ihm.“ – Die Menge gab Raum, und wir brachten Fleete auf die Straße.

Strickland war wütend. Er sagte, wir hätten alle drei leicht erstochen werden können, und Fleete solle sich bei seinem guten Stern bedanken, daß er mit heiler Haut davongekommen sei.

Fleete fiel es natürlich gar nicht ein, sich zu bedanken. Nicht einmal bei uns. – Er sagte, er wolle zu Bett gehen. – Er war sinnlos betrunken.

Wir schritten unseres Weges, Strickland ärgerlich und schweigsam. Dann wurde Fleete mit einemmal von Schüttelfrost und einem Schweißausbruch befallen. Er schimpfte, daß die Gerüche aus den Basars nicht auszuhalten seien, und er wundere sich, daß man die Schlachthäuser so nahe den englischen Wohnungen dulde. – „Riecht ihr denn das Blut nicht?“ fragte er immer wieder und wieder.

Endlich – die Dämmerung graute bereits – hatten wir ihn zu Bett gebracht. Strickland forderte mich auf, noch einen Whisky mit Soda mit ihm zu trinken; dabei kam er wieder auf den Skandal im Tempel zu sprechen und gab zu, daß ihn die Angelegenheit ganz aus der Fassung gebracht hätte. Es sei ihm im höchsten Grade widerwärtig, von Eingeborenen mystifiziert zu werden – um so mehr, als es doch seine Aufgabe sein müsse, sie mit ihren eigenen Waffen zu schlagen. – Bis jetzt sei ihm das zwar nicht gelungen, aber in fünfzehn oder zwanzig Jahren hoffe er weiter zu sein.

„Hätten sie uns lieber verprügelt, statt uns anzumiauen!“ sagte er. „Ich möchte gern wissen, was das hat bedeuten sollen! Die Sache will mir nicht recht gefallen.“

Ich gab der Meinung Ausdruck, die Priesterschaft werde wahrscheinlich Anklage erheben wegen Religionsstörung, denn es gäbe sicherlich eine Menge Paragraphen, die auf Fleetes Vergehen paßten. – Strickland meinte, wenn es damit sein Bewenden fände, wolle er von Herzen froh sein.

Bevor ich ging, warf ich noch einen Blick in Fleetes Zimmer; er lag auf der rechten Seite und kratzte sich unaufhörlich an der linken Brust.

Dann ging ich zu Bett, fröstelnd, bedrückt und verstimmt, um sieben Uhr morgens.

Um ein Uhr ritt ich hinüber nach Stricklands Haus, um mich nach Fleetes Befinden zu erkundigen. – Daß er Kopfschmerzen haben würde, nahm ich als selbstverständlich an. – Er saß beim Frühstück und schien unwohl, war verdrossen und schimpfte auf den Koch, weil sein Kotelett nicht roh genug sei! – Ein Mensch, der nach einer durchschlemmten Nacht Appetit hat auf rohes Fleisch, ist ein Kuriosum. – Ich sagte das Fleete. – Er lachte nur.

„Eine sonderbare Art Moskitos züchtet ihr hierzulande", sagte er nach einer Weile. „Ganze Stücke haben sie mir herausgebissen! Zum Glück nur an einer Stelle."

„Laß mal sehen!" meinte Strickland. „Das Jucken wird doch wohl schon nachgelassen haben?"

Während die Koteletts zugerichtet wurden, öffnete Fleete sein Hemd und zeigte uns gerade über seiner linken Brust eine Verfärbung, die der schwarzen Rosette glich – den fünf oder sechs im Kreise stehenden unregelmäßigen Flecken, wie sie der Leopard auf dem Fell trägt. – Strickland betrachtete die Stelle und sagte: „Merkwürdig! Heute morgen war es noch rosa; jetzt ist es schwarz geworden!"

Fleete stürzte zum Spiegel. Warf einen Blick hinein. Schrie: „Zum Teufel, das ist ja scheußlich! – Was mag das nur sein?!"

Wir wußten keine Erklärung.

Die Koteletts wurden gebracht; Fleete verschlang drei davon auf höchst sonderbare und widerwärtige Art: Er kaute nur mit den linken Backenzähnen und drehte den Kopf jedesmal über die rechte Schulter, wenn er einen Fetzen Fleisch abgerissen hatte. – Als er damit fertig war, schien er sich bewußt zu werden, daß er sich sonderbar benommen habe, denn er sagte, wie um sich zu entschuldigen: „In meinem ganzen Leben bin ich noch nie so hungrig gewesen. Ich hab gefressen wie ein Strauß!"

Nach dem Frühstück flüsterte mir Strickland zu: „Bleib hier! Geh nicht fort! Bleib hier über Nacht!"

Da ich keine drei Meilen weit von Stricklands Haus entfernt wohnte, erschien mir dies Ansinnen recht sonderbar, aber er bestand darauf und wollte eben etwas hinzufügen, da unterbrach ihn Fleete und gestand – wie verschämt –, daß er schon wieder hungrig sei.

Strickland schickte sodann einen Boten in meine Wohnung, um mein Bettzeug und ein Pferd zu holen, während wir in die Ställe hinuntergehen wollten, um uns die Zeit zu vertreiben, bis der Moment zum Ausreiten gekommen sein würde. – Wer Pferdeliebhaber ist, wird stets Ställe gern besichtigen; bietet sich doch dort immer Gelegenheit, Erfahrungen und – Reiterlatein auszutauschen.

In den Ställen standen fünf Pferde. – Nie werde ich die Szene vergessen, die sich abspielte, kaum daß wir eingetreten waren! – Die Tiere schienen plötzlich toll geworden zu sein! Sie bäumten sich, schrien förmlich vor Entsetzen und rissen beinahe ihre Pflöcke heraus. Sie schwitzten und zitterten, schäumten und gebärdeten sich wie rasend vor Furcht. Da es Stricklands Pferde waren, die ihren Herrn liebten wie die Hunde, erschien das besonders befremdend.

Wir verließen auf der Stelle den Stall, denn wir mußten fürchten, daß sich die Tiere an ihren Halftern erwürgen könnten. Doch gleich darauf kehrte Strickland wieder um und raunte mir zu, ich solle ihm allein und unauffällig folgen.

Die Pferde zitterten noch immer, ließen sich aber von uns streicheln und liebkosen und legten uns die Köpfe an die Brust.

„Vor uns fürchten sie sich also nicht!" sagte Strickland. „Weißt du, daß ich gern drei Monatsgehälter dafür geben würde, wenn der alte ‚Outrage' hier nur eine Minute lang reden könnte!"

Aber „Outrage" war leider stumm und konnte nur seinen Herrn liebkosen und mit den Nüstern schnauben, wie das die Pferde tun, wenn sie etwas erklären wollen und nicht können.

In diesem Augenblick kam Fleete wieder in den Stall; kaum wurden die Tiere seiner ansichtig, brach ihr Entsetzen von neuem los, und wir mußten schleunigst hinauseilen, um nicht Hufschläge abzukriegen.

„Sie scheinen dich nicht besonders zu lieben!“ sagte Strickland zu Fleete, als wir in Sicherheit waren.

„Dummes Zeug!“ erwiderte Fleete. „Vielleicht deine Pferde! Meine Stute folgt mir wie ein Hund.“ – Wir gingen zu ihr. Sie befand sich in einem Extrastand, der ihr freie Bewegung ließ. Fleete schob den Riegel zurück: Im nächsten Augenblick schlug sie aus, überrannte ihn, warf ihn zu Boden und raste in den Garten hinaus. Ich lachte aus vollem Halse, aber Strickland blieb todernst – faßte seinen Schnurrbart mit beiden Händen und zog daran, als wollte er ihn sich ausreißen. Statt Anstalten zu treffen, sein Pferd wieder einzufangen, gähnte Fleete nur zu meinem Erstaunen, sagte, er sei pötzlich sehr schläfrig, ging ins Haus und legte sich nieder! – Eine sonderbare Art, den Neujahrstag zu verbringen! – – –

Wir gingen ohne ihn wieder in den Stall, und Strickland fragte mich, ob mir an Fleetes Benehmen nicht etwas Besonderes aufgefallen sei. Ich gab zu, daß er allerdings sein Essen wie ein Tier verschlungen hätte, aber das könne vielleicht eine Folge davon sein, daß er einsam in den Bergen lebe und fern von einem so kultivierten Umgang wie dem unsrigen.

Strickland lächelte nicht einmal; er hatte mir wahrscheinlich gar nicht zugehört, denn seine nächsten Worte bezogen sich auf das Merkmal an Fleetes Brust. Ich äußerte die Ansicht, es könne möglicherweise von spanischen Fiegen herrühren, oder es sei vielleicht ein plötzlich sichtbar gewordenes Muttermal. Daß es scheußlich aussähe, darüber waren wir uns beide einig, und Strickland fügte hinzu, ich sei ein Narr.

„Ich kann dir jetzt noch nicht sagen, was ich denke“, fuhr er fort, „denn du würdest mich für verrückt halten; aber du mußt die nächsten paar Tage bei mir bleiben, wenn du irgend kannst! Bitte, beobachte Fleete, aber sprich nicht mit mir darüber, was du dir denkst, denn ich möchte mir meine eigene Meinung bilden.“

„Aber heute abend esse ich außerhalb!" behielt ich mir vor.

„Ich auch!" sagte Strickland, „und Fleete hat dieselbe Absicht, vorausgesetzt, daß er sie inzwischen nicht geändert hat."

Dann schlenderten wir ein bißchen im Garten umher und rauchten – stumm –, denn wir waren Freunde, und Reden schmälert den Tabakgenuß –, bis in unseren Pfeifen nur mehr Asche war. – Hierauf beschlossen wir, Fleete zu wecken.

Aber er war bereits wach. Lief unruhig in seinem Zimmer auf und ab. „Es geht nicht so!" sagte er, als er uns eintreten sah. „Ich muß noch Koteletts haben! Kann ich welche kriegen?"

Wir lachten. „Zieh dich lieber um, Fleete! Die Ponys werden gleich da sein."

„Schön", sagte er. „Ich werde mich umkleiden, aber vorher muß ich noch Koteletts haben. Aber halb roh, verstanden?!"

Er schien es im Ernst zu meinen, obwohl es erst vier Uhr war und wir um ein Uhr reichlich gefrühstückt hatten. Immer wieder und wieder verlangte er rohe Koteletts. Dann erst zog er seinen Reitanzug an und kam auf die Veranda.

Aber auch das Pony wollte ihn nicht nahe kommen lassen. (Die Stute war noch immer nicht eingefangen.) Alle drei Tiere waren nicht zu bändigen und außer sich vor Furcht. Als alle Mittel vergeblich geblieben waren, die Ponys zu beruhigen, sagte Fleete schließlich, es sei das beste, er bliebe zu Hause und – – lasse sich wieder etwas zu essen geben.

Strickland und ich ritten erstaunt fort. Als wir an dem Hanumantempel vorbeikamen, tauchte der Silberne auf und miaute uns an.

„Er ist kein regulärer Priester des Heiligtums", sagte Strickland. „Ich hätte große Lust, ihn verhaften zu lassen!" – – –

Es war kein rechter Schwung in unserm Galopp an jenem Abend: Die Pferde griffen nicht ordentlich aus und schienen ermattet, als seien sie abgetrieben.

„Der Schreck hat sie sehr hergenommen!" erklärte Strickland. – Es war die einzige Bemerkung, die er während des Rittes fallen ließ. Nur ein- oder zweimal hatte ich ihn fluchen hören, aber das war nichts Seltenes bei ihm.

Es war bereits dunkel und etwa sieben Uhr, als wir wieder

zu Hause anlangten. Zu unserem Erstaunen brannte nicht ein Licht in dem Bungalow. „Nachlässige Bande, diese Dienerschaft!“ schimpfte Strickland. – Da scheute mein Pferd vor etwas Schwarzem auf dem Weg, und gleich darauf tauchte Fleete dicht unter der Nase des Tieres auf.

„Was kriechst du denn da im Garten umher?“ fragte Strickland. – Beide Pferde machten Miene auszubrechen und warfen uns beinahe ab; wir stiegen vor dem Stall aus den Sätteln und kehrten zu Fleete zurück, der zwischen den Orangenbüschen auf Händen und Knien umherkroch.

„Was, zum Teufel, ist denn los mit dir?“ rief Strickland.

„Nichts, gar nichts!“ antwortete Fleete hastig, aber mit seltsam schwerer Zunge. „Ich – ich habe im Garten – gearbeitet – botanisiert und so. Der – der Geruch der Erde ist entzückend. Ich möchte einen Spaziergang machen – einen langen Spaziergang, die ganze Nacht hindurch.“

Ich begriff sofort, daß hier etwas über alle Maßen Ungewöhnliches vor sich ging, und sagte zu Strickland: „Ich werde doch lieber nicht auswärts speisen!“

„Danke dir“, erwiderte Strickland kurz. „Heda, Fleete! Steh auf, du holst dir das Fieber. Komm hinein zum Essen. Wir wollen Licht machen lassen; wir essen heute zu Hause.“

Fleete stand unwillig auf und knurrte: „Keine Lampen! Keine Lampen! Es ist viel schöner hier draußen. Essen wir doch hier! Mehr Koteletts – haufenweise, und – blutig und zäh!“

Ein Dezemberabend im Norden Indiens ist schneidend kalt, und der Vorschlag Fleetes war der eines Wahnsinnigen.

„Komm herein!“ befahl Strickland in strengem Ton. „Komm augenblicklich herein!“ Fleete gehorchte.

Als die Lampen gebracht wurden, sahen wir, daß er buchstäblich von Kopf bis zu Fuß mit Schmutz bedeckt war; er mußte sich im Garten herumgewälzt haben. – – Er schrak vor dem Licht zurück und ging in sein Zimmer. Seine Augen waren schrecklich anzusehen; es glomm ein grünes Licht – nicht in ihnen, nein: hinter ihnen – ich kann es nicht anders schildern! –, und die Unterlippe hing ihm herunter.

„Es wird etwas Tolles geben – etwas ganz Tolles – heute nacht“, sagte Strickland. „Behalte dein Reitzeug an!“

Wir warteten und warteten auf Fleetes Rückkunft und bestellten unterdessen die Speisen. – Er rumorte in seinem Zimmer, aber Licht hatte er nicht angezündet.

Plötzlich erscholl aus seiner Stube das langgezogene Geheul eines Wolfes!

Man spricht und schreibt oft leichthin von erstarrendem Blut und von gesträubtem Haar. Aber wenn es wirklich geschieht, vergeht einem die Lust, Scherz damit zu treiben! – Mir stand das Herz still, als wäre es mit einem Messer durchstochen, und Strickland war weiß geworden wie das Tischtuch.

Das Geheul wiederholte sich und wurde von einem andern Geheul, weit über die Felder her, beantwortet. – Das setzte dem Grauen die Krone auf.

Strickland stürzte in Fleetes Zimmer. Ich folgte, und wir sahen, daß Fleete aus dem Fenster kletterte. Tierische Laute kamen tief aus seiner Kehle. Er konnte nicht antworten, als wir ihn anschrien. – Er geiferte.

Ich kann mich nicht mehr erinnern, was dann folgte, aber ich glaube, Strickland muß ihn durch einen Hieb mit dem Stiefelknecht betäubt haben, sonst hätte ich nicht plötzlich auf seiner Brust knien können. – Fleete konnte nicht mehr sprechen; er knurrte nur. Aber es war nicht das Knurren eines Menschen – es war das Knurren eines Wolfes! – Der menschliche Geist in ihm mußte im Lauf des Tages immer mehr und mehr geschwunden und im Zwielicht erloschen sein; wir hatten es jetzt mit einem Tier zu tun, das – einst Fleete gewesen war.

Das Erlebnis stand jenseits aller menschlichen und vernunftgemäßen Erfahrung.

Ich wollte etwas sagen über Hydrophobie – Tollwut –, brachte aber das Wort nicht über die Lippen – empfand es als Lüge, noch ehe ich es aussprechen konnte!

Wir fesselten das „Tier“ mit ledernen Punkariemen, banden ihm Daumen und große Zehe zusammen, knebelten es mit einem Schuhlöffel! – Es ist das ein sehr wirksamer Knebel, wenn man ihn richtig anzuwenden weiß. – Dann schleppten wir das „Tier“ ins Eßzimmer und schickten einen Mann zu Dumoise, dem Arzt, mit der Bitte, er möge sofort kommen.

Als der Bote fort war und wir wieder Atem geschöpft hatten, sagte Strickland: „Es wird nichts nützen. Die Sache schlägt nicht in das Fach eines Arztes." – Ich wußte, daß er die Wahrheit sprach.

Der Kopf des „Tieres" war frei; es warf ihn ruhelos hin und her. Wäre damals jemand ahnungslos ins Zimmer getreten, er hätte glauben müssen, wir stünden im Begriffe, einem Wolf das Fell abzuziehen; und das war von allen Gedanken, die unser Hirn bestürmten, vielleicht der schrecklichste.

Strickland saß unbeweglich da, das Kinn auf die Faust gestützt, und beobachtete schweigend das „Tier", wie es sich auf dem Boden krümmte und wand, das Hemd vom Ringen aufgerissen, darunter die schwarze Rosette auf der linken Brust, die sich von der Haut abhob wie eine Brandblase.

In der Totenstille, die im Zimmer herrschte, hörten wir mit einemmal draußen etwas miauen, wie eine weibliche Otter. – Wir sprangen beide auf, und ich – ich rede nur von mir allein, nicht von Strickland – fühlte mich todkrank, richtig körperlich krank. – – Wir versuchten, uns einzureden: – es – es sei eine Katze.

Dumoise kam. Noch nie habe ich einen Arzt so berufswidrig erschrecken sehen. Er sagte, es sei ein geradezu erschütternder Fall von Tollwut; leider gebe es kein Mittel dagegen. Beruhigende Medikamente würden den Todeskampf nur verlängern. – Das „Tier" hatte bereits Schaum vor dem Mund.

Wir redeten Dumoise ein, Fleete sei ein- oder zweimal von Hunden gebissen worden, was bei jemand, der ein halbes Dutzend Terrier hält, häufig vorzukommen pflegt.

Dumoise konnte keinerlei Hilfe in Aussicht stellen; nur eins könne er mit Sicherheit erklären, sagte er, nämlich, daß Fleete an Hydrophobie sterben werde. – Wie als Antwort heulte das „Tier" in diesem Augenblick auf: Es war ihm gelungen, sich von dem Knebel zu befreien. Dumoise sagte, er wäre bereit, die Todesursache jetzt schon zu bescheinigen, da das Ende nahe sei. Er war ein braver, kleiner Kerl und erbot sich, bei uns zu bleiben, aber Strickland lehnte es ab; er wollte Dumoise das Neujahrsfest nicht verderben und bat ihn nur, die wirkliche Todesursache von Fleetes Tod nicht öffentlich bekanntzugeben.

Dumoise verließ uns tiefbewegt. Als das Rollen seines Wagens verstummte, teilte mir Strickland seinen Verdacht mit – im Flüsterton; es klang so unglaublich, was er sagte, daß er selbst es nicht laut auszusprechen wagte. Und obgleich ich Stricklands Ansicht innerlich vollkommen teilte, so schämte ich mich doch, es einzugestehen, und gab lieber vor, ich glaubte an derlei Dinge nicht.

„Selbst wenn der Silberne wirklich Fleete behext hat", sagte ich leise, „so rasch könnte doch die Strafe wegen der Beschimpfung der Hanumanstatue – –" ich konnte den Satz nicht zu Ende sprechen, denn abermals wurde ein Schrei draußen laut, und sofort verfiel das „Tier" wieder in einen Paroxismus von Krämpfen – so heftig, daß wir fürchten mußten, seine Fesseln könnten zerreißen.

„Gib acht!" rief Strickland. „Wenn sich das noch sechsmal wiederholt, nehme ich das Gesetz selbst in die Hand. Ich befehle dir, mir dabei zu helfen!"

Er ging rasch in sein Zimmer und kehrte nach wenigen Minuten zurück mit dem Lauf einer alten Schrotflinte, einem Stück Angelschnur, ein paar dicken Stricken und seiner schweren Holzbettstatt. Ich berichtete ihm, die Krämpfe seien jedesmal etwa zwei Sekunden nach dem Heulen draußen eingetreten, aber jetzt sei das „Tier" merklich schwächer.

Strickland murmelte in sich hinein: „Das Leben kann er ihm doch nicht nehmen! Nein, Leben kann er nicht nehmen."

„Es wird eine Katze sein!" – ich wollte unter keinen Umständen etwas anderes zugestehen –: „Es muß eine Katze sein! – Wenn der Silberne die Schuld hat, würde er es nicht wagen, hierherzukommen!"

Strickland zündete das Holz auf dem Herd an, legte den Flintenlauf in die Glut, breitete die Taue auf dem Tisch aus, brach einen Spazierstock in zwei Teile und knotete einen Meter Angelschnur, aus Darm geflochten und drahtumwikkelt, wie man sie zum Fischen der großen Masheers verwendet, mit den Enden zusammen. Dann sagte er nachdenklich: „So. Irgendwie müssen wir ihn fangen. Wenn ich nur wüßte, wie! Wir müssen ihn lebendig und unverletzt in die Hand bekommen."

„Verlassen wir uns auf die Vorsehung! – Nehmen wir ein

paar Polohämmer" – schlug ich vor – „und schleichen wir uns leise hinaus in das Buschwerk vor dem Haus! Alles spricht dafür, daß der Mensch oder das Tier, das das Geheul ausstößt, in regelmäßigen Zeitabständen den Bungalow umkreist wie eine Nachtwache. Lauern wir ihm im Gebüsch auf und überfallen wir ihn, wenn er vorüberkommt!"

Strickland erklärte sich einverstanden, und wir schlüpften vom Badezimmerfenster aus auf die Veranda hinaus und von da über den Fahrweg ins Buschwerk.

Gleich darauf kam der Aussätzige um die Ecke des Hauses; wir konnten ihn deutlich im Mondlicht sehen. Er war völlig nackt, miaute von Zeit zu Zeit und blieb dann stehen, um einen merkwürdigen Tanz mit seinem Schatten aufzuführen. Es war ein grauenhafter Anblick, und als ich mir vorstellte, dies scheußliche Geschöpf sei schuld an des armen Fleetes Erniedrigung zum Tier, da fielen meine letzten Bedenken, und ich beschloß, Strickland zu helfen – mit dem glühenden Flintenlauf sowohl wie mit der geknoteten Angelschnur – mit allen Foltern, die nötig sein würden – Foltern, vom Kopf angefangen bis zu den Hüften und wieder zurück!

Als der Aussätzige einen Moment vor der Eingangstür haltmachte, fielen wir mit den Polohämmern über ihn her. Er war erstaunlich kräftig, und wir mußten alles aufbieten, damit er uns nicht entwischte, ehe wir ihn festhatten, zumal wir darauf achten mußten, ihn nicht ernstlich zu verwunden. Wir hatten immer angenommen, Aussätzige wären schwache, elende Geschöpfe; es war ein Irrtum gewesen.

Strickland versetzte ihm schließlich einen derartigen Hieb auf die Schienbeine, daß er niederstürzte. – Ich setzte ihm den Fuß in den Nacken. Er miaute schauderhaft; durch meine hohen Reitstiefel hindurch konnte ich deutlich fühlen, daß sein Fleisch nicht das eines gesunden Menschen war. Er schlug nach uns mit den Stummeln seiner Hände und Füße; wir schlangen den Riemen einer Hundepeitsche unter seinen Achseln hindurch, verknoteten sie und schleppten ihn rücklings in die Vorhalle und in das Eßzimmer, wo das „Tier" gefesselt lag. – Dort banden wir ihn mit Tauen fest. Er wehrte sich nicht mehr. Miaute nur.

Die Szene, die sich abspielte, als wir ihn dem „Tier" ge-

genüberstellten, spottet jeder Beschreibung. Das „Tier" schnellte sich nach rückwärts, den Körper wie einen Bogen nach hinten gekrümmt, als sei es mit Strychnin vergiftet, und stöhnte zum Erbarmen. Noch verschiedenes andere begab sich, was ich hier nicht beschreiben kann.

„Ich glaube, meine Vermutung war richtig", sagte Strickland. „Wollen mal die Aufforderung an ihn richten, den Fall zu kurieren!" – – Aber der Aussätzige miaute nur.

Strickland wickelte ein Tuch um die Hand und nahm den Flintenlauf aus der Glut; ich steckte den zerbrochenen Spazierstock durch die Schlinge der Angelschnur, drehte ihn als Handhabe und schnürte so den Aussätzigen an der Bettstatt fest. Ich bekam damals einen leisen Begriff, wieso Männer, Frauen und Kinder es einst ertragen konnten, Hexen lebendig verbrennen zu sehen.

Das „Tier" auf dem Boden wimmerte und jammerte, und wenn auch der Silberne kein Gesicht mehr hatte, so konnte man doch von Zeit zu Zeit über den zähen Schlamm, der es ersetzte wie eine Maske, einen Ausdruck bestialischer Verworfenheit, gemischt mit Wut und Schrecken, hinhuschen sehen – etwa wie Hitzewellen über rotglühendem Eisen spielen.

Einen Moment bedeckte Strickland seine Augen mit den Händen; dann gingen wir ans Werk. – Eine Schilderung wird niemals im Druck erscheinen.

Der Tag begann zu dämmern, da erst entschloß sich der Aussätzige, zu sprechen. Bis dahin hatte er nur miaut; wir wollten uns aber damit nicht zufriedengeben.

Das „Tier" war ohnmächtig vor Erschöpfung.

Wir banden den Aussätzigen los und befahlen ihm, den bösen Geist auszutreiben.

Er kroch zu dem „Tier" hin und legte ihm die Hand auf die linke Brust; das war alles. Dann fiel er, das Gesicht nach unten, nieder und winselte, wobei er – den Atem nach innen sog.

Wir beobachteten das „Tier" und sahen: Die Seele Fleetes kehrte wieder in seine Augen zurück; seine Stirne bedeckte sich mit Schweiß, und die Augen – es waren wieder menschliche Augen – schlossen sich. Wir warteten eine Stunde: – Fleete schlief fest und tief. Wir trugen ihn in sein Zimmer und bedeuteten dem Aussätzigen, er möge gehen, gaben ihm die Bettstatt, die Decke, damit er seine Blöße verhülle, die Handschuhe, die Tücher, kurz alles, womit wir ihn berührt, und die Peitschenschnur, mit der wir ihn gefesselt hatten. Er hüllte sich in die Decke und schritt hinaus in die Morgenfrühe, ohne zu sprechen, ohne zu miauen.

Strickland trocknete sich die Stirn und setzte sich nieder; ein Nachtgong weit drüben in der Stadt schlug sieben Uhr.

„Genau vierundzwanzig Stunden!" sagte Strickland. „Ich habe mein Bestes getan, um einer Entlassung aus dem Staatsdienst sicher sein zu können, möglicherweise auch eines lebenslänglichen Freiquartiers in einer Irrenanstalt. Was meinst du übrigens: Schlafen wir, oder sind wir wach und noch bei Sinnen?"

Der glühende Flintenlauf war heruntergefallen, versengte den Teppich, der Brandgeruch war durchaus real, kein Zweifel: Wir waren wach und bei Sinnen.

Um elf Uhr gingen wir zu Fleete, um ihn zu wecken, und bemerkten sofort, daß die schwarze Leopardenrosette von seiner Brust verschwunden war. Er sah sehr müde und schlaftrunken aus, rief aber, als er uns erblickte, sofort: „Was sehe ich? Da seid ihr ja, alte Burschen! Ein glückliches Neujahr wünsche ich euch! – Und laßt euch raten: Trinkt niemals Schnaps, Bier und Champagner durcheinander. Ich bin noch halb tot davon!"

„Ich danke dir für deine Aufmerksamkeit, aber mit der Gratulation kommst du ein bißchen spät", sagte Strickland. „Heute schreiben wir bereits den zweiten Januar. Du hast geschlafen wie ein Murmeltier!"

Da ging die Tür auf, und der kleine Dumoise steckte den Kopf herein; er war zu Fuß gekommen und nahm an, wir wollten Fleete bereits aufbahren.

„Ich habe eine Leichenwäscherin mitgebracht", sagte er. „Ich glaube, sie wird alles gut besorgen."

„Hahaha", lachte Fleete und richtete sich belustigt im Bett auf. „Nur herein mit der Holden! Das ist ja prachtvoll."

Dumoise war sprachlos. Strickland führte ihn hinaus und

erklärte ihm, er müsse sich offenbar in der Diagnose geirrt haben. Dumoise erwiderte kein Wort: Er fühlte sich in seiner Würde als Arzt schwer gekränkt und schien die Sache als eine persönliche Beleidigung auffassen zu wollen.

Auch Strickland ging fort. Als er zurückkehrte, erzählte er mir, er habe beim Hanumantempel vorgesprochen und sich zu jeglicher Art Genugtuung wegen der geschehenen Götterentweihung bereit erklärt. Man hätte ihm aber aufs feierlichste versichert, niemals sei das Bild des Gottes von einem weißen Mann berührt worden. Er sei fraglos die Verkörperung aller Tugenden, scheine aber bisweilen Sinnestäuschungen unterworfen zu sein. – „Was sagst du dazu?" schloß Strickland.

„Es gibt mehr Dinge zwischen Himmel und – –" wollte ich ausrufen, da fiel mir noch rechtzeitig ein, daß Strickland dieses Zitat haßte; es sei abgedroschen, pflegte er zu behaupten.

Noch etwas begab sich – es erschreckte mich fast ebenso wie die Vorfälle in der Nacht: Als Fleete angekleidet ins Eßzimmer trat, schnupperte er plötzlich in die Luft. – Er hatte eine seltsame Art, die Nase zu bewegen, wenn er schnupperte. – „Ein scheußlicher Geruch nach Hunden ist hier", sagte er. „Du solltest deine Terrier besser pflegen! Versuch's doch einmal mit Schwefelblüte, Stricky!"

Strickland antwortete nicht. Er haschte nach einer Stuhllehne und brach urplötzlich in einen Weinkrampf aus. – Es ist eine schreckliche Sache, einen starken Mann weinen zu sehen. – Dann überfiel auch mich die Erinnerung, daß wir hier in diesem Raum mit dem Silbernen um Fleetes Seele gerungen und uns als Engländer erniedrigt hatten, und ich lachte – keuchend und gurgelnd. Fleete dachte sich offenbar, wir seien beide verrückt geworden!

Gesagt haben wir ihm niemals, was wir für ihn getan hatten.

Ein paar Jahre später, als Strickland sich verheiratet hatte und seiner Frau zuliebe ein emsiger Kirchgänger geworden war, besprachen wir noch einmal das seltsame Erlebnis in aller Ruhe, und Strickland machte mir den Vorschlag, ich solle den Fall veröffentlichen.

Ich meinesteils glaube nicht, daß dadurch das Geheimnis aufgeklärt wird, denn erstens glaubt niemand gern an derlei lästige Geschichten, und zweitens weiß jeder vernünftige Mensch, daß die Götter der Heiden aus Stein oder Erz bestehen und daß die Annahme, sie könnten als etwas anderes aufgefaßt werden, überaus töricht ist!

Das Grab seiner Ahnen

Manche sagen: Wenn es in ganz Indien nur einen Laib Brot gäbe, so würde er zu gleichen Teilen zwischen die Plowdens, die Trevors, die Beadons und die Rivett-Carnacs verteilt werden. Damit ist soviel gesagt wie: Gewisse Familien dienen in Indien Generation nach Generation, gleichwie drüben in Europa die Kronprinzen einander auf den Thron folgen.

Wir wollen hier von einem kleinen und bescheidenen Fall reden. Es gab zum mindesten immer einen Vertreter der Devonshire Chinns in oder nahe bei Zentralindien seit den Tagen des Artillerieleutnants Humphrey Chinn vom Regiment Bombay, der bei der Einnahme von Seringapatam 1799 dabei war. Alfred Ellis Chinn, Humphreys jüngster Bruder, befehligte ein Bombayer Grenadierregiment von 1804 bis 1813 und machte allerhand Kampagnen mit; und im Jahre 1834 tat sich John Chinn, aus derselben Familie – wir wollen ihn John Chinn den Ersten nennen – als besonnener Leiter der Verwaltung in unruhiger Zeit hervor in einem Bezirk namens Mundesur. Er starb jung, hatte aber dennoch bereits dem neuen Gebiet sein Gepräge gegeben, und die wohllöbliche Direktion der wohllöblichen Ostindien-Kompanie vereinigte seine trefflichen Eigenschaften in einer feierlichen Denkschrift und bezahlte die Kosten für sein Grabmal in den Bergen von Satpura.

Ihm folgte sein Sohn, Lionel Chinn, der sein altes kleines Heimatgut in Devonshire just rechtzeitig verließ, um bei dem großen Truppenaufstand in Indien schwer verwundet zu werden. Sein berufliches Leben spielte sich in einem Umkreis von hundertfünfzig Meilen um John Chinns Grabstätte ab, und er brachte es schließlich bis zum Kommando über ein Regiment kleiner, wilder Gebirgler, die schon sein Vater fast alle gekannt hatte. Sein Sohn wurde geboren in der kleinen strohbedeckten, lehmgemauerten Garnison, die selbst heute noch achtzig Meilen von der nächsten Bahnstation entfernt liegt, im Herzen eines verwilderten, von Tigern heimgesuchten Landes. Oberst Lionel diente dreißig Jahre und nahm dann seinen Abschied. Im Kanal passierte sein Dampfer das Truppentransportschiff, das seinen Sohn ostwärts trug, seinen Pflichten entgegen, wie die Familientradition sie gebot.

Die Chinns sind besser dran als die meisten Menschen, denn sie wissen genau, was sie zu tun haben. Ein gescheiter Chinn tritt in Bombay in die Zivilverwaltung ein und geht nach Zentralindien, wo jedermann erfreut ist, ihn zu sehen. Ein minder begabter Chinn tritt in das Polizeidepartement ein oder in die Forstverwaltung, um früher oder später ebenfalls in Zentralindien aufzutauchen; daher denn die Rede geht: „Zentralindien ist bewohnt von Bhils, Mairs[1] und Chinns, alle so ziemlich vom gleichen Schlag." Die Chinns sind alle schmalgliedrig, dunkel, schweigsam, und selbst die Dümmsten von ihnen sind noch gute Schützen. John Chinn der Zweite war ein recht gescheiter Bursch, aber als ältester Sohn trat er, gemäß der Chinn-Tradition, in die Armee ein. Seine Pflicht war, auf Lebenszeit in seines Vaters Regiment zu bleiben, obschon die meisten alles darum gegeben hätten, dieses Regiment zu vermeiden. Es war eine irreguläre Eingeborenentruppe, kleine, dunkle, schwärzliche Kerls, in grüne Schützenuniformen mit schwarzen Lederbesätzen montiert, und freundliche Gemüter nannten sie die „Wuddars", was soviel bedeutet wie Volk niedriger Kaste, das Ratten frißt. Aber die Wuddars nahmen das nicht übel. Sie waren die einzigen und alleinigen Wuddars, und ihre Gründe, sich besonders zu fühlen, waren folgende: Erstlich,

1 Zentralindische Volksstämme.

sie hatten weniger englische Offiziere als irgendein anderes Eingeborenenregiment; zweitens, ihre Leutnants waren nicht beritten, sondern marschierten zu Fuß an der Spitze ihrer Leute. Ein Mann, der den Geschwindschritt der Wuddars mithalten kann, muß gesund an Leib und Lunge sein. Drittens, sie waren „pukka skikarries", waschechte Jäger, die besten von ganz Indien. Und viertens und immer wieder: Sie waren die Wuddars – Chinns irreguläres Bhil-Regiment von eh, aber jetzt und für alle Zeiten – die Wuddars.

Die Engländer, die in das Regiment eintraten, taten es höchstens aus Liebhaberei oder eben aus Familientradition. Die Offiziere redeten mit ihren Leuten in einer Zunge, die nicht zweihundert Weiße in Indien verstanden, und die Leute waren ihre Kinder, alles Bhils, die vielleicht die merkwürdigste aller merkwürdigen Rassen Indiens sind. Sie waren, und sind im Herzen noch heute, wilde, verschlossene, scheue Gesellen, vollgepfropft mit Aberglauben. Die Rassen, die wir die Eingeborenen dieser Gegend nennen, fanden die Bhils bereits im Besitz des Landes, als sie zuerst vor tausend Jahren in dieses Stück Welt einbrachen. Gelehrte Bücher nennen sie Prä-Arier, Ureinwohner, Draviden und dergleichen, und so nennen sich, in anderen Worten, die Bhils selber. Wenn ein Rajputfürst, dessen Barden seinen Stammbaum bis auf zwölfhundert Jahre zurück besingen können, auf den Thron gesetzt wird, so ist diese Einsetzung nicht vollkommen, ehe ihm nicht die Stirn gezeichnet ist mit Blut aus den Adern eines Bhil. Der Rajput sagt, die Zeremonie habe keine Bedeutung, aber der Bhil weiß, daß sie der letzte, allerletzte Schatten seiner alten Rechte als einstigen Besitzers dieses Bodens ist.

Jahrhunderte voll Unterdrückung und Blut machten den Bhil zu einem grausamen und halbverblödeten Dieb und Viehräuber, und als die Engländer kamen, schien er der Zivilisation nicht zugänglicher als der Tiger seiner eigenen Dschungel. Aber John Chinn der Erste, Vater von Lionel, Großvater unseres John, kam in sein Land, lebte mit ihm, lernte seine Sprache, schoß das Wild, das seine kümmerliche Feldfrucht fraß, und gewann sein Zutrauen, so daß die Bhils schließlich pflügen und säen lernten, während andere von ihnen mit gutem Zureden dazu gebracht wurden, in den

Heeresdienst einzutreten und die Polizei über ihre Stammesbrüder auszuüben.

Nachdem sie einmal begriffen hatten, daß in Reih und Glied zu stehen nicht gleichbedeutend war mit augenblicklich erschossen zu werden, bequemten sie sich zum Soldatenhandwerk als zu einer zwar beschwerlichen, doch belustigenden Art Sport und waren eifrig bemüht, die noch ungezähmten Bhils in Rand und Band zu halten. Damit war das Schlimmste überwunden. John Chinn der Erste gab ihnen geschriebene Zusagen, daß die Regierung, wenn sie von einem bestimmten Zeitpunkt an brav wären, über alte Vergehen ein Auge zudrücken würde; und da sie wußten, daß John Chinn nie sein Wort brach – er hatte einmal versprochen, einen als unverwundbar geltenden Bhil zu hängen, und hängte ihn auch wirklich im Angesicht seines Stammes für sieben erwiesene Mordtaten –, so gaben die Bhils Ruhe, so gut es ihnen eben möglich war. Es war langsame Arbeit in aller Stille, von der Art, wie sie noch heute allenthalben in Indien getan wird, und obwohl John Chinn seinen einzigen Lohn, wie gesagt, in Gestalt eines Grabmals auf Regierungskosten erhielt, vergaß ihn doch das kleine Bergvolk nie.

Auch Oberst Lionel Chinn kannte und liebte sie, und sie waren, für Bhils, am Ende seiner Dienstzeit recht leidlich zivilisiert. Viele von ihnen hätte man kaum noch von Hindufarmern niedriger Kaste unterscheiden können; nur im Süden, wo John Chinn der Erste begraben lag, hausten die Unzähmbaren noch in den Höhen von Satpura und hegten die Legende, daß eines Tages Jan Chinn, wie sie ihn nannten, zurückkehren werde zu seinem Volk. Mittlerweile mißtrauten sie dem weißen Mann und seiner Art. Die geringste Herausforderung trieb sie zu Raub- und Plünderzügen, gelegentlich zu Mordtaten. Aber wenn sie behutsam behandelt wurden, waren sie reuig wie Kinder, und versprachen, es nie wieder zu tun.

Die Bhils im Regiment – die uniformierten – waren in vieler Hinsicht tüchtig, aber sie mußten immer bei guter Laune erhalten werden. Sie langweilten sich und kriegten Heimweh, wenn man sie nicht als Treiber auf Tigerjagd mitnahm, und ihr kaltblütiger Wagemut – alle Wuddars schießen Tiger zu Fuß, das ist die Eigentümlichkeit ihrer Kaste – setzte selbst die Offiziere in Erstaunen. Sie verfolgten einen verwundeten Tiger so unbesorgt, als wäre es ein Spatz mit gebrochenem Flügel, und das in einem Lande voller Höhlen, Schluchten und Gruben, wo ein Raubtier ein Dutzend Männer in Schach halten konnte. Dann und wann wurde ein kleiner Mann mit eingeschlagenem Schädel oder aufgerissenen Rippen zur Kaserne gebracht, aber seine Kameraden wurden deshalb nicht vorsichtiger; sie begnügten sich alsdann damit, den Tiger zu erledigen.

John Chinn der Junge war vor der Veranda des einsamen Messehauses der Wuddars vom Rücksitz eines zweirädrigen Wagens herabgesprungen; alle seine Gewehrbehälter purzelten ihm nach. Der schlanke, kleine, hakennasige Bursche sah so verloren aus wie eine verirrte Geiß, indes er sich den weißen Staub von den Knien klopfte und der Wagen die blendende Straße hinabholperte. Aber im Herzen war ihm wohl. Dies war ja der Ort, wo er geboren war, und es hatte sich eigentlich nicht viel verändert, seit er vor nunmehr fünfzehn Jahren als kleines Kind nach England geschickt worden war.

Ein paar neue Gebäude waren da, aber Luft und Geruch und Sonne waren dieselben, und der kleine, grüne Kerl, der da über den Exerzierplatz kam, sah ganz vertraut aus. Vor drei Wochen noch würde John Chinn behauptet haben, daß er sich nicht eines einzigen Wortes der Bhil-Sprache mehr entsinne, aber an der Tür zur Messe merkte er, daß er seine Lippen zu Sätzen bewegte, die er selber nicht verstand – Stückchen alter Kinderlieder und Nachklänge von Befehlen, die sein Vater den Leuten zu geben pflegte.

Der Oberst beobachtete ihn, wie er die Stufen heraufkam, und lachte.

„Schauen Sie!“ sagte er zu dem Major. „Nicht nötig, zu fragen, wo der Junge herstammt. Er ist ein ‚pukka‘ Chinn. Könnte sein Vater sein, so aus den fünfziger Jahren.“

„Hoffentlich ebenso guter Schütze“, sagte der Major. „Schießkram genug bringt er mit.“

„Würde kein Chinn sein, wenn er's nicht täte. Schauen Sie, wie er sich die Nase putzt! Richtiger Chinn-Haken.

Schwingt das Taschentuch genau wie sein Vater. Zweite Auflage – Zug für Zug."

„Märchenhaft, bei Gott!" sagte der Major, durch die Latten der Jalousie spähend. „Wenn er der rechte Sohn seines Vaters ist, wie er jetzt . . . Wahrhaftig, genau, wie der alte Chinn nie an dem Ding vorbeikommen konnte, ohne dran zu fummeln . . .!"

„Sein Sohn!" rief der Oberst aufspringend.

„Da hol mich doch . . ." sagte der Major. Der Blick des jungen Mannes war haftengeblieben an einem zerschlissenen Schilfvorhang, der an einer Schnur zwischen den Verandapfosten hing, und hatte mechanisch an einer Ecke gezupft, um ihn geradezurücken.

Chinn der Alte hatte dreimal am Tage seit vielen Jahren diesen Vorhang verflucht, er hing ihm nie recht. Sein Sohn trat in den Vorraum unter allgemeinem Schweigen. Dann hießen sie ihn willkommen, um seines Vaters willen, und, als sie wärmer wurden, auch um seiner selbst willen. Er war dem Porträt des Obersten an der Wand lächerlich ähnlich, und nachdem er sich den Staub etwas aus der Kehle gespült hatte, ging er in sein Quartier mit dem kurzen, lautlosen Dschungelschritt des Alten.

„Das nenn ich Vererbung", sagte der Major. „Das kommt von drei Generationen bei den Bhils."

„Und die Leute wissen es", sagte der Flügeladjutant. „Sie haben auf diesen Jüngling schon gewartet, daß ihnen die Zunge 'raushängt. Ich bin überzeugt, wenn er ihnen nicht geradezu die Schädel einschlägt, werden sie sich kompanieweise vor ihm hinschmeißen und ihn anbeten."

„Geht nichts über einen Vater als Vorgänger", meinte der Major. „Ich bin ein Parvenü bei meinen Kerls. Ich bin erst seit zwanzig Jahren im Regiment, und mein verehrter Alter Herr war nichts als ein einfacher Landjunker. Der Denkungsweise eines Bhil kommt man da nicht auf den Grund. Jetzt – warum saust dort die Perle von Träger, die der junge Chinn mitgebracht hat, mit seinem Bündel in die Gegend?" Er trat auf die Veranda und rief dem Mann nach – einem typischen, neueingetretenen Leutnantsburschen, der englisch spricht und dementsprechend gaunert.

„Was ist los?“ rief er.

„Viel schlechtes Männer hier! Ich gehen, Sar“, war die Antwort. „Haben Sahibs Schlüssel genommen und sagen, wollen schießen.“

„Verdammt einleuchtend — verdammt überzeugend. Was so ein Gauner Beine machen kann! Müssen ihm einen scheußlichen Schrecken eingejagt haben.“ Der Major schlenderte nachdenklich in sein Quartier, um sich für die Messe einzukleiden.

Der junge Chinn war um das ganze Kantonnement herumgesteuert, ehe er zu seinem eigenen winzigen Häuschen ging. Das Hauptmannsquartier, wo er zur Welt gekommen war, hielt ihn eine Weile auf; dann schaute er nach dem Brunnen auf dem Exerzierplatz, wo er abends mit seiner Amme gesessen hatte, und nach der kleinen Kirche, in die die Offiziere zum Gottesdienst gingen, wenn just mal ein Geistlicher irgendeines offiziellen Bekenntnisses hier des Weges kam. Sie kam ihm sehr klein vor, verglichen mit dem riesenhaften Bauwerk, zu dem er damals emporgeschaut hatte; aber es war doch derselbe Ort.

Dann und wann kam er an einem Trupp schweigender Soldaten vorbei, die salutierten. Vielleicht waren es just die Männer, die ihn auf dem Rücken getragen hatten, als er in seinen ersten Knickerbockern prangte. Ein schwaches Licht brannte in seinem Zimmer, und als er eintrat, umklammerten Hände seine Füße, und eine Stimme murmelte vom Boden herauf.

„Wer ist das?“ fragte der junge Chinn, unbewußt in der Sprache der Bhils redend.

„Ich trug dich in meinen Armen, Sahib, als ich ein starker Mann war und du ein kleiner, der immer weinte, weinte, weinte! Ich bin dein Diener, wie ich deines Vaters Diener war vor dir. Wir alle sind deine Diener.“

Chinn getraute sich nicht, zu antworten, und die Stimme fuhr fort:

„Ich habe deine Schlüssel genommen von diesem fetten Fremden und habe ihn weggeschickt; und die Manschettenknöpfe sind im Hemd für die Messe. Wer sollte wissen, wenn ich nicht weiß? Das Baby ist ein Mann geworden und hat seine Amme vergessen. Aber mein Neffe soll ein guter Diener sein, oder ich will ihn schlagen zweimal am Tag."

Alsdann erhob sich, gerade wie ein Bhil-Pfeil, mit klapperndem Geräusch ein kleiner, weißhaariger, verdorrter Affe von Mann, die Brust mit Medaillen und Orden behängt, stammelnd, salutierend, zitternd. Hinter ihm war ein junger, drahtiger Bhil, in Uniform, damit beschäftigt, die Spanner aus Chinns Lackschuhen herauszunehmen.

Chinns Augen standen voll Tränen. Der Alte hielt seine Schlüssel hoch.

„Fremde sind schlechtes Volk. Er wird nie wiederkommen. Wir alle sind Diener von deines Vaters Sohn. Hat der Sahib vergessen, wer ihn mitnahm und ihm den Tiger in der Falle zeigte in dem Dorf überm Fluß, als seine Mutter so furchtsam war und er so tapfer?"

Das Bild tauchte vor Chinn auf wie im Licht einer Laterna magica. „Bukta!" rief er, und im selben Atem: „Du sagtest, es würde mir nichts geschehen. Ist es Bukta?"

Zum zweitenmal lag ihm der Mann zu Füßen. „Er hat nicht vergessen. Er gedenkt seines Volkes, wie sein Vater gedachte. Jetzt kann ich sterben. Aber erst will ich leben und dem Sahib zeigen, wie Tiger getötet werden. Das da hinten ist mein Neffe. Wenn er kein guter Diener ist, schlage ihn und schick ihn zu mir, und ich will ihn gewißlich töten, denn nun ist der Sahib bei seinem Volk. Ai, Jan baba – Jan baba! Mein Jan baba! Ich will hier bleiben und zusehen, daß das da seine Arbeit tut, wie sich's gehört. Zieh ihm die Stiefel aus, Narr. Sitz auf dein Bett, Sahib, und laß mich schauen. Es ist Jan baba!"

Er streckte den Griff seines Säbels vor zum Zeichen der Ergebenheit, eine Ehre, die nur Vizekönigen, Gouverneuren und Generälen erwiesen wird, oder kleinen Kindern, die man zärtlich liebt. Chinn berührte den Griff mechanisch mit drei Fingern und murmelte dabei, er wußte nicht, was. Es war aber just die alte Erwiderung aus seiner Kinderzeit, wenn Bukta ihn zum Spaß den kleinen General-Sahib genannt hatte.

Das Quartier des Majors lag gegenüber dem von Chinn, und als er seinen Burschen plötzlich vor Überraschung schnaufen hörte, hob er den Blick und sah hinüber. Dann setzte sich der Major aufs Bett und pfiff; denn das Schauspiel, wie der Senior der Eingeborenenoffiziere – ein „Vollblut"-Bhil, Ritter des Ordens von Britisch-Indien, mit 35 tadellosen Dienstjahren in der Armee und einem Rang bei seinem eigenen Volk, der höher war als derjenige so manches bengalischen Kleinfürsten – sich zum Kammerdiener des jüngsten, eben angekommenen Leutnants machte, dieses Schauspiel war ein bißchen zuviel für seine Nerven.

Die kehltönigen Hörner bliesen das Signal zur Messe, das eine lange Geschichte hat. Zuerst ein paar durchdringende Töne, gleich Rufen, fern aus dem Dickicht, und dann, breit, voll und weich, der Refrain des wilden Liedes: „Und o, und o, die Freuden von Mundore – Mundore!"

„Alle kleinen Kinder waren im Bett, als der Sahib dieses Signal zuletzt hörte", sagte Bukta, Chinn ein frisches Taschentuch reichend. Das Signal brachte ihm die Erinnerung an sein Bett unter dem Moskitonetz, den Kuß seiner Mutter und den Klang von Schritten, die immer schwächer wurden, indes er in Schlaf sank. So hakte er den schwarzen Kragen seines neuen Messerockes zu und ging zum Abendessen wie ein Prinz, der eben seines Vaters Krone ererbt hat.

Der alte Bukta storchte hinaus und drehte seinen Backenbart. Er kannte seinen Wert, und kein Geld noch Rang, den die Regierung zu vergeben hatte, würde ihn dazu gebracht haben, jungen Offizieren Manschettenknöpfe in die Hemden zu stecken oder ihnen frische Taschentücher zu reichen. Dennoch, als er an diesem Abend seine Uniform auszog und sich zu einer stillen Tabaksrunde unter seine Stammesbrüder hockte, erzählte er ihnen, was er getan hatte, und sie sagten, er habe durchaus recht getan. Worauf Bukta eine Theorie zum besten gab, die für die Begriffe eines Weißen blühender Unsinn gewesen wäre; aber die flüsternden kleinen Krieger steckten die Köpfe zusammen und erwogen sie von jedem Gesichtspunkte aus und kamen zu dem Schluß, daß möglicherweise sehr viel daran sei.

In der Messe, unter den Öllampen, wandte sich das Gespräch wie gewöhnlich dem unvermeidlichen Thema zu: „shikar" – Jagd auf Großwild aller Art und unter allen

Umständen. Der junge Chinn machte große Augen, als er begriff, daß jeder seiner Kameraden schon mehr als einen Tiger auf Wuddar-Art – d. h. zu Fuß – geschossen hatte, ohne mehr Aufhebens davon zu machen, als wenn das Biest ein Hund gewesen wäre.

„In neun Fällen von zehn", sagte der Major, „ist ein Tiger ungefähr ebenso gefährlich wie ein Stachelschwein. Aber beim zehnten Mal – was haste, was kannste!"

Alle lachten; und es war noch lange nicht Mitternacht, da drehte sich Chinn schon der Kopf von Tigergeschichten – Geschichten von menschenfressenden Tigern und solchen, die Vieh reißen, jeder seinem Geschäft so ordentlich und säuberlich nachgehend wie Beamte in einer Kanzlei; neuen Tigern, die erst jüngst in den und in den Distrikt gekommen waren, und alten, wohlbekannten Tieren, mit allen Schlichen vertraut, in der Messe mit Spitznamen getauft, wie „Puggy", der faul war und riesige Pranken hatte, oder „Mrs. Malaprop", die immer mit echt weiblichem Geschnurr auftauchte, wenn man sie am wenigsten erwartete. Dann sprachen sie vom Aberglauben der Bhils, ein weites, phantastisches Gebiet, bis der junge Chinn sich die Bemerkung erlaubte, es käme ihm vor, als ob sie ihn zum besten halten wollten.

„Nein, wirklich nicht", sagte sein Nachbar zur Linken. „Wir wissen genau Bescheid über Sie. Sie sind ein Chinn usw., und Sie haben hier sozusagen verbriefte Rechte; aber wenn Sie nicht mal glauben, was wir Ihnen sagen, was soll da werden, wenn erst der alte Bukta anfängt? Der weiß Geschichten von Geistertigern und Tigern, die in eine eigene Tigerhölle fahren, und Tigern, die auf den Hinterpratzen laufen, und von dem Reit-Tiger Ihres Großpapas sogar. Ich finde es merkwürdig, daß er noch nicht davon gesprochen hat."

„Sie wissen, daß ein Vorfahre von Ihnen in Satpura drüben begraben liegt?" fragte der Major, als Chinn unschlüssig lächelte.

„Natürlich", sagte Chinn, der die Familienchronik auswendig wußte. Sie liegt in einem abgegriffenen alten Lederband auf dem chinesischen Lacktischchen hinter dem Klavier in dem alten Vaterhause in Devonshire, und die Kinder dürfen am Sonntag hineinschauen.

„Ich war nicht ganz sicher. Ihr verehrter Ahnherr, mein Junge, hat nach dem Glauben der Bhils einen Tiger zu eigener Verfügung – einen gesattelten Tiger, auf dem er im Lande umherreitet, so oft er Lust dazu verspürt. Ich finde das nicht besonders schicklich für den Geist eines alten Beamten; aber die Bhils im Süden sind nun mal davon überzeugt. Selbst unsere Leute, die man einigermaßen vernünftig nennen kann, vermeiden die Gegend lieber, wenn sie hören, daß Jan Chinn auf seinem Tiger herumsaust. Man sagt, es sei ein sogenanntes gewölktes Tier – nicht gestreift, sondern gefleckt, wie Schildpatt. Ein grausiges Vieh ist es und ein sicherer Vorbote von Krieg oder Pest oder – sonstwas. Na also – nette Familienlegende für Sie."

„Wie, glauben Sie wohl, daß sie entstanden ist?" fragte Chinn.

„Fragen Sie die Satpura Bhils. Der alte Jan Chinn war ein gewaltiger Nimrod vor dem Herrn. Vielleicht ist das die Rache des Tigers, oder vielleicht jagt er sie immer noch. Sie müssen dieser Tage mal zu seinem Grabe gehen und sich erkundigen. Bukta wird wahrscheinlich mitmachen. Er fragte mich, ehe Sie kamen, ob Sie vielleicht unglücklicherweise schon Ihren ersten Tiger eingesackt hätten. Wenn nicht, wird er selber Sie unter seine Schwingen nehmen. Natürlich, für Sie vor allen andern ist das das erste Gebot. Sie werden erstklassigen Sport haben mit Bukta."

Der Major hatte recht. Bukta hielt beim Exerzieren ein sorgliches Auge auf den jungen Chinn, und als der neue Offizier zum erstenmal seine Stimme zu einem Befehl erhob, bibberte die ganze Kompanie sichtlich. Dem Oberst selber gab es einen Ruck, denn das hätte ebensogut Lionel Chinn sein können, zu neuem Leben von Devonshire zurückgekehrt. Bukta hatte mittlerweile immer wieder seine besondere Theorie vor seinen vertrauten Freunden zur Sprache gebracht, und sie wurde im Regiment als Glaubensartikel angenommen, da jedes Wort und jede Bewegung des jungen Chinn sie so augenfällig bekräftigte.

Der Alte traf unverweilt seine Vorkehrungen, auf daß

sein Liebling den Makel, noch keinen Tiger geschossen zu haben, auslöschen könnte; aber er begnügte sich nicht, das erste beste Tier zu nehmen, das gerade in der Gegend auftauchte. Er waltete in seinen Dörfern der hohen, mittleren und niederen Justiz, und wenn seine Leute – nackt und aufgeregt – zu ihm kamen mit Nachrichten von einem Tiger, so befahl er ihnen, Späher zu schicken an die Stellen, wo das Tier Beute gerissen hatte oder zur Tränke kam, um sich zu vergewissern, ob es ein Wild sei, würdig eines solchen Mannes.

Drei- oder viermal kamen die verwegenen Spurensucher zurück mit der wahrheitsgetreuen Meldung, das Tier sei räudig oder zu klein – ein vom Wurf noch mitgenommenes Weibchen oder ein altes Männchen mit brüchigen Zähnen –, und Bukta mußte die Ungeduld Jung-Chinns immer wieder zügeln.

Endlich wurde ein edles Tier gesichtet – ein zehn Fuß langer Viehräuber mit einem riesigen Wulst losen Fells am Bauch, glatthaarig, mit voller Halskrause und Backenbärten, sprungkräftig und jung. Er hatte einen Mann erschlagen bloß zum Sport, sagten sie.

„Füttert ihn", sprach Bukta, und die Dörfler trieben pflichtschuldigst Kühe aus zu seinem Ergötzen, damit er nahebei bliebe.

Fürsten und Potentaten sind zu Schiff nach Indien gefahren und haben Geld in Menge gezahlt, um nur einen Blick zu werfen auf Tiere, halb so schön wie dieses Exemplar Buktas.

„Es ist nicht gut", sagte er zu dem Oberst, als er um Jagdurlaub bat, „daß meines Obersten Sohn seine Jungfernschaft an irgendeinem kleinen Dschungelwild verliert. Das mag hinterdrein kommen. Ich habe lange gewartet auf dieses Tier, das ein Tiger ist. Er ist von Mair herübergekommen. In sieben Tagen werden wir wieder hier sein mit dem Fell."

Die Messe knirschte neidisch mit den Zähnen. Wenn er gewollt hätte, hätte Bukta sie alle einladen können. Aber er zog mit Chinn allein los, zwei Tage in einem Jagdwagen und einen Tag zu Fuß, bis sie zu einem felsigen, sonnenbestrahlten Tal kamen mit einem Teich klaren Wassers inmitten. Es war ein sengender Tag, und der junge Mann zog sich, natürlicherweise, aus und stieg in den Teich zu einem Bad, Bukta bei den Kleidern zurücklassend. Weiße Haut hebt sich scharf ab auf braunem Dschungel, und was Bukta auf Chinns Rücken und rechter Schulter gewahrte, zog ihn magnetisch heran, Schritt um Schritt, mit vortretenden Augenbällen.

‚Ich hab vergessen, daß es unschicklich ist, sich vor einem Manne seines Ranges zu entkleiden', dachte Chinn, im Wasser plätschernd. ‚Wie der kleine Teufelskerl glotzt!' – „Was ist denn los, Bukta?"

„Das Zeichen!" war die geflüsterte Antwort.

„Hat nichts zu sagen. Du weißt, wie's bei uns ist!" Chinn war ärgerlich. An das dunkle Muttermal auf seiner Schulter, das aussah wie ein großer Rotweinfleck, hatte er nicht gedacht, sonst hätte er nicht gebadet. Es kam, so sagten sie daheim, immer in jeder zweiten Generation vor und erschien, seltsam genug, acht oder neun Jahre nach der Geburt. Hübsch sah es nicht gerade aus, aber immerhin, es gehörte zur Erbschaft der Chinns. Er stieg schnell an Land, zog sich wieder an und marschierte weiter, bis sie zwei oder drei Bhils trafen, die stracks auf die Gesichter fielen. „Mein Volk", brummte Bukta, ohne sie eines Blickes zu würdigen. „Und somit dein Volk, Sahib. Als ich ein junger Mann war, waren wir weniger, aber nicht so schwach. Jetzt sind wir viele, aber kümmerliche Brut. Was du gütig bedenken mögest. Wie willst du ihn schießen, Sahib? Von einem Baum? Aus einem geschützten Stand, den meine Leute bauen werden? Bei Tag oder bei Nacht?"

„Zu Fuß und am Tage", sagte der junge Chinn.

„So war's immer bei dir, hab ich gehört", murmelte Bukta bei sich. – „Ich will mich jetzt umtun, wo er ist. Dann wollen wir beide hingehen. Ich werde ein Gewehr mitnehmen. Du hast deines. Mehr braucht es nicht. Welcher Tiger soll standhalten gegen dich?"

Er wurde aufgespürt bei einem kleinen Tümpel am Eingang einer Schlucht, vollgefressen und halb schlafend in der Maisonne. Er schreckte auf wie ein Rebhuhn und fuhr herum, zum Kampf um sein Leben. Bukta blieb regungslos und hob sein Gewehr nicht, sondern hielt seine Augen auf Chinn gerichtet, der dem schütternden Angriffsgebrüll mit einem einzigen Schuß begegnete – Stunden schienen ihm zu vergehen, indes er zielte –, einem Schuß, der durch die Kehle drang und das Rückgrat unterm Nacken und zwischen den Schultern zerschmetterte. Das Ungeheuer krümmte sich, gurgelte, fiel, und ehe Chinn noch recht wußte, was geschehen war, hieß Bukta ihn stehenbleiben, während er den Abstand von Chinns Füßen bis zu dem zuckenden Rachen abschritt.

„Fünfzehn", sagte Bukta. „Kurze Schritte. Kein zweiter Schuß nötig, Sahib. Er verblutet auf dem Fleck, und wir brauchen das Fell nicht zu verderben. Ich sagte, daß wir die da nicht brauchen würden, aber sie kamen – für alle Fälle."

Die Flanken der Schlucht waren mit einemmal mit den Köpfen von Buktas Leuten gekrönt – Männern genug, um dem Vieh alle Rippen aus dem Leibe zu knallen, wenn Chinns Schuß gefehlt hätte; aber ihre Flinten waren verborgen, und sie gaben sich nun als schaulustige Treiber, die den Befehl zum Häuten erwarteten. Bukta beobachtete, wie das Leben aus den wilden Lichtern schwand, hob eine Hand und drehte sich auf dem Absatz herum.

„Nicht nötig, daß wir Interesse zeigen", sagte er. „Jetzt, nach diesem, können wir schießen, was wir wollen. Streck deine Hand aus, Sahib."

Chinn gehorchte. Sie war vollkommen ruhig, und Bukta nickte. „Auch das war immer so bei dir. Meine Leute besorgen das Häuten schnell. Sie werden das Fell auf die Station bringen. Will der Sahib für heute nacht in mein armes Dorf kommen und, vielleicht, vergessen, daß ich sein Offizier bin?"

„Aber diese Leute – die Treiber. Sie haben harte Arbeit getan, und vielleicht –"

„Oh, wenn sie ungeschickt häuten, werden wir ihnen das Fell abziehen. Es sind meine Leute. Im Regiment bin ich einer. Hier bin ich ein anderer."

So war es. Indem Bukta die Uniform auszog und zu der fragmentarischen Kleidung seines Stammes zurückkehrte, ließ er alle soldatische Zivilisation in einer andern Welt.

Diese Nacht weihte er, nach einer kleinen Unterredung mit seinen Untertanen, einer Orgie; und eine Orgie der Bhils ist ein Ding, über das man besser nicht schreibt. Chinn, strahlend vor Triumph, war der Mittelpunkt, obwohl der tiefere Sinn dieser Mysterien ihm verborgen blieb. Wildes Volk kam und drängte sich um seine Knie mit Gaben. Er reichte den Dorfältesten seine Flasche. Sie wurden beredt und bekränzten ihn mit Blumen. Er wurde mit Geschenken, oft zweifelhafter Art, überschüttet, höllische Musik rollte und tobte um rote Feuer, und Sänger sangen Lieder aus alter Zeit und tanzten seltsame Tänze. Die Tränke der Ureinwohner sind sehr stark, und Chinn war genötigt, sie immer wieder zu kosten; dennoch – wenn man nicht annahm, daß sie mit besonderen Säften vermischt waren –, wie kam es, daß er plötzlich in Schlaf fiel und spät am nächsten Tage erwachte, einen halben Tagesmarsch weit vom Dorf?

„Der Sahib war sehr müde. Kurz vor der Morgendämmerung schlief er ein“, erklärte Bukta. „Meine Leute trugen ihn hierher, und jetzt ist es Zeit, daß wir zur Station zurückgehen.“

Seine Stimme, sanft und ehrerbietig, sein Gang, fest und leise, ließen es kaum glaublich erscheinen, daß Bukta nur wenige Stunden zuvor mit einer Horde nackter Teufelsbrüder geheult und Bocksprünge gemacht hatte.

„Mein Volk war sehr erfreut, den Sahib zu sehen. Sie werden nie vergessen. Wenn der Sahib nächstens Rekruten ausheben wird, wird er zu meinem Volk gehen, und sie werden ihm so viele Männer geben, wie wir brauchen.“

Chinn hielt sein Erlebnis geheim, abgesehen von der Tigerjagd, die Bukta mit schamloser Zunge ausschmückte. Das Fell war sicherlich eines der schönsten, die je in der Messe aufgehängt wurden, und das erste von vielen. Wenn Bukta seinen Schützling nicht selber auf Jagd begleiten konnte, sorgte er dafür, daß er in guten Händen war, und Chinn lernte auf seinen Fahrten und Rasten, bei Gesprächen im Zwielicht oder an entlegenen Tümpeln mehr von Wesen und Denkungsart des wilden Bhils, als sonst ein Uneingeweihter zeit seines Lebens lernt.

Nicht lange, so faßten sich die Leute im Regiment ein

Herz und redeten zu ihm von ihren Anverwandten – die meistens in Verlegenheiten irgendwelcher Art waren – und legten ihm Rechtsstreitigkeiten vor. Sie berichteten etwa, bei der Dämmerung nach der gemütlichen, vertraulichen Art der Wuddars in der Veranda hockend, daß der und der Junggeselle mit der und der Frau eines entlegenen Dorfes durchgebrannt sei. Wie viele Kühe würde nun Chinn Sahib für eine gerechte Buße erachten? Oder, wenn ein geschriebener Befehl von der Regierung käme, daß ein Bhil in eine gemauerte Stadt in der Ebene kommen solle, um vor einem Gerichtshof Zeugnis abzulegen, würde es geraten sein, diesen Befehl unbeachtet zu lassen? Andrerseits, wenn er gehorchte, würde er von dieser vielleicht allzu voreiligen Reise lebendig wieder zurückkehren?

„Aber was habe ich mit diesen Dingen zu tun?" fragte Chinn ungeduldig Bukta. „Ich bin Soldat. Ich kenne das Gesetz nicht."

„Huh! Gesetz ist für Narren und weiße Männer. Gib ihnen einen ordentlichen, lauten Befehl, und sie werden sich daran halten. Du bist ihr Gesetz."

„Aber wieso?"

Jede Spur von Ausdruck wich aus Buktas Zügen. Man hätte meinen können, diese Frage käme ihm zum erstenmal. „Wie kann ich das sagen?" erwiderte er. „Vielleicht ist es wegen dem Namen. Ein Bhil liebt Fremdes nicht. Gib ihnen Befehle, Sahib – zwei, drei, vier Worte nur jedesmal, nicht mehr, als sie in ihren Köpfen wegtragen können. Das ist genug."

Chinn gab also tapfer Befehle, nicht ahnend, daß vielleicht ein in aller Eile vor dem Abendessen gesprochenes Wort zum gefürchteten, unwiderruflichen Gesetz würde in fernen Dörfern über den dunstigen Bergen – ja, in der Tat zum Gesetz Jan Chinns des Ersten selber, der, so ging die geflüsterte Sage um, auf die Erde zurückgekehrt war, um in der leiblichen Gestalt seines Enkelsohnes die dritte Generation zu überwachen.

In diesem Punkte konnte kein Zweifel walten. Alle Bhils wußten, daß Jan Chinn in seiner neuen Inkarnation Buktas Dorf mit seiner Gegenwart beehrt hatte, nachdem er seinen

– in diesem Leben – ersten Tiger erlegt hatte; daß er mit dem Volke gegessen und getrunken habe, wie er es einst getan; und auf seinem Rücken und seiner rechten Schulter – Bukta mußte sehr starke Säfte in Chinns Trank gemischt haben – hatten alle Männer denselben Fleck, rot wie das Rot des Zorns, geschaut, den die Götter auf das Fleisch Jan Chinns des Ersten gesetzt hatten, da er zum erstenmal zu den Bhils kam. Für die törichte Welt der Weißen, die keine Augen haben, war er ein schmächtiger, junger Offizier bei den Wuddars; aber sein Volk wußte, daß er Jan Chinn war, der den Bhil zum Manne gemacht, und so brachten sie glaubenseifrig Botschaft von seinen Worten, sorglich bedacht, unterwegs nicht das geringste daran zu ändern.

Da der Wilde ebenso wie das Kind, das einsame Spiele spielt, Angst hat, verlacht oder befragt zu werden, behielten die kleinen Bhils ihre Überzeugung für sich; und der Oberst, der sein Regiment zu kennen glaubte, ahnte nicht, daß jeder einzelne von den sechshundert schnellfüßigen, kugeläugigen Musketieren, die Gewehr bei Fuß im Glied standen, still und unerschütterlich daran glaubte, daß der Leutnant am linken Flügel ein wiedergeborener Halbgott sei – Schutzgottheit ihres Landes und Volkes. Die Erdgötter selbst hatten ihren Stempel auf diese Inkarnation gedrückt, und wer sollte wagen, ihrer Hände Werk anzuzweifeln?

Chinn, der vor allem eine praktische Natur war, sah, daß sein Familienname ihm im Dienst und auf Jagd gute Dienste leistete. Seine Leute gaben nie Anlaß zu Klage – man läßt sich nichts zuschulden kommen, wenn ein Gott auf dem Stuhl der Gerechtigkeit sitzt –, und er war der besten Treiber im ganzen Bezirk sicher, wenn er sie brauchte. Sie waren des Glaubens, daß der Schutz Jan Chinns sie bewahre, und in diesem Glauben waren sie verwegen bis zum Äußersten.

Sein Quartier schaute nachgerade aus wie ein naturgeschichtliches Liebhabermuseum, ungeachtet der nach Devonshire heimgesandten Duplikate von Köpfen, Hörnern und Schädeln. Die Leute fanden sehr irdischerweise bald die schwache Seite ihres Gottes heraus. Zwar, er war unbestechlich, aber Vogelbälge, Schmetterlinge, Käfer und, vor allem, Nachrichten von großem Wild machten ihm Freude. Noch in einer anderen Hinsicht erwies er sich als ein echter Chinn: Er war fieberfest. Eine Nacht durch in einem feuchten Tal bei einer als Köder angebundenen Ziege zu hocken – was dem Major einen Monat Malaria eingebracht hätte –, tat ihm nicht das geringste. Er war, wie sie sagten, „gesalzen vor der Geburt".

Nun geschah es, daß im Herbst seines zweiten Dienstjahres ein unbehagliches Gerücht aus der Erde kroch und unter den Bhils umlief. Chinn hörte nichts davon, bis ein Kamerad über die Messetafel hinweg sagte: „Ihr verehrter Ahnherr rumort mal wieder in Satpura drüben. Sie sollten ihm lieber mal einen Besuch abstatten."

„Bei allem Respekt, mein verehrter Ahnherr kommt mir allmählich oben heraus. Bukta redet von nichts anderem. Was soll jetzt wieder mit dem alten Burschen los sein?"

„Reitet über Land bei Mondschein auf seinem Leibtiger. Das ist die Geschichte. An die zweitausend Bhils haben ihn gesehen, wie er über die Höhen von Satpura galoppierte. Sie kriegten alle einen Todesschreck. Sie glauben es steif und fest, und sämtliche Kerls von Satpura sind jetzt drüben an seinem Schrein – Grab, wollte ich sagen, und beten aus Leibeskräften. Sie sollten wirklich hinüber. Muß schon eine merkwürdige Sache sein, seinen Großvater als Gott behandelt zu sehen."

„Wieso glauben Sie, daß die Geschichte stimmt?" fragte Chinn.

„Weil alle unsere Leute sie leugnen. Sie sagen, sie hätten nie etwas von Chinns Tiger gehört. Das ist eine bare Lüge, denn jeder Bhil hat davon gehört."

„Eins haben Sie dabei übersehen", sagte der Oberst nachdenklich. „Wenn der Gott so einer Gegend wieder auf Erden erscheint, so ist das immer ein Vorwand für Unruhen irgendwelcher Art; und diese Satpura Bhils sind heute noch so ziemlich dieselben wilden Kerls, als die Ihr Großvater, junger Mann, sie verließ. Dahinter steckt etwas."

„Daß sie auf den Kriegspfad wollen?" fragte Chinn.

„Kann's nicht sagen – bis jetzt. Sollte mich nicht im geringsten verwundern."

„Ich habe nicht eine Silbe davon gehört."

„Beweist nur um so mehr. Sie halten irgendwas geheim."

„Bukta sagt mir gewöhnlich alles. Warum nicht jetzt?"

Chinn richtete am selben Abend diese Frage unmittelbar an den Alten, und die Antwort überraschte ihn.

„Warum sollte ich sagen, was bekannt ist? Ja, der gewölkte Tiger geht um im Satpuralande."

„Was glauben die wilden Bhils, daß das bedeutet?"

„Sie wissen es nicht. Sie warten. Sahib, was kommt? Sprich nur ein einziges kleines Wort, und wir werden zufrieden sein."

„Wir? Was haben Geschichten aus dem Süden, wo die Dschungel-Bhils leben, mit Soldaten zu tun?"

„Wenn Jan Chinn aufwacht, ist es für keinen Bhil an der Zeit, ruhig zu sein."

„Aber er ist nicht aufgewacht, Bukta."

„Sahib" – die Augen des Alten waren voll zärtlichen Vorwurfs –, „wenn er nicht wünscht, gesehen zu werden, warum reitet er umher im Mondlicht? Wir wissen, er ist erwacht, aber wir wissen nicht, was er begehrt. Ist es ein Zeichen für alle Bhils oder eines, das nur das Satpuravolk angeht? Sag ein kleines Wort, Sahib, daß ich es dem Regiment bringen und in unsere Dörfer schicken kann. Warum reitet Jan Chinn aus? Wer hat unrecht getan? Ist es Pest? Ist es Viehseuche? Werden unsere Kinder sterben? Ist es Krieg? Gedenke, Sahib, wir sind dein Volk und deine Diener. Und ich trug dich in meinen Armen in diesem Leben – nicht wissend."

‚Bukta hat offenbar heute abend zu tief ins Glas geguckt', dachte Chinn, ‚aber wenn ich irgendwas tun kann, um den alten Burschen zu beruhigen, muß ich es tun. – Genau wie die Gerüchte damals beim Aufstand, im kleinen.'

Er warf sich in den tiefen Korbstuhl, über den sein erstes Tigerfell gebreitet lag, und sein Gewicht auf dem Kissen zog die scharfkralligen Tatzen über seine Schultern. Er faßte sie mechanisch, indes er sprach, und zog das gefleckte Fell wie einen Mantel um sich.

„Ich will dir jetzt die Wahrheit sagen, Bukta", begann er, sich vorbeugend, den Rachen des ausgestopften Kopfes auf seiner Schulter, und dachte über irgendeine recht schmackhafte Lüge nach.

„Ich sehe, daß es die Wahrheit sein wird", war, mit bebender Stimme, die Antwort.

„Jan Chinn reitet umher unter den Satpuras auf dem gewölkten Tiger, sagst du? Sei es so. Deshalb gilt das Wunderzeichen nur den Satpura Bhils und hat nichts zu tun mit den Bhils, die im Norden und Osten pflügen, den Bhils vom Kandesch und all den andern, sondern gilt allein den Satpura Bhils, die, wie wir wissen, Wilde und Narren sind."

„Es ist also ein Zeichen für sie. Gut oder schlecht?"

„Ohne Zweifel gut. Denn warum sollte Jan Chinn Böses tun denen, die er zu Männern gemacht hat? Die Nächte dort drüben sind heiß; es ist nicht gut, allzulange in einem Bett zu liegen, ohne sich umzuwenden, und Jan Chinn wünscht, wieder einmal nach seinem Volk zu sehen. Also steht er auf, pfeift seinem gewölkten Tiger und reitet ein wenig aus, um die kühle Luft zu atmen. Wenn die Satpura Bhils in ihren Dörfern blieben und nicht herumliefen nach Beginn der Dunkelheit, würden sie ihn nicht sehen. Wahrlich, Bukta, es ist nicht mehr, als daß er wieder einmal die Luft atmen will in seinem Lande. Schicke diese Botschaft nach Süden und sage, sie sei mein Wort."

Bukta verneigte sich bis an den Boden.

‚Guter Gott!' dachte Chinn, ‚und dieser stockblinde Heide ist ein erstklassiger Offizier, stramm wie der Teufel! Ich kann der Sache ebensogut gleich noch den rechten Abschluß geben.' Er fuhr fort:

„Wenn die Satpura Bhils nach der Bedeutung des Zeichens fragen, sag ihnen, daß Jan Chinn nachsehen will, ob sie ihre alten Versprechen, brav zu sein, auch halten. Vielleicht haben sie geplündert; vielleicht beabsichtigen sie, den Befehlen der Regierung nicht zu gehorchen; vielleicht liegt ein toter Mann im Dschungel; deshalb ist Jan Chinn gekommen, um nachzusehen."

„Ist er also zornig?"

„Bah! Bin ich jemals zornig mit meinen Bhils? Ich sage zornige Worte und drohe mit mancherlei. Du weißt, Bukta. Ich habe dich lächeln sehen hinter deiner Hand. Ich weiß, und du weißt. Die Bhils sind meine Kinder. Ich habe es viele Male gesagt."

„Ja. Wir sind deine Kinder", sagte Bukta.

„Und nicht anders ist es mit Jan Chinn, meines Vaters Vater. Er wünscht das Land, das er liebte, und das Volk wieder einmal zu sehen. Es ist ein guter Geist, Bukta. Ich sage es. Geh und sage es ihnen. Und ich hoffe zuversichtlich", fügte er hinzu, „daß es sie beruhigen wird." Er warf das Tigerfell zurück und erhob sich mit einem langen, unverhohlenen Gähnen, das seine wohlgepflegten Zähne zeigte. Bukta eilte davon und wurde im Regiment von einem Gedränge atemloser Frager empfangen.

„Es ist wahr", sagte Bukta. „Er hüllte sich in das Fell und redete so. Er wünscht sein Land wiederzusehen. Das Zeichen ist nicht für uns; und er ist ja wirklich ein junger Mann; wie sollte er untätig liegen bei Nacht? Er sagt, sein Bett ist zu heiß, und die Luft ist schlecht. Er streift umher aus Lust am Nachtwandeln. Er hat es gesagt."

Die graubärtige Versammlung bebte.

„Er sagt, die Bhils sind seine Kinder. Ihr wißt, er lügt nicht. Er hat es zu mir gesagt."

„Und die Satpura Bhils? Was bedeutet das Zeichen für sie?"

„Nichts. Es ist nur Nachtwandeln, wie ich sagte. Er reitet, um zu sehen, ob sie der Regierung gehorchen, wie er es ihnen gelehrt hat in seinem ersten Leben."

„Und wenn sie es nicht tun?"

„Das hat er nicht gesagt."

Das Licht in Chinns Quartier erlosch.

„Schaut", sagte Bukta. „Jetzt geht er. Nichtsdestoweniger ist es ein guter Geist, wie er gesagt hat. Wie sollten wir Jan Chinn fürchten, der den Bhil zum Manne gemacht hat? Sein Schutz ist über uns; und ihr wißt, Jan Chinn hat niemals ein Versprechen gebrochen, sei es ein gesprochenes oder ein auf Papier geschriebenes. Wenn er älter sein wird und ein Weib gefunden hat, wird er bis an den Morgen im Bett liegen."

Ein Kommandeur ist gewöhnlich über die Stimmung im Regiment ein wenig früher im Bilde als die Mannschaft, und der Oberst sagte denn auch ein paar Tage darauf, irgendwer habe den Wuddars die Furcht des Herrn in die Knochen gejagt. Da er von Rechts wegen der einzige war, dem das zu tun oblag, so beunruhigte es ihn, soviel einmütige Tugend zu sehen. „Es ist zu gut, um von Dauer zu sein", sagte er. „Ich wünschte bloß, ich könnte herauskriegen, was die kleinen Kerle im Sinn haben."

Die vermeintliche Erklärung kam mit dem Mondwechsel, als er Befehl erhielt, sich in Bereitschaft zu halten, „um alle etwaigen Unruhen bei den Satpura Bhils hintanzuhalten", die, milde ausgedrückt, sich unbehaglich fühlten, weil eine väterliche Regierung einen staatlich geprüften Impfer, einen Mahratta, mit Lanzetten, Lymphe und einem offiziellen Kalb gegen sie ausgesandt hatte. Sie hatten, in Kanzleisprache ausgedrückt, „heftigen Widerstand gegen alle prophylaktischen Maßnahmen bekundet", hatten den Impfer „gewaltsam an der Ausübung seiner Tätigkeit gehindert" und „schienen gewillt, die ihrem Stamm obliegenden Verpflichtungen zu vernachlässigen respektive sich ihnen zu entziehen".

„Das heißt, sie haben eine Mordsangst – genau wie damals bei der Einschätzung", sagte der Oberst; „und wenn wir sie in die Berge verscheuchen, werden wir sie erstens nie wiederkriegen, und zweitens werden sie loslegen und überall herumräubern – bis auf weitere Befehle. Möchte wissen, wer der gottverlassene Idiot ist, der darauf verfallen ist, einen Bhil zu impfen. Ich wußte ja, daß was passieren würde. Das einzige Gute ist, daß sie nur hiesige Truppen alarmieren werden; so können wir irgendwas inszenieren, was sich zur Not eine militärische Aktion nennen läßt, und dann – Schwamm drüber. Man denke: Wir sollen unseren besten Treibern in die Pfanne hauen, weil sie sich nicht impfen lassen wollen; sie sind nur toll vor Angst."

„Meinen Sie nicht, Herr Oberst", sagte Chinn tags darauf, „daß Sie mir vielleicht einen kleinen Jagdurlaub auf vierzehn Tage geben könnten?"

„Fahnenflucht im Angesicht des Feindes, bei Zeus!" Der Oberst lachte. „Ich könnte schon, aber ich müßte ihn ein bißchen vordatieren, denn wir sind, sozusagen, in erhöhter Bereitschaft. Immerhin, wir wollen annehmen, daß Sie vor drei Tagen um Urlaub gebeten haben und jetzt bereits fröhlich unterwegs nach Süden sind."

„Ich möchte Bukta mitnehmen."

„Natürlich, ja. Das wird das Beste sein, denk ich. Sie

haben eine Art erblichen Einfluß auf sie, und sie werden vielleicht auf Sie hören, während schon der bloße Anblick unserer Uniformen sie wild machen würde. Sie sind bis jetzt nie in diesem Teil der Welt gewesen, wie? Geben Sie acht, daß sie Sie nicht in Ihrer Jugend Maienblüte in Ihre Familiengruft befördern. Ich denke, es wird Ihnen nichts passieren, wenn Sie sie erst mal so weit kriegen, daß sie Ihnen zuhören."

„Denk ich auch, Herr Oberst; aber falls – falls sie zufällig ein – eine Dummheit machen sollten – was ja möglich wäre – so hoffe ich, daß Herr Oberst Nachdruck darauf legen werden, daß sie es nur aus Angst taten. Es ist keine Spur von wirklicher Bosheit in ihnen, und ich würde es mir nie verzeihen, wenn jemand – jemand meines Namens sie in Ungelegenheiten brächte."

Der Oberst nickte, sagte aber nichts.

Chinn und Bukta brachen zusammen auf. Bukta verschwieg, daß seit dem Augenblick, wo der Impfbeamte von empörten Bhils in die Berge geschleppt worden war, Bote auf Bote zum Regiment geschlichen war, flehend, mit der Stirn im Staube, daß Jan Chinn kommen und dieses unbegreifliche Schrecknis erklären möge.

Die Bedeutung des gewölkten Tigers war jetzt nur allzu klar. Jan Chinn allein konnte jetzt die Seinen erretten, denn die Hilfe sterblicher Männer war vergeblich. Bukta dämpfte diese Notschreie zu einer einfachen Bitte, daß Chinn kommen möge. Nichts würde dem Alten besser behagt haben als eine handfeste Kampagne gegen die Satpuras, die er, als ein „Vollblut"-Bhil, verachtete; aber er fühlte sich als Jan Chinns Dolmetsch seinem ganzen Volke verpflichtet und war fest überzeugt, daß alle vierzig Plagen sein Dorf befallen würden, wenn er mit dieser Verpflichtung Spott triebe. Überdies, Jan Chinn wußte alle Dinge, und er ritt den gewölkten Tiger!

Sie legten dreißig Meilen am Tag zurück, zu Fuß und auf Ponys, und erreichten auf schnellstem Wege den blauen Wall der Satpuraberge. Bukta war sehr schweigsam.

Sie begannen den steilen Aufstieg kurz nach Mittag, aber erst um Sonnenuntergang erreichten sie den felsigen Vorsprung an der Flanke eines zerklüfteten, dschungelbedeckten Berges, wo sie Jan Chinn gebettet hatten, wie er es gewünscht, daß er sein Volk überschauen könnte. Ganz Indien ist voll von vernachlässigten Gräbern, alle aus dem Anfang des achtzehnten Jahrhunderts – Gräbern von Kommandeuren längst aufgelöster Regimenter; Teilnehmern an Jagdexpeditionen, die nie zurückkehrten; Faktoren, Agenten, Schreibern der Wohllöblichen Ostindischen Kompanie zu Hunderten und Tausenden und Zehntausenden. Engländer vergessen schnell, aber Eingeborene haben ein langes Gedächtnis, und wenn ein Mann Gutes getan hat in seinem Leben, so erinnern sie sich seiner nach dem Tode. Das verwitterte quadratische Marmorgrab Jan Chinns war bedeckt mit wilden Blumen und Nüssen, Ballen von Wachs und Honig, Flaschen mit einheimischen Getränken und schauderhaften Zigarren, mit Büffelhörnern und Büscheln gedörrten Grases. An dem einen Ende war das rohe Tonbildnis eines weißen Mannes, im altmodischen hohen Hut, auf einem unförmigen Tiger reitend.

Bukta salaamte ehrfürchtig, als sie näher traten. Chinn entblößte sein Haupt und begann die verblichene Inschrift zu entziffern. Soweit er sie lesen konnte, lautete sie so – Wort für Wort und Buchstabe für Buchstabe– :

Dem Andenken von IOHN CHINN, ESQ.
Weiland Verwalter von . . . .
. . . ohne Blutvergießen u . . . . Obrigkeit
Nur mit den Mitt . . . . Versöhn . . . Vertrauens
Die vollkommene Unterwerfung . . . . .
. . . gesetzloses Raubvolk lehrte . . .
Regierung zu gehor . . . . durch eine
Eroberung der . . . . und Gemüter
Die dauerhafteste und . . . nünftigste Art,
Herrschaft . . . . gründen.
. . . . Generalgouverneur und . . . . ung
. . . dieses . . . . errichtet.
. . . . aus diesem Leben am 19. August 184 . . .

Auf der andern Seite des Grabes standen alte Verse eingemeißelt, auch sehr verwittert. Was Chinn entziffern konnte, war dies:

. . . . das wilde Land
Von Raub und Mord befreit . . . . Hand
. . . versöhnt . . . . sich . . . . . beugen
Und friedlich stille Dörfer . . . . Zeugen
. . . nun niederschau'n von . . . .
Ein Volk . . . . . terworfen ohne Schwert.

Eine Weile stand er an das Grab gelehnt und dachte an diesen Toten, der seines Blutes war, und an das Haus in Devonshire; dann, zum Flachland hinübernickend: „Ja; es ist eine große Sache – das Ganze – auch ein kleiner Teil. Hätt ihn gerne gekannt . . . Bukta, wo ist mein Volk?"

„Nicht hier, Sahib. Kein Mann kommt hierher; und wenn, dann läuft er, so schnell er kann. Sie warten droben. Steigen wir hinauf und schauen."

Aber Chinn, des Grundgesetzes östlicher Diplomatie eingedenk, erwiderte mit gelassener Stimme: „Ich bin so weit hergekommen, nur weil das Satpuravolk töricht ist und sich nicht zu uns in die Station traute. Nun befiehl ihnen, hier vor mir zu erscheinen. Ich bin kein Diener, sondern der Herr der Bhils."

„Ich gehe – ich gehe", gluckste der Alte; die Nacht war im Hereinbrechen, und in jedem Augenblick konnte Jan Chinn sein gefürchtetes Tigerroß aus immer finsterer werdendem Gebüsch hervorpfeifen.

Zum erstenmal in einem langen Leben gehorchte Bukta einem rechtmäßigen Befehl nicht und ließ seinen Führer im Stich; denn er kam nicht zurück. Er eilte zu dem tafelförmigen Gipfel hinauf und rief leise. Männer drängten sich um ihn – kleine zitternde Männer mit Bogen und Pfeil, die die beiden schon seit Mittag beobachtet hatten.

„Wo ist er?" flüsterte einer.

„An seinem Ort. Er befiehlt euch, zu kommen", sagte Bukta.

„Jetzt?"

„Jetzt."

„Lieber mag er den gewölkten Tiger auf uns loslassen. Wir gehen nicht."

„Ich auch nicht, obwohl ich ihn in meinen Armen trug, als

er ein Kind war in diesem seinem Leben. Wartet hier, bis es Tag ist."

„Aber er wird gewiß zornig sein."

„Er wird sehr zornig sein, denn er hat nichts zu essen. Aber er hat viele Male zu mir gesagt, die Bhils seien seine Kinder. Bei Sonnenlicht glaubte ich es – bei Mondlicht bin ich nicht sicher. Was für einen Unfug habt ihr Satpuraschweine angerichtet, daß ihr ihn überhaupt braucht?"

„Einer kam zu uns im Namen der Regierung mit kleinen Geistermessern und einem Zauberkalb und wollte uns die Arme abschneiden und uns in Vieh verwandeln. Wir waren sehr erschrocken, aber wir töteten den Mann nicht. Er ist hier, gebunden – ein schwarzer Mann; und wir glauben, er ist vom Westen. Er sagte, es sei ein Befehl, uns alle mit Messern zu schneiden – besonders die Weiber und Kinder. Wir hatten nicht davon gehört, daß es ein Befehl sei, darum fürchteten wir uns und hielten uns in unseren Bergen. Ein paar von unsern Männern haben Ponys und junge Ochsen weggenommen aus der Ebene, und Töpfe und Kleider und Ohrringe."

„Wurde jemand erschlagen?"

„Von unsern Männern? Noch nicht. Aber die jungen Männer werden von vielen Gerüchten hin und her gejagt wie Flammen auf einem Berge. Ich sandte Boten nach Jan Chinn, damit nicht Schlimmeres über uns komme. Es war dieser Schrecken, den er durch das Zeichen des gewölkten Tigers verkündete."

„Er sagt, es sei nicht so", erwiderte Bukta und wiederholte mit Ausschmückungen alles, was der junge Chinn ihm bei der Korbstuhlkonferenz gesagt hatte.

„Glaubst du", meinte der Frager schließlich, „daß die Regierung Hand an uns legen wird?"

„Nein", versetzte Bukta. „Jan Chinn wird einen Befehl geben, und ihr werdet gehorchen. Das übrige wird er mit der Regierung ausmachen. Ich selbst kenne die Geistermesser und das Schneiden. Es ist ein Zauber gegen die Pockenkrankheit. Aber wie es vor sich geht, kann ich nicht sagen. Auch braucht euch das nicht zu kümmern."

„Wenn er sich zwischen uns und den Zorn der Regierung

stellt, werden wir Jan Chinn in allem gehorchen, nur – nur an den Ort da unten gehen wir nicht heute nacht."

Sie konnten den jungen Chinn drunten nach Bukta rufen hören; aber sie kauerten sich zusammen und hockten still, den gewölkten Tiger erwartend. Die Grabstätte war heiliger Grund seit fast einem halben Jahrhundert; wenn Jan Chinn dort zu schlafen begehrte, wer hatte ein besseres Anrecht darauf? Aber sie würden ihm nicht auf Sehweite zu nahe kommen bis zum hellen Tag.

Anfangs war Chinn wütend, bis ihm einfiel, daß Bukta wohl seine bestimmten Gründe haben müsse (was zutraf) und daß es seiner eigenen Würde schaden könnte, wenn er hier schrie, ohne Antwort zu erhalten. Er hockte sich gegen das Fußende des Grabes und kam so, halb schlummernd, halb rauchend, leidlich durch die warme Nacht, stolz darauf, ein echter und rechter fieberfester Chinn zu sein.

Er entwarf sich seinen Schlachtplan, genau wie sein Großvater es getan haben würde, und sagte, als Bukta am Morgen mit einem üppigen Vorrat an Lebensmitteln erschien, kein Wort über die nächtliche Fahnenflucht. Bukta würde einen Ausbruch irdischen Zorns als Erleichterung empfunden haben; aber Chinn beendete schweigend seine Mahlzeit nebst einer dicken indischen Zigarre und gab dann endlich ein Zeichen zum Aufbruch.

„Sie haben große Angst", sagte Bukta, dem selber nicht allzu mutvoll ums Herz war. „Es braucht nur einen Befehl. Sie sagten, sie wollten dir gehorchen, wenn du dich nur zwischen sie und die Regierung stellen willst."

„Das weiß ich", erwiderte Chinn und stieg langsam zu dem Tafelberg hinauf.

Ein paar von den älteren Männern standen in unregelmäßigem Halbkreis auf einer Lichtung, aber die meisten, vor allem die Weiber und Kinder, waren im Dickicht versteckt. Sie fühlten kein Verlangen, dem ersten Zorn Jan Chinns zu begegnen.

Er setzte sich auf ein versprengtes Felsstück und rauchte seinen Zigarrenstummel zu Ende. Er konnte die Männer ringsumher atmen hören. Dann rief er, so plötzlich, daß sie hochsprangen:

„Bringt den Mann her, der gebunden war!"

Gewühl und Geschrei – dann kam ein Hindu zum Vorschein, zitternd vor Angst, an Händen und Füßen gebunden nach der Art, wie die Bhils in alter Zeit ihre Menschenopfer zu fesseln pflegten.

Er wurde behutsam vor den Herrn und Gebieter geschoben; aber der junge Chinn sah ihn nicht an.

„Ich habe gesagt: den Mann, der gebunden *war*. Soll es ein Spaß sein, mir einen zu bringen gebunden wie ein Büffel? Seit wann dürfen die Bhils Menschen binden, wie es ihnen beliebt? Aufschneiden!"

Ein halbes Dutzend hastiger Messer durchschnitten die Fesseln, und der Mann kroch zu Chinn, der sein Kästchen mit den Lanzetten und Lymphtuben in die Tasche steckte. Alsdann mit dem Zeigefinger im ganzen Halbkreis herumfahrend und mit ruhiger Stimme sagte er klar und deutlich: „Schweine!"

„Ai!" wisperte Bukta. „Jetzt redet er. Wehe allen Narren!"

„Ich bin zu Fuß gekommen von meinem Haus (die Versammlung erschauerte), um eine Angelegenheit zu erklären, die jeder andere als ein Satpura Bhil mit beiden Augen von weitem erkannt haben würde. Ihr kennt die Pockenkrankheit, die eure Kinder zerfrißt und zernarbt, daß sie ausschauen wie Bienenwaben. Es ist ein Befehl der Regierung, daß jeder, der am Arm geritzt wird mit diesen kleinen Messern, die ich hier halte, gefeit ist gegen diese Krankheit. Alle Sahibs sind solchermaßen gefeit und sehr viele Hindus. Das ist das Zeichen des Zaubers, schaut her!" Er schlug seinen Ärmel bis an die Achsel hoch und zeigte die hellen Impfnarben auf der weißen Haut. „Kommt alle und schaut!"

Ein paar wagemutige Geister kamen herbei und nickten weise mit den Köpfen: Ja, kein Zweifel, da war ein Zeichen; und sie wußten wohl, welches andere furchtbare Zeichen unter dem Hemd verborgen war! Gnädig war Jan Chinn, daß er nicht jetzt und hier, vor ihren Augen, seine Gottheit walten ließ!

„Alles das hat euch der Mann, den ihr gebunden habt, gesagt."

„Das hab ich – hundertmal; aber sie antworteten mit Schlägen“, antwortete der Impfmann, seine Hand- und Fußgelenke reibend.

„Aber, Schweine, die ihr seid, ihr habt ihm nicht geglaubt; und so bin ich hergekommen, um euch zu erretten, erstens von der Pockenkrankheit, zweitens von der großen Torheit eurer Furcht, und drittens von Strick und Gefängnis. Ich habe nichts davon; es ist kein Vergnügen für mich; aber um dessentwillen, der dort unten ruht, der den Bhil zum Manne machte“ – er deutete den Berg hinab –, „komme ich, der ich seines Blutes bin, der Sohn seines Sohnes, um euer Volk eines Besseren zu belehren. Und ich spreche die Wahrheit, wie Jan Chinn es tat.“

Der Halbkreis murmelte ehrfürchtig, und aus dem Dickicht stahlen sich andere zu zweit und zu dritt und schlossen sich an. Es war kein Zorn im Antlitz ihres Gottes.

„Dies sind meine Befehle – (Gott gebe, daß sie sie schlukken! Aber ich scheine ja soweit einigen Eindruck gemacht zu haben!) –: Ich selbst will bei euch sein, wenn dieser Mann eure Arme mit Messern ritzt nach dem Befehl der Regierung. In drei oder vielleicht in fünf oder sieben Tagen werden eure Arme anschwellen und stechen und brennen. Das ist die Gewalt der Pockenkrankheit, die in eurem unreinen Blut gegen die Befehle der Regierung ankämpft. Ich will deshalb bei euch bleiben, bis ich sehe, daß die Pockenkrankheit besiegt ist, und ich will nicht eher fortgehen, als bis die Männer und die Weiber und die kleinen Kinder mir auf ihren Armen dasselbe Zeichen zeigen, das ich euch soeben gezeigt habe. Ich habe zwei sehr gute Gewehre mitgebracht und einen Mann, dessen Name bei Tieren und Menschen wohlbekannt ist. Wir wollen miteinander jagen, ich und er, und eure jungen Männer und alle andern sollen essen und still liegen. Das ist mein Befehl.“

Eine lange Pause trat ein; die Entscheidung hing in der Schwebe. Ein weißhaariger alter Sünder, beklommen auf einem Bein stehend, quäkte schüchtern:

„Es sind da Ponys und ein paar junge Ochsen und andere Dinge, für die wir ein ‚kowl‘ (Schutzbrief) brauchen. Sie wurden *nicht* durch Handel erworben.“

Die Schlacht war gewonnen, und Jan Chinn tat einen erleichterten Atemzug. Die jungen Bhils hatten geräubert, gut; wenn man schnell zugriff, konnte alles wieder in Ordnung gebracht werden.

„Ich werde ein ‚kowl' schreiben, sobald die Ponys, die Ochsen und andern Dinge vor meinen Augen gezählt und dahin zurückgeschickt sind, woher sie kamen. Aber zuvor wollen wir das Zeichen der Regierung machen auf diejenigen, die noch nicht von der Pockenkrankheit befallen wurden." Und gedämpft zu dem Impfmann: „Wenn Sie sich merken lassen, daß Sie Angst haben, werden Sie Puna nie wiedersehen, fürchte ich, mein Freund."

„Es ist nicht genug Lymphe da für all die Leute", sagte der Mann. „Sie haben das Regierungskalb totgemacht."

„Sie werden nichts merken. Lassen Sie alle hier 'rankommen und geben Sie mir ein paar Lanzetten; ich werde die Älteren vornehmen."

Der betagte Diplomat, der um den Schutzbrief gebeten hatte, war das erste Opfer. Er fiel in Chinns Hände und wagte nicht zu schreien. Sobald er befreit war, zog er seinerseits einen Volksgenossen heran und hielt ihn fest, und der Schreckensvorgang verwandelte sich in ein Kinderspiel; denn die Geimpften trieben die Ungeimpften ans Messer, eifrig bedacht, daß der ganze Stamm die gleiche Prüfung erleide. Die Weiber quiekten, und die Kinder suchten heulend davonzulaufen; aber Chinn lachte und schwang die rotbetupfte Lanzette.

„Es ist eine Ehre", rief er. „Sag ihnen, Bukta, was für eine hohe Ehre es ist, daß ich selbst sie zeichne. Nein, ich kann nicht jeden zeichnen – der Hindu muß auch das Seine tun –, aber ich will alle Zeichen berühren, die er macht, damit sie die gleiche Kraft haben. So stechen die Rajputs Schweine. He, Bruder mit einem Auge! Fang das Mädchen dort und bring sie mir. Sie braucht nicht wegzulaufen, denn sie ist noch nicht verheiratet, und ich will sie nicht heiraten. Sie will nicht kommen? So soll sie sich beschämen lassen durch ihren kleinen Bruder, ein fetter Bursch, ein tapferer Bursch. Streckt seinen Arm aus wie ein Soldat. Schau! Er zuckt nicht mit der Wimper vor dem bißchen Blut. Eines Tages soll er in meinem Regiment sein. Jetzt du, Mutter von vielen; wir wollen dich leicht berühren, denn hier war die Pockenkrankheit schon vor uns. – Wahrlich, dies ist ein Zauber, der die Macht Matas bricht. Es wird keine zerfressenen Gesichter mehr geben bei den Satpuras, und viele Kühe werdet ihr fordern können für jede Braut!" – und so fort – ein Strom von Schaubudengeschwätz, gewürzt mit Jagdausdrücken der Bhils und Witzen nach ihrem derben Geschmack – bis die Lanzetten stumpf und beide Operateure erschöpft waren. Worauf – wie es überall auf Erden zu gehen pflegt – die noch nicht Geimpften eifersüchtig auf ihre bereits behandelten Kameraden wurden und beinahe in eine handfeste Schlägerei mit ihnen gerieten.

Chinn verwandelte sich nunmehr aus einer Medizinalbehörde in einen Gerichtshof und eröffnete ein förmliches Verfahren wegen der Räubereien.

„Wir sind die Diebe von Mahadeo", sagten die Bhils einfältig. „Es ist unser Schicksal, und wir hatten Angst. Wenn wir Angst haben, stehlen wir immer."

Einfach und ohne Umschweife wie Kinder brachten sie die ganze Beute herbei, außer zwei Ochsen und ein paar Flaschen Schnaps, die abhanden gekommen waren (Chinn versprach, sie aus eigener Tasche zu ersetzen); und zehn Rädelsführer wurden als Abgesandte ins Flachland geschickt mit einem herrlichen Dokument, geschrieben auf einem Notizbuchblock und adressiert an einen gewissen Polizeibezirksassistenten. Jan Chinn warnte sie, in diesem Schreiben stecke was von ungebrannter Asche; aber alles war besser als verlorene Freiheit.

Mit diesem Schutz bewaffnet, stiegen die reuigen Räuber zu Tal. Sie fühlten kein Bedürfnis, Mr. Dundas Fawne von der Polizei, einem vergnüglich dreinschauenden jungen Mann von zweiundzwanzig Jahren, zu begegnen, noch wünschten sie andrerseits, die Stätte ihres Raubzuges wiederzusehen. Sie steuerten also einen mittleren Kurs und liefen in das Lager des einzigen Feldkaplans, der von der Regierung für die sämtlichen irregulären Korps eines Distriktes von etlichen fünfzehntausend Quadratmeilen bestallt war. In einer Wolke Staubs standen sie vor ihm. Sie wußten, er war ein Priester, aber, was wichtiger war, auch ein guter Sportsmann, der seine Treiber freigebig bezahlte.

Als er Chinns Note las, lachte er, was sie als ein gutes Zeichen nahmen, bis er einige Polizisten herbeirief, die die Ponys und Ochsen bei dem Haufen gestohlenen Hausrats festbanden und alsdann ihre kräftigen Hände auf drei Mitglieder der einfältig lächelnden Diebesbande von Mahadeo legten. Der Kaplan selbst bedachte sie höchsteigenhändig mit einer Reitpeitsche. Das tat weh, aber Jan Chinn hatte es vorausgesagt. Sie baten um Gnade, gaben aber das geschriebene „kowl" nicht heraus, aus Furcht, ins Gefängnis zu kommen. Auf dem Heimweg begegneten sie Mr. D. Fawne, der von den Räubereien gehört hatte und sehr ärgerlich war.

„Sicherlich", sagte der Älteste der Abordnung, als dieses zweite Verhör vorüber war, „sicherlich hat Jan Chinns Schutzbrief uns unsere Freiheit gerettet; aber es scheint, daß viele Prügel in einem kleinen Stück Papier stecken können. Tut es fort!"

Einer kletterte auf einen Baum und stopfte den Brief in einen Spalt, vierzig Fuß überm Erdboden, wo er nichts Böses mehr anrichten konnte. Wund, mit brennenden Rücken, aber glücklich kamen die zehn tags darauf wieder bei Jan Chinn an und fanden ihn im Kreise unruhiger Bhils sitzend, die alle auf ihren rechten Arm schauten und sich, bei Ungnade ihres Gottes, nicht kratzen durften.

„Es war ein gutes ‚kowl'", sagte der Führer. „Zuerst nahm der Kaplan, der lachte, unsere Beute weg und prügelte drei von uns, wie vorausgesagt war. Dann begegneten wir Fawne Sahib, der die Stirn runzelte und nach der Beute fragte. Wir sagten die Wahrheit, und er prügelte uns alle, einen nach dem andern, und nannte uns mit mancherlei Namen. Dann gab er uns diese zwei Sachen" – sie stellten eine Flasche Whisky hin und eine Schachtel Zigarren –, „und wir gingen fort. Das ‚kowl' ist in einem Baum geblieben, denn seine Kraft ist so, daß wir jedesmal, wenn wir es einem Sahib zeigen, geprügelt werden."

„Ohne dieses ‚kowl'", sagte Jan Chinn mit unerschütterlicher Miene, „wäret ihr alle ins Gefängnis marschiert mit einem Schutzmann an jeder Seite. Ihr kommt jetzt als Treiber mit mir. Diese hier sind unglücklich, und wir wollen jagen gehen, bis ihnen wieder wohl ist. Heute nacht wollen wir ein Fest machen."

Es steht geschrieben in der Chronik der Satpura Bhils, neben vielem anderen, das sich nicht drucken läßt, daß Jan Chinn der Erste fünf Tage lang, von dem Tage an, wo er sein Zeichen auf sie geschnitten hatte, für sein Volk jagte; und in allen fünf Nächten dieser Tage war der ganze Stamm glorreich und restlos besoffen. Jan Chinn kaufte Branntwein von gewaltiger Stärke im Land und erlegte Wildschweine und Rehe ohne Zahl, so daß, wenn einem übel wurde, wenigstens guter Grund dazu vorhanden war.

Zwischen Kopf- und Bauchweh fanden sie nicht Zeit, an ihre Arme zu denken, sondern folgten Jan Chinn willig durch den Dschungel; das Vertrauen wuchs von Tag zu Tag, und allmählich stahlen sich immer mehr von ihnen, Männer, Weiber, Kinder, in ihre Dörfer weg: Sie brachten die Kunde, daß es gut und recht sei, mit Geistermessern geritzt zu werden; daß Jan Chinn leibhaftig wiedergeboren sei als ein Gott, bei dem man Essen und Trinken freihabe, und daß die Satpura Bhils vor allen Völkern bei ihm in Gunst ständen, wenn sie sich nur nicht kratzten. Von nun an war dieser freundliche Halbgott auf immer in ihrer Vorstellung verbunden mit großen Gelagen und mit den kleinen, spitzen, wohltätigen Messern einer väterlichen Regierung.

„Und morgen kehre ich zurück in mein Haus", sagte Jan Chinn zu den wenigen Getreuen, die weder dem Branntwein noch verdorbenen Mägen, noch geschwollenen Mandeln erlegen waren. Es ist schwer für Kinder und Wilde, sich immerzu ehrfürchtig zu benehmen gegen ihre eigenen Idole, und sie waren schließlich nach Herzenslust vergnügt gewesen mit Jan Chinn. Aber die Erwähnung seines „Hauses" warf jetzt einen Schatten auf sie.

„Und der Sahib wird nicht wiederkommen?" fragte der, der zuerst geimpft worden war.

„Das wird sich zeigen", erwiderte Chinn vorsichtig.

„Ach, aber komm als ein weißer Mann — komm als ein junger Mann, den wir kennen und lieben; denn, wie du allein weißt, wir sind ein schwaches Volk. Wenn wir dein"

— sie nahmen all ihren Mut zusammen —, „dein Pferd wiedersähen —"

„Ich habe kein Pferd. Ich bin zu Fuß gekommen — mit Bukta dort. Was soll das sein?"

„Du weißt — das Ding, das du dir als Nachtpferd erwählt hast."

Die kleinen Männer wanden sich in Angst und Ehrfurcht.

„Nachtpferd? Bukta, was ist das wieder für ein Kindermärchen?"

Bukta war sehr schweigsam gewesen in Chinns Gegenwart seit der Nacht seiner Flucht, und er war nun dankbar, daß eine Frage an ihn gerichtet wurde.

„Sahib, sie wissen", flüsterte er. „Es ist der gewölkte Tiger. Der, der von dem Ort kommt, wo du einst schliefst. Er ist dein Pferd — wie er es war seit drei Geschlechtern."

„Mein Pferd! Das ist ein Traum der Bhils."

„Es ist kein Traum. Lassen Träume die Spuren breiter Tatzen auf der Erde? Warum willst du zwei Gesichter machen vor deinem Volk? Sie wissen von den Nachtritten, und sie — und sie —"

„— haben Angst und möchten, daß das aufhört?"

Bukta nickte. „Wenn du ihn fernerhin nicht mehr brauchst. Er ist dein Pferd."

„Das Ding hinterläßt also ein Spur?"

„Wir haben sie gesehen. Sie ist breit wie eine Dorfstraße unterhalb des Grabes."

„Könnt ihr sie finden und ihr nachgehen für mich?"

„Bei Tageslicht — wenn einer mit uns kommt und nahe bei uns bleibt."

„Ich will dabeibleiben, und wir wollen schauen, was sich tun läßt, daß Jan Chinn nicht mehr reitet."

Die Bhils schrien die letzten Worte wieder und wieder nach.

Für Chinn war der Abstieg nichts Besonderes — über schroffe, rissige Felsen hinab, gefährlich vielleicht, wenn man seine Sinne nicht beisammenhielt, aber nicht schlimmer als zwanzig andere, die er gemacht hatte. Seine Leute jedoch — sie weigerten sich hartnäckig, den Treiberruf zu geben, und wollten durchaus nur die Fährte verfolgen — trieften vor

Schweiß. Sie wiesen ihm die Spuren riesiger Tatzen, die, immer bergab, ein paar hundert Fuß weit von Jan Chinns Grab aus liefen und in einer engmündigen Höhle verschwanden. Es war ein unverschämt offener Weg, eine Privatpromenade, angelegt ohne die geringste Rücksicht auf Heimlichkeit.

„Man könnte meinen, der Schuft bezahlt Steuern", murmelte Chinn bei sich. – Ob der gute Freund an Vieh oder an Menschen Geschmack habe, fragte er dann.

„Vieh", war die Antwort. „Zwei Rinder wöchentlich. Wir treiben sie für ihn unten an den Berg. Er ist daran gewöhnt. Wenn wir's nicht täten, würde er vielleicht auf uns gehen."

„Raub und Erpressung", sagte Chinn. „Ich habe nicht die Absicht, ihm in die Höhle nachzukriechen. Was tun?"

Die Bhils blieben zurück, indes Chinn mit schußbereitem Gewehr hinter einem Felsen Posten faßte. Er wußte, Tiger waren scheue Tiere, aber einer, der so lange und in so üppiger Weise mit Vieh gefüttert worden war, würde vielleicht von kühnerer Gemütsart sein.

„Er redet!" flüsterte jemand im Hintergrund. „Auch er weiß!"

„Also jetzt zum Teufel noch mal!" sagte Chinn. Ein zorniges Grollen kam aus der Höhle – eine deutliche Herausforderung.

„Heraus mit dir!" schrie Chinn; „'raus aus dem Loch da! Laß dich mal anschaun!"

Der Tiger wußte sehr wohl, daß ein Zusammenhang bestand zwischen nackten braunen Bhils und seinem wöchentlichen Tribut; aber der weiße Helm im Sonnenlicht ärgerte ihn, und die Stimme, die seine Ruhe störte, behagte ihm nicht. Faul wie eine vollgefressene Schlange rekelte er sich aus der Höhle hervor und stand gähnend und blinzelnd am Eingang. Die Sonne fiel auf seine rechte Flanke, und Chinn staunte: Noch nie hatte er einen so gezeichneten Tiger gesehen. Außer an dem Kopf, der markant gestreift war, war er gefleckt – scheckig wie ein Schaukelpferd, prächtig rauchschwarz auf rotgold. Die Stellen an Bauch und Kehle, die weiß hätten sein sollen, waren orangefarben, und Schweif und Tatzen waren schwarz. Er blickte etwa zehn Sekunden lang lässig herüber, senkte dann bedächtig den Kopf und starrte, mit hängend angezogenem Unterkiefer, gespannt auf den Mann. Die Wirkung dieser Bewegung war, daß die runde Wölbung seines Schädels, mit zwei breiten Streifen überquer, voll hervortrat, während unter den Streifen die unbewegten Augen glühten. So stand er, gleichsam eine teuflisch-hämische Maske zeigend. Es war ein Trick natürlicher Hypnose, wie er ihn oftmals gegen seine Opfer angewandt hatte, und obwohl Chinn alles andere als ein geängstigtes Horntier war, stand er doch eine Weile gebannt von der ungewöhnlichen Sonderbarkeit dieses Angriffs. Der Kopf (der Rumpf schien dahinter verschwunden zu sein), der grimmige, schädelartige Kopf, kroch näher, indes das zornige Schweifende das Gras peitschte. Links und rechts hatten sich die Bhils verlaufen, um Jan Chinn allein mit seinem Pferd fertig werden zu lassen.

‚Wahrhaftig', dachte Chinn, ‚er versucht, mir angst zu machen!' und feuerte zwischen die teetassengroßen Augen, unmittelbar nach dem Schuß zur Seite springend.

Eine große prustende Masse, nach Aas riechend, sauste an ihm vorbei bergaufwärts, und er folgte behutsam. Der Tiger machte keinen Versuch, in den Dschungel zu flüchten; er rang nach Licht und Atem – Nase hoch, Maul offen, mit allen vier gewaltigen Pranken den Boden in Sprüngen aufreißend.

„Blutsturz!" sagte Jan Chinn, das wilde Schauspiel beobachtend. „Die Lungen müssen voll sein."

Das Ungeheuer hatte sich über einen Felsrand geschnellt und war auf der andern Seite verschwunden. Jan Chinn spähte mit schußbereit erhobenem Lauf hinüber. Aber die rote Spur führte pfeilgerade weiter, bis zu dem Grab seines Großvaters; und hier, inmitten zerschmetterter Branntweinflaschen und kläglicher Trümmer des Tonbildnisses, fuhr dieses grimmige Leben dahin mit einem grunzenden Schnaufer.

‚Wenn mein würdiger Ahn das sehen könnte', dachte Jan Chinn, ‚würde er stolz auf mich sein. Augen, Unterkiefer, Lungen. Hübscher Schuß.' Er pfiff Bukta, indes er die Meßleine über den erstarrenden Körper zog.

„Fünf – sechs – acht – bei Gott! Fast elf Fuß – sagen wir elf! Vorderlauf vier – fünf – siebenundzwanzigeinhalb Zoll. Kurzer Schweif, dreieinhalb Fuß. Aber was für ein Fell! O, Bukta! Bukta! Die Leute mit den Messern, schnell!"

„Ist er auch wirklich tot?" fragte eine angstbebende Stimme hinter einem Felsen.

„Das war anders als bei meinem ersten Tiger", sagte Chinn. „Ich hätte nicht gedacht, daß Bukta weglaufen würde. Ich hatte keine zweite Büchse."

„Es – es ist der gewölkte Tiger", sagte Bukta, des Spottes nicht achtend. „Er ist tot."

Ob alle Bhils von Satpura, geimpfte und nichtgeimpfte, auf der Lauer gelegen hatten, um zuzuschauen, konnte Chinn nicht sagen; aber der ganze Berghang wimmelte mit einemmal von kleinen Männern, die schrien, sangen und stampften. Dennoch griff keiner zum Messer, ehe Chinn selber nicht den ersten Schnitt in das herrliche Fell getan hatte; und als die Schatten sanken, flohen sie von dem blutbefleckten Grabe hinweg, und kein Zureden brachte sie zurück bis an den Morgen. So verbrachte Chinn eine zweite Nacht im Freien, den Kadaver gegen die Schakale bewachend und seines Ahnherrn gedenkend.

Er kehrte ins Flachland zurück unterm Triumphgesang einer Geleitschar von dreihundert Mann, den Impfmann, den Mahratta, dicht neben sich und voran das in aller Eile gedörrte Fell als Siegeszeichen. Als diese Heerschar auf einmal lautlos verschwand wie Wachteln im hohen Korn, schloß er, daß er der Zivilisation nahe sei; und eine Biegung des Weges brachte ihn zu dem Feldlager eines Flügels seines Korps. Er ließ das Fell über eine Wagendeichsel gebreitet zurück, zur allgemeinen Bewunderung, und suchte den Oberst auf.

„Es ist alles in Ordnung mit ihnen", erklärte er ernsthaft. „Es ist keine Spur von Bosheit in ihnen. Sie hatten nur Angst. Ich habe die ganze Gesellschaft geimpft, und sie sind begeistert davon. Was – was tun wir hier – Herr Oberst?"

„Das möchte ich selber wissen", sagte der Oberst. „Ich bin mir noch nicht klar, sind wir hier als Teil einer Brigade oder als Polizeiaufgebot. Immerhin, ich denke, wir sagen:

Polizei. Wie haben Sie's angestellt, einen Bhil zum Impfen zu kriegen?"

„Ja, Herr Oberst, ich habe mir die Sache überlegt, und soviel ich beurteilen kann, habe ich eben eine Art von vererbtem Einfluß auf sie."

„Das weiß ich; sonst hätt ich Sie nicht geschickt; aber wieso, genauer gesagt?"

„Es ist reichlich verrückt. Es scheint, soviel ich herauskriegen konnte, daß ich mein eigener Großvater in neuer Inkarnation bin und den Frieden des Landes gestört habe, indem ich nachts auf einem Tiger umherritt. Hätt ich das nicht getan, so würden sie, glaub ich, nichts gegen die Impferei gehabt haben, aber beides zugleich war ein bißchen zuviel für sie. Und folglich, Herr Oberst, hab ich sie geimpft und mein Tigerroß erschossen, sozusagen zum Beweis meines guten Willens. Herr Oberst haben sicherlich noch nie im Leben ein solches Fell gesehen."

Der Oberst zupfte nachdenklich am Schnurrbart. „Wie, zum Teufel", sagte er, „soll ich das jetzt in meinen Rapport bringen?"

In der Tat, der offizielle Bericht über die Impfung der Bhils enthielt kein Wort über Seine Gottheit, den Leutnant John Chinn. Aber Bukta wußte, und das Regiment wußte, und jeder Bhil in den Satpurabergen wußte.

Und nun ist Bukta eifrig bedacht, daß Jan Chinn so bald wie möglich heiraten und seine Gewalt auf einen Sohn übertragen möge; denn wenn die Erbfolge der Chinns versagt und die kleinen Bhils ihrer eigenen Phantasie überlassen bleiben, wird es neuen Unfug in Satpura geben.

Imrays Rückkehr

Imray hatte das Unmögliche vollbracht; ohne eine Zeile zu hinterlassen, aus unbegreiflichen Gründen, in der Blüte der Jahre, an der Schwelle einer Karriere, hatte er die Welt verlassen – das heißt: die kleine indische Station, in der er lebte.

Tags vorher war er noch frisch und wohlauf gewesen, vergnügt und emsig tätig an den Billardtischen seines Klubs. Am Morgen darauf war er nicht mehr zu finden, und alle Nachforschungen nach ihm blieben erfolglos. Er hatte seine Wohnung verlassen, war aber nicht, wie sonst, rechtzeitig im Amt erschienen; auch heute hatte man seinen Dogcart nicht auf den Straßen gesehen.

Weil er sich einmal einer mikroskopisch winzigen Pflichtversäumnis schuldig gemacht, hielt sich das Kaiserreich nur zu einer ebenso winzig mikroskopischen Untersuchung des Vorfalles verpflichtet. Man suchte die Teiche nach Imray ab, Brunnen wurden ausgepumpt und Telegramme an die Eisenbahnstationen und die nächste Seehafenstadt – sie lag die Kleinigkeit von zwölfhundert Meilen entfernt – losgelassen. Aber Imray blieb verschwunden; man fand ihn weder am Ende der Schleppnetztaue noch am Ende der Telegraphendrähte. Die Regierungsmaschine des großen indischen Kaiserreiches nahm ihre tägliche Arbeit wieder auf, denn man konnte sich Imrays wegen doch nicht länger aufhalten. Imray, der Mensch, wurde eine geheimnisumwobene Angelegenheit, von der man bestenfalls einen Monat lang an den Klubtischen spricht, um sie dann zu vergessen.

Seine Gewehre, Wagen und Pferde wurden an den Meistbietenden veräußert. Sein Vorgesetzter schrieb einen gewundenen Brief an die Mutter, in dem die Tatsache unterstrichen war, daß Imray auf unerklärliche Weise verschwunden sei und sein Bungalow leer stehe.

Als drei oder vier Monate des sengend heißen Wetters vorbei waren, mietete mein Freund Strickland von der Polizei dem eingeborenen Hauswirt den Bungalow ab. Das geschah, bevor er sich mit Miß Youghal verlobte und als er noch seinen Forschungen über das Leben und Treiben der Eingeborenen oblag. Seine eigene Lebensführung war sonderbar genug, und so mancher hat sich über seine Manieren und Gewohnheiten beklagt. Nahrungsmittel waren in seinem Hause stets reichlich vorhanden, aber eine regelmäßige Essenszeit gab es nicht; im Stehen oder auf und ab gehend aß er, was gerade auf dem Serviertisch stand, und das behagt nicht jedem. Sein Wohnungsschmuck bestand aus sechs Doppelflinten, drei Schrotbüchsen, fünf Sätteln und einer Sammlung steifgespließter Mahseer-Angelruten, die noch viel dikker und stärker sind als die, mit denen man die größten Lachse fängt.

Diese Dinge nahmen die eine Hälfte des Bungalows ein, die andere war für Strickland – und Tietjens reserviert, eine riesige Hündin aus Rampur, die täglich die Ration von zwei Männern verschlang. Sie sprach mit Strickland ihre eigene Sprache, und wenn sie draußen beim Umherstreifen etwas bemerkte, was nach ihrer Ansicht den Frieden Ihrer Majestät, der Kaiserin und Königin, hätte stören können, so kehrte sie zu ihrem Gebieter zurück, um Bericht zu erstatten; Strickland verfügte sodann auf der Stelle die erforderlichen Geldstrafen oder Gefängnis für die betrübten Schuldigen.

Die Eingeborenen hielten infolgedessen Tietjens für eine Art dienstbaren Hausgeistes und bezeugten ihr jene Art von Hochachtung, die sich aus Haß und aus Furcht zusammensetzt.

Ein Zimmer im Bungalow war eigens für sie bestimmt, und außerdem nannte sie eine Bettstatt, eine wollene Decke und einen Trinktrog ihr eigen.

Wenn jemand des Nachts Stricklands Gemächer betrat, liebte sie es, den Eindringling zu Boden zu werfen und so lange zu heulen, bis Licht gebracht wurde.

Strickland dankte ihr sein Leben; als er sich einmal in den Grenzgebieten aufgehalten hatte, schlich ein Mörder, den er dingfest machen wollte, in der Dämmerung in sein Zelt, ein Messer zwischen den Zähnen, um ihn in ein Land zu befördern, das – noch jenseits der Andamaneninseln liegt; aber Tietjens packte den Kerl und verhalf ihm dadurch zu einem streng gesetzmäßigen Ende am Galgen. Seitdem trägt sie ein dickes, silbernes Halsband und hat ein Monogramm auf ihrer Bettdecke. Diese Decke ist aus doppeltem Kaschmirstoff, denn Tietjens hält viel auf dergleichen.

Unter keinen Umständen litt sie, daß man sie von ihrem Herrn trennte. Als Strickland einmal an Fieber darniederlag, bereitete sie den Ärzten große Verlegenheiten; sie konnte ihrem Herrn zwar nicht helfen, aber sie duldete auch nicht, daß ihm andere hülfen. Macarnaght vom indischen Sanitätskorps mußte ihr erst eins mit dem Gewehrkolben über den Schädel geben, ehe sie zur Einsicht kam, daß die Ärzte mit dem Chinin den Vortritt hätten.

Kurz nachdem Strickland Imrays Bungalow bezogen hatte, führten mich meine Geschäfte nach der Station, und da die Klubquartiere überfüllt waren, mietete ich mich bei ihm ein.

Es war ein solid gebauter Bungalow, mit acht Räumen und mit einem guten Dach versehen, so daß kein Regen durchkonnte.

Innen hing eine Art Baldachin als Schutzdecke quer über dem Wohnraum, sauber wie ein getünchter Bewurf. Der Hauswirt hatte sie frisch übermalen lassen, bevor Strickland einzog. Wer die Bauart indischer Bungalows nicht kennt, hätte schwerlich vermutet, daß über diesem weißen, gespannten Tuch die dunkle dreieckige Höhlung des Dachstuhls lag, bewohnt von Ratten, Fledermäusen und anderem ekelhaften Ungeziefer.

Tietjens empfing mich in der Veranda mit einem Gebell, dröhnend wie die Glocke der St.-Pauls-Kirche, und legte mir als Zeichen der Freude und des Wohlwollens die Pfoten auf beide Schultern.

Strickland hatte sich aus Töpfen und Tellern eine Art Frühstück zusammengekratzt, eilte aber, kaum daß er es hinuntergewürgt hatte, sofort zu seinen Berufsangelegenheiten und ließ mich mit Tietjens und meinen Gedanken allein.

Die Hitze des Sommers war vorüber und hatte dem warmen Dunst der ersten Regenzeit Platz gemacht. Kein Lüftchen regte sich, aber der Regen fiel Ladestöcken gleich auf die Erde herab, sich beim Wiederemporspritzen in einen blauen Nebel verwandelnd. Der Bambus, die Zuckeräpfelbäume, die Poinsettias und die Mangobäume standen unbeweglich und ließen sich von dem warmen Wasser überrieseln, derweilen die Frösche in den Aloëhecken dazu sangen.

Kurz vor dem Dunkelwerden, als der Regen am heftigsten fiel, saß ich im Hintergrund der Veranda, lauschte auf das Trommeln des Wassers in den Dachtraufen und kratzte mich, denn ich war mit Hitzebläschen über und über bedeckt.

Tietjens war mit mir hereingekommen, legte mir den Kopf in den Schoß und blickte ungemein sorgenvoll drein, weshalb ich ihr ein paar Biskuits gab, als ich im Rückraum, wo es wesentlich kühler war, meinen Tee einnahm. Die übrigen Gemächer des Hauses lagen in Dunkelheit getaucht hinter mir. Ich vermied sie, denn ich konnte den Geruch von Stricklands Sattelzeug und dem Öl an seinen Flinten nicht leiden.

Da kam ein Privatdiener zu mir – seine dünnen Kleider waren so durchnäßt, daß sie ihm förmlich am Leibe festklebten – und sagte, ein Fremder sei gekommen und wünsche, mit jemand zu sprechen.

Ich wollte nicht erst warten, bis der Diener Licht in den dunklen Zimmern angezündet haben würde, und ging daher – eigentlich ganz gegen meinen Willen – in das kahle Vorzimmer.

Ob nun wirklich ein Besucher draußen war oder nicht, jedenfalls schien es mir, als stünde eine Gestalt am Fenster. – Aber als der Diener mit den Leuchtern kam, war nichts zu sehen, zu hören und zu spüren als Regengeprassel und der Geruch der trinkenden Erde. Ich erklärte meinem Diener, er sei noch dümmer, als es sich von Rechts wegen gezieme, und kehrte in die Veranda zurück, um mich mit Tietjens weiter zu unterhalten. Sie war inzwischen in das Unwetter hinausgegangen und ließ sich nur mit Widerstreben zurücklocken – trotz Zuckerstücken und Biskuitverheißung.

Kurz vor dem Abendessen kam Strickland, triefend vor Nässe, nach Haus. Seine ersten Worte waren: „Ist jemand hiergewesen?"

Ich erzählte ihm – mit dem nötigen Hinweis auf die Dummheit meines Dieners –, daß man mich in das Empfangszimmer gerufen habe. Vielleicht sei wirklich irgendein Tagedieb dagewesen, aber jedenfalls hätte er das Weite gesucht, ohne sich vorzustellen und seinen Namen zu nennen – schloß ich meinen Bericht.

Strickland hörte mir schweigend zu, bestellte das Essen, und da es ein ordnungsmäßiges Mahl war, serviert auf einem weißen Tuch, setzten wir uns zu Tisch, wie es sich gehört.

Um 9 Uhr ging Strickland schlafen. Ich war ebenfalls müde. Tietjens, die unter dem Tisch gelegen hatte, verfügte sich mit einem Satz in den am meisten geschützten Teil der Veranda, als sich ihr Herr in sein Schlafgemach begab, das an ihr eigenes Staatszimmer angrenzte.

Wenn etwa eine Frau es vorgezogen hätte, draußen im strömenden Regen zu schlafen, wäre das weiter nicht von Belang gewesen, aber Tietjens war eine Hündin und somit wertvoller. Ich sah Strickland erwartungsvoll an, ob er sie nicht mit der Peitsche zurückholen würde, aber er lächelte nur entsagungsvoll, etwa wie ein Ehemann, der sich keinerlei Gewalt über die Hauswirtschaft anzumaßen getraut. – „Sie hat es so gehalten, seitdem ich hier eingezogen bin. Laß sie", sagte er. – Tietjens war schließlich Stricklands Hündin und nicht meine, und daher schwieg ich. Aber daß es Strickland keineswegs paßte, so leicht über die Sache hinwegzugehen, fühlte ich deutlich.

Tietjens schlug ihr Lager draußen vor dem Fenster meines Schlafzimmers auf. – Sturmbö folgte auf Sturmbö und fegte donnernd über das Dach; schwand dahin. Blitze spritzten über den Himmel. Wie Eier, die an ein Scheunentor geworfen werden. Nur nicht so gelb. Mehr blaßblau.

Durch die Ritzen meiner Bambusjalousie konnte ich erkennen, daß die große Hündin regungslos draußen in der offenen Veranda stand, die Rückenhaare gesträubt, die Füße wie angewurzelt, die Sehnen gespannt wie die Drahtseile einer Kettenbrücke.

Während der kurzen Pausen des Donners versuchte ich einzuschlafen, hatte aber immerwährend das Gefühl, irgend jemand wolle mich davon abhalten und verlange etwas von mir. Wer es auch sein mochte, er versuchte, mich beim Namen zu rufen. Aber seine Stimme ging stets in ein lautloses Flüstern über.

Der Donner hörte auf, Tietjens ging in den Garten, heulte den Mond an. Jemand versuchte, meine Tür zu öffnen, wanderte auf und ab im Haus, stand schwer atmend in der Veranda still. Ich war kaum eingeschlafen, da bildete ich mir ein, wildes Hämmern und Geschrei über meinem Kopf – oder war es an der Tür? – zu hören.

Ich stürzte in Stricklands Zimmer und fragte, ob er krank wäre oder mich gerufen hätte. Er lag, halb angekleidet, auf seinem Bett, die Pfeife im Munde. „Ich hab mir's gleich gedacht, daß du kommen würdest", sagte er. „Bin ich soeben im Haus herumgelaufen?"

Ich sagte, er sei im Eß- und Rauchzimmer herumgetrampelt und noch in zwei oder drei andern Zimmern. Er lachte bloß und riet mir, mich schlafen zu legen. Ich legte mich wieder nieder und schlief bis zum Morgen, aber beständig verfolgte mich das Gefühl im Traum, ich beginge ein Unrecht gegen jemand, der irgend etwas von mir wünsche. Was das für Wünsche sein könnten, vermochte ich mir nicht klarzumachen, aber ein schwankender, umhertappender, zaudernder, schemenhafter Jemand überhäufte mich mit Vorwürfen wegen meiner Saumseligkeit. Zwischenhinein hörte ich, wie im Halbwachen, das Dreschen des Regens und Tietjens Geheul im Garten.

Zwei Tage blieb ich in dem Haus. Jeden Morgen ging Strickland in sein Büro und ließ mich, mit Tietjens einziger Gesellschaft, acht bis zehn Stunden allein.

Solange heller Tag war, fühlte ich mich ganz behaglich. Ebenso Tietjens. Aber wenn die Dämmerung kam, zogen wir uns in die rückwärtige Veranda zurück und taten schön miteinander. – Wir waren allein im Haus, dennoch schien jemand anwesend zu sein – allzu anwesend –, mit dem ich nichts zu tun haben mochte. – Ihn konnte ich nicht sehen, aber ich sah, daß sich die Vorhänge, die die Zimmer abteilten, bewegten, als sei soeben jemand hindurchgegangen; ich hörte die Bambusstühle knarren, als hätte sich eben ein Gewicht von ihnen erhoben; ich fühlte, wenn ich ein Buch aus dem Eßzimmer holen wollte, jemand warte auf der Vorderveranda, bis ich fortginge. Tietjens machte das Zwielicht interessant durch ihr Starren in die dunklen Räume, jedes

Haar gesträubt und die Bewegungen eines Etwas verfolgend, das ich nicht sehen konnte. Sie ging niemals in die dunklen Zimmer hinein, aber ihre aufmerksam wandernden Augen sagten mir genug. Erst wenn mein Diener die Lampen brachte und ihr Licht alles hell und wohnlich machte, ging sie mit mir hinein, setzte sich auf die Hinterbeine und beobachtete eine unsichtbare Erscheinung, die sich hinter meinem Rücken bewegte. – Hunde sind freundliche Gefährten.

Ich eröffnete Strickland so höflich wie möglich, daß ich nunmehr hoffen könne, im Klub Unterkunft zu finden, pries seine Gastfreundschaft, bewunderte seine Waffen und Angelruten – aber sein Haus und die Atmosphäre darin paßten mir ganz und gar nicht. Er ließ mich zu Ende sprechen, lächelte dann müde, aber ohne Empfindlichkeit, denn er ist ein Mann, der die Beweggründe anderer gelten läßt. – „Bleib doch noch hier", sagte er nach einer Weile – „und denk nach, was das alles zu bedeuten hat. Was du mir mitgeteilt hast, weiß ich, seit ich den Bungalow bewohne. Bleib doch hier und warte ab! Tietjens hat mich verlassen; willst du nun auch gehen? – – –"

Ich habe einmal mit ihm ein kleines Erlebnis, ein heidnisches Götzenbild betreffend, gehabt, das mich beinahe ins Irrenhaus brachte; ich verspürte keine Lust, ihm auch noch bei weiteren Experimenten Gesellschaft zu leisten. Er war ein Mensch, dem Ungeheuerlichkeiten so häufig unterliefen, wie andern etwa ein Mittagessen.

Ich sagte ihm daher klipp und klar, daß ich ihn sehr gerne hätte und ihn mit Freuden jederzeit am Tage besuchen wollte, aber unter seinem Dach zu schlafen, ließe ich mir nicht zumuten. – Das geschah nach dem Mittagessen, Tietjens lag draußen vor der Veranda.

„Gott, freilich, zu verwundern ist's nicht", sagte Strickland. – Er betrachtete aufmerksam das Tuch an der Zimmerdecke. – „Da! Schau mal!"

Die Schwänze von zwei braunen Schlangen hingen zwischen Tuch und Wandgesims herab, warfen lange Schatten im Lampenlicht.

„Hm. Wenn du dich vor Schlangen fürchtest – – –" brummte er.

Allerdings fürchte und hasse ich Schlangen. Wenn man ihnen ins Auge sieht, beschleicht einen der Verdacht, sie wüßten um das ganze Geheimnis des Sündenfalles der Menschen und fühlten die Verachtung, die Satan gefühlt haben mag, als Adam aus dem Paradies vertrieben wurde. – Außerdem ist ihr Biß meistens verhängnisvoll – und sie winden sich einem mit Vorliebe an den Hosenbeinen hinauf.

„Du solltest wirklich einmal das Dach nachsehen lassen!" sagte ich. „Gib mir doch einen von deinen Masheer-Angelstöcken her! Ich werde die Viecher herunterstochern."

„Sie werden sich zwischen die Dachbalken verkriechen", meinte Strickland. „Schlangen überm Kopf! Das könnte mir so passen! Warte, ich steige hinauf. Wenn ich sie herunterschüttle, zerschlag ihnen das Rückgrat mit dem Ausklopfstecken da!"

Ich verspürte wenig Lust, Strickland bei diesem Unternehmen beizustehen, nahm aber doch den Stock zur Hand und wartete, derweil Strickland eine Gärtnerleiter aus der Veranda holen ging, die er sodann an die Zimmerwand lehnte. Sofort wanden sich die Schlangenschwänze aufwärts und verschwanden. Man konnte deutlich das trockene Rascheln ihrer langen Leiber hören, wie sie im Innern des sackartig gebauchten Zimmerdeckentuchs dahineilten. –

Strickland nahm beim Hinaufsteigen eine Lampe mit. Ich suchte ihm begreiflich zu machen, daß es nicht nur gefährlich sei, zwischen Decke und Baldachin Schlangen zu jagen, sondern überdies bedenklich hinsichtlich des Geldbeutels, denn möglicherweise könnte das Tuch bei dem Experiment zerreißen.

„Blödsinn!" sagte Strickland. „Sie werden sich zwischen Wand und Tuch versteckt haben. Die Ziegel sind ihnen zu kalt; die Zimmerwärme ist ihnen lieber." Und er ergriff eine Ecke des Tuches und riß es vom Gesims los. Es gab mit einem lauten, knirschenden Geräusch nach, und Strickland steckte den Kopf in die entstandene Öffnung hinein in die Dunkelheit der Dachbalkenwinkel. Ich biß die Zähne zusammen und packte den Stock fester, denn irgend etwas mußte doch jetzt herunterkommen!

„Hem", machte Strickland, und seine Stimme dröhnte

unter dem Dach wie in einem Resonanzboden. „Platz wäre hier für eine ganze Menge Zimmer. – Aber, zum Teufel, da wohnt ja schon jemand!“

„Schlangen?“ fragte ich von unten.

„Nein, es scheint eher ein Büffel zu sein. Reich mir mal die Spitze einer Masheer-Angel herauf, ich will ihn anstechen. Er liegt auf dem Hauptbalken.“

Ich reichte ihm den Angelstock hinauf.

„Ist das ein Nest für Eulen und Schlangen!“ rief Strickland und kletterte noch tiefer in die Höhlung hinein. „Freilich kein Wunder, daß es ihnen hier gefällt!“ – Ich konnte sehen, wie er mit dem stockbewehrten Arm nach vorwärts stieß. – „Heda! Sie! Mein Herr! Kommen Sie mal herunter!“ hörte ich ihn rufen. – „Achtung auf deinen Kopf! Es fällt!“ – Und schon sah ich, wie sich das Dachtuch, fast in der Mitte des Zimmers, herabsenkte, beutelförmig ausgebaucht durch den Druck eines hineingefallenen Gegenstandes – und immer tiefer und tiefer herniederkam auf die Lampe zu, die brennend auf dem Tisch stand. Sofort riß ich sie weg und sprang mit ihr zurück. Im nächsten Augenblick löste sich das Dachtuch von den Wänden los, zerriß wie mit einem Schrei und ließ ein Etwas auf den Tisch fallen, das ich nicht anzusehen wagte, bis Strickland, auf der Leiter herabgestiegen, wieder neben mir stand.

Strickland war kein Mann der vielen Worte; schweigend faßte er die niederhängenden Enden des Tafeltuchs und deckte sie über das, was da auf dem Tische lag.

„Es will mir scheinen“, sagte er nach einer Weile und stellte seine Lampe weg, „unser Freund Imray ist zurückgekehrt! – Ja, was ist denn das? Wirst du wohl?“ – (Es hatte sich etwas unter dem Tuch bewegt.) Eine kleine Schlange ringelte sich heraus. Strickland zerschlug ihr mit dem dicken Ende der Masheer-Angel das Rückgrat. Mir wurde so übel, daß ich kein Wort hervorbringen konnte.

In Gedanken versunken stand Strickland eine Weile da, dann ließ er sich etwas zu trinken bringen.

Unter dem Tafeltuch war es still geworden.

„Ist es Imray?“ würgte ich hervor.

Strickland zog einen Augenblick das Tuch zurück, warf

einen Blick hin und sagte: „Es ist Imray, und sein Hals ist durchschnitten von einem Ohr bis zum andern.“

Dann riefen wir plötzlich beide gleichzeitig: „Also darum hat es hier im Haus gespukt!“ – –

Tietjens im Garten begann mit einemmal wütend zu bellen, und gleich darauf hob sie mit ihrer großen Nase den Türdrücker hoch, kam herein und schnüffelte in die Luft.

Dann setzte sie sich nieder, fletschte die Zähne. Stemmte die Pfoten fest auf den Boden. Blickte Strickland an.

Strickland nickte ihr zu. „Jaja, das ist eine schlimme Geschichte, alte Dame! Man klettert doch nicht aufs Dach, um dort zu sterben, und macht nachher den Baldachin unter sich fest! – Wart, laß mich mal überlegen.“

„Überlegen wir's uns anderswo“, riet ich.

„Famose Idee! Du hast recht, überlegen wir's uns anderswo! – Lösch die Lampen aus. Gehen wir in mein Zimmer!“

Ich überließ das Lampenauslöschen ihm und ging voraus in sein Zimmer. Er kam mir nach, wir setzten unsere Pfeifen in Brand und dachten nach. Strickland insbesondere. Ich meinesteils rauchte wie ein Verrückter, denn mich gruselte schauderhaft.

„Also: Imray ist zurückgekehrt!“ begann Strickland, „die Frage ist nun: Wer hat ihn ermordet? – Unterbrich mich jetzt nicht, mir fällt soeben was ein. – Als ich diesen Bungalow bezog, übernahm ich die meisten von Imrays Dienern. – Imray war arglos und gutmütig, nicht wahr?“

Ich stimmte zu, obgleich der Haufen unter dem Tuch im Nebenzimmer weder nach der einen noch nach der andern Eigenschaft ausgesehen hatte.

„Wenn ich jetzt sämtliche Diener hereinrufe, werden sie sich zusammenrotten und lügen wie die Arier. – Was schlägst du vor?“

„Laß einen nach dem andern kommen!“ riet ich.

„Dann werden sie hinauslaufen und sich gegenseitig warnen. Wir müssen sie trennen. – Glaubst du, daß dein Diener etwas ahnt?“

„Könnte sein; ich weiß es nicht. Er ist erst zwei oder drei Tage hier. Was ist deine Ansicht?“

„Ich kann es noch nicht genau sagen. – Wie, zum Kuckuck, kam Imray hinter die unrechte Seite des Dachtuchs?"

Da hörten wir ein lautes Husten vor Stricklands Schlafkammertür – ein Zeichen, daß Bahadur Khan, sein Leibdiener, aus dem Schlafe erwacht war und seinem Herrn beim Auskleiden behilflich sein wollte.

„Komm herein!" rief Strickland. – „Eine verdammt heiße Nacht heute, was?"

Bahadur Khan, ein großer, grünbeturbanter, sechs Fuß hoher Mohammedaner, bestätigte, die Nacht sei in der Tat sehr warm, aber es sei noch mehr Regen in Aussicht, der, Seiner Gnaden Gunst vorausgesetzt, dem Lande bald Erleichterung bringen würde.

„Es wird so sein, wenn es Gott gefällt", erwiderte Strickland und begann seine Stiefel auszuziehen. „Aber da fällt mir ein, Bahadur Khan, daß ich dich lange Zeit unbarmherzig habe für mich arbeiten lassen – ja fast, seitdem du in meine Dienste getreten bist. – Wann war das doch?"

„Hat der Himmelsentsprossene es vergessen? Es war, als Imray Sahib im geheimen nach Europa ging, ohne es jemand zu sagen. Damals bin ich – und die andern – in den geehrten Dienst des Beschirmers der Unterdrückten getreten."

„So? Imray Sahib ist nach Europa gegangen? Woher weißt du das?"

„So heißt es unter denen, die seine Diener waren."

„Willst du wieder in seine Dienste treten, wenn er zurückkommt?"

„Sicherlich, Sahib! Er war ein guter Herr und leutselig gegenüber seinen Untergebenen."

„Ja, das stimmt. – Aber ich bin sehr müde jetzt und will morgen früh auf die Jagd gehen. Bring mir mal das kleine Präzisionsgewehr, das ich für die Schwarzbockjagd brauche, her! Es hängt dort im Kasten."

Der Diener nahm Lauf und Kolben und reichte die Stücke seinem Herrn, der sie zusammensetzte und dabei fürchterlich gähnte. Dann griff Strickland selbst in den Kasten, nahm eine scharfe Patrone heraus und schob sie in das Verschlußstück der 360-Expreß.

„Und Imray Sahib soll insgeheim nach Europa gereist

sein? Ist das nicht sehr sonderbar, Bahadur Khan? – Was meinst du?"

„Was weiß ich von den Gebräuchen der Weißen, Himmelsentsprossener?!"

„Sehr wenig, freilich. Aber du sollst sogleich mehr darüber erfahren. – – Ich habe nämlich gehört, daß Imray Sahib von einer sehr langen Reise zurückgekehrt ist und gerade jetzt im Zimmer nebenan liegt und auf seinen Diener wartet."

„Sahib!"

Das Lampenlicht huschte über den Gewehrlauf, wie er sich schnell emporrichtete – mit der Mündung gegen Bahadur Khans breite Brust.

„Geh hinein und überzeug dich selbst! Dein Herr ist müde, und man wartet drinnen auf dich. Geh!"

Der Mann ergriff eine Lampe und ging in das Eßzimmer. Strickland folgte ihm auf dem Fuße, schob ihn fast vorwärts mit der Flintenmündung.

Bahadur Khan warf einen schnellen Blick in die gähnende Tiefe des Dachgebälks über dem Baldachin, dann auf die zuckende Schlange auf dem Fußboden und schließlich mit einem gläsernen Ausdruck im Gesicht auf das Ding unter dem Tischtuch.

„Hast du gesehen?" fragte Strickland nach einer Pause.

„Ich habe gesehen. – Ich bin Erde in der Hand des weißen Mannes. Was gedenkt der Erhabene zu tun?"

„Dich diesen Monat noch aufknüpfen lassen. Was denn sonst?"

„Weil ich ihn getötet habe? Aber Sahib! Bedenke: Während wir Imray Sahib bedienten, fiel sein Blick auf mein Kind – ein Knabe von vier Jahren. Er hat es behext. In zehn Tagen starb es an Fieber – mein Kind!"

„Was hat Imray Sahib gesagt?"

„Er hat gesagt, es sei ein schönes Kind, und hat ihm den Kopf gestreichelt. Deshalb ist mein Kind gestorben. Deshalb habe ich Imray Sahib getötet in der Dämmerung, als er aus seinem Amt gekommen war und schlief. Deshalb habe ich ihn nach oben unter die Balken geschleppt und das Dachtuch wieder festgemacht. – Der Himmelsentsprossene weiß alle Dinge. Ich bin der Diener des Himmelsentsprossenen."

Strickland warf mir über die Flinte hinweg einen Blick zu und sagte in der Eingeborenensprache: „Du bist Zeuge seines Geständnisses. Er hat getötet."

Bahadur Khan stand da – aschfahl – im Licht der Lampe. Plötzlich überkam ihn der Trieb, sich zu rechtfertigen. „Ich bin in die Falle gegangen", sagte er, „aber die Schuld trifft ihn allein: Er hat den bösen Blick auf mein Kind geworfen, und deshalb habe ich ihn getötet und versteckt. Nur die, die von Teufeln bedient werden" – dabei starrte er Tietjens an, die stumpfsinnig vor ihm lag –, „nur so jemand konnte erfahren, was ich getan habe."

„Geschickt hast du's angefangen, Bahadur Khan! – Nur hättest du ihn mit einem Strick am Balken festbinden sollen! Jetzt wirst du selbst mit einem Strick – – – he, Ordonnanz!"

Ein schlaftrunkener Polizist, gefolgt von einem zweiten, erschien sogleich auf Stricklands Ruf. Tietjens saß merkwürdig still da.

„Führt ihn auf die Polizeistation!" befahl Strickland. „Es liegt etwas gegen ihn vor."

„Werde ich denn gehenkt?" fragte Bahadur Khan. Er machte keinen Versuch zu entfliehen. Seine Augen waren auf den Boden geheftet.

„So sicher, wie die Sonne scheint und das Wasser fließt – jawohl", sagte Strickland.

Bahadur Khan machte einen langen Schritt nach rückwärts, schauderte zusammen und blieb dann unbeweglich stehen. – Die beiden Polizisten warteten auf weitere Befehle.

„Geh!" sagte Strickland.

„Ich bin schon unterwegs", sagte Bahadur Khan. „Ich bin bereits ein toter Mann. Da!" – er hob den Fuß: An seiner Zehe haftete der Kopf der halberschlagenen Schlange, festgebissen in der Agonie des Todes.

„Ich stamme aus landbesitzendem Geschlecht", sagte Bahadur Khan und schwankte hin und her. „Es wäre eine Schande für mich, zum Galgen zu gehen vor den Leuten, deshalb habe ich diesen Weg gewählt. Es sei mir erlaubt, darauf hinzuweisen, daß des Sahibs Hemden genau abgezählt sind und daß ein extra Stück Seife in der Waschtoilette liegt. Mein Kind ist behext worden, und ich habe den Zauberer erschlagen. Warum mich also mit dem Strick hinrichten? Meine Ehre ist gerettet, und – und ich sterbe."

Nach einer Stunde starb er. So, wie man eben stirbt, wenn man von der kleinen, braunen „Karait" gebissen worden ist.

Die Polizisten trugen ihn und – das Ding unter dem Tischtuch an den Ort, der ihnen bezeichnet wurde.

Das Verschwinden Imrays war jetzt aufgeklärt.

„Und dies", sagte Strickland seelenruhig, sein Bett erkletternd, „dies nennt man das neunzehnte Jahrhundert! Hast du gehört, was der Mann gesagt hat?"

„Ich hab es gehört", sagte ich. „Imray hat einen Fehler begangen."

„Einzig und allein infolge seiner Unkenntnis der Denkungsweise der Orientalen!" ergänzte Strickland. „Dann kam noch ein endemischer Fieberfall dazu – – ja. Hm. Bahadur hat ihm vier Jahre lang treu gedient."

Ich schauderte. Mein eigener Diener stand genau ebensolang in meinen Diensten. Als ich hinüber in mein Zimmer ging, wartete er dort auf mich, regungslos wie der Kopf auf einer Münze, um mir beim Entkleiden zu helfen.

„Was ist Bahadur Khan zugestoßen?" forschte ich ihn aus.

„Eine Schlange hat ihn gebissen. Das übrige weiß der Sahib", war die Antwort.

„Und wieviel war dir von der Sache bekannt?"

„Nicht mehr, als man schließen kann, wenn einer in der Dämmerung kommt, um Sühne zu fordern. – Langsam, Sahib! Laß mich dir die Stiefel ausziehen."

Ich war kaum in einen Schlaf der Erschöpfung verfallen, da hörte ich Strickland drüben in seinem Zimmer rufen: „Da schau einer! Tietjens ist auf ihren alten Platz zurückgekehrt!"

Und so war es auch. Die große Jagdhündin lag stolz in ihrem Staatsbett, auf ihrer Prunkdecke, unbekümmert, obwohl im Eßzimmer von Zeit zu Zeit das leere Dachtuch raschelte, wie es, immer weiter und weiter sich ablösend, noch mehr zerriß.

Der Mann, der König sein wollte

„Verkehre mit einem Fürsten wie mit einem Bruder und mit einem Bettler als Kamerad – vorausgesetzt, daß er es verdient.“

Eine schöne Lebensregel – in der Tat –, aber nicht leicht zu befolgen! Der Kamerad eines Bettlers war ich des öfteren, aber die Umstände erlaubten beiden Teilen nicht, herauszufinden, auf wessen Seite die Würdigkeit lag. – Der Bruder eines Fürsten zu werden, steht mir noch bevor, obwohl ich einmal dicht daran war, in solche Verwandtschaft zu geraten, und nicht nur das: sondern auch Premierminister eines zu gründenden Königreichs zu werden mit der Armee unter mir, dem Staatssäckel, der Justiz und der gesamten Außenpolitik.

Heute freilich habe ich allen Grund, anzunehmen, daß es Essig damit ist, denn der König ist bereits tot, und wenn ich Lust verspüren sollte, mir eine Krone zu ergattern, wird mir wohl nichts übrigbleiben, als mich selbst auf die Beine zu machen.

Begonnen hat die ganze Geschichte in einem Eisenbahnzug auf der Strecke von Adshmir nach Mhow. Ein spürbarer Mangel in meinen Finanzen zwang mich, nicht etwa zweiter Klasse, die immer noch die Hälfte der ersten kostete, zu reisen – Gott bewahre: nein, sondern direkt im Schindluder-Kupee, was eine scheußliche Angelegenheit ist. – In diesen „Letzte-Klasse-Wagen“ gibt es keine Kissen, und die Passagiere sind selbst so etwas wie „Schindluder“, nämlich Eurasier oder Eingeborene, was angesichts einer langen Fahrt sehr lästig werden kann – oder sie sind Vagabunden. Da letztere meistens betrunken sind, ist die Sache in diesem Fall bisweilen erheiternd.

Letzte-Klasse-Passagiere kaufen grundsätzlich nicht in den Erfrischungsräumen; sie ziehen es vor, Nahrungsmittel in Bündeln und Töpfen mit sich herumzuschleppen, hie und da bei eingeborenen Zuckerbäckerständen einige Süßigkeiten zu erwerben und Wasser aus dem Stationsbrunnen zu trinken. Kein Wunder daher, daß man dergleichen „Schindluder-

Reisende“ bisweilen als Leichen aus den Kupees herausholt – zumal wenn heißes Wetter herrscht –; aber auch bei normaler Temperatur bieten sie einen seltsamen Anblick.

Zufälligerweise blieb der „Letzte-Klasse-Wagen“, in dem ich saß, leer bis Nasirabad, wo ein dicker Gentleman mit schwarzen Augenbrauen und aufgekrempelten Hemdsärmeln einstieg. Der Sitte gemäß, die unter solchen Eisenbahnpassagieren eingebürgert ist, blieb er den ganzen Tag hindurch in diesem Aufzug sitzen. Er war ein Landstreicher – ein Vagabund –, wie ich, hatte aber eine ausgesprochene Vorliebe für Whisky.

Er erzählte mir eine Menge Geschichten von Erlebnissen, die er teils mit angesehen, teils selbst gehabt hatte, und wußte von Abenteuern zu berichten, bei denen er, lediglich der Nahrung für ein paar Tage wegen, sein Leben aufs Spiel gesetzt hatte.

„Wenn's noch mehrer solche gäb wie Sie und ich, die net wissen, wie die Raben, wo's Fressen hernehmen für morgen – net siebzig Millionen Refenüh könnt das Land abwerfen, statt siebenhundert, wie jetzt“, sagte er; und ich stimmte ihm zu, nachdem ich einen Blick auf sein Kinn und seinen Mund geworfen hatte.

Wir schwätzten über Politik – über die Politik der Vagabunden nämlich, die gewohnt sind, offene Wunden zu sehen und nicht das hübsch glatte Pflaster darüber – schwätzten von der Post und ihren Einrichtungen – denn mein Freund gedachte ein Telegramm von der nächsten Station nach Adshmir zurückzusenden – dem Umschlagplatz zwischen Bombay und Mhow, wenn man westwärts reist –, hatte aber kein Geld, von acht Annas abgesehen. Ich selbst besaß ebenfalls keines, dank dem erwähnten Loch in meinem Budget, und konnte ihm daher nicht aushelfen.

„Bliebe nichts übrig, als einen Stationsvorstand mit dem Tod zu bedrohen, bis er ein Telegramm auf Kredit abschickt“, sagte mein Freund, „aber das könnte Scherereien nach sich ziehen für Sie und für mich, und ich habe gerade jetzt alle Hände voll zu tun. Sagen Sie mal, fahren Sie in den nächsten Tagen wieder zurück?“

„In zehn Tagen“, erwiderte ich.

„No, und acht lassen sich nicht draus machen?“ forschte er. „Wann i bloß nöt so a Masse dringende Geschäft vorhätt!“

„Ich könnte Ihr Telegramm innerhalb dieser zehn Tage abschicken“, machte ich mich erbötig.

„I trau mi nöt recht mit einer solchen Depeschen“, meinte er. „Er fährt am 23sten von Delhi nach Bombay, das ist die Gschicht! Das heißt soviel wie: Er kommt durch Adshmir durch in der Nacht vom 23sten.“

„Ich gehe nämlich in die Indische Wüste“, erklärte ich.

„Ausgezeichnet“, rief mein Freund, „da müssen Sie in Marwar umsteigen; anders geht's net – und ‚er‘ kommt in der Früh durch am 24sten mit dem Bombayzug. Können Sie um diese Zeit auf ihn in Marwar warten? Es wird Ihnen nix ausmachen, denn ich weiß: aus diesen indischen Zentralstaaten dort in der Gegend läßt sich hübsch was rauszupfen, – gar wenn Sie sagen, Sie sind der Korrespondent der Hinterwäldler Zeitung.“

„Haben Sie dies Rezept schon mal ausprobiert?“ fragte ich.

„No, und wie oft!“ war die Antwort. „Freilich, erwischen darf man sich nicht lassen, sonst werden Sie ins Loch gesteckt, bevor Sie noch Zeit haben, jemand das Messer in den Bauch zu rennen. Aber sprechen wir lieber von meinem Kollegen! Ich hab ihm mein Ehrenwort geben müssen, daß ich ihn auf dem laufenden halt und ihn wissen laß, wohin er sich wenden soll. Ich möcht es Ihnen hoch anrechnen, wenn Sie rasch von Zentralindien zurückkommen würden, damit Sie ihn noch in Marwar erwischen und ihm sagen: ‚Er – (ich nämlich) ist diese Woche im Süden.‘ – Er hat einen roten Bart, ist ein großer Mann und auch sonst ein Mordsgigerl. Er wird natürlich schlafen, mit seinem ganzen Gepäck rundum, kurz: wie ein Gentleman, und zwar in der zweiten Klaß. Aber Sie brauchen sich deshalb nicht vor ihm zu fürchten. Lassen Sie einfach das Kupeefenster herunter und sagen Sie ihm: ‚Er ist im Süden diese Woche.‘ – Er weiß nachher schon! Na, und Ihnen kost's ja höchstens zwei Tag Aufenthalt. – Ich bitte Sie also um die Gefälligkeit, wie man eben als Fremder bittet, der – – nach dem Westen geht!“

„Und woher kommen Sie?“ fragte ich.

„Aus dem Osten“, sagte er, „aber net wahr, Sie trichtern

ihm ein, was ich gsagt hab? Ich dank Ihnen im Namen Ihrer Mutter."

Engländer haben's im allgemeinen nicht gern, wenn man Erinnerungen an ihre Mütter weckt, aber ich sagte nichts und nickte nur zustimmend.

„Es handelt sich um eine nicht geringe Sache", erklärte mein Freund, „sonst würde ich Sie nicht bemühen, aber ich seh ja, daß ich mich auf Sie verlassen kann. Also passen S' noch mal auf: Zweite-Klasse-Kupee in Marwar und ein Mann mit einem roten Bart, der wo drin schläft! – Werden Sie's auch nicht vergessen? Ich steig bei der nächsten Station aus und muß dort warten, bis er kommt oder mir Nachricht gibt oder mir sonstwas schickt."

„Ich werde ihm alles ausrichten, vorausgesetzt, daß ich ihn erwische", versprach ich, „aber jetzt möchte ich Ihnen – auch im Namen Ihrer Mutter – einen Rat geben: Vermeiden Sie die zentralindischen Staaten, wenn Sie wieder mal, wie jetzt, als Korrespondent der Hinterwäldler Zeitung reisen! Die Sache ist dort brenzlig, und es könnte für Sie schief ausgehen."

„Ich dank Ihnen", sagte er schlicht, „aber wo eine Sau sonst fangen? Soll der Mensch zusehen und verhungern, wann ihm eine übern Weg lauft? Ich möcht halt gar so gern den Degumber Radsha packen wegen der Gschicht mit der Witwe seines Vaters und ihm eins auswischen."

„Was hat er denn mit der Witwe seines Vaters angefangen?" wollte ich wissen.

„Ach Gott, mit rotem Pfeffer hat er sie halt angefüllt und dann, wie sie an einem Balken gehängt hat, totgeprügelt. Ich habe das herausgeschnüffelt; ich bin überhaupt der einzige Mensch, der's weiß und sich getraut, hinzugehen in seinen Staat und ihm ein gehöriges Schweigegeld herauszuziehen. Man wird natürlich versuchen, mich zu vergiften, wie schon einmal in Chortumna, als ich Beute machen ging. – Aber werden Sie meinen Auftrag in Marwar dem mit dem roten Bart auch gut ausrichten?"

In einer kleinen Station stieg er aus, und ich überließ mich meinen Gedanken. Des öftern schon hatte ich von Leuten gehört, die es lieben, sich als Zeitungskorrespondenten auszugeben, um kleinen Eingeborenenstaaten unter Androhung von allerhand skandalösen Enthüllungen zur Ader zu lassen, aber begegnet war ich bisher noch keinem aus dieser Kaste. Sie führen ein hartes Leben, das wußte ich, und erleiden oft einen schnellen Tod. – Die Eingeborenenstaaten haben nämlich einen heillosen Respekt vor englischen Zeitungen und leben beständig in der Furcht, durch sie könnten gewisse Regierungsmethoden an den Tag kommen, die das Licht nicht recht vertragen; deshalb tun solche Staaten ihr Bestes, sich Korrespondenten mit Champagner oder sonst welchen das Bewußtsein gründlich störenden Flüssigkeiten vom Halse zu schaffen; sie haben keine Ahnung, daß es niemand auch nur im Traume einfällt, sich um interne Staatsangelegenheiten zu kümmern, solange Unterdrückung und Verbrechen sich in verschämten Grenzen halten und der betreffende Regent nicht gerade vom 1. Januar bis 31. Dezember ohne Unterbrechung besoffen oder sonstwie unzurechnungsfähig ist. – In diesen dunkeln Flecken der Erde herrscht gewöhnlich eine alles Maß übersteigende Grausamkeit; auf der einen Seite laufen Eisenbahnen und Telegraph, auf der anderen Seite herrschen die Zustände aus den Tagen Harun-al-Raschids.

Bei mir standen die Sachen so: Einmal hatte ich Geschäfte mit Königen, und in acht Tagen wechselte das Bild auf schier unglaubliche Weise. Einmal trug ich Abenddreß, verkehrte mit Fürsten und Politikern, trank aus Kristall und speiste aus Silber, das nächste Mal schlief ich auf dem Boden in Lumpen, wie ein Kuli, verschlang Kräuter und Quellwasser. Wie es eben der Tag so mit sich brachte.

Jetzt hatte ich mir die Große Indische Wüste auserkoren, und die Eisenbahn setzte mich in Marwar ab – mitten in der Nacht – von wo eine winzige, lächerliche „Gehste – oder – gehste – nicht“ – Lokalbahn, von einem Eingeborenenheizer gelenkt, nach Jodhpur rattert. – Der Bombay-Expreß macht halt, wenn er von Delhi kommt, in Marwar. Er fuhr gerade ein, als ich ankam, und ich fand kaum Zeit, übers Geleise zu laufen und die Kupees zu durchsuchen. Zum Glück gab es nur einen Zweite-Klasse-Waggon. Ich zog das Fensterrollo hoch und erblickte einen roten Bart, der wie eine Flamme leuchtete und zur Hälfte mit einer Eisenbahndecke verhüllt war. Kein Zweifel: Das war mein Mann, tief schlafend, wie angekündigt. Ich versetzte ihm einen gelinden Rippenstoß, den er mit einem Grunzen quittierte, worauf sein Antlitz auftauchte. Es war groß und strahlend.

„Schon wieder die Billetts!" brummte er.

„Nein", sagte ich. „Ich soll Ihnen ausrichten: Er ist die Woche über im Süden!"

Der Zug begann sich wieder in Bewegung zu setzen. Der Rotbart rieb sich die Augen. „Hm, also im Süden ist er diese Woche!" wiederholte er vor sich hin, „das sieht ihm wieder mal ähnlich. Hat er gesagt, ich soll Ihnen was geben? Paßt mir gar nicht."

„Hat nichts gesagt", gab ich zur Antwort, sprang rasch ab und blickte den roten Lichtern des Zuges nach, wie sie rasch in der Ferne entschwanden. Es war schauderhaft kalt, denn der Wind wehte von der Wüste herüber; ich kletterte wieder in meinen eigenen Zug; diesmal war's kein „Schindluder-Kupee", und ich streckte mich zum Schlafen aus.

Hätte mir der Mann eine Rupie als Trinkgeld gegeben, ich würde sie als Erinnerung an dieses sonderbare Erlebnis mir aufgehoben haben, so aber mußte ich mich mit dem Bewußtsein als Lohn begnügen, mein Versprechen eingelöst zu haben.

Später sagte ich mir: Wenn zwei Gentlemen, wie meine beiden Freunde, sich, als Zeitungskorrespondenten verkleidet, auf die Walz und auf Schwarzfahrten nach Zentralindien und die kleinen Rattenfallenstaaten von Süd-Radshputana begeben, so wandeln sie wahrscheinlich nicht auf einwandfreien Wegen und müssen gewärtigen, daß ihnen allerhand ernste Unannehmlichkeiten zustoßen; ich wollte deshalb bei ihrer Personalitätsbeschreibung sehr vorsichtig sein – insbesondere Leuten gegenüber, von denen ich annehmen durfte, daß sie sich für sie interessierten. Wie ich später erfuhr, war es mir gelungen, sie von einem Ausflug ins Degumbergebiet abzuhalten.

Dann ging mir die Angelegenheit noch mehr im Kopf herum, und ich begab mich in die Redaktion meiner Zeitung, die sämtliche „königlichen" und sonstigen Tagesfragen in Evidenz hielt.

Eine Zeitungsredaktion übt eine merkwürdige Anziehungskraft auf alle erdenklichen Arten von Menschen aus, die keine Ahnung von Disziplin haben. Zenana-Missionsdamen finden sich ein und verlangen, daß der Herausgeber des Blattes auf der Stelle alles stehen und liegen läßt, um einen Artikel über ein Preisausschreiben der Christengemeinde in irgendeiner Religionsbude eines vollkommen unerreichbaren Gebirgsdorfes zu verfassen; Obersten, die das Kommando beim Avancement übergangen hat, sitzen herum und skizzieren Entwürfe für zehn, zwölf oder vierundzwanzig Leitartikel über das Thema: „Altersrangklasse oder willkürliche Beförderung?"; auf dem trockenen sitzende Theatergesellschaften treten vollzählig an und geben die Erklärung ab, sie könnten zur Zeit zwar nicht die Kosten eines Inserates bestreiten, interessierten sich jedoch brennend dafür, sobald sie von Neuseeland oder Tahiti zurückkämen; Erfinder und Patentinhaber von selbsttätigen Punkah-Fächelmaschinen, Waggonkuppelungen, unzerbrechlichen Schwertern und Achsenwellen nehmen, alle Taschen voll mit Spezialzeichnungen, Stunden für sich in Anspruch; Teegesellschaften dringen in das Büro ein und arbeiten mit Redaktionsfedern Prospekte aus; Sekretäre von Ballkomitees wünschen dringend, daß der Glanz dieses oder jenes Schlußtanzes prunkvoller geschildert werde; fremde Ladys rauschen herein und zwitschern: „Ich muß sofort hundert Damenkarten haben!" – denn sie zu beschaffen, ist doch selbstverständlich die Aufgabe einer Zeitung! –; zum Schluß verlangt dann irgendein streunender Berufsraufbold von der Gasse eine Anstellung als Korrekturenleser. – Die ganze Zeit über klingelt rastlos das Telefon, Könige auf dem Kontinent werden ermordet, Kaiserreiche schmeißen um, Mister Gladstone bestreut die Britischen Dominions mit Bimssteinpulverphrasen, und die kleinen schwarzen Zeitungsjungen summen wie müde Bienen ihr „Kaa-pi chay-ha-ye-Blatt gefällig?" – durcheinander. Am nächsten Morgen aber ist die Zeitung so blank wie der Schild der Jungfrau von Orleans.

Doch dieses Treiben ist noch der weitaus unterhaltsamste Teil des Jahres. Es gibt nämlich noch sechs weitere Monate, wo zwar niemand erscheint und Wünsche vorträgt, aber das

Thermometer Zoll um Zoll steigt, bis kein Platz mehr in der Röhre ist. Dann herrscht eine Dunkelheit im Redaktionszimmer, daß man kaum mehr lesen kann, die Druckereimaschinen fühlen sich an wie glühendes Eisen, und nur noch Berichte über Vergnügungsveranstaltungen in den Gebirgsstationen oder Todesanzeigen erscheinen. Zu solchen Zeiten wird das Telefon zum Schreckensverbreiter: Man liest vom plötzlichen Hinscheiden von Männern und Frauen, die man genau gekannt hat: Die herrschende Hitze ist so ziemlich die einzige Kleidung, die der Berichterstatter trägt, wenn er in seinem Stuhl sitzt und schreibt: „Aus dem Khuda-Janta-Khan-Distrikt wird gemeldet, daß die herrschende Krankheit in leichter Zunahme begriffen ist. Sie kommt meist sporadisch vor und dürfte dank den energischen Bemühungen der Distriktsautoritäten bald erlöschen, immerhin müssen wir mit Trauer feststellen, daß XYZ uns durch den Tod entrissen wurde", etc.

Später bricht dann die gemeldete Epidemie mit Heftigkeit aus, und je weniger das Blatt darüber meldet, desto besser hat es der Leser, denn es stört seinen Frieden nicht. Die Könige und Kaiser hingegen verharren wie früher in Selbstsucht und Rücksichtslosigkeit: sie sterben und schmeißen um; der Redakteur meint, öfter als einmal des Tages brauche das Blatt doch wahrhaftig nicht zu erscheinen, aber das Publikum in den Bergstationen ist anderer Ansicht – mitten im angeregtesten Lesen ruft es: „Gott im Himmel, warum bietet die Zeitung so wenig Anregung? Es muß doch in der Welt weit mehr vorgehen!"

Das ist die dunkle Seite des Mondes; man muß es an sich selbst erfahren haben, um es voll würdigen zu können!

In jener Saison – und es war eine besonders üble Saison – gab das Blatt seinen Schlußwochenbericht in der Nacht vom Samstag auf den Sonntag heraus, wie das auch in London zu geschehen pflegt. Das war sehr angenehm, denn das Blatt wurde fertiggestellt zu einer Zeit, da das Thermometer während einer halben Stunde von 96 Grad auf 84 Grad Fahrenheit fällt, was einem vorkommt wie Eiseskälte.

Es war eine pechschwarze Samstagnacht, so erstickend heiß, wie eben nur eine Juninacht sein kann, und der „loo", der glühende Westwind, heulte in den zundertrockenen Bäumen und log uns vor, ein Regen folge ihm auf dem Fuße. Hie und da fiel auch wirklich ein Tropfen beinahe heißen Wassers auf den Staub herab, patschend wie ein Frosch, aber es war, wie wir wußten, nur die Vorspiegelung eines leeren Versprechens. Im Redaktionszimmer war es um einen Schatten kühler als im Empfangsraum, und deshalb hatte ich mich hineinbegeben und saß dort, während die Maschinen klapperten, der Nachtwind an den Fenstern rüttelte und die fast nackten Schriftsetzer sich den Schweiß von der Stirne wischten oder nach Trinkwasser schrien.

Irgend etwas war schuld, daß wir nicht Schluß machten – ich weiß nicht mehr, was –; der „loo" begann einzuschlafen, die letzte Type war gesetzt, und die ganze Erde schien stillstehen zu wollen, den Finger auf der Lippe, als erwarte sie irgendein plötzliches Begebnis. Ich döste, in Gedanken, ob der Telegraf wirklich ein Segen sei und ob diesem oder jenem Sterbenden oder diesem oder jenem kriegführenden Volk auch zum Bewußtsein käme, welche Unannehmlichkeiten sie einem bereiteten. – Es lag kein Grund vor – außer der Hitze und meiner Müdigkeit –, Pausen in der Arbeit eintreten zu lassen, aber erst, als die Hände der Uhr zum Schlage der dritten Stunde ausholten und die Druckmaschinen ihre Schwungräder ein paar Probedrehungen machen ließen, zum Beweis, daß alles in Ordnung sei, konnte ich mich aufraffen und das Zeichen geben: los!

Gleich darauf zerbiß das Brüllen und Rasseln der Räder die Stille in kleine Stücke. Ich erhob mich, um zu gehen, da standen plötzlich zwei Männer in weißen Anzügen vor mir.

Der eine sagte: „Dös is er!" – Der zweite: „No, freilich." Dann lachten sie beide fast so laut, wie die Maschine brüllte, und kratzten sich die Stirnen.

„Mir hamm gsehn, daß a Licht über d' Straßen 'nüberscheint, wie mir so im Graben gschlafen haben, wegen der Kühle, und da hab ich zu meinem Freund gsagt: Die Zeitung is noch offen. Geh mer nei und sprechen mer mit ihm, der wo uns vorm Degumberstaat gewarnt hat", sagte der kleinere der beiden Männer. Es war derselbe, den ich im Mhow-Zuge getroffen hatte, und sein Gefährte war der Rotbart aus

Marwar. Die Augenbrauen des einen und der Bart des andern ließen mir keinen Zweifel.

Erfreut war ich nicht, denn ich gedachte zu schlafen und nicht mit Vagabunden zu quasseln. „Was wollen Sie?“ fragte ich kurz angebunden.

„A halbe Stund mit Ihna reden drin in der Kühlen und in bequeme Sessel“, sagte der Rotbärtige. „Wir hätten gern was zum Trinken – brauchst net so schauen, Peachey: Der Kontrack is noch net unterschrieben! – Was mir nämlich von Ihnen bräuchten, is ein Rat. Geld brauchen mir nöt. Wir erbitten uns ein Gespräch mit Ihnen, weil mir herausgefunden hamm, daß Sie uns einen schlechten Rat gegeben haben, was den Degumberstaat betrifft.“

Ich führte die beiden in das erstickend heiße Wartezimmer, in dem große Karten an den Wänden hingen, und bot ihnen Stühle an. Der Rotbärtige rieb sich die Hände. „Das laß ich mir gefallen!“ sagte er, behaglich gestimmt, „einen bessern Laden hätten mir gar net finden können. – Aber jetzt, Herr, wollen mir uns vorstellen: Bruder Peachey Carnehan, das is der da, und Bruder Daniel Dravot, das bin ich; je weniger wir über unsern Beruf sprechen, um so besser is es. Früher sin mir Soldaten gewesen, Seeleute, Komponisten, Fotografen, Korrekturenleser, Straßenprediger und, wenn's grad nötig war: Korrespondenten der Hinterwäldlerzeitung. Der Carnehan is vollkommen nüchtern und ich ebenfalls. Wann Sie's nicht glauben, bitte, schauen S' uns an! Sie müssen's schon an meiner Sprache merken. Mir nehmen uns jetzt eine von Ihren guten Zigarren. Sie sollen mal sehen, wie mir dabei aufleben!“

Ich machte die Probe: Tatsächlich, beide waren nüchtern Ich gab also jedem einen lauwarmen Whisky mit Soda.

„Soweit gut“, sagte der Carnehan mit den Augenbrauen und wischte sich die Tropfen vom Schnurrbart, „laß jetzt mich reden, Dan! – Wir haben ganz Indien bereist, meistens natürlich zu Fuß. Wir sind Kesselflicker gewesen, Lokomotivführer, Kleinlieferanten und so. Kurz: mir hamm herausgefunden, daß Indien für Leute wie wir nicht groß genug is.“

Allerdings, das Wartezimmer war für die beiden nicht groß genug; Carnehans Schultern füllten die eine Hälfte des

Raumes aus, und Dravots Bart die andere, wie sie so um den Riesentisch herumsaßen.

Carnehan fuhr fort: „Die halbe Gegend freilich is noch nicht ausgebeutet, denn die, wo die Regierung in der Hand haben, lassen einen nicht hinein. Sie verschwenden ihre ganze Zeit mit Regieren und lassen einen nicht das Schwarze unterm Nagel verdienen; nix kannst unternehmen, nicht einen Brocken kannst auflesen, ohne daß das Gouvernement nicht sofort schreit: ‚Schau, daß d' weiterkommst! Regiern tun mir!' Daher ham mir beschlossen, wir kehren ihnen den Rücken und suchen uns einen Ort, wo der Mensch noch kein Herdentier ist und zu sich selber kommen kann. Wir sind keine Krüppel, in keiner Hinrichtung, und fürchten nichts auf der Welt außer das Saufen; aber diesbezüglich haben mir bereits einen Kontrack miteinander abgeschlossen. No, was soll ich lang reden –: Mir haben vor, Könige zu werden!"

„Könige nach unserer eigenen Verfassung!" murmelte Dravot.

„Gewiß, ich verstehe", sagte ich: „Ihr habt euch viel in der heißen Sonne herumgetrieben, und heute ist eine schwüle Nacht. Wär's nicht besser, ihr überschlaft diese Schnapsidee? – Kommt morgen wieder!"

„Wir sind weder betrunken noch hamm mir den Sonnenstich. No, und – überschlafen haben mir die Idee ein halbes Jahr lang. Was mir brauchen, sind Landkarten und Atlasse; mir hamm uns nämlich überlegt, daß es nur einen Ort auf der Erde gibt, wo zwei starke Männer wie wir ‚sarawacken' können. Mer heißt's im Volksmund: Kafiristan. Meiner Ansicht nach liegt's gleich rechts von Afghanistan, höchstens dreihundert Meilen von Peshawur entfernt. Sie haben dort zweiunddreißig Götzenbilder, und wir werden das dreiunddreißigste und das vierunddreißigste sein. Es is eine gebirgige Gegend, und die Weiber sind wunderschön." – „Halt!" rief Carnehan, „das ist gegen den Kontrack! Weiber und Schna-ps gibt es nicht, Daniel!"

„Das is alles, was mir wissen", fuhr Dravot fort, „außer höchstens, daß noch kein Mensch nicht dort war, und daß dort immer gekämpft wird. Aber, wo gekämpft wird, da is auch jemand nötig, der die Leute abrichtet, und das verstehen mir besser als irgendeiner. Wir werden also in diese Gegend gehen und, wenn wir dort einen König treffen sollten, ihm sagen: „Willst d' deine Feinde schlagen?", und dann werden wir ihm zeigen, wie man Leute abrichtet. Dann werden wir ihn stürzen und selber den Thron besteigen und auf eigene Faust eine Dünastie gründen."

„In Stücke wird man euch reißen, noch ehe ihr fünfzig Meilen über der Grenze seid!" rief ich. „Ihr müßt durch Afghanistan, um in jene Gegend zu gelangen. Es ist ein Gebiet voller Berge und Gletscher, und noch nie ist es einem Engländer gelungen, hinzukommen. Die Menschen sind dort wie die wilden Tiere – aber selbst, wenn ihr hinkämet, würdet ihr nichts ausrichten."

„So was hör ich gern", sagte Carnehan. „Halten S' uns nur für verrückt! Das macht uns einen Mordsspaß. Aber mir sind hier, damit Sie uns ein Buch über die Gegend zu lesen geben und uns Landkarten zeigen. Von mir aus sagen S': mir sin Narren, aber zeigen S' uns Ihre Bücher!" Und er stand auf und ging zum Bücherschrank.

„Ja, meinen Sie denn das alles im Ernst?" fragte ich erstaunt.

„Freilich, allerdings", flötete Dravot. „Und eine recht große Landkarte muß es sein, auch wenn alles drauf weiß ist, wo Kafiristan liegt. Und bitte, alle Bücher, die Sie haben! Lesen können mir, wenn's auch mit der Schulbildung hapert."

Ich sperrte den Schrank auf, nahm die große strategische Karte heraus und zwei kleinere Grenzgebietlandkarten sowie den Band „Inf–Kan" der Encyclopädia Britannica und legte es den beiden vor.

„Da, hier!" sagte Dravot und preßte seinen Daumen auf die Karte. „Hinauf nach Jagdallak. – Peachey und ich kennen den Weg. Mir waren dort mit der Armee von Lord Roberts. – Mir müssen dann bei Jagdallak rechts nüber ins Laghmann-Territorium. Nachher geht's übers Gebirg – vierzehntausend Fuß – fuffzehntausend Fuß –, eine kalte Gschicht wird dös werden; aber nach der Karten scheint's nöt sehr weit."

Ich gab ihm Woods Werk über „die Quellen des Oxus." – Carnehan hatte sich in die Encyclopädia vertieft.

„Da steht eine Masse dummes Zeug drin", sagte Dravot versonnen, „was brauchen mir wissen, wie die Volksstämme alle heißen! Kriegerisch sinds, und mehr braucht's nöt für uns. – Von Jagdallak nach Ashang! Hm!"

„Alles, was da über die Gegend steht, ist doch nur skizzenhaft!" wandte ich ein, „kein Mensch weiß etwas Genaues. Hier der Bericht der United Services Institution. Lesen Sie, was Bellew schreibt!"

„Ich pfeif auf den Bellew!" murrte Carnehan. – „Dan! A stinkete Heidenbande sinds, dös is gwiß, aber da steht, sie bilden sich ein, daß sie mit die Engländer verwandt sin."

Ich blies Tabakwolken vor mich hin, während die beiden unentwegt über den Werken von Raverty und Wood und den Landkarten hockten und in der Encyclopädia nachschlugen.

„Sie brauchen fein net warten!" sagte Carnehan aufblikkend, „mir hamm jetzt vier Uhr. Vor sechse gehn mir net, und wenn Sie schlafen wollen – stehlen tun mir nix! Bleiben S' doch net auf! Mir san zwei harmlose Narren. Wann Sie morgen abend ins Serai kommen, werden mir uns von Ihnen verabschieden."

„Weiß Gott, ihr seid wirklich zwei Narren!" sagte ich. „Man wird euch entweder gar nicht über die Grenze lasssen oder euch die Kehle durchschneiden. Braucht ihr Geld oder eine Empfehlung bis Peshawur? Eine Woche kann ich euch schließlich durchhelfen."

„Dank schön", sagte Dravot, „die nächste Woche werden mir alle Händ voll zu tun haben: Es ist nicht so leicht, König zu werden, wie sich's von weitem anschaut. Aber wenn wir unser Reich in Ordnung gebracht haben, dann schreiben wir Ihnen; Sie können nachher hinaufkommen und uns regieren helfen."

„Glauben Sie vielleicht, daß zwei Narren einen solchenen Kontrack aufsetzen würden?" fragte Carnehan mit schlecht verhehltem Stolz und wies mir einen großen halben Bogen Schreibpapier, auf dem folgendes zu lesen stand. – Ich kopierte es wegen seiner Seltsamkeit:

„Diesen Kontrack ham mir aufgesetzt und unterschriehben, Gott zum Zeugen anruffend. Amen.

Erschtens: daß mir, er und ich, die Sache deichseln werden, nämlich Könige von Kafiristan zu werden.

Zweitens: daß mir, solange die Sache gedeichselt wird, keinen Schnaps und kein Weibsbild nicht anrühren werden, weder ein weißes noch ein schwarzes oder ein braunes.

Drittens: daß mir uns mit Würde und Diskretion aufführen werden, und wenn einer von uns in den Saft kommt, muß ihm der ander beistehen.

Unterzeichnet von Dir und Mir am heutigen Tag.

Peachey Taliaferro Carnehan.
Daniel Dravot.
Beides Ehrenmänner in jeder Hinrichtung."

„Der Schlußsatz hätt natürlich gar nicht dastehen brauchen" – erklärte Carnehan und errötete züchtig –, „denn so was versteht sich von selber. – Sie wissen jetzt, was für eine Sorte Menschen die Landstreicher sind! Und mir sin Landstreicher, der Dan und ich, bis mir Indien im Rücken haben. Glauben Sie noch immer, daß mir einen solchen Kontrack unterzeichnet hätten, wann mir's nicht im Ernst meinen täten? Mir hamm auf die zwei Dinge verzichtet, die wo das Leben lebenswert machen!"

„Ihr werdet euch des Lebens nicht lang erfreuen, wenn ihr nicht bald euer verrücktes Vorhaben aufgebt!" sagte ich. „Setzt die Bude gefälligst nicht in Brand und geht noch vor neun Uhr weg."

Dann ließ ich sie allein mit den Landkarten und störte sie nicht weiter im Notizenmachen, wobei sie die Rückseite auf ihrem „Kontrack" beschmierten. – „Vergessen S' nicht, morgen auf den Serai zu kommen!" waren ihre Abschiedsworte.

Der Kumharsen-Serai ist der große viereckige Menschheitsschmutzwinkel, auf dem ganze Herden von Kamelen und Pferden aus dem Norden beladen und entladen werden. Alle Nationen Zentralasiens kann man dort vertreten finden; Balkh und Bochara kommt dort mit Bengalen und Bombay zusammen, um sich gegenseitig übers Ohr zu hauen, bis die Augen triefen. Die meisten sind natürlich Inder. – Man kann im Serai Ponys kaufen, Türkisen, Persische Katzen, Satteltaschen, Fettschwanzschafe und Moschus, auch allerhand sonderbare Dinge – für fast nichts.

Am Nachmittag ging ich hin, um zu sehen, ob meine Freunde wirklich Wort zu halten gedächten oder es vorzögen, betrunken dort herumzuliegen.

Ein Priester, gehüllt in Fragmente aus Bändern und Lumpen, in der Hand eine papierene Kinderwindmühle, stelzte mit feierlicher Miene umher. Hinter ihm sein Diener, keuchend unter der Last eines Packkorbes, gefüllt mit schmutzigem Spielzeug. Dann beluden sie damit ein Kamel, während ihnen die Leute des Serais zusahen und vor Lachen brüllten.

„Der Priester ist verrückt", schrie mir ein Pferdehändler zu, „er will nach Kabul, um dem Emir Spielzeug zu verkaufen. Er glaubt, man wird ihm dort eine Ehrenstelle geben. Den Kopf werden sie ihm abschneiden! In der Früh ist er hergekommen und hat sich seitdem wie ein Narr benommen."

„Wahnsinnige stehen unter dem Schutze Gottes!" stammelte ein flachwangiger Usbeg in gebrochenem Hindi, „sie können die Zukunft voraussagen."

„Warum haben sie mir denn dann nicht vorausgesagt, daß meine Karawane von den Shinwaris abgefangen werden würde, gerade in dem Augenblick, als ich fast schon in dem schützenden Schatten des Passes angelangt war?" grunzte der Eusufzai eines Radshputana-Warenhauses, dessen ganzes Hab und Gut einst in die Hände von Räubern, knapp an der Grenze, gefallen war und der seitdem die Zielscheibe des Basars geworden war. „Ohé, Priester, woher kommst du und wohin ziehst du?"

„Von Roum bin ich gekommen", gellte der Priester und ließ seine Papierwindmühle spielen, „von Roum, wo der Atem von hundert Teufeln über den See bläst! Oh, ihr Diebe, ihr Räuber, ihr Lügner, der Segen Pir Khans ruht auch auf Säuen, auf Hunden, auf Beschwörern! Wer von euch nimmt den Schützling Gottes mit sich nach Norden, damit er dem Emir Zauberamulette verkaufen kann? Seine Kamele sollen nicht wund werden und seine Söhne nicht krank; seine Weiber sollen ihm treu bleiben, solange er fort ist! Das wird mein Segen sein für den, der mich mitnimmt. Wer will mir beistehen, dem König der Roos goldene Pantoffel zu bringen mit silberner Ferse? Der Segen Pir Khans wird auf seinem Unternehmen sein!“ – und feierlich breitete er die Ärmel seines „Regenmantels“ aus und vollführte plötzlich mitten unter den aneinandergekoppelten Pferden einen phantastischen Tanz.

„In zwanzig Tagen geht eine Karawane von Peshawur nach Kabul ab, Huzrut!“ sagte der Eusufzai; „meine Kamele gehen mit. Tue desgleichen und bring uns Glück!“

„Jetzt auf der Stelle will ich gehen!“ schrie der Priester. „Reisen werde ich auf meinen beschwingten Kamelen und in einem Tage in Peshawur sein! Ho! Hazar Mir Khan“, gellte er seinen Diener an, „treib die Kamele heraus, aber zuerst will ich mein eigenes besteigen.“

Das Tier kniete nieder und er stieg in den Sattel; dann wandte er sich zu mir und rief: „Komm auch du, Sahib, eine kleine Strecke mit, ich will dir ein Amulett verkaufen, das dich zum König von Kafiristan machen wird.“

Da erst ging mir ein Licht auf, und ich folgte den beiden Kamelen aus dem Serai hinaus, bis wir die offene Straße erreichten, wo der Priester haltmachte.

„No, was sagen S' jetzt?“ fragte er mich auf englisch. „Der Carnehan kann die Sausprach nöt, drum hab ich ihn zu meinem Diener gemacht. Fein schaut er aus, was? Ja, so ganz umsonst hab ich mich nicht vierzehn Jahr lang in der Gegend herumgeschlagen! Mir werden uns einer Karawane in Peshawur anschließn, bis mir nach Jagdallak kommen, dort wollen mir schauen, ob mir unsere Kamel gegen Esel vertauschen können, und nach Kafiristan nüberrutschen. Kinderwindmühlen für den Emir, Himmelsakra! – Stecken S' amal die Hand unter den Kamelsattel und sagen S', was S' dort spüren!“

Ich fühlte den Kolben eines Martini-Stutzens und noch einen und noch einen.

„Zwanzig Stück hamm mir“, sagte Dravot ruhevoll, „und an Haufen Manition zum ‚Korrespondieren‘ unter dene Windmühlen und die Dreckpuppen.“

„Gott steh euch bei“, rief ich, „wenn man das Zeug bei euch findet! Ein Martini ist sein Gewicht in Silber wert bei den Pathans.“

„Fuffzehnhundert Rupien Kapital – jede Rupie zusammgebettelt, zsammgeborgt oder zsammgestohlen – sin jetzt infestiert in zwei Kamelen und der Last!“ sagte Dravot stolz. „Uns derwischens net! Mir gehen übern Khaiberpaß mit einer regulären Karawane. Wer wird einen armen Priester anrühren?“

„Habt ihr auch alles, was ihr braucht?“ fragte ich, jetzt wirklich von Staunen erfüllt.

„Heut noch nicht, aber mir werden's schon kriegen. Geben S' uns eine Erinnerung an Ihre Freundlichkeit, Bruder! Sie haben mir gestern eine Gefälligkeit erwiesen und damals eine in Marwar. Mein halbes Königreich steht zu Ihrer Verfügung, wie man so sagt.“

Ich löste einen kleinen Anhängekompaß von meiner Uhrkette und reichte ihn dem Priester.

„Servus!“ sagte Dravot und reichte mir vorsichtig die Hand. „So bald werd ich wohl keinem Engländer die Hand schütteln können! Gib auch du ihm die Hand, Carnehan!“ schrie er, als das zweite Kamel an mir vorüberkam.

Carnehan beugte sich herab, und wir reichten uns die Hand. Dann zogen die Tiere die staubige Straße weiter, und ich blickte ihnen verwundert nach. – Der Plan ist tadellos ausgeheckt, sagte ich mir; ich konnte keinen Fehler entdecken. Die Szene im Serai war dem Verständnis und der Denkungsweise der Eingeborenen ausgezeichnet angepaßt gewesen. Carnehan und Dravot hatten wirklich alle Chancen, unbehelligt und unerkannt durch Afghanistan hindurchzukommen; darüber hinaus, freilich – –, ich war überzeugt: sie würden einen sichern und schrecklichen Tod finden.

Zehn Tage später berichtete mir ein eingeborener Korrespondent aus Peshawur: „Großes Gelächter erregt hier ein verrückter Priester, der die fixe Idee hat, Spielzeug und andern Plunder Seiner Königlichen Hoheit, dem Emir von Bochara, als Amulette zu verkaufen. Er kam durch Peshawur und schloß sich einer Sommerkarawane an, die nach Kabul geht. Die Kaufleute freuen sich mächtig darüber, denn sie meinen in ihrem Aberglauben, solche Wahnsinnige brächten ihnen Glück.“

Waren die beiden also doch heil über die Grenze gekommen! – Wer weiß, vielleicht hätte ich nachts für sie gebetet, aber da kam die Nachricht, ein König – ein wirklicher nämlich – sei in Europa gestorben, und das bannte mich an den Schreibtisch.

Immer die gleichen Phasen durchläuft das Rad der Welt; der Sommer schwand, der Winter kam – schwand ebenfalls dahin. Die Zeitung lebte, und ich lebte mit ihr. Im Laufe des dritten Sommers senkte sich wieder einmal eine heiße Nacht hernieder, und abermals galt es, eine Abendausgabe des Blattes fertigzustellen; wiederum ein müdes Warten auf irgendein Telegramm von der andern Hälfte des Erdballes. Alles spielte sich ab genau wie damals: Ein paar große Männer waren im Verlauf der letzten zwei Jahre gestorben, die Druckmaschinen ratterten, und man schwitzte. Nur die Bäume draußen waren ein paar Fuß höher geworden; das war der einzige Unterschied.

Ich ging hinüber in die Druckerei; genau dasselbe Bild, wie einst! Die Nervenanspannung war noch größer als damals; ich fühlte die Hitze womöglich noch quälender als vor zwei Jahren. Um drei Uhr schrie ich: „Fertig? – Los!" und wandte mich zum Gehen, da – – kroch an meinen Stuhl heran das Überbleibsel eines Menschen!

Es war zusammengekrümmt wie ein Bogen, der Kopf lag zwischen den Schultern, und seine Füße traten übereinander wie die eines Bären; ich konnte kaum unterscheiden, ob er ging oder kroch – dieser in Lumpen gehüllte, winselnde Krüppel, der mich mit meinem Namen ansprach und mir vorgreinte – er sei – zurückgekommen. – „Können Sie mir einen Schnaps geben?" wimmerte er, „um Gottes willen, geben Sie mir was zu trinken!"

Ich ging in die Kanzlei hinüber, der Mann folgte mir, stöhnend vor Schmerzen, und ich schraubte den Docht der Lampe hoch.

„Kennen Sie mich nicht mehr?" keuchte er und ließ sich in einen Sessel fallen; dabei drehte er sein von einem wirren Schopf grauer Haare fast gänzlich bedecktes Gesicht in den Schein des Lichtes.

Ich musterte ihn scharf. Einmal im Leben hatte ich bei jemand Augenbrauen gesehen, dicht über der Nase und fast einen Zoll breit, aber wann und wo konnte das gewesen sein?

„Nein, ich kenne Sie nicht", sagte ich und reichte ihm einen Whisky hin. „Was kann ich für Sie tun?"

Er stürzte den Inhalt des Glases hinunter und – schauderte trotz der fürchterlichen Hitze im Zimmer.

„Ich bin zurückgekommen", wiederholte er; „und ich bin König von Kafiristan gewesen – ich und der Dravot – gekrönte Könige sin mir gewesen. Hier in dieser Stube haben mir's gedeichselt, und Sie sin hier gsessen und haben uns die Bücher gegeben. Ich bin der Peachey Taliaferro Carnehan, und – und Sie sin die ganze Zeit über hier gsessen – o Gott, barmherziger!"

Ich war nicht wenig erstaunt und gab meinen Gefühlen in diesem Sinne Ausdruck.

„Ja, wahr is", sagte Carnehan und hustete trocken, seine in Lumpen gewickelten Füße streichelnd, „wahr wie 's Evangelium. Könige sin mir gwesen, und Kronen hamm wir auf die Köpf ghabt – ich und der Dravot – armer Dan – – oh, armer, armer Dan; er hat keinen Rat annehmen wollen, so sehr ich ihn auch angefleht hab!"

„Trinken Sie noch Whisky!" redete ich ihm zu, „und lassen Sie sich Zeit. Erzählen Sie mir alles, an das Sie sich erinnern können, in Ruhe von Anfang bis zu Ende. – Sie sind damals über die Grenze hinüber mit den Kamelen; Dravot war als verrückter Priester verkleidet und Sie als sein Diener. Entsinnen Sie sich noch?"

„Damals war ich nicht verrückt, aber – ich werd's bald sein. Natürlich erinner ich mich. Schauen S' mich immer fest an, sonst verlier ich den Faden und weiß dann nix mehr."

Ich beugte mich vor und faßte ihn, so unverwandt ich konnte, ins Auge. Er ließ eine seiner Hände auf den Tisch fallen, und ich ergriff sie am Gelenk: Sie war verkrümmt wie eine Vogelklaue und trug eine zerrissene, rote rautenförmige Narbe.

„Nicht dorthin schauen! Mich anschauen!" sagte Carnehan schnell. „Das kommt später dran; um Gottes willen, lenken S' mich net ab! – Also, mir sin losgezogen mit der Karawane, ich und der Dravot, und haben allerhand dummes Zeug gemacht zur Unterhaltung unserer Begleiter. Der Dravot hat alle zum Lachen bracht am Abend, wanns ihr Essen kocht ham – ihr Essen kocht ham – ja – aber was hams nachher gmacht? – Ja, sie haben kleine Spän anzunden – und die habens dem Dravot in den Bart gsteckt, und dann haben mir alle glacht, wie verrückt. Kleine rote Feuer waren's, die haben den roten Bart vom Dravot ergriffen – – es war zum Lachen." Seine Augen schweiften von den meinigen weg, und er lächelte irr.

„Sie sind also bis Jagdallak mit der Karawane gezogen?" half ich nach, „als Sie die Feuer – angezündet hatten. Ich verstehe zwar nicht recht, was Sie sagen, aber Sie hatten doch gewiß vor, in Kafiristan einzudringen?"

„Nein, wir wollten das nicht. Wovon sprechen Sie überhaupt? Mir sin noch vor Jagdallak abgebogen, denn mir haben gehört, daß die Straßen gut sin. Aber sie waren doch nicht gut genug für unsere Kamele – das meinige und das vom Dravot. – Wie mir dann fort waren von der Karawane, hat der Dravot alle seine Kleider weggeschmissen und die meinigen dazu und hat gsagt, wir müßten jetzt Heiden sein, denn die Kafirs reden net mit die Muhamedaner. Mir ham uns nachher anders anzogen und hergricht, und der Dravot hat ausgschaut, na so was. Ich möcht's gar nimmer sehen. Er hat sich den halben Bart abbrennt und sich über die Schultern ein Schafsfell gegeben und sich den Schädel büschelweis rasiert. Mich hat er auch rasiert und mir ganz verrückte Sachen umghängt, damit ich ausschau wie ein Heide. – Das war in einer furchtbar gebirgigen Gegend; unsere Kamele haben nimmer mitkönnen, so steil war's. Sie sin groß und schwarz gwesen, und wie ich wieder heimgekommen bin, da hab ich gsehen, wie sie gekämpft haben wie die wilden Ziegen – und – und ja – 's gibt eine Masse wilde Ziegen in Kafiristan. Und auch die Berg halten net amal still, net mehr als die Ziegen. Alleweil rumorens und lassen einen in der Nacht net schlafen."

„Trinken Sie noch einen Whisky!" ermahnte ich ihn, damit er wieder klarer rede, „was haben Sie getan, als die Kamele wegen der schlechten Straßen, die nach Kafiristan führen, nicht mehr weiterkonnten?"

„Was mir dann getan haben? No, da war doch der Peachey

Taliaferro Carnehan, der mit dem Dravot ausgezogen war auf die Expedition. Von ihm soll ich Ihnen erzählen? Krepiert is er da droben in der Kälten! Von der Gletscherbrücken is er runtergfallen, der alte Peachey, und hat mit die Händ um sich gschlagen wie eine Kinderwindmühle, die man dem Emir verkauft. Zwei Stück haben drei halbe Pence gekostet, oder ich müßte mich irren – –. Und da die Kamele für uns nutzlos waren, hat der Peachey zum Dravot gsagt: ,Um Gottes willen, kehrn mir um, bevors uns die Köpf abschneiden!' Und dann haben die zwei die Kamele gschlachtet mitten in den Bergen, da s' nix mehr zu essen ghabt haben. Aber vorher habens die Koffer mit den Gewehren und der Manition heruntergnommen. Und da sin zwei Menschen dahergekommen, die haben vier Maulesel ghabt. Sofort is der Dravot aufgsprungen und hat zum Singen angfangt vor ihnen. – ,Verkaufts uns eure vier Mulis!' hat er gsagt. ,Soso? A Geld habts?' hat der vorderste von die Leut gsagt, ,da werden mir euch berauben!' Aber bevor er noch hat zu seiner Flinten greifen können, hat ihn der Dravot beim Hals ghabt und hat ihm's Genick übers Knie brochen. Dann hat der Carnehan, da der andere Eseltreiber davonglaufen is, die Mulis mit den Martini-Stutzen beladen. So sin mir dann zusamm in die bitterkalten Berge hinein, wo kein Weg breiter is als Ihr Handrücken."

Er hielt einen Augenblick inne, und ich fragte, ob er sich an die Gegend genauer erinnern könnte.

„Ich erzähl Ihnen, so gut ich kann", war die Antwort, „aber mein Kopf ist nicht in Ordnung; sie haben mir Nägel hineingschlagen, damit ich mich besser erinnere, wie der Dravot gstorben ist. – Die Gegenden waren gebirgig und die Mulis widerspenstig und die Bewohner spärlich und Einsiedler. Mir sin einmal hinauf- und dann wieder heruntergstiegen und noch mal runter, und der Carnehan hat zum Dravot gsagt, er soll doch net immer pfeifen und singen, damit net was Schreckliches passiert. Aber der Dravot hat gmeint, wenn ein König net amal mehr singen kann, stünds überhaupt net dafür, König zu sein. Er hat die Mulis angsporn, aber mir ham für zehn kalte Tage keine Hütten mehr zu sehen gekriegt. Dann sin mir in eine tiefe Schlucht gekommen, aber die Mulis waren so hin, daß mir sie geschlachtet haben, weil mir ihnen nix mehr haben zum Fressen geben können. Mir ham da auf unsere Koffer gsessen und ham mit die Patronen, die rausgfallen sin, ‚gradungrad‘ gspielt. – Nachher sin zehn Mann gekommen mit Pfeil und Bogen un sin durch die Schlucht geloffen; zwanzig Mann hinterdrein. Es war eine mordsmäßige Verfolgung. Es waren prachtvoll schöne Leut, schöner noch als Sie oder ich, mit blondem Haar und großartig gewachsen. – ‚Jetzt geht unser Gschäft an‘, hat der Dravot gsagt und hat die Gewehre ausgepackt, ‚mir werden für die zehn Mann kämpfen.‘ – Einen hat er auf zweihundert Meter gleich runtergschossen von dem Felsen aus, auf dem er gsessen is. Die andern haben zum Laufen angfangt, aber der Carnehan und der Dravot haben sie – einen nach dem andern – von ihre Koffer aus erlegt. Dann sin mir auf die zehn Mann zu, die auch übern Schnee gelaufen sin, und da habens einen Pfeil auf uns abgschossen. Der Dravot hat über ihre Köpf hinübergfeuert, und da sins vor Schrecken umgfallen. Dann is er hingangen, hat sie mit dem Fuß gstoßen – hat sie dann aufghoben und einem nach dem andern die Hand gschüttelt, um sie freundlich zu stimmen. Er hat ihnen die Koffer zum Tragen geben und hat gnädig mit der Hand gewunken, als ob er schon König wär.

Sie haben die Koffer genommen und ham uns über die Schlucht hinübergeführt auf einen Hügel in ein Kiefergehölz; dort ham sechs große Steingötzen gstanden. Dravot ist zu dem ersten Götzen hingegangen – Imbra heißt der Kerl oder so –, hat eine Flinten vor ihm niederglegt und eine Patrone –, hat dann die Nasen an der seinigen grieben und vor ihm salutiert. Dann hat er sich zu die Leut umdreht, hat mit dem Kopf gnickt und gsagt: ‚So is recht! Ich kenn ihn schon lang und die andern alten Vogelscheuchen auch; sie sin meine Freunde!‘ – Dann hat er ’s Maul aufgrissen und mit die Finger hineinzeigt. Wie ihm der erste Mann was zum Essen bracht hat, hat er gsagt: ‚Nein!‘ – und wie ihm der zweite was zum Essen bracht hat, hat er auch gsagt: ‚Nein!‘; erst als der alte Priester aus dem Dorf und der Bürgermeister was zum Essen bracht ham, hat er gsagt: ‚Ja!‘ und hat’s langsam gfressen. – Dös war, bevor mir in unser erstes Dorf gekommen sin; man hat uns kein Haar gekrümmt, als ob mir vom Himmel gfallen wären. Mir sin aber net vom Himmel gfallen gewesen, sondern nur einmal von einer von die verdammten Hängeseilbrücken im Gebirg. – Aber da gibt's nix zum Lachen, wanns auch noch so lang her is."

Ich ermunterte den Mann, noch einen Whisky zu trinken und fortzufahren. „Das war also das erste Dorf, in das Sie kamen! – Wie aber sind Sie König geworden?"

„Ich war nie König", erklärte Carnehan, „der Dravot war König, und fein hat er ausgschaut mit der goldenen Krone auf dem Kopf und so. Er und der Carnehan sin dann eine Zeitlang in dem Dorf geblieben, und der Dravot hat sich jeden Morgen neben den Imbra gesetzt, und das Volk hat anbeten kommen müssen. Eines Tags sin eine Masse Kerlen angerückt gekommen, aber der Carnehan und der Dravot haben sie mit dem Gewehr empfangen, bevor sie noch gemerkt haben, was eigentlich los is, und dann sin mir in die Schlucht hinein und auf der andern Seiten wieder hinauf und haben noch ein Dorf gefunden, dort ist das Volk gleich auf das Gesicht gefallen, und der Dravot hat gesagt: ‚Warum bekämpft ihr euch eigentlich?'

Da ham die Leut auf ein blondes Weib gedeutet, die wo geraubt worden war. Der Dravot hat sie wieder zurückgeführt und auf die Toten gedeutet – es waren acht Stück. Für jeden Toten hat er ein bissel Milch auf die Erde gegossen, hat die Arme bewegt wie eine Windmühle und hat gesagt: ‚So, jetz is recht!' – Dann ham mir die beiden dicken Bürgermeister der beiden Dörfer beim Arm gepackt, sin in die Schlucht hinunter und ham mit einem Speer in den Sand eine Grenze gezogen und jedem von ihnen einen Batzen Erde gegeben zum Zeichen, wem das Land gehört. Da sin die Bewohner herbeigeströmt und ham geschrieen wie die Teufel, und der Dravot hat gsagt: ‚Gehet hin und pflüget die Erde; seid fruchtbar und vermehret euch!' – Dös ham sie dann gmacht, wenn sie seine Worte auch nicht verstanden haben. – Dann ham mir gfragt, wie die Sachen in ihrem Kauderwelsch heißen –: Brot, Wasser, Feuer, Götzenbilder und so, und der Dravot hat die Priester von jedem Dorf zu die Götzen geführt und ihnen befohlen, dort Gericht zu halten über das Volk, und wann einer net folgen möcht, so würde er erschossen. – Schon in der Woche drauf haben alle das Land im Tal umgepflügt, so still wie die Bienen, und die Priester ham die Beschwerden der Leute angehört und dem Dravot in stummer Zeichensprache erzählt, worum sich's dreht. – ‚Der Anfang macht sich', hat der Dravot gsagt, ‚sie halten uns für Götter!' – Dann ham mir zwanzig stramme Burschen ausgesucht und ihnen gezeigt, wie man eine Flinten abschießt und sich zu viert anstellt und in einer Linie vorrückt; sie haben's auch gleich begriffen und sich mordsmäßig gfreut. Sodann hat er seine Pfeife herausgezogen und seinen Tabaksbeutel und hat das eine in dem einen Dorf und das andere im andern Dorf gelassen und mir sin zu zweit losgezogen, ob's nicht sonst noch Ansiedelungen gäb. – Mir ham bald eine gfunden, aber es war alles kahler Fels, und da hat der Carnehan gsagt: ‚Man sende die Leute in das fruchtbare Tal, auf daß man ihnen Land gebe, das noch keinem nicht gehört, und sie es bebauen.' – Es waren blutarme Teufel, und mir ham ihnen einen Hammel abgstochen als Fest, bevor sie in das neue Königreich einzogen. Mir ham dös gmacht von wegen dem guten Eindruck und damit sich die Leut besser vertragen beim Ansiedeln. Dann is der Carnehan dem Dravot nach in ein andres Tal, da war lauter Eis und Schnee und überhaupt nur Gebirge. Menschen waren keine dort, und unsere Armee hat net weiter wollen, aber der Dravot hat einen von ihnen zsammgeschossen, und mir sin dann weitergezogen, bis der Dravot auf Leute gestoßen is in einem Dorf; und die Armee hat ihnen bedeutet, daß sie alle umgebracht würden, wenn sie sich unterstehen sollten zu schießen – diese Leute ham nämlich Luntengewehre gehabt. – Mir haben dann bald mit den Priestern der Gegend Freundschaft geschlossen, und der Carnehan ist allein zurückgeblieben und hat jeden einzelnen Mann zum Soldaten abgerichtet, bis ein Mordskerl von einem Häuptling über den Schnee herübergekommen is mit Kesselpauken und Hörnerblasen, denn es hat sich herumgesprochen gehabt, daß ein neuer Gott auf die Erde herabgekommen sei. Da hat dann der Carnehan dem Häuptling einen Boten entgegengeschickt und ihm sagen lassen, er soll sofort ohne Waffen kommen und mit ihm sich die Hände schütteln, sonst geht's um seinen Kopf. Der Häuptling is auch gleich gekommen, und der Carnehan hat ihm die Hand geschüttelt und mit den Armen gefuchtelt, wie er es vom Dravot gelernt hatte. Der Häuptling war darüber damisch erstaunt und hat seine Augenbrauen angestarrt. Dann hat der Carnehan den Häuptling beiseite genommen und hat ihn in der Taubstummensprache gefragt, ob er nicht einen Feind hat. ‚Ja, natürlich', hat der Häuptling gsagt, und dann hat der Carnehan ihm seine Leute gedrillt, bis sie nach vierzehn Tagen haben manövrieren können wie Freiwillige. Dann bin ich mit ihm auf ein großes Bergplateau hinauf, und seine Armee hat ein Dorf erstürmt; ich und meine zwei Leibsoldaten haben mit den Martinis mitten hinein gepfeffert und haben so mit das Dorf erobert. Nachher hab i dem Häuptling einen Fetzen von meinem Rock gegeben und ihm gsagt: ‚Du bist jetzt hier Statthalter, bis ich wiederkomm!' – Mir ham dös schriftlich abgemacht. – Ja, da fallt mir grad ein: Ich und die Armee waren noch keine achtzehnhundert Yard weg, da hab ich ihm eine Kugel vor die Füß gschossen, wie er so auf dem Schnee gstanden is, und seine Leut sind sofort flach aufs Gsicht gefallen. Dann hab ich dem Dravot einen Brief geschrieben und ihm nachgeschickt."

Auf die Gefahr hin, den armen Teufel aus dem Konzept zu bringen, unterbrach ich ihn mit der Frage: „Wie konnten Sie denn dort oben etwas schriftlich abmachen oder gar einen Brief schreiben?"

„Einen Brief? – Brief!?" war die verwirrte Gegenfrage. „Bitte, schauen Sie mir immer fest zwischen die Augen! – Ja, ich weiß jetzt: Es war ein Strick mit Knoten drin als Brief; mir haben das gelernt unterwegs von einem blinden Bettler im Pundshab."

Ich erinnerte mich: Eines Tages war in die Kanzlei ein blinder Mann gekommen, der wickelte auf besondere Weise einen Strick um einen mit Knorren versehenen Stock und hatte sich damit eine Art Schrift zurechtgelegt. Nach Stunden und Tagen konnte er daraus ganze Sätze wieder herunterlesen, die wir ihm diktiert hatten. Sein Alphabet bestand aus elf primitiven Lauten; er versuchte mir sein System begreiflich zu machen – damals – aber ich konnte es nicht verstehen.

„– – Ich hab also dem Dravot einen Brief geschrieben",

fuhr Carnehan fort, „und darin gesagt, er soll sofort zurückkommen, denn das Königreich wird mir zu groß und ich kenn mich nicht mehr aus, wie mir's weiterregieren. Ich bin dann wieder in das erste Tal heim, um nachzusehen, ob die Priester auch ihre Pflicht tun; das Dorf, das ich mit dem Häuptling erobert hab, hat Bashkai geheißen, und das erste Dorf: Er-Heb. – Die Priester in Er-Heb ham tadellos funktioniert, aber sie ham eine Masse Fälle zu erledigen gehabt, und in der Nacht, so haben sie mir berichtet, hätten Männer aus dem Nachbardorfe Pfeile herübergeschossen. Ich bin auch gleich hin und hab mir das Nachbardorf angeschaut und auf tausend Meter vier Salven drauf abgeben lassen. Das hat den Rest meiner Manition gekostet, aber es hat meine Leute beruhigt. Ich hab dann warten müssen auf den Dravot, der zwei oder drei Monate fort war. – – –

No, und eines Morgens hab ich einen Höllenspektakel gehört von Pauken und Hörnern, und der Dravot ist mit seiner Armee anmarschiert, den Berg herunter, und hinter ihm eine Menge Menschen – viele Hundert; aber was das erstaunlichste war: Er hat eine goldene Krone auf dem Kopf ghabt! – Mein Gott, Carnehan hat er zu mir gsagt, das ist ein Riesengeschäft, und ich bin so weit vorgedrungen, als es sich verlohnt hat. Ich bin der Sohn des Alexander mit der Königin Semiramis, hab ich ihnen eingeredet, und du bist mein jüngerer Bruder und ein Gott, wie ich. Es ist die allergrößte Sache, die mir jemals gedeichselt ham; sechs Wochen bin ich mit meiner Armee marschiert, und jedes kleine Drecknest auf fuffzig Meilen in der Runde ist gekommen, um mir zu huldigen. Aber das ist noch gar nix: Ich hab den Schlüssel in der Hand zu dem ganzen Gemurx, wie du gleich sehen wirst; und ich hab dir auch eine Krone mitgebracht. Ich hab zwei Stück davon machen lassen in Shu, wie der Ort heißt; ich sag dir: Gold liegt dort im Gestein wie Fett im Hammelfleisch. Gold hab ich dir gsehn! – – Mit dem Absatz hab ich Türkisen aus dem Felsen getreten, und im Flußsand liegen die Granaten nur so umanand. Da hast ein Trumm, Ambra! Ein Kerl hat mir's gebn. – Ruf jetzt die Priester zusammen, Peachey, und da hast deine Krone!' – hat er gesagt. – Und sofort is einer von den Leuten des Dravot vorgetreten und hat mir einen schwarzen Haarbeutel hinghalten, und ich hab die Krone herausgefischt. Sie war zu klein und zu schwer für mich, aber ich hab sie doch aufgesetzt – des Ruhmes wegen. Aus gehämmertem Gold is sie gwesen – fünf Pfund schwer und wie der Ring von einem Geschützlauf. – – ‚Du, Peachey' – hat mir der Dravot noch gsagt, ‚weißt d', daß mir gar nimmer kämpfen brauchen? Mit der Freimaurerei können mir's bestreiten' – und dabei schleppte er den Häuptling heran, den ich in Bashkai zurückgelassen hab. – Billy Fisch ham wir ihn später genannt, weil er so ausgesehen hat wie der Billy Fisch, der damals in alten Tagen in Mach am Bholanfluß die große Dampfwalze geführt hat. – ‚Gib ihm die Hand!' sagt der Dravot, und ich geb ihm die Hand – und fall fast um: Er macht mir den ‚Lehrlingsgriff'! Ich sag kein Wort und versuch's mit dem ‚Gesellengriff'. Er kennt auch den, und ich mach den ‚Meistergriff', aber da hat's net gstimmt! ‚Geselle', sagt der Dravot, ‚is er.' – ‚Kennt er das Wort?' – ‚Er weiß es', sagt der Dravot, ‚und alle Priester wissen's. Es ist ein Wunder! – Die Häuptlinge und die Priester können eine Gesellenloge abhalten, genau nach unserm Ritus, und haben die ‚Zeichen' auf den Felsen eingegraben; aber den dritten Grad, den kennen sie nicht, möchten ihn aber gar zu gern wissen. Bei Gott, es is die Wahrheit! Ich habe schon vor vielen Jahren gehört, daß die Afghanen alles wissen bis zum Gesellengrad; es is das reinste Wunder! – Ich hab ihnen gsagt: Ich bin ein Gott und ein Großmeister in der ‚Kunst', und daß ich eine Loge im dritten Grad errichten will und die Oberpriester und Häuptlinge der Dörfer einweihen.' –

‚Aber das is gegen das Gesetz, Daniel', sag ich, ‚eine ungedeckte Loge abhalten ohne Bewilligung! Und du weißt doch, wir ham von keiner Loge eine solche Bewilligung erhalten!'

‚Ach was!' sagt der Dravot, ‚ein politisches Meisterstück is es aber! Dös heißt soviel wie die ganze Gegend einseifen wie der Barbier die Kundschaft. Auch können mir jetzt gar nimmer einhalten, oder das Volk steht gegen uns auf. Ich hab vierzig Häuptlinge auf dem Buckel, hab sie fallenlassen oder ausgezeichnet, je nach Verdienst. Fang deine Leute in den Dörfern ein und schau, daß mir rasch irgendeine Loge zusammkriegen. Der Tempel von dem Imbra langt schon für ein

Logenzimmer. Und die Weiber sollen Freimaurerschürzen machen, wie's du ihnen angibst. Ich halt diese Nacht a Häuptlingsversammlung ab, und morgen eröffne ich die Loge.' – –

No, und ich bin gleich davongestürzt, so schnell ich hab können, denn ich bin nöt so dumm, daß ich nicht gsehen hätt, was für einen Mordsvorteil uns so ein Freimaurergschäft eintragen tät. Also, ich zeig den Priesterfamilien, wie die Schürzen für die verschiedenen Grade ausschauen; nur für die vom Dravot haben die blauen Borten und Zeichen aus Türkisen sein müssen auf weißer Menschenhaut statt auf Stoff. Dann ham mir einen großen viereckigen Stein in den Imbratempel hineingeschafft als Sessel für den Meister vom Stuhl und kleinere Steine für die Beisitzer und ham den schwarzen Fußboden mit weiße Quadraten bemalt und ham uns eine damische Müh gebn, daß alls schön regelmäßig ausfallt. – – –

Bei dem Leweh, was der Dravot abends gegeben hat oben auf dem Berg, mitten unter großen Festfeuern, hat er verkündigt, daß mir Götter sin und Söhne vom Alexander und Großmeister in der ‚Kunst' und gekommen sind, auf daß Kafiristan ein Land werde, in dem jeder in Frieden essen kann und in Ruhe trinken und uns gehorchen darf. Dann sind die Häuptlinge aufgestanden und haben uns die Hand geschüttelt, und sie waren alle so haarfein und weiß und blond, daß mir war, als seien sie alte Freunde mit mir. Mir ham ihnen dann Namen gegeben, je nachdem sie Leuten ähnlich gesehen haben, die mir früher gekannt ham: Billy Fisch, Holly Dilworth und Pikky Kergan, der wo Basarmeister gwesen is, als ich noch in Mhow war, und so weiter und so weiter. – – –

Aber die allergrößten Wunder sind in der Nacht darauf in der Loge geschehen. Einer von die alten Priester hat uns nicht aus den Augen gelassen, und mir is schon recht schwummrig zumut geworden, denn ich hab gewußt, irgendwie müssen mir jetzt die Loge windbeuteln, aber ich hab doch nicht gewußt, wieweit die Leute die Sache kennen und wieweit nicht. Der alte Priester war ein Priester von weit her jenseits des Dorfes Bashkai. – In dem Augenblick zieht der Dravot die Meisterschürze an, die ihm die Madeln gemacht ham, und da stößt der alte Priester einen Schrei aus und ein

Mordsgebrüll und versucht, sich zu dem Stein hinzudrängen, auf dem der Dravot sitzt. – ‚Jetz is alles aus', sag ich, ‚das kommt davon, wenn man in die Maurerei hineinpanscht und kennt sich net recht aus!' – Aber der Dravot zuckt nicht mit der Wimper, wie zehn Leut Miene machen, über den Meisterstuhl herzufallen – das heißt: eigentlich über den Steinsockel vom Imbra.

Gleich darauf wischt der alte Priester am untern Ende von dem Sockel den schwarzen Schmutz weg, und da wird das Meisterzeichen – dasselbe, das der Dravot auf der Schürzen hat – sichtbar; die andern haben gar nicht gewußt, daß es in den Stein eingemeißelt war! – Und sofort fällt der Alte vor dem Dravot aufs Gesicht und küßt ihm die Füße. – – ‚Glück ham mir wieder gehabt!' sagt der Dravot zu mir hinüber über die Loge, ‚sie sagen: Es ist das ‚verlorengegangene Wort', dessen Sinn keiner versteht. – Jetzt sin mir ganz sicher!' – Dann stößt er den Gewehrkolben auf den Boden, verschafft sich Ruhe und spricht: ‚Dank der Würde – die ich mir selbst mit meiner Rechten erworben und mit Hilfe von dem Peachey – ernenne ich mich selber zum Großmeister aller Freimaurer in Kafiristan in dieser Mutterloge des Landes und zum König sowie auch den Peachey!' – Dabei setzt er sich die Krone auf, und ich setz die meinige auf – ich war Senior-Türhüter – und mir eröffnen die Loge in aller Form. – Es war ein Wunder! Die Priester gingen die zwei ersten Grade durch, fast ohne ein Wort zu sprechen; sie wußten alles auswendig. Dann haben der Peachey und der Dravot die, wo würdig waren, im Rang erhoben – die hohen Priester und die Häuptlinge aus den fernen Dörfern. Billy Fisch war der erste, und ich kann Ihnen sagen: Mir ham die Seele aus ihm herausgescheucht! Im ganzen ham mir bloß zehn von die Wichtigsten im Rang erhoben, denn mir ham net wollen, daß der Meistergrad vulgär wird. Es war natürlich ein Mordsgereiß um die Würde. – – –

‚In sechs Monaten', sagt der Dravot zu ihnen, ‚werden mir wieder eine Versammlung abhalten und schauen, wie ihr gearbeitet habt!' – Dann fragt er sie aus nach ihre Dörfer und erfährt, daß sie alle im Krieg miteinander sin, es aber schon dick satt haben. Und wenn sie nicht grad selber miteinander raufen, nacher kämpfens mit die Muhammedaner. – ›Wenn die Muhammedaner kommen‹, sagt der Dravot, ›ja dann könnts kämpfen! Nehmts jeden zehnten Mann aus euern Stämmen und bildets eine Schutztruppe, und schickts jetzt immer zweihundert her ins Tal, damit mir sie abrichten. Keiner wird erschossen oder aufgespießt, solang er pariert, und ich verlaß mich drauf, daß ihr mich net anschmiert, denn ihr seid Weiße – Söhne vom Alexander – und nicht die gemeinen schwarzen Muhammedaner! Ihr seid: Mein Volk! Und bei Gott‹ – dös hat er auf englisch gesagt –, ›ich will eine verdammt feine Nation aus euch machen, oder darüber verrecken!‹ – – – Ich kann Ihnen nicht erzählen, was mir noch alles gemacht haben in den nächsten sechs Monaten, weil der Dravot so viel zu tun ghabt hat, daß ich es mir nicht gemerkt hab, aber er hat ihre Sprache so gründlich gelernt, wie ich es nicht imstande war. Meine Aufgabe war, den Leuten das Pflügen beizubringen und hie und da mit meiner Armee in den Dörfern nach Ordnung zu sehen und dafür zu sorgen, daß Hängeseilbrücken über alle Abgründ angelegt werden, die dort einfach schauerlich sin. – Der Dravot war immer sehr freundlich zu mir, aber wenn er so auf und ab gegangen is im Kiefernwald und hat sich sein feuerroten Bart mit beide Pratzen zerwühlt, da hab ich gespannt: Er denkt über Pläne nach, für die er meinen Rat nicht braucht, und hab gschwiegen und auf seine Befehle gewartet. – Vor dem Volk hat er mich nie in Mißreschpekt gesetzt. Vor mir haben sie sich gefürcht und vor der Armee, aber ihn hams geliebt. Mit den Priestern und den Häuptlingen war er auf dem freundschaftlichsten Fuß, und keiner is über die Berge gekommen mit einer Bitte, die der Dravot nicht geduldig angehört hätt; dann hat er immer die Priester versammelt und ihnen gesagt, was zu geschehen hat. Meistens hat er den Billy Fisch aus Bashkai kommen lassen und den Pikky Kergan aus Shu und einen alten Häuptling, den mir Kafuzelum geheißen ham, weil dös so ziemlich sein wirklicher Name war, und mit ihnen Beratungen abgehalten, wenn das Raufen in den kleinen Dörfern wieder angfangt hat. Das war sein Kriegsrat, und die vier Priester aus Bashkai, Shu, Khawak und Madora waren sein Privatkonzil. – Nachher bin ich mit zwanzig

Mann und Gewehren und sechzig Trägern, beladen mit Türkisen, in die Ghorband-Gegend marschiert, um die handgemachten Martinistutzen einzukaufen, die aus der Werkstatt vom Emir in Kabul kommen und den Herati-Regimentern gehören, die sich die Zähn aus 'm Maul rausreißen, wanns Türkisen derwischen können. – – – In Ghorband bin i an Monat bliem und hab dem Gufernöhr einen Batzen aus meiner Taschen gebn als Bestechung und dem Oberschten vom Regiment grad soviel, und dafür ham mir hundert Martinis kriegt, weitere hundert gute Kohat Jezails, die auf sechshundert Meter noch eine damische Durchschlagskraft ham, und vierzig Trägerlasten Manition von einer hundsmiserabeln Beschaffenheit. Wie ich heimkommen bin, hab ich alles unter die Leut verteilt, die wo uns die Häuptlinge zum Abrichten geschickt haben. Der Dravot hat viel zuviel zu tun ghabt, als daß er auf alles dös hätt achten können, aber die alte Armee, die wir gegründet hatten, hat mir beim Drillen geholfen, so daß mir bald fünfhundert Mann ghabt ham, die selber haben abrichten können, und zweihundert, die alles in Ordnung ghalten ham. – Sogar die Stöpselzieher von handgemachten Flinten waren für sie das reinste Wunder. – Der Dravot hat nacher immer das Maul voll ghabt von zu gründenden Pulvermagazinen und Gewehrfabriken, wenn er auf und ab gloffen is im Kiefernwald, wie der Winter kommen is. – – ‚Nicht nur eine Nation soll 's werden', hat er gsagt – ‚nein, ein Kaiserreich! Diese Leute sind keine Nigger nicht, sie sind Engländer! Schau bloß hin, wies dastehn, schau auf ihren Mund! Schau ihnen in die Augen! Auf Sesseln sitzens in ihre Häuser! Sie sin die verschollenen Stämme oder so was – aber auswachsen tun sie sich als Engländer. Ich werd eine Volkszählung veranstalten im Frühjahr, wanns die Priester nicht stiert. Zwei Millionen wird's von ihnen gebn in diesen Bergen! In den Dörfern wurlns nur so umanand – die kleinen Kinder! Denk amal: zwei Millionen Leut! Das sin zweihunderttausend Krieger und lauter Engländer! Sie brauchen bloß Flinten und den Drill. Zweihunderttausend Mann, fertig, um den Russen in die rechte Flanke zu fallen, wanns in Indien eindringen wollen! – Peachey!' hat er gsagt und ganze Bissen von sein roten Bart zerkaut, ‚Peachey! Mensch!

Kaiser werdn mir noch werdn – Kaiser der ganzen Erde! Der Rajah Brooke is ein Dreck dagegen. Mit dem Vizekönig werd ich auf ‚du und Servus' stehn. Ich werd ihm sagen lassen, er soll mir zwölf Engländer schicken – ausgsuchte –, die, wo ich selber persönlich kenn, damits uns ein bissel regieren helfen. Da wär zum Beispiel gleich der Mackray, der pensionierte Sergeant in Segowlie – manches feine Mittagessen hat er mir gebn und seine Frau ein Paar Hosen –. Dann wär da noch der Donkin, der Portier von Tounghoo Jail, und hundert andere, auf die ich mich hab verlassen können, als ich noch in Indien war. Der Vizekönig soll das für mich besorgen. Ich werd einen Mann hinunterschicken im Frühjahr und mir die Leute bringen lassen. Ich werd ihm einen Brief an die Großloge mitgeben um Dispens für das, was ich als Großmeister hier angestellt hab. Und alle die alten Snidergewehre bräucht ich, die weggeschmissen werden, wenn die Eingeborenentruppen in Indien die Martinis fassen. Sie werden voller Dreck sein, aber für den Krieg in den Bergen hier reicht's noch. Zwölf Engländer, hunderttausend Sniders, und mir zerlegen die Untertanen vom Emir in kleine Bestandteile – ich begnüg mich mit zwanzigtausend Menschen im Jahr –, und bald sin mir dann ein Kaiserreich. Wenn nacher alles klappt, dann überreich ich der Königin Viktoria auf den Knien die Krone – die Krone, die wo ich jetzt auf dem Haupte trage –, und sie wird sagen: ‚Erheben Sie sich, Sir Daniel Dravot!' – Ja, das is eine dicke Sache! Eine ganz dicke Sache, sag ich dir! – Wenn nur net soviel zu tun wär überall – in Bashkai, in Khawak, in Shu und überall da drüben!' – – – ‚No, is denn weiter soviel zu tun?' sag ich, ‚diesen Herbst kommen die Leut mehr zum Abrichten. Da schau: die fetten schwarzen Wolken am Himmel! Sie bringen Schnee.'

‚Darum handelt es sich jetzt nicht', sagt der Dravot und legt mir die Hand schwer auf die Schulter, ‚und ich will auch nichts gegen dich sagen, denn kein anderer Mensch wär mir gefolgt und hätt so viel für mich gewagt wie du, Peachey! Du bist Oberbefehlshaber über die Armee, und das Volk weiß das; aber es is ein riesiges Land, und in allem kannst du mir nicht helfen, so, wie ich gern möcht!'

‚Geh halt zu deine damischen Priester!' sag ich – gleich drauf hat's mich greut, daß ich's gsagt hab, aber es hat mich halt gfuchst, daß der Daniel so von oben runter gsprochen hat; wo ich doch die Leut drillt hab und alles tan hab, was er mir angschafft hat. – –

‚Streiten mer uns net, Peachey', sagt der Daniel und bleibt ganz ruhig, ‚du bist auch ein König und die Hälfte von dem Reich ghört dein; aber einsehen mußt: Mir brauchen geschicktere Leut, als mir selber sin – drei oder viere, die wo mir rumschicken können als Deputierte. Es ist halt ein ungeheurer Staat, und ich kann nicht überall nach dem Rechten sehen und hab auch die Zeit nicht dazu, alles so zu machen, wie's sein sollt, gar jetzt, wo der Winter kommt.' – Und dabei hat er sein halbeten Bart – so rot war er wie das Gold seiner Krone – in den Mund genommen und zerkaut. – – – ‚Es tut mir leid, Daniel', sag ich, ‚aber ich hab alles getan, was ich hab können: Ich hab die Leut gedrillt und ihnen gezeigt, wie der Weizen besser geschobert wird und hab Flinten verschafft aus Ghorband rüber – aber ich kann mir schon denken, was mit dir los is: Ich glaub, es sin die Sorgen, die alle Könige haben!' – – – ‚Es is noch was anders', sagt der Dravot und geht dabei auf und ab, ‚der Winter kommt, und die Leut werden uns jetzt wenig Arbeit machen; und wenn's auch wär, mir können nicht rumreisen wegen dem Schnee. Was ich brauch, is –: ein Weib!' – – – ‚Um Gottes willen!' schrei ich, ‚laß die Weibsbilder steh! Wir ham alls gmacht, was mir ham können, oder ich bin ein Narr. Denk an den Kontrack, und halt dich von die Weibsen fern!' – – – ‚Der Kontrack hat bloß Gültigkeit ghabt', sagt der Dravot und wiegt seine Krone in der Hand, ‚solang mir noch keine Könige waren; nimm dir halt auch ein Weib, Peachey – a hübschs, stämmigs, fleischigs Madel, die dich schön warm halt im Winter. Sie sin hier netter als die englischen Madeln, und mir ham a feine Auswahl. Kochs a paarmal in heißem Wasser aus, und sie kommen raus wie die Hähndeln.' – – – ‚Führe mich nicht in Versuchung!' sag ich, ‚ich will mit die Frauenzimmer nix zu tun ham, selbst wenn mir noch viel sicherer wären als jetzt. Ich hab gschafft für zwei Männer und du für drei. Laß mer die Weiber Weiber sein und schau mer liaber, daß mir an bessern Tawack kriagn aus Afghanistan und an Schnaps – blos kane Weiber net!' – – ‚Wer redt denn glei von mehrere Weiber?' sagt der Dravot, ‚ich rede von einer Gemahlin – einer Königin, die wo einen Königssohn ausbrütet für den König! Eine Königin aus dem stärksten Stamme, wodurch dann eine Blutsverwandtschaft geschaffen wird – eine, die einem an der Seite liegt und berichtet, wie das Volk denkt, und seine Bedürfnisse kennt. – So was bräucht ich!' – – – ‚Denk an die Bengalin', sag ich, ‚die, wo ich mir aufzwickt hab im Mogul Serai, wie ich noch Schienenleger gwesen bin! A gut unterspickts Trum Mensch is s' gwesen, freilich, und hat mir den Eingeborenendialekt beigebracht und noch a paar solchene Sachen, aber was is nachher geschehn?: Davongloffen is s' mer mit dem Diener vom Stationsmoaster und mit meim halben Monatslohn. Und dann in Dadur hat sie sich rumtriebn mit einem Mischling und hat noch die Frechheit ghabt zu sagen, sie sei meine angetraute Gemahlin! Und noch dazu bei die Maschinenführer in der Werkstatt!' – – – ‚Dös paßt net her', sagt der Dravot, ‚die Weiber hier sin weißer als du und ich; a Königin will ich ham für die Wintermonate!' – – – ‚Zum letztenmal bitt ich dich, Dan', sag ich, ‚laß dös bleibn! Es wird uns nur Unglück bringen! In der Bibel steht: Könige sollen ihre Kräfte nicht an Weiber verschwenden, gar, wenns ein neues, noch nicht recht fertiges Königreich unter sich ham.' – ‚Und ich sag dir zum letztenmal: Ich will!' – schreit der Dravot, und davon is er durch den Kiefernwald wie a roter Teifel, den Glanz der Sonne auf seinem Bart und auf der Krone und so. – – – Aber es war nicht so leicht, ein Weib kriegn, wie der Dan gmeint hat. Er hat's in der Versammlung vorgetragen, und alle ham gschwiegen, bis der Billy Fisch gmeint hat, es wär dös gscheiteste, er fraget halt die Madeln selber. Der Dravot hat gflucht wie narrisch. ‚Was is denn an mir schlechts?' hat er geschrien und sich neben den steinernen Imbra gestellt – ‚bin ich ein Hund, oder bin ich leicht nicht Mann genug für eure Schlampen? Hab ich nicht den Schatten meiner Hand gehalten über dieses Land? – Wer hat denn den letzten Afghaneneinfall abgewehrt, was? (Eigentlich bin i des gwesen, aber der Dravot in seiner Wut hat's halt vergessen.) Und euch Flinten bracht, was? Und wer hat die

Brücken repariert, was? Und wer is denn nachher der Großmoaster mit dem Zeichen da auf dem Steinsockel, was?' – und dabei hat er auf den Stein gewiesen, auf dem er immer gsessen is, wann grad eine Loge abgehalten wurde. – Der Billy Fisch hat nix mehr gsagt und die andern scho gar net. – – ,Gib halt nach, Dan', sag ich, ,und frag halt die Madeln! Drüben is ja auch Sitte, daß mer in aller Form anhalten tut, und hier is das Volk so gut wie englisch.' – – – ,Die Heirat des Königs ist eine Staatsangelegenheit!' sagt der Dravot, rotglühend vor Zorn, denn er hat natürlich innerlich gespürt, daß er gegen seine bessere Überzeugung spricht. Dann is er hinaus aus dem Beratungszimmer, und die andern sin still dagsessen und ham auf den Boden gschaut. – – – ,Billy Fisch', sag ich zu dem Häuptling aus Bashkai, ,woran hapert's eigentlich? Gib einem treuen Freund eine offene Antwort!' – – ,Du weißt es', sagt der Billy Fisch, ,wie kann ich einem, der alles weiß, etwas sagen? Können denn die Töchter der Menschen Götter oder – Teufel heiraten? Es geht nicht an!' – – – Mir is eingefallen, daß etwas Ähnliches in der Bibel steht; aber solang sie uns für Götter halten, hab ich mir denkt, kann ich sie doch nicht aufklären. – – – ,Ein Gott kann alls', sag ich; ,wenn ein Gott ein Madel gern hat, wird sie nicht dran sterben.' – – ,Doch! Sie wird!' sagt der Billy Fisch, ,es gibt alle Arten Götter und Teufel hier in den Bergen, und bisweilen erwählen sie sich ein Mädchen, aber es verschwindet für immer aus unserer Mitte. Und dann: Ihr beide kennet die Bedeutung des Zeichens hier auf dem Stein! Nur Götter kennen sie. Wir hielten euch für Menschen, bis ihr das Meisterzeichen uns gewiesen habt.' – – – ,Hätten mir doch nur alles gesagt – damals – über das verlorene Geheimnis der Freimaurerei!' denk ich bei mir und – schweig. – – – Die ganze Nacht hindurch war Hörnergeblase in einem kleinen dunklen Tempel auf einem Bergabhang, und ich hab ein Mädchen schreien hören in Todesangst; einer der Priester hat gsagt, man bereitet sie vor, den König zu heiraten. – – – ,Ich will diesen Unsinn nicht', sagt der Dravot; ,ich misch mich nicht in eure Sitten, aber ich will mir ein Weib nehmen, wie mir's paßt!' ,Das Mädchen fürchtet sich', sagt der Priester; ,sie glaubt, sie muß sterben. Sie – ermuntern sie drüben im

Tempel.‘ – – – ‚Ermuntert sie aber gefälligst zart und freundlich!‘ sagt der Dravot, ‚oder ich werd euch mit dem Flintenkolben ermuntern, daß euch Hören und Sehen vergeht!‘ Und er leckt sich die Lippen, der Dravot, und geht die halbe Nacht erregt auf und ab und denkt wahrscheinlich an das Weib, das ihm am Morgen zugeführt wird. – Mir war nicht recht geheuer zumut, aber ich hab mir denkt: Was kann denn viel geschehen, wann ein anerkannter gekrönter König in einer fremden Gegend sich mit einem Frauenzimmer einlaßt! – – – In der Früh bin ich zeitig aufgstanden, während der Dravot noch gschlafen hat, und da hab ich gsehen, wie die Priester miteinander geflüstert ham und die Häuptlinge und wie sie mich aus die Augenwinkel heraus belauert haben. – – – ‚Was gibt's denn eigentlich?‘ frag ich den Billy Fisch; er hat prachtvoll ausgschaut in seinem Pelz. – – ‚Ich weiß es selbst nicht recht‘, sagt er, ‚aber wenn du dem König den Unsinn mit der Heirat ausreden könntest, so erwiesest du ihm und dir und mir einen großen Dienst!‘ – – – ‚Dös glaub i net‘, sag ich, ‚aber hör jetzt zu, Billy Fisch: Mir ham doch gegeneinander gekämpft und füreinander! Ich versicher dir: Der König und ich sin nicht mehr und nicht weniger als die zwei allerfeinsten Burschen, die der allmächtige Gott erschaffen hat, sonst aber auch nix! Kannst es mir glauben!‘ – – – ‚Kann sein‘, sagt der Billy Fisch, ‚und doch wäre ich traurig, wenn es so wäre!‘ Und dann läßt er seinen Kopf auf seinen großen Pelzmantel sinken und denkt nach – eine Minuten lang. – ‚König‘, sagt er, ‚ob du nun ein Mensch bist oder ein Gott oder ein Teufel, ich harre bei dir aus. Ich habe zwanzig Mann bei mir, die mir treu ergeben sind. Wir werden nach Bashkai gehen, wenn es zu stürmen beginnt.‘ – – – Ein wenig Schnee war gefallen in der Nacht, und alles war weiß, bis auf die grauen, schweren Wolken, die herangejagt sin aus dem Norden, eine nach der andern. Dann kommt der Dravot heraus mit der Krone auf dem Kopf, windmühlt mit die Händ und stampft mit die Füß – fideler hat er ausgschaut wie der Hanswurst selber. – – – ‚Zum letztenmal warn ich dich, Dan, laß die Gschicht fallen!‘ flüster ich ihm zu, ‚der Billy Fisch meint, es gibt einen Tanz!‘ – – – ‚Einen Tanz? Unter meinem Volk?!‘ lacht der Dravot, ‚das gibt's nicht. Peachey, du bist ein Narr, daß du dir nicht auch ein Weib nimmst! – – Wo ist das Mädchen?' brüllt er mit einer Stimme, so laut wie das Heulen eines Schakals, ,man rufe die Priester und die Häuptlinge herbei und lasse den Kaiser sehen, ob sein Weib ihm gefällt!' – – – Die Leut zu rufen, war nicht nötig; sie sin in der Lichtung von dem Kiefernwald umeinandgstanden, auf ihre Gewehre und ihre Speere gelehnt. Dann sin mehrere Priester in den kleinen Tempel hinuntergeloffen, um das Madel zu bringen, und ham auf den Hörnern geblasen, als möchten sie die Toten erwecken. – Und da macht sich der Billy Fisch verstohlen an den Daniel heran, ganz in seine Nähe, und hinter ihm stehen die zwanzig mit ihren Steinschloßgewehren. Alles Männer von sechs Fuß. Auch ich war in der Nähe vom Dravot mit zwanzig Leuten der regulären Armee. – – Da kommt das Mädchen, und ein strammes Mensch war's, über und über behängt mit Silber und Türkisen, aber so weiß wie der Tod; zurückgschaut hat's alle Augenblicke nach die Priester. – – – ,Sie gfällt mir', sagt der Dan, und er frißt sie mit die Augen. ,Komm her, Madel, gib mir einen Kuß!' Und er umschlingt sie mit den Armen. Sie schließt die Augen, quietscht ein bissel auf und begräbt ihr Gesicht von der Seiten in dem Dravot seinen feuerroten Bart. – – – ,Das Luder hat mich gebissen!' schreit der Dravot, fahrt mit der Hand ins Genick und zieht sie darauf blutbefleckt wieder zurück – und sofort reißen ihn der Billy Fisch und zwei von seinen Leuten zu sich in die Mitte der Bashkaisoldaten. – Aber schon brüllen die Priester in ihrem Kauderwelsch: ,Kein Gott, kein Teufel, ein Mensch ist er!' – – Auch ich werd zurückgestoßen, ein Priester pflanzt sich vor mich hin, und meine Armee fangt zu schießen an, aber – auf die Bashkaileute! – –,Gott, Allmächtiger!' sagt der Dravot, ,was geht hier vor?' – – – ,Zurück! Fort! Fort!' sagt der Billy Fisch. ,Verderben und Meuterei, das geht hier vor! Wir müssen nach Bashkai durchbrechen, wenn's möglich ist!' – – – Ich such noch Befehle an meine Leute von der regulären Armee zu geben, aber es is umsonst, und so pfeffer ich halt mit meinem Martini mitten unter das Gesindel hinein, schlag drei von den Viechern zu Boden. – Das ganze Tal is erfüllt von heulenden, gellenden Kreaturen, und ein jeder schreit: ,Kein Gott, kein Teufel, nur ein Mensch ist er!' – Die Bashkais halten treu zu Billy Fisch, aber was können sie machen mit ihren Steinschloßgewehren gegen die Kabul-Hinterlader! Und viere von ihnen fallen. Der Dan brüllt wie ein Ochs und is außer sich vor Wut, und der Billy Fisch kann ihn kaum zurückhalten, daß er sich nicht mitten in die Menge stürzt. – – – ,Wir können nicht mehr standhalten', sagt der Billy Fisch, ,brechen wir durch ins Tal hinunter; alles ist gegen uns.' – – – Da sin dann seine Leut hinunter und wir mit, so sehr sich der Dravot auch gsträubt hat. Gschworen und gflucht hat er wie ein Wahnsinniger und immerfort gschrien, er is ein König. Die Priester haben große Steine auf uns herabgerollt, und die reguläre Armee hat fest gefeuert, und so sin nur sechs Mann lebendig unten angekommen außer dem Dan, dem Billy Fisch und mich. – – – Dann hams zu feuern aufghört, und die Hörner in die Tempel ham zu blasen angfangt. – ,Kommt fort, um Gottes willen, kommt fort!' schreit da der Billy Fisch, ,sie werden Eiltruppen in alle Dörfer schicken, ehe wir nach Bashkai kommen! Dort kann ich euch beschützen; hier ist alles umsonst.' – – – Ich glaub, der Dan is von jener Stund an nicht mehr recht im Kopf gwesen; er hat um sich gstarrt wie ein abgestochenes Schwein. Dann wieder hat er umkehren wollen, ganz allein, und die Priester mit die bloßen Händ erdrosseln, und er wär's auch imstand gwesen. – ,Ein Kaiser bin ich', hat er immerfort gsagt, ,und nächstes Jahr ein Baronet der Königin!' – – – ,Schon recht, Dan', sag ich, ,aber jetzt komm mit, solang's noch Zeit is!' – – – ,Deine Schuld is', schreit er; ,hättst besser Obacht gebn auf deine Armee! Die Meuterei hat in ihnen gsteckt, aber du hast nix gmerkt. Du verdammter Hansdampf, du Schienenleger, du Hund von einem Pfaffenspeichellecker!' – Dabei is er auf einem Felsen gsessen und hat mich mit jedem Schimpfnamen belegt, der ihm grad auf die Zungen kommen is; ich war viel zu todtraurig, als daß ich mich drum kümmert hätt. Seine Schuld war doch, daß mir so in den Saft kommen sin! – – – ,Tut mir leid, Dan', sag ich, ,aber was hilft dös Schimpfen? Mit unsern Gschäft is gar und aus! Kann sein, mir derfangen's noch und richten's wieder auf, wenn mir in Bashkai sin!' – – – ,Also geh mer halt nach Bashkai', sagt der Dan, ‚aber wenn ich jemals wieder hierher zurückkomme, so will ich dieses Tal wegfegen, daß auch nicht eine Wanze mehr am Leben bleibt!' – – – Wir sin marschiert den ganzen Tag und die ganze Nacht, und der Dan is durch den Schnee gestampft und hat vor sich hin brummt. – – – ‚Keine Hoffnung mehr!' sagt der Billy Fisch plötzlich, ‚die Priester haben Eilboten in die Dörfer geschickt mit der Nachricht, daß ihr nur Menschen seid. Warum habt ihr euch nicht noch eine Zeitlang als Götter aufgespielt, bis jede Gefahr ausgeschaltet war! – Jetzt bin ich ein toter Mann!' – und damit wirft er sich in den Schnee und fangt zu beten an zu seine Götter. – – – Am nächsten Morgen waren mir in einer schauderhaften Gegend, alles drunter und drüber, kein fester Boden unter den Füßen und nix zum Fressen. Die sechs Bashkais ham den Billy Fisch hungrig angschaut, als möchtens ihn um was bitten, aber keiner hat kein Wort nicht gsagt. – Am Nachmittag sin mir auf den Gipfel von einem flachen Berg gekommen, aber was sagst: Wie mir naufkrallen durch den Schnee, wer steht dort?: die ‚Armee' und erwartet uns! – – – ‚Die Eilboten sind uns zuvorgekommen', sagt der Billy Fisch und lacht kurz auf. ‚Sie erwarten uns.' – – – Da eröffnen drei oder vier Mann drüben das Feuer, und eine Kugel trifft den Daniel ins Bein. Das bringt ihn zu sich; er schaut hinüber und sieht die Martinistutzen, die mir ins Land gebracht ham. – ‚Aus is mit uns', sagt er, ‚die Leut sin wie die Engländer – – mein verfluchter Unverstand hat euch in den Saft gebracht. – Geh zurück, Billy Fisch, und nimm deine Leute mit; du hast alles getan, was möglich war. Jetzt geh! – Und du, Carnehan', sagte er, ‚reich mir die Hand und zieh mit Billy! Vielleicht kommst du mit dem Leben durch. Ich geh ihnen allein entgegen. Ich hab alle Schuld; ich allein, der König!' ‚Was?' schrei ich, ‚was? Fahr zur Hölle, Dan! Ich bin und bleib bei dir! Billy Fisch, schau daß d' weiterkommst; mir zwei gehen dem Gesindel entgegen.' – – – ‚Ich bin ein Häuptling', sagt der Billy Fisch kalt und ruhig, ‚ich bleibe bei euch; meine Leute können gehen.' – – – Die Bashkais ham sich dös net a zweitsmal sagen lassen und sin auf und davon. Dann sin mir nüber – der Dan und ich und der Billy Fisch –, wo die Trommeln trommelt ham und die Hörner blasen. – Es war kalt – ganz entsetzlich kalt. Ich hab die Kälten jetzt noch im Genick; ich hab einen Eisklumpen im Kopf.“ – – –

Die Punkah-Kulis waren schlafen gegangen. Zwei Kerosin-Lampen blakten in dem Office, und der Schweiß strömte mir übers Gesicht – fiel in Tropfen auf das Schreibpapier, als ich mich vorbeugte. Trotz der fürchterlichen Hitze schauderte Carnehan, und ich fürchtete, er werde jeden Augenblick das Bewußtsein verlieren. – Ich wischte mir das Gesicht ab, faßte die verstümmelte Hand des Unglücklichen und fragte: „Was – ist – dann – geschehen?“

Mein Wegschauen hatte ihn bereits den Faden verlieren lassen.

„Was, bitte, haben Sie gesagt?“ greinte er. – „Jaja – – No, sie ham uns mit sich genommen, stumm, ohne Laut. Totenstill is alles bliebn – in dem Schnee, obwohl der König den ersten niedergschlagen hat, der Hand an ihn hat legen wollen – – obwohl der Peachey seine letzte Patrone mitten unter sie neigfeuert hat. Nicht einen Laut hams ausgstoßen – die Säu! Sie ham uns gleich fest in die Mitte genommen. Es war net zum Aushalten, so ham ihre Pelz gstunken. Was der Mann gwesen is, der, wo Billy Fisch gheißen hat – der gute Freund von uns –, dem hams die Gurgel durchgschnitten, Herr, von da bis da, wie einem Schwein. – – No, und der König, der hat mit dem Fuß in dem blutigen Schnee gscharrt und hat gsagt: ‚Eine verdammt feine Reise ham mir gemacht für unser Geld. Wohin geht's jetzt?‘ – Er hat seinen Kopf eingebüßt – das sagt Ihnen der Peachey Taliaferro aber nur ganz im Vertrauen, denn eigentlich is es anders. – – – Also: Der König hat seinen Kopf eingebüßt auf einer von die verfluchten Seilbrücken. – – Borgens mir amal Ihr Papiermesser, Herr! Die Gschicht is so gangen: Sie sin mit ihm über den Schnee gangen bis zu einer Seilbrücken, die, wo über einen Abgrund gespannt war mit einem Fluß tief unten. So was ham Sie noch niemals nicht gsehn! – Von hint hams ihn vorwärts gstoßen wie einen Ochsen. – ‚Gott verdamm eure Augen!‘ hat der König gsagt, ‚glaubts vielleicht, ich könnt nicht sterben wie ein Gentleman?‘ – Und umdreht hat er sich nach dem Peachey – der Peachey hat gflennt wie a Kind! ‚Ich habe dich in diese Lage gebracht, Peachey', sagt der König, ‚herausgerissen aus der Sonne des Lebens, auf daß du hier sterben mußt in Kafiristan! Wo du einst der Befehlshaber gewesen bist von des Kaisers Streitkräften! – Sag, daß du mir verzeihst, Peachey!' – – ‚Ich verzeih dir', sagt der Peachey, ‚voll und von selbst verzeih ich dir, Dan!' – ‚Reich mir die Hand, Peachey!' sagt er; ‚ich gehe jetzt.' – – Und vorwärts is er gangen; hat weder rechts noch links gschaut. Und wie er nacher mitten auf dem schwankenden Seil gstanden is, da hat er laut gschrien: ‚Losschneiden, ihr Bettlersklaven!' – – Da hams das Seil durchgschnitten, und – und der alte Dan is gefallen, rundumadum und rundumadam hat er sich dreht, zwanzigtausend Meilen tief! Eine halbe Stunde hat's braucht, bis er unten angekommen is; ich hab seinen Leib noch sehen können, wie er zerfetzt an einem Felsen gehängt hat, die goldene Krone neben ihm. – – – Aber wissens, was sie mit dem Peachey gemacht ham zwischen zwei Föhren? – Gekreuzigt ham sie ihn, Herr! – Sie sehens jetzt an seiner Hand. Sie ham ihm hölzerne Pflöck durch die Händ und die Füß getrieben. Ham ihn aufgehängt und gegeißelt, aber er hat nicht sterben können. Wie sie am nächsten Tag nach ihm geschaut ham, da hat's geheißen, es is ein Wunder, daß er nicht tot is. – – Dann hams ihn heruntergenommen – den – armen, alten Peachey, der ihnen doch nie kein Leid nicht zugefügt hat – nein, nein, nie–mals k–kein L–leid nicht –."

Er rückte hin und her auf seinem Sessel und – weinte bitterlich, wischte sich mit seiner verkrüppelten Hand die Tränen aus den Augen und schluchzte wie ein Kind, wohl zehn Minuten lang. – – Dann fuhr er fort:

„Sie sin grausam genug gwesen, ihn wieder aufzupäppeln im Tempel, denn sie ham gsagt, er sei eher noch ein Gott als der alte Daniel, der bloß ein Mensch war. Dann ham sie ihn in den Schnee hinausgejagt und ham ihm gsagt, er soll heimgehn. Und er is heimgekommen, der Peachey, in einem Jahr. Er hat sich auf den Straßen durchgebettelt – und nix is ihm gschehn, denn der Daniel Dravot is immer vor ihm hergeschritten und hat gesagt: ‚Komm, Peachey', hat er gesagt, ‚komm! Wir haben eine große Tat vollbracht!' – Die

Berge ham über dem Peachey getanzt in der Nacht, aber wenn sie ham auf ihn fallen wollen, da hat der Dan die Hand über ihn gehalten, und er is heil hinübergekommen. Niemals hat der Peachey die Hand von dem Dan losgelassen und hat auch – seinen Kopf nicht hergegeben! – Die Priester im Tempel ham dem Peachey den Kopf geschenkt zum Gedächtnis, daß er niemals nicht wiederkommen darf, und dazu die Krone aus lauterem Golde; und obgleich sie aus lauterem Golde war und der Peachey oft beinahe verhungert wäre, hat er sie dennoch nie nicht verkauft. Und nie würde sie der Peachey nicht verkaufen. – – – Sie ham den Dravot gekannt, Herr! Den verehrungswürdigen Bruder Dravot! – Wollen Sie ihn sehen?"

Carnehan wühlte in seinen Lumpen, zog einen schwarzen, silberdurchwirkten Roßhaarbeutel hervor und schüttete auf die Tischplatte: den verwitterten, vertrockneten Kopf Daniel Dravots! – – Die Strahlen der Morgensonne hatten längst das Licht der Lampen verdrängt, sie fielen jetzt auf den roten Bart und die eingesunkenen Augen des Schädels – fielen auf seinen breiten goldenen Reifen, verziert mit Türkisen! – Zärtlich drückte Carnehan die Krone über die eingefallenen Schläfen des Totenkopfs. – –„ Schauen Sie jetzt!" sagte er, „so hat er ausgesehen, der Kaiser, als er noch am Leben war – der König von Kafiristan mit der Krone auf dem Haupte. Armer, alter Daniel, ein Monarch bist du einst gewesen!"

Ich schauderte, denn trotz der furchtbaren Entstellung erkannte ich deutlich den Kopf des Mannes aus Marwar. Carnehan wollte aufbrechen. Ich versuchte ihn zurückzuhalten; er schien mir noch nicht fähig, gehen zu können. – „Gebens mir den Whisky mit und ein bissel Geld!" keuchte er. „Auch ich war einst ein König! – Ich will zum Deputatskommissär gehen und ihn bitten, daß ich im Armenhaus unterkommen kann, bis ich – wieder gesund bin. – Nein, danke schön, ich kann nicht warten, bis Sie mir einen Wagen holen! – Ich hab dringende Privatgeschäfte – im Süden – in Marwar."

Und er tastete sich hinaus aus dem Office und schlich in der Richtung zum Deputatshaus fort. – – Am Nachmittag mußte ich über die glühheiße Promenade fahren, und da sah ich einen Krüppel durch den weißen Staub des Wegrandes kriechen, den Hut – – in der Hand; er summte kläglich vor sich hin, wie es die Straßenbettler in der Heimat zu tun pflegen. Weit und breit war keine Seele zu sehen und nirgends ein Haus in Hörweite! Dennoch sang er – durch die Nase und dabei den Kopf hin und her wiegend. Ich verstand:

„Des Menschen Sohn zieht in den Krieg,
Eine Krone aus Gold zu erringen;
Das blutrote Banner weht zum Sieg –
Kommt mit: es muß gelingen!“

Ich hörte das Lied nicht bis zum Ende an, lud das arme Geschöpf in meinen Wagen und fuhr mit ihm zum nächsten Missionshaus, damit man ihn von dort in ein Asyl schaffe. – Er wiederholte die Strophe noch ein paarmal und schien nicht die leiseste Ahnung zu haben, wer ich war. Noch im Missionshaus sang er weiter.

Zwei Tage später erkundigte ich mich nach seinem Befinden im Spital bei dem Superintendenten.

„Als man ihn herschaffte, hatte er den Sonnenstich“, hieß es. „Gestern früh ist er gestorben“, sagte der Superintendent. „Ist es wahr, daß er eine halbe Stunde lang barhäuptig mittags umherging?“

„Ja“, sagte ich; „aber hat man bei ihm nichts gefunden?“

„Nein“, sagte der Superintendent, „nicht, daß ich wüßte.“

Damit endete die Geschichte.

Der Ausgelöschte

„Das Grab spie seinen Toten aus,
Im Lager er erschien
Und sprach sein Wort, ging wieder fort,
Ließ unsre Herzen glühn.

Seid Männer! Nehmt's Gewehr zur Hand!
Die Rache ruft zur Tat!
Bald findest Du, so Gott will, Ruh,
Mein toter Kamerad!"

Ballade

Man muß sich darüber im klaren sein, daß der Russe ein ganz entzückender Mensch ist, solange man sein Hemd nicht sieht. Als Orientale genommen, ist er einfach hinreißend – wenn er aber verlangt, als Östlichster der Westlichen behandelt und angesehen zu werden, statt als Westlichster der Östlichen, dann hat man eine Kategorie Mensch vor sich, von der man beim besten Willen nicht weiß, wie man mit ihr umspringen soll. – Hat man ihn zu Gast, so weiß man nie, welche Seite seiner Natur er im nächsten Augenblick herauskehren wird . . .

Dirkowitsch war ein Russe – der russischste aller Russen –, und es hatte den Anschein, als erwerbe er seinen Lebensunterhalt als Kosakenoffizier im Dienste des Zaren – und nebenbei als Korrespondent einer russischen Zeitung unter einem Namen, der sich nie zweimal wiederholte.

Er war ein hübscher junger Asiat und liebte es, unerforschte Teile der Erde zu durchreisen. Er kam nach Indien, kein Mensch wußte, woher. – Ob er auf dem Weg über Balkh Badakshan, Chitral, Beludschistan, Nepal oder sonst ein Paßgebiet gekommen war? – Niemand hatte die leiseste Ahnung.

Die indische Regierung, die gerade guter Laune gewesen sein mochte, hatte den Befehl gegeben, ihn höflich aufzunehmen und ihm alles zu zeigen, was er zu sehen wünschte; und so trieb er sich denn umher mit einem schlechten Englisch und und einem noch schlechteren Französisch, bis er eines Tages in

Peshawur landete, wo damals die Weißen Husaren Ihrer Majestät, der Königin, lagen – an der Mündung des engen Einschnitts in die Berge, der Khyberpaß heißt.

Zweifellos Offizier, war er nach russischer Art mit kleinen emaillierten Kreuzen dekoriert und konnte uferlos schwätzen, wie nicht sobald einer. (Dekoriert war er deshalb wohl kaum worden.) – Beim Black Tyrone-Regiment ging die Sage um, er sei nicht zu schlagen – im Saufen nämlich. Man hätte sich vergeblich bemüht, so hieß es, ihn mit heißem Whisky und Honig, mit glühendem Branntwein und Schnapsgemischen aller Art unter den Tisch zu kriegen, aber nichts hätte gefruchtet. Und wenn die Black Tyrones so etwas eingestehen, die doch alle Irländer sind, so stand außer Zweifel, daß dieser Fremde fraglos ein Übermensch auf diesem Gebiete war.

Die Weißen Husaren sind bei der Wahl ihrer Weine ebenso gewissenhaft wie bei sonstigen Angriffen auf den Feind; sie stellten also ihre sämtlichen Getränke, einschließlich eines märchenhaften Branntweins, zu Dirkowitschs freier Verfügung, und er trank denn auch ganz unglaubliche Mengen davon – mehr noch als bei den Black Tyrones. – Dennoch blieb er geradezu unerträglich europäisch, nannte die Weißen Husaren: „Ljiebe rummbedäckte Gampfesgenossen und Härzänsbridder."

Stundenlang konnte er seinem Herzen Luft machen mit Reden über die glorreiche Zukunft, der die verbündeten englischen und russischen Armeen entgegengingen, wenn sie erst einmal wie ihre Länder unauflöslich ein Herz und eine Seele sein würden, um die Zivilisation Asiens in Angriff zu nehmen. Das klang zwar nicht sehr wahrscheinlich, denn Asien wird sich schwerlich nach europäischem Muster zivilisieren lassen; es ist zu alt dazu! – Eine Frau, die viele Liebhaber gehabt hat, kann man nicht bessern, und Asien war in früheren Zeiten unersättlich als galante Dame. – In die Sonntagsschule wird sich Asien nicht schicken lassen – wird auch nicht lernen, Wahlzettel zur Hand zu nehmen statt Schwerter.

Dirkowitsch wußte das natürlich ganz genau, aber es paßte ihm besser, den Spezialkorrespondenten herauszukehren als den Offizier einer fremden Macht, und sich so beliebt wie möglich zu machen.

Gelegentlich ließ er auch ein paar nebensächliche Brocken über seine eigene Kosakensotnja fallen, die offenbar irgendwo im Hinterland ohne ihn herumgaloppierte. – Er hatte in Zentralasien schwere Arbeit geleistet und war auf den Selbsterhaltungskampf besser dressiert als so mancher in seinem Alter, hütete sich jedoch wohlweislich, es merken zu lassen. Noch mehr ließ er es sich angelegen sein, die Disziplin, die Uniformen und Organisationen der Weißen Husaren Ihrer Majestät zu bewundern. Und die Weißen Husaren sind auch wirklich ein bewundernswertes Regiment.

Als Lady Durgan, die Witwe des verstorbenen Sir John Durgan, einst in der Garnisonstadt eingetroffen war und ihr bald darauf jeder einzelne des Regiments einen Heiratsantrag gemacht hatte, hatte sie es verstanden, die öffentliche Meinung durch die feine Erklärung für sich einzunehmen, sämtliche Herren wären so entzückend, den Colonel und ein paar bereits verheiratete Majore mit einbegriffen, daß sie sich mit einem einzigen Offizier unmöglich begnügen könne. Aus diesem Grunde und sicherlich nur aus Widerspruchsgeist heiratete sie dann einen kleinen Niemand aus einem Schützenregiment.

Zuerst wollten die Weißen Husaren daraufhin betrübt Mann für Mann einen Trauerflor an ihre Ärmel legen, aber bald besannen sie sich eines Besseren und erfüllten am Hochzeitstag die Kirche durch ihre Anwesenheit mit stummem Vorwurf. In Wirklichkeit hatte sie alle verschmäht, vom Seniorkapitän Basset-Holmer angefangen bis herab zu Mildred, dem jüngsten Fähnrich, der ihr jährlich 4000 Pfund und einen Titel zu Füßen hätte legen können.

Die einzigen, die die allgemeine Hochachtung für die Weißen Husaren nicht teilten, waren ein paar tausend Herren jüdischer Abkunft, die jenseits der Grenze wohnten und auf den Namen „Pathans“ oder Afghanen hörten.

Sie waren einmal mit dem Regiment in offiziellen Angelegenheiten kaum zwanzig Minuten lang beisammen gewesen, aber schon diese kurze Zusammenkunft, die durch verschiedene kleine, aber um so lebhaftere Kontroversen gewürzt war, hatte sie mit Vorurteilen aller Art erfüllt, so daß sie die Weißen Husaren als Teufelskinder bezeichneten und als Söhne von Leuten, mit denen man unmöglich in guter Gesellschaft verkehren könne. Trotz dieser Abneigung ließen sie sich jedoch nicht abhalten, sich auf Kosten der Weißen Husaren gelegentlich zu bereichern.

Das Regiment besaß nämlich Karabiner – schöne Henry-Martini-Gewehre, die nicht nur eine Kugel 1000 Meter weit ins feindliche Lager zu schleudern vermochten, sondern auch viel leichter zu handhaben waren als lange Büchsen. Sie waren deshalb die ganze Grenze entlang sehr begehrt, und da bekanntlich die Nachfrage das Angebot zu regeln pflegt, wurden sie unter Gefahr für Leib und Leben mit Silber aufgewogen, das heißt: mit 16 Pfund Sterling das Stück bezahlt. Sie wurden des Nachts von schlangenhurtigen Dieben, die unter den Nasen der Wachen herangekrochen kamen, gestohlen, verschwanden auf geheimnisvolle Weise aus verschlossenen Waffenschränken, und bei heißem Wetter, wenn alle Barackentüren und Fenster offenstanden, verdunsteten sie wie ihre eigenen Rauchwolken. Die Grenzbewohner bedurften ihrer dringend zu Zwecken der Blutrache und anderer Erfordernisse. In den langen kalten Nächten des nordischen indischen Winters wurden sie besonders gern gestohlen, denn um diese Zeit blühte das Mordgeschäft ganz besonders, und die Gewehrpreise stiegen dann beträchtlich.

Man verdoppelte deshalb die Regimentswachen, und schließlich verdreifachte man sie.

Der gemeine Soldat macht sich nicht viel daraus, wenn er sein Gewehr verliert, denn die Regierung muß es ja ersetzen, aber beraubt ihn jemand seines Schlafes, dann wird er fuchsteufelswild; kein Wunder daher, daß so mancher Flintendieb, der auf der Tat erwischt wurde, bis zur heutigen Stunde das sichtbare Zeichen des Regimentszornes am Leibe trägt. Dergleichen Maßnahmen geboten den Räubereien für längere Zeit Einhalt, so daß man die Zahl der Wachen herabmindern und das Regiment sich wieder dem Polospiel zuwenden konnte. Und dies mit unerwartetem Erfolg; es gelang ihm nämlich, mit zwei Goals gegen eins das furchtbare Polo-Team des Lushkar Light Horse-Regiments zu schlagen, obwohl dieses vier Ponys für den nur einstündigen Kampf zur Verfügung hatte – und außerdem einen eingeborenen Offizier, der wie eine züngelnde Flamme auf dem Spielplatz herumhuschte.

Die Weißen Husaren gaben ein Fest, um das Ereignis zu feiern.

Das ganze Lushkar Team kam, und auch Dirkowitsch erschien. In der Galauniform eines Kosakenoffiziers. Er wurde den Lushkars vorgestellt und machte große Augen, als er sie erblickte. – Es waren noch schlankere Männer als die Husaren, und sie bewegten sich mit einem Schwung, der alle Pundshab-Grenztruppen und irregulären Reiter auszeichnet. Wie alles im Dienst muß er gelernt werden, wird aber nie mehr vergessen, wie so manches andere, und haftet dem Körper an bis zum Tode.

Der große, mit einem Balkendach gedeckte Speisesaal der Weißen Husaren bot einen imposanten Anblick.

Das ganze Silber der Offiziersmesse war auf dem langen Tisch aufgedeckt – demselben Tisch, auf dem die Leichen von fünf Offizieren, die in einem längst vergessenen Kampfe gefallen waren, einst aufgebahrt gewesen waren. – Zerfetzte Standarten schmückten den Eingang, Sträuße von Winterrosen lagen zwischen den silbernen Leuchtern, die Porträts hervorragender verstorbener Offiziere blickten herab auf ihre Nachfolger zwischen den Köpfen und Geweihen von sambhur, nilghei und markhor[1] und – dem Stolz der Tafelrunde –: zwei grinsenden Schneeleoparden, deren Erbeutung Basset-Holmer vier Monate Urlaub gekostet, den er statt auf der Straße nach Tibet, und täglich bedroht von Lawinen, Schneestürmen und Steinfall, ganz gut in England hätte zubringen können.

Die Diener, in fleckenlosen Musselin gekleidet, das Regimentswappen am Turban, warteten hinter ihren Herren, die im Scharlach und Gold der Weißen Husaren und im Milchweiß und Silber der Lushkar Light Horses prangten. Dirkowitschs stumpfgrüne Uniform war der einzige dunkle Punkt an der Tafel, aber seine großen Onyxaugen entschädigten dafür. Er fraternisierte überströmend mit dem Kapitän des Lushkar-Regimentes, der dabei vermutlich überlegte, mit

[1] Indischer Hirsch, Blau-Antilope und indische Bergziege.

wieviel von Dirkowitschs Kosaken es wohl jeder einzelne seiner eigenen dunkelhäutigen, zähen Reiter aufnehmen könnte; er ließ sich natürlich nicht die Spur anmerken. Wer täte das!

Die Unterhaltung wurde immer lebhafter. Die Regimentskapelle spielte zwischen den Gängen, wie das seit undenklichen Zeiten Sitte war, bis ein allgemeines Schweigen beim Abräumen der Speisen eintrat und ein Offizier sich erhob und den ersten pflichtgemäßen Toast mit den Worten einleitete:

„Herr Stellvertreter! Die Königin!"

Worauf der kleine Mildred am andern Ende des Tisches ausrief: „Die Königin! Gott segne sie!" und die großen Sporen aneinanderklirrten, die hochgewachsenen Männer aufsprangen und auf das Wohl der Königin tranken, aus deren Kasse, wie sie irrtümlicherweise annahmen, ihr Lebensunterhalt bestritten wurde.

Dieses Tafelritual bleibt immer jung; niemals verfehlt es, dem, der es hört, die Brust zu schwellen, sei es zu Wasser oder zu Lande. Dirkowitsch erhob sich mit seinen „rummvollän Briddern", aber das Verständnis fehlte ihm; nur ein Offizier kennt die Bedeutung des Toastes – die Menge bringt es bloß bis zum Gefühl.

Kurz nach der Stille, die der Zeremonie folgte, trat der eingeborene Offizier ein, der für das Lushkar-Regiment Polo gespielt hatte. – Er durfte natürlich nicht mit an der Tafel speisen, aber zum Dessert kam er herein, in seiner ganzen Länge von sechs Fuß, mit dem blau und silbernen Turban oben und den hohen schwarzen Lackstiefeln unten.

Die ganze Tafelrunde erhob sich fröhlich, als er zum Zeichen der Huldigung dem Colonel der Weißen Husaren seinen Säbelgriff zur Berührung hinhielt und sich dann in einen Sessel fallen ließ, während alle durcheinander jubelten: „Rung ho (was soviel heißt, wie: komm und siege), Rung ho, Hira Singh!" – „Hab ich dir eins übers Knie gegeben, Alter?" – „Ressaidar Sahib, was zum Teufel hast du auch das kleine, hinten ausschlagende Schwein von einem Pony in den letzten zehn Minuten noch mitspielen lassen müssen?" – „Shabash, Ressaidar Sahib!"

Und mitten hinein ertönte die Stimme des Colonels: „Auf das Wohl des Ressaidar Hira Singh!"

Nachdem sich der Lärm gelegt hatte, erhob sich Hira Singh, um zu antworten, denn er war der Sprößling eines Fürstenhauses, der Sohn eines Königssohnes, und wußte, was sich bei solchen Gelegenheiten gehörte. Er bediente sich seiner Muttersprache, als er rief: „Colonel Sahib und Offiziere des Regimentes! Ihr habt mir eine große Ehre erwiesen. Ich werde dessen eingedenk bleiben. – Wir sind hergekommen, um mit den Weißen Husaren zu spielen. Wir sind geschlagen worden." („Es war Ihre Schuld nicht, Ressaidar Sahib! Wir waren auf unserm Spielplatz besser zu Hause, vergessen Sie das nicht! Und dann waren Eure Ponys noch steif von der Eisenbahnfahrt. Entschuldigen Sie sich nicht!") – „Deshalb werden wir vielleicht wiederkommen, so Gott es will." („Hört, hört! Bravo! Bravo! Pst –") – „Um nochmals mit Euch zu spielen." („Auf Wiedersehen!") – „Bis unsere Ponys sich die Beine vom Leib abgelaufen haben werden. So will es der Sport." – – Seine Hand faßte nach dem Säbelgriff, und sein Blick glitt hinüber zu Dirkowitsch, der zurückgelehnt in seinem Sessel saß. – „Aber sollte nach Gottes Ratschluß dann nicht Polo, sondern – ein anderes Spiel gespielt werden, so seid versichert, Colonel Sahib und ihr Herren Offiziere, daß wir Seite an Seite bis ans – Ende spielen werden, und wenn sie auch" – wieder heftete er den Blick auf Dirkowitsch – „fünfzig Ponys hätten und wir nur eins." – Und mit einem tief aus der Kehle kommenden „Rung ho", das dumpf dröhnte, wie wenn ein Gewehrkolben auf Steinfliesen fallen gelassen wird, setzte er sich wieder nieder beim Gläserklang.

Dirkowitsch, unentwegt schwelgend im Genusse des erwähnten märchenhaften Branntweins, hatte kein Wort verstanden; auch die lauwarm-milden Übersetzungen, die man ihm beizubringen versuchte, konnten ihm den Sinn nicht klarmachen.

Hira Singhs Rede bildete das Ereignis des Tages, und es wollte scheinen, als solle das Getöse bis zum Morgen dauern – da fiel plötzlich draußen ein Schuß, der alle nach der linken, unbewaffneten Seite greifen ließ.

Gleich darauf ein wildes Getümmel vor der Tür und ein Schmerzensschrei.

„Wieder mal ein Karabinerdiebstahl“ sagte der Adjutant gelassen und fiel wieder in seinen Sessel zurück. „Das kommt davon, wenn man die Wachen reduziert. Hoffentlich haben ihn die Posten erschossen!“

Die Schritte von Soldaten dröhnten über den Steinboden der Veranda, und es schien, als schleifte man etwas herbei.

„Warum stecken sie den Kerl nicht bis morgen früh in eine Zelle!“ meinte der Colonel ärgerlich. – „Sehen Sie nach, Sergeant, ob er verwundet ist.“

Der Mann eilte hinaus in die Dunkelheit und kam gleich darauf mit zwei Gemeinen und einem Korporal zurück – alle höchlichst bestürzt.

„Indifidium gefaßt beim Karabinerstehlen“ – meldete der Korporal. „Is er wenigstens an die Baracken hin gekrochen, Herr Oberst, und an die Schildwachen vorbei. Und die Schildwach, die sagt, Herr Obert – – “ Das zusammengekauerte Lumpenbündel, das die drei hereingebracht hatten und am Hals in die Höhe hielten, stöhnte laut. Noch nie hatte man einen so elenden und herabgekommenen Afghanen gesehen: ohne Turban, ohne Schuhe, mit Schmutzfladen bedeckt und anscheinend halbtot mißhandelt. – Hira Singh schauderte leicht zusammen bei dem Schmerzenslaut des Mannes. – Dirkowitsch schenkte sich noch einen Schnaps ein.

„Also, was sagt der Wachtposten?“ fragte der Colonel.

„Sagt, er sprich englisch“, meldete der Korporal.

„Also deshalb hast du ihn hereingebracht, statt ihn dem Sergeanten zu übergeben! Merk dir: und wenn er mit Pfingstzungen geredet hätte, hereinbringen durftest du ihn nicht!“ – Wieder stöhnte und jammerte das Lumpenbündel. – Der kleine Mildred stand auf, um den Fall zu untersuchen – sprang zurück wie von einer Schlange gebissen.

„Es wäre gut, die Leute hinauszuschicken“, sagte er halblaut zu dem Colonel. Dann legte er seinen Arm um das in Lumpen gehüllte Jammerbild und setzte es in einen Stuhl. – Ich habe vergessen, zu erwähnen, daß Mildred deswegen der „kleine“ Mildred hieß, weil er die ungeheure Größe von sechs Fuß vier Zoll hatte. – Als der Korporal sah, daß ein

Offizier sich des Gefangenen annahm und das Auge des Colonels zu funkeln begann, drückte er sich schnell mit seinen Leuten. – Die Tafelrunde war nunmehr allein mit dem Karabinerdieb, der seinen Kopf auf den Tisch sinken ließ und bitterlich, hoffnungslos, trostlos zu weinen und zu schluchzen begann. – Hira Singh sprang auf: „Colonel Sahib, das ist kein Afghane! Afghanen weinen: Ai, Ai. Er ist auch kein Hindostani; die weinen: Oh! Ho! – Er weint nach Art der Weißen: OW! OW!"

„Woher, zum Kuckuck, Hira Singh, haben Sie denn diese Kenntnis?" fragte der Kapitän des Lushkar-Regiments.

„Hören Sie ihn?" fragte Hira Singh ruhig.

„Er hat soeben ‚Mein Gott' gesagt", bestätigte der kleine Mildred, „ich habe es genau gehört."

Schweigend betrachteten der Colonel und die andern Offiziere den Unglücklichen. Es ist etwas Furchtbares, einen Mann weinen zu hören. – Eine Frau kann mit dem Gaumen schluchzen oder mit den Lippen oder sonstwie, aber ein Mann schluchzt aus dem Zwerchfell herauf – es zerreißt ihn.

„Armer Teufel!" brummte der Colonel und hustete heftig. „Wir müssen ihn ins Spital schicken, er ist mißhandelt worden."

Der Adjutant hingegen liebte seine Karabiner zu sehr, als daß er hätte gerührt sein können; Karabiner galten ihm soviel wie Enkelkinder und kamen gleich nach der Mannschaft im Rang. – Darum brummte er rebellisch: „Daß ein Afghane stiehlt, kann ich noch begreifen, denn es liegt in seiner Natur; aber daß er weint, kann ich nicht begreifen. Das macht die Sache noch schlimmer."

Der Märchenbranntwein schien Dirkowitsch endlich besiegt zu haben, denn Dirkowitsch lag in seinem Sessel und starrte zur Decke empor. Es war dort nichts Besonderes zu sehen, bis auf einen Schatten, der die Form eines kolossalen schwarzen Sarges hatte. Wahrscheinlich infolge irgendeiner Eigentümlichkeit in der Konstruktion des Speisesaals erschien er immer, wenn die Lichter angezündet wurden. Die Verdauung der Weißen Husaren störte sein Anblick nicht im geringsten. Im Gegenteil: Sie waren stolz auf ihn.

„Ob er wohl die ganze Nacht so weinen wird?" meinte

der Colonel. „Oder sollen wir mit dem kleinen Mildred als Gast aufbleiben, bis es ihm wieder besser geht?"

Der Mann im Sessel erhob mit einemmal den Kopf und starrte die Versammlung an. „Oh, mein Gott!" sagte er. Sogleich sprang alles auf. Der Lushkar-Kapitän aber tat etwas, wofür ihm das Viktoriakreuz gebührt hätte als Auszeichnung im Kampf gegen – überwältigende Neugier: Er gab seinen Leuten ein Zeichen mit den Augen, wie eine Hauswirtin es ihren Damen gegenüber in schicklichen Momenten zu geben pflegt, und führte sie nach den wenigen an den Colonel gerichteten Worten: „Dies ist nicht unsere Angelegenheit, Sir!" hinaus auf die Veranda und in die Gärten. – Hira Singh war der letzte, der den Saal verließ; er warf nur noch einen Blick auf den Russen.

Dirkowitsch bemerkte es nicht; er war ins Schnapsparadies eingegangen und studierte noch immer den Sarg an der Decke, lautlos dabei die Lippen bewegend.

„Ein Weißer – bis in die Knochen", sagte Basset-Holmer, der Adjutant. – „Was für ein heilloser Renegat das sein muß! Möchte gern wissen, wo er herkommt."

Der Colonel schüttelte den Mann leicht am Arm und fragte: „Wer sind Sie?"

Keine Antwort.

Der Mann starrte im Saal umher und lächelte dann dem Colonel ins Gesicht.

Der kleine Mildred, der stets mehr Weib als Mann war, solange nicht der Ruf erscholl: „Mannschaft! Aufgesessen!" wiederholte die Frage in einem Ton, der einen Geyser zu Vertraulichkeiten hätte verleiten müssen, aber das Lumpenbündel – lächelte nur. – Dirkowitsch benützte die Gelegenheit, sanft von seinem Sessel herab auf den Fußboden zu gleiten; kein Adamssohn kann auf dieser unvollkommenen Welt den Champagner der Weißen Husaren flaschenweise mit ihrem Märchenbranntwein gemischt durcheinander trinken, ohne an die Grube gemahnt zu werden, der er einst entstiegen und in die er wieder zurückkehren wird!

Die Musikkapelle stimmte in diesem Augenblick die Melodie an, mit der die Weißen Husaren seit Gründung des Regimentes alle ihre Festlichkeiten zu beschließen pflegten; lieber hätten sie sich pensionieren lassen, als auf sie verzichtet. – Als die Weise ertönte, erhob der Mann den Kopf und begann im Takt mit den Fingern auf der Tischplatte zu trommeln.

„Eigentlich sehe ich nicht ein, warum wir Wahnsinnige unterhalten sollen", meinte der Colonel. „Rufen Sie eine Wache, damit er in eine Zelle gesteckt wird. Wir wollen die Angelegenheit morgen untersuchen. Aber geben Sie ihm vorher noch ein Glas Wein."

Der kleine Mildred füllte ein Sherryglas mit Brandy und schob es dem Manne hin. Er trank. Die Musik spielte lauter. Er richtete sich stramm auf. Dann streckte er seine krallenartigen Finger nach einem silbernen Tafelgerät aus und streichelte es zärtlich. Darin war eine Feder verborgen, gewissermaßen ein Geheimnis. Wenn man darauf drückte, wurde aus dem Ding eine Art speicherförmiger Kandelaber. – Der Mann fand die Feder, drückte darauf und lachte leise. Dann stand er auf, betrachtete ein Bild an der Wand, dann das nächste, während die Offiziere ihn schweigend beobachteten. – Als er beim Kaminsims angekommen war, schüttelte er den Kopf und schien enttäuscht. – Ein Aufsatz aus Silber, einen Husaren in voller Uniform zu Pferd darstellend, fesselte seine Aufmerksamkeit; er deutete mit fragender Miene darauf und dann wieder auf das Kaminsims.

„Was er wohl damit meinen mag?" sagte der kleine Mildred und erklärte ihm gleich darauf mit einem Ton, so herzensgut, wie etwa eine Mutter zu ihrem Kinde sprechen würde: „Ein Pferd ist es, schau nur: ein Pferd!"

Und langsam kam die Antwort zurück – in halberstícktem, leidenschaftslosem Grundton: „Ja – ich – hab's gesehen. – Aber – wo – ist dieses Pferd?"

Man hätte die Herzen schlagen hören können, so lautlos machten die Offiziere dem Manne Platz, wie er langsam im Speisesaal umherwanderte. Keinem fiel es mehr ein, den Wachtposten zu rufen.

Wieder sprach da der Mann – mit zögernden Worten: „Wo – wo ist – unser Pferd?"

Es gab nur ein Bild eines Pferdes bei den Weißen Husaren, und es hing an der Tür draußen vor dem Speisesaal. Es stellte den Schecken des Trommlers dar, des Königs der Regimentsmusik, und hatte siebenunddreißig Jahre lang treu gedient, bis es wegen Altersschwäche erschossen werden mußte. Sofort rissen einige Herren das Bild von seiner Stelle und reichten es dem Manne hin. Er nahm es und stellte es – auf das Kaminsims. Dann taumelte er an das Ende der Tafel und sank in Mildreds Stuhl.

Ein Stimmengewirr erhob sich: „Seit dem Jahre 67 hat das Trommlerpferd nicht mehr über dem Kaminsims gehangen!" – „Wie kann er das wissen!?" – „Mildred, geh, sprich doch noch mal mit ihm!" – „Colonel, was gedenken Sie zu tun?" – „So schweigt doch! Laßt dem armen Teufel Zeit, zu sich zu kommen." – „Das wird er nie, er ist doch wahnsinnig!"

Der kleine Mildred trat zu dem Colonel und flüsterte ihm etwas ins Ohr. – Dann wandte er sich an die Gesellschaft und sagte laut: „Ich bitte die Herren, wieder alle ihre Plätze einzunehmen!" – Es geschah. Nur Dirkowitschs Sessel blieb leer. Der kleine Mildred setzte sich in Hira Singhs Stuhl. Unter allgemeiner Totenstille füllte der diensthabende Sergeant, die Augen weit aufgerissen, die Gläser. – Wieder, wie vorher am Schlusse des Banketts, erhob sich der Colonel, faßte sein Glas, aber seine Hand zitterte, so daß der Wein auf den Tisch floß, und rief mit heiserer Stimme, den am Ende der Tafel in seinem Sessel zusammengesunkenen Mann anstarrend: „Herr Stellvertreter! Die Königin!"

Eine bange Pause folgte, dann sprang der Mann auf und antwortete ohne zu stocken: „Die Königin, Gott segne sie!" – Und als er das Glas geleert hatte, brach er mit den Fingern den Stiel ab.

Vor langer, langer Zeit, als die Kaiserin und Königin noch eine junge Frau war und es noch keine falschen Ideale im Lande gab, war es bei gewissen militärischen Liebesmahlen Sitte gewesen, nach solchen Toasten die Stiele der Trinkgläser abzubrechen – zum Entzücken aller Heereslieferanten –, aber diese Sitte besteht jetzt nicht mehr; weswegen sollte man auch etwas zerbrechen! Höchstens – brechen, und das besorgt die Regierung selber, besonders wenn es das Brechen eines gegebenen Wortes anbelangt.

„Das löst das Rätsel", sagte der Colonel aufatmend – „er ist kein Sergeant. Aber was, in aller Welt, ist er denn?"

„Ja, was ist er?" rief alles wie aus einem Mund, und eine Flut von Fragen erhob sich. Kein Wunder, daß der zerlumpte, schmutzbedeckte Eindringling es nur zu einem verständnisvollen Lächeln und Kopfschütteln brachte.

Da kroch Dirkowitsch, wahrscheinlich aus gesundem Schlummer erweckt durch Füße, die unabsichtlich auf seinem Körper herumgetrampelt hatten, unter dem Tisch hervor. Auf seinem Gesicht lag ein seliges Lächeln. – Er tauchte dicht neben dem Manne auf, aber kaum hatte ihn dieser erblickt, so schrie er laut auf und krümmte sich unter seinen Lumpen in wildem Entsetzen. Es war ein grausiger Anblick nach dem erhebenden und feierlichen Trinkspruch, der die verwirrten Sinne so schnell beruhigt hatte.

Dirkowitsch rührte keinen Finger, um dem Unglücklichen zu helfen, dafür sprang Mildred auf und stützte ihn. – Es schickt sich nicht, daß ein Gentleman, der einen Toast auf die Königin auszubringen imstande ist, einem subalternen Kosakenoffizier zu Füßen liegt! –

Durch das hastige Zugreifen Mildreds war dem Manne der obere Teil seiner Bekleidung fast bis zum Gürtel aufgerissen worden. Sein Körper war über und über bedeckt mit schwarzen, trockenen Narben! – –

Es gibt nur ein Instrument in der Welt, das solche parallel laufende Striemen reißt. Weder Dornen noch Katzenkrallen bringen dergleichen hervor!

Dirkowitsch erblickte sie, und seine Augen erweiterten sich. Auch in seinen Mienen ging eine merkwürdige Veränderung vor. – Er sagte etwas, das klang wie: „Shto ve takete?" Sofort hauchte das Lumpenbündel unterwürfig: „Chetyre."

„Was heißt das?" schrien alle durcheinander.

„Das ist seine Nummer. Nummer vier, wjissen Sie", erklärte Dirkowitsch mit schwerer Zunge.

„Was hat ein Offizier Ihrer Majestät, der Königin, mit einer Nummer zu tun?" fragte der Colonel in schneidendem Ton; ein drohendes Murmeln lief um den Tisch.

„Wjie kann jich das wissen?" sagte der geschmeidige Asiat mit einem süßen Lächeln. „Er ist – wjie sagt man? – eine Desertörr – eine Flüchtling von drüben –" er deutete in das Dunkel der Nacht hinaus.

„Sprechen Sie mit ihm! Vielleicht antwortet er Ihnen. – Aber, bitte, sanft“, sagte der kleine Mildred und drückte den Mann wieder freundlich in den Stuhl zurück.

Es erregte allgemeine Entrüstung, daß Dirkowitsch Brandy schlürfte, während er mit dem Geschöpf, das ihm so zaghaft und von offensichtlicher Furcht ergriffen antwortete, russisch zischte und knurrte. – Da aber Dirkowitsch den Mann zu verstehen schien, unterbrach man ihn nicht. Alle lauschten gespannt und vorgebeugt, und man konnte ihren schweren Atem hören während der langen Pausen, die bisweilen in dem Verhör eintraten. – – Wenn die Weißen Husaren einmal keinen Dienst haben werden, wollen sie nach Petersburg fahren, um Russisch zu lernen! – –

„Er weiß nicht, wie lange es her ist“, berichtete Dirkowitsch mit einem Blick auf das Offizierskorps, „aberr er sagt, es müsse sein gewesen vor serr ljange Zeit, wärrend eines Krieges. Ich gljaube, es warr eine Zufall. Err sagt, er hat mitgemacht den Krieg mit Ihrem rummbedeckten und ausgezeichneten Regiment.“

„Die Listen! Die Listen! Holmer, bring die Listen her!“ schrie der kleine Mildred, und der Adjutant stürzte ohne Mütze hinaus ins Ordonnanzzimmer, wo die Musterungslisten des Regiments aufbewahrt wurden.

Als er zurückkam, hörte er, wie Dirkowitsch seine Rede mit den Worten schloß: „Deshalb, meine teurren Freunde, bin ich über die Maaßen betrübt, daß ein Zufall die Veranlassung war, der wieder hätte gutgemacht werden können, wenn er sich hätte entschuldigt bei unserm Oberst, der von ihm ist beljeidigt worden.“ – Abermals entstand ein lautes Murren, das der Colonel nur mit Mühe ersticken konnte, die Offiziere schienen nicht in der Laune zu sein, Beleidigungen gegen einen russischen Oberst abzuwägen.

„Err sagt, er erinnert sich nicht mehr“, fuhr Dirkowitsch fort – „aber ich glaube, es war eine Zufall. Deshalb wurde er nicht, wie die anderen Gefangenen, ausgetauscht, sondern an einen andern Ort – verschickt; nach – wjie soll ich sagen? – Nun: aufs Land! Auf diese Weise kam er dann schließlich hierher, er weiß nicht, wie. – Nicht? – Err war in Chepany.“

Der Mann hörte den Namen, nickte und schauderte.

„Err war in Zhigansk und Irkutsk. Ich begreife nicht, wie err hat können entfliehen! Er sagt auch, daß er sich hat herumgetrieben viele Jahre in den Wäldern, aber wie viele, hat er vergessen wie so vieles andere. – Es war eine Zufall. Weil er sich nicht hat entschuldigt bei unserm Oberst. Ach!"

Anstatt in Dirkowitschs Bedauern mit einzustimmen, schienen die Weißen Husaren im Gegenteil das damalige Verhalten ihres Kameraden nur zu billigen, wie aus ihren höchst unchristlichen Freudenbezeugungen hervorging – nebst andern Gefühlsäußerungen, die kaum durch das Gebot der Gastfreundschaft im Zaume gehalten wurden.

„Ruhig jetzt!" ermahnte Holmer, „da haben wirs: 56–55–54–: Leutnant Austin Limmason. Vermißt. – – – Das war bei Sebastopol. – Was für eine höllische Schande!: hat einen russischen Offizier beleidigt und wird deshalb einfach – verschickt. Dreißig Jahre seines Lebens einfach ausgelöscht!" – Und Holmer warf die vergilbten und verstaubten Listen auf den Tisch. – Die Offiziere fielen darüber her. – – „Aber entschuldigt hat er sich doch nicht!" riefen alle wie aus einem Munde, „hat wahrscheinlich gesagt, er wolle lieber verdammt sein!"

„Armer Kerl! Später hatte er wohl keine Gelegenheit dazu", sagte der Colonel. „Wie hat er sich nur hierher durchgeschlagen?"

Das Lumpenbündel auf dem Sessel konnte keine Antwort geben.

„Wissen Sie, wer Sie sind?"

Das Lumpenbündel lächelte unsicher.

„Wissen Sie nicht, daß Sie der Leutnant Limmason sind? – Leutnant Limmason von den Weißen Husaren?"

Schnell wie ein Schuß kam die Antwort: „Ja. Ich bin Limmason. Natürlich." – Sofort jedoch erlosch das Licht in den Augen des Mannes wieder; er brach zusammen und beobachtete schreckerfüllt jede Bewegung Dirkowitschs. – Eine Flucht aus Sibirien kann wohl einige einfache Tatsachen im Gedächtnis zurücklassen, aber zusammenhängende Gedankengänge scheint sie zu zerstören. – Wie eine verirrte Taube hatte Limmason den Weg zu seinem Regiment zurückgefunden, aber wie ihm das möglich gewesen, vermochte er nicht zu erklären. Was er gelitten und gesehen – er wußte es nicht mehr. Er krümmte und wand sich vor Dirkowitsch so instinktiv, wie er die Feder des Leuchters gedrückt, das Bild des Trommlerpferdes gesucht und in den Toast auf die Königin eingestimmt hatte; alles andere war eine ausgelöschte Tafel, die die russische Sprache nur mangelhaft ausfüllen konnte. Er hielt den Kopf auf die Brust gesenkt und kicherte abwechselnd in sich hinein oder schauderte.

Vom Teufel, der im Branntwein steckt, angestachelt, hielt Dirkowitsch es für nötig, in diesem höchst unpassenden Augenblick eine Rede zu halten. Er stand auf, schwankte ein wenig, erwischte die Tischkante aber noch rechtzeitig und begann, wobei seine Augen schimmerten wie Opale:

„Rummbedeckte Waffenkameraden – treue Freunde und Gastgeber! – Es warr eine unglückliche Zufall! Ieberraus beklagänswert. Höchst beklagenswert!" – hier lächelte er den Anwesenden honigsüß zu; – „aber Sie werden an ihn denken – an den kleinen, kleinen Fall! – Soo klein, njicht wahr? – Der Zar, pscha, ich schnappe mit den Fingerrn auf ihn! – Gljaube ich an ihn? Nein. Aber an uns Slawen, die noch nichts getan haben, an die glaube ich. Siebzig – was sage ich? nein, nein, viel, viel mehr Millionen, die haben noch nichts getan – nicht eine Sache! – Napoleon? – Eine Episode! Pah!" – hier schlug er mit der Hand auf den Tisch – „hört genau, Ihr alten Völker! Wir haben noch njichts getan in der Welt – hier zum Beispiel! Alle unsere Arbeit ist noch zu tun! Aberr, sie wirrd getan werden, ihr alten Völker! – Forrt mit Euch!" – gebieterisch streckte er den Arm aus; deutete dann auf das Lumpenbündel. „Seht ihr ihn da? Err ist nicht lieblich anzuschauen! Er ist nur ein kleiner – oh, so ganz kleiner Zufall, den man vergessen hatte. Jetzt ist er das da! – So wird's auch mit euch gehen, Waffenbrüder, liebe! – Aber *ihr* werdet nicht zurückkommen, wie der da! Ihr werdet dahin gehen, wohin err gegangen ist, oder dorthin – –" er deutete auf den großen Sargschatten an der Decke und stammelte: „– sieb – zig Millionen – fort mit euch, ihr alten Völker!" – – Dann fiel er in Schlaf, wie vom Blitz gefällt.

„Schön und zutreffend", sagte der kleine Mildred. „Aber wozu wütend werden? Machen wir es lieber diesem armen

Teufel bequem!“ Das wurde denn auch schnell und liebevoll von den Weißen Husaren besorgt.

Leutnant Limmason war nur zurückgekehrt, um drei Tage später wieder fortzugehen, wobei die Klänge eines Trauermarsches und der schütternde Schritt der Schwadronen der erstaunten Mannschaft, die trotzdem keine Lücke in der Tafelrunde bemerkte, Kunde gaben, daß ein Offizier des Regimentes seine neuerlangte Charge wieder niedergelegt hatte.

Auch Dirkowitsch, liebenswürdig, freundlich, geschmeidig, wie immer, reiste ab. – Mit dem Nachtzug. Der kleine Mildred und noch ein anderer Offizier gaben ihm das Geleit, denn er war nun einmal Gast des Regimentes, und hätte er den Oberst selbst mit der flachen Hand geschlagen – – der Offizierskomment erlaubte keine Verletzung des Gastrechts.

„Leben Sie wohl, Dirkowitsch, und: glückliche Reise!“ sagte der kleine Mildred.

„Au revoir!“ rief der Russe zurück.

„Wirklich? Auf Wiedersehen? Wir dachten, Sie wollten heimreisen?“

„Ja! Aberr ich komme wiederr! Ist denn dieser Weg verschlossen, meine ljieben Freunde?“ – Dirkowitsch deutete auf den Horizont des Nachthimmels, wo der Polarstern über dem Khyberpaß glänzte.

„Wahrhaftig, das habe ich ganz vergessen! Natürlich, ja!“ sagte Mildred freundlich. „Aber haben Sie auch alles, was Sie brauchen?: Zigarren? Eis? Bettzeug? – Alles in Ordnung? Gut, au revoir, Dirkowitsch!“

„Hm“, brummte der Begleitoffizier, als die letzten Lichter des Zuges verschwanden, – „von allen – diesen – hemmungslosen – –“

Der kleine Mildred antwortete nicht, richtete seinen Blick auf den Polarstern und summte das Liedchen einer neuen Simla-Posse, die es damals den Weißen Husaren ganz besonders angetan hatte, vor sich hin:

„Er tut mir leid, der Ritter Blaubart,
Leid tät mir's, tät ich ihm weh!
Doch kehrt er zurück –: das gäbe ein Stück
Spektakel, soviel ich seh.“

Köpfe

Ein Verbrecher mehr im Zentral-Zuchthaus
Hinterm alten Wall von Lehm:
Ein Dieb weniger vorn, an der Front da drauß,
Und des Reichs Ruh über all dem,
Ihr Jungs,
des Reichs Ruh über all dem!

Denn wir tragen's ja allein, unsres Führers Schand,
Auf uns fällt so Schuld wie Fem,
Wenn die Hand wir tun vom geknebelten Land:
Ihr Jungs,
denn des Reichs Ruh über all dem,
Des Reichs Ruh über all dem!

I

Unversehens, urplötzlich hatte der Indus Hochwasser gebracht. Die Nacht vorher noch war er so seicht gewesen, daß man ihn bequem durchwaten konnte, eine Nacht später: und tosende Wassermassen, schmutzig und trüb, fünf Meilen breit, hatten die Sandbänke verschlungen und Uferdämme und Gelände weggerissen.

Eine Sänfte, getragen von sechs bärtigen Männern, denen man ansah, daß sie an solche Arbeit nicht gewöhnt waren, machte halt auf dem weißen Sand, der die schimmernde Fläche begrenzte.

„Es ist Gottes Wille", sagten sie. „Nicht einmal in einem Boot könnten wir wagen, überzusetzen. Zünden wir ein Feuer an und kochen wir das Essen; wir bedürfen der Ruhe."

Sie spähten in die Sänfte; drin, von Fieber geschüttelt, lag sterbend der Deputatskommissar des Bezirkes Kot-Kumharsen. Sie hatten ihn hergetragen übers Land, die sechs Tapfern eines kriegerischen Grenzstammes, den er zu friedlicher Beschäftigung bekehrt hatte, ehe er selbst zusammengebrochen war am Fuße ihrer unwirtlichen Berge. – Tallantire, sein Assistent, war neben ihnen hergeritten, bekümmert im Herzen und die Lider schwer von lange entbehrtem

Schlaf. Drei Jahre hatte er unter dem Kranken gedient und ihn lieben gelernt, wie nun einmal Menschen, die ein hartes Leben zusammenführt, einander lieben lernen oder – hassen.

Er beugte sich aus dem Sattel, hielt die Vorhänge der Sänfte auseinander und lugte hinein:

„Orde – Orde, alter Freund, hören Sie mich? Wir müssen warten, bis das Hochwasser fällt; eine böse Bescherung."

„Ich höre", kam's in leisem Flüsterton zurück. „Warten wir, bis das Wasser fällt. Ich glaubte, wir würden das Lager erreichen, ehe die Dämmerung anbricht. Polly weiß, daß ich komme; sie will mich noch einmal sehen."

Einer der Sänftenträger starrte über den Fluß und erspähte ein kleines funkelndes Licht drüben in weiter Ferne. „Dort ist das Lagerfeuer und sein Weib", raunte er Tallantire zu, „sie werden in der Frühe herüberfahren, denn sie haben gute Boote. Kann er so lange leben?"

Tallantire schüttelte den Kopf.

Yardley-Orde rang bereits mit dem Tode; wozu seine Seele quälen mit Hoffnung auf eine Zusammenkunft, die doch nie mehr stattfinden würde?! – Der Strom gurgelte an den Dünen, riß eine Sandklippe ein und brauste wie ein hungriges Ungetüm. Die Sänftenträger suchten nach trockenem Reisig in dem Gestrüpp der Kameldornbüsche; ihre Schwertgürtel klirrten, wie sie so dahinschlichen im nebligen Mondlicht; und Tallantires Pferd hustete, um anzudeuten, es wünsche eine wärmende Decke.

„Auch ich friere", sagte die Stimme in der Sänfte, „ich glaube, es ist das Ende. Arme Polly!"

Tallantire ordnete die Decken des Sterbenden; Khoda Dad Khan sah es, zog seinen dicken Schaffellmantel aus und legte ihn über die Kissen. „Ich werde mich selber am Feuer wärmen, ich brauche ihn nicht", sagte er. Tallantire nahm den erstarrten Körper seines Freundes in die Arme und drückte ihn an sich; vielleicht, wenn man Orde erwärmte, würde er so lange leben, daß er sein Weib noch einmal sehen könne! – Wenn doch die blinde Vorsehung gäbe, daß das Wasser um drei Fuß fiele!

„Jetzt wird mir besser", hauchte Orde. „Tut mir leid, daß

ich Sie so behelligen muß, aber – haben Sie nichts zu trinken?"

Man reichte ihm Milch mit Whisky, und Tallantire fühlte, wie der Körper in seinen Armen ein wenig wärmer wurde. Orde begann zu murmeln:

„Es ist mir nicht ums Sterben, aber daß ich Polly verlassen muß und meinen Bezirk. Gott sei Dank: Wir haben keine Kinder. Dick, Sie wissen: Ich bin verschuldet – tief verschuldet –, Vorschüsse während meiner ersten fünf Dienstjahre! Die Pension wird klein sein, aber für sie ausreichen. Sie hat eine Mutter daheim in England. Wie nach Hause kommen? Das ist die Schwierigkeit! Und – und – Sie wissen, da sie keine Soldatenwitwe ist – – –."

„Wir werden das mit der Heimfahrt schon regeln. Selbstverständlich", sagte Tallantire ruhig.

„Ein häßlicher Gedanke: mit dem Hut in der Hand einsammeln zu gehen! Aber, Gott im Himmel, wie viele sind's, derentwegen es geschehen mußte! Morton ist gestorben – er war von meinem Jahrgang. Shaughnessy ist tot und hat Kinder zurückgelassen – ich erinnere mich noch, wie er ihre Briefe aus der Schule uns vorgelesen hat (was für ein langweiliger Bursche er doch ist, haben wir uns dabei gedacht); Evans ist tot – das Klima von Kot-Kumharsen hat ihn umgebracht! Dicketts von Myndonie ist tot – und jetzt gehe auch ich. ‚Der Mensch, vom Weibe geboren, ist ein Nichts wie die Kartoffel in den Bergen' – – das erinnert mich, Dick: Die vier Khusru-Kheyl-Dörfer in unserm Gebirgsdistrikt brauchen ein Drittel Steuernachlaß in diesem Frühjahr! Das ist nur recht und billig, denn ihr Getreide steht schlecht. Schauen Sie zu, daß die Sache zustande kommt, und sprechen Sie mit Ferris wegen des Kanals. – Ich hätte so gern noch erlebt, daß er fertig wird; er ist für die Dörfer des nördlichen Indus von größter Bedeutung – aber Ferris ist eine Schlafmütze –, rütteln Sie ihn auf. Die Arbeit im Bezirk wird auf Ihren Schultern ruhen, bis mein Nachfolger eintrifft. Ich wollte, man überwiese Ihnen die Stellung, denn Sie kennen das Volk. Aber ich glaube, man wird sie Bullows geben. Er ist ein braver Kerl, aber zu lax für die Tätigkeit an der Grenze; und dann: Er durchschaut die Priester nicht! – Der blinde Mullah in Jagai braucht ein wachsames Auge über sich. Sie finden alles in meinen Akten – sie liegen, glaube ich, im Uniformschrank. Rufen Sie jetzt die sechs Khusru-Kheyl-Leute; ich will ihnen eine letzte Ansprache halten. Khoda Dad Khan!"

Der Anführer der Sänftenträger sprang auf und eilte zu dem Sterbenden, und seine Kameraden folgten ihm.

„Ihr Männer, ich sterbe jetzt", sagte Orde rasch in ihrer Sprache; „und bald wird kein Orde Sahib mehr sein, der euch beim Ohr nimmt und vom Viehstehlen abhält."

„Das möge Gott verhüten!" rief der ganze Chor in tiefem Baß. „Der Sahib wird nicht von uns gehen."

„Doch! Er wird. Und dann wird er wissen, ob Mohammed die Wahrheit gesprochen hat oder Moses. Aber ihr sollt gute Menschen bleiben, auch wenn ich nicht mehr hier bin. Als solche und als Bewohner unseres Grenzlandes müßt ihr, wie bisher, willig eure Abgaben zahlen. Ich habe veranlaßt, daß man euch dieses Jahr entgegenkommt. Als Bergbewohner müßt ihr euch des Viehdiebstahls enthalten, nicht Brand stiften und taub sein für die Reden der Priester, die die Macht der Regierung nicht kennen und euch in Kriege verwickeln möchten. Es würde euch nur das Leben und euer Getreide kosten. Ihr dürft auch keine Karawanen ausplündern und müßt eure Hilfe den Polizeitruppen leihen, wenn welche kommen – wie ihr es bisher getan habt gemäß meinem Befehl. Und Tallantire Sahib wird vorläufig bei euch bleiben; wer meine Stelle einnehmen wird, weiß ich nicht. Ich rede die lautere Wahrheit – weile ich doch, ihr meine Kinder, fast schon unter den Toten. Ja, ihr seid Kinder noch, wenn ihr auch starke Männer seid."

„Und du bist unser Vater und unsere Mutter!" – der ganze Chor rief es wie einen Schwur, Khoda Dad Khan voran. „Was sollen wir tun, wenn keiner mehr da sein wird, der zu uns spricht und so weise raten kann wie du?"

„Tallantire Sahib wird bei euch sein. Gehet zu ihm; er kennt eure Reden und eure Herzen. Haltet die jungen Männer in Zucht und Ordnung und höret auf die Alten. Khoda Dad Khan: Hier, nimm meinen Ring. Die Uhr und die Kette sollen deinem Bruder gehören. Nehmet diese Dinge zum Gedenken an mich und daß ich, zu welchem Gott immer ich gerufen werde, ihm sagen will: Die Khusru Kheyl sind brave Menschen. Ihr habt jetzt meine Erlaubnis zu gehen."

Khoda Dad Khan steckte den Ring an seinen Finger und schluchzte laut, während er die übliche Formel hersagte, die eine Unterredung zu beschließen hat. –

Sein Bruder wandte sich um und spähte wieder über den Strom. – Die Dämmerung begann sich aufzuhellen, und ein weißer Fleck wurde sichtbar auf dem matten Silberglanz des Flusses. „Sie kommt", sagte er mit verhaltenem Atem. „Ob er noch zwei Stunden leben kann?" – – Er zog die soeben geerbte Uhr aus dem Gürtel und blickte verständnislos auf das Zifferblatt, wie er es bei Engländern gesehen hatte.

Zwei Stunden lang halsten die gebauchten Segel und gingen über Stag – den Fluß hinauf und hinab, derweilen Tallantire Orde in seinen Armen hielt und Khoda Dad Khan ihm die Füße rieb. Bisweilen sprach der Kranke von seinem Bezirk und von seiner Gattin, aber je näher das Ende kam, desto häufiger von ihr. – Man wollte ihm verschweigen, daß sie gerade jetzt auf der Überfahrt in einem gebrechlichen Eingeborenen-Boot ihr Leben aufs Spiel setzte, um zu ihm zu gelangen, aber das geschärfte Ahnungsvermögen des Sterbenden machte alle Vorsicht zuschanden! Orde kämpfte sich auf, blickte durch die Vorhänge und sah das nahe Segel. „Das ist Polly", sagte er schlicht, obgleich seine Lippen bereits verkrampft waren in Todespein. – „Polly – –" (es war wohl der grimmigste Hohn, den sich das Schicksal einem Menschen gegenüber erlaubt), „– und – Sie, Dick – Sie – werden ihr es sagen – – müssen."

Eine Stunde später stand Tallantire auf der Sandbank einer Frau in Gingham-Reitkleid und Tropenhut gegenüber, die nach ihrem Gatten schrie – ihrem Alles und dem Licht ihres Lebens, während Khoda Dad Khan sich mit dem Gesicht auf die Erde warf und seine Augen bedeckte.

2

Die Herzenseinfalt, mit der die Regierung Stellung nahm zu dem Vorfall, war geradezu rührend. Nichts einfacher für einen weitblickenden Staatsmann, wenn es gilt, die Wünsche des Volkes zu respektieren, als – ein Landeskind zur Herrschaft bestellen! Zweihundert Millionen des dankbarsten, liebestrunkensten aller Völker im Reiche Ihrer Majestät, der Königin, würden in Lobeshymnen ausbrechen und so etwas nimmermehr vergessen. Der glückliche Auserwählte selbst stand natürlich jenseits von Lob und Tadel; war er doch auserkoren vom Allerhöchsten sämtlicher Vizekönige! – Und dessen Herrschaft beruhte auf Prinzipien, und Prinzipien müssen bekanntlich streng berücksichtigt werden – im Sommer und im Winter. Seine Feder, seine Zungen hatte Neu-Indien geschaffen – laut hinschallend, eindringlich: – Neu-Indien, eine Nation unter Nationen – ein Land, schwanger mit unbegrenzten Möglichkeiten – und das alles: sein Werk.

Weshalb denn auch alsbald der Allerhöchste sämtlicher Vizekönige noch einen Schritt vorwärts tat, was die Frage betraf, für Yardley-Orde einen Nachfolger zu erküren. Die Wahl fiel auf einen Gentleman, ein Mitglied des bengalischen Zivildienstes, der seinen Rang nebst Universitätsbildung in freiem Wettbewerb mit den Söhnen Englands erworben hatte. Feinsinnig, weltgewandt, wie er war, hatte er, so hieß es, auf weise – und noch mehr: auf höchst sympathische Art einen volkreichen Bezirk in Südost-Bengalen verwaltet. Er war englisch gesinnt in jeder Beziehung und lange das Entzücken vieler Gesellschaften gewesen; er hieß, soweit sich der Vizekönig erinnerte: Grish Chunder Dé, M. A. –

Kurz und gut: Konnte irgend jemand an einem Manne etwas aussetzen, der so geeignet schien, als Landeskind über Landeskinder zu herrschen? Man brauchte nur rasch an seine Stelle in Südost-Bengalen einen jüngeren Zivilbeamten aus gleicher Rasse zu setzen – (er war bereits gefunden; hatte er doch ein bemerkenswert geschicktes Pamphlet geschrieben über den politischen Wert der Sympathie im Regierungsdienst) –, und nichts mehr stand im Wege, Mr. Grish Chunder Dé, M. A., nordwärts nach Kot-Kumharsen abzusenden. Der Vizekönig mischt sich nicht gern persönlich und direkt in Sachen, die eigentlich den Provinzgouvernements unterstehen, und betont immer, er erteile lediglich seinen – Rat. Was die Rassenfrage betraf, so war Mr. Grish Chunder Dé im Grunde noch viel mehr Engländer, und zu all dem mit einem sympathischen Wesen und einem Tiefsinn ausgestattet, der ihn zum Besten stempelte im besten aller Regierungsämter der Welt.

Die ernsten, schwarzbärtigen Könige, die den Großen Indischen Rat bilden, gaben die verschiedensten Meinungen kund über den Vorschlag, aber schließlich, wie üblich, erhoben sie den Vizekönig ekstatisch in den siebenten Himmel und ließen ihre nur kindischerweise vorgebrachten Einwände fallen.

„Im Prinzip ist es sehr richtig", sagte das schläfrig blikkende Oberhaupt der Roten Provinzen, in denen Kot-Kumharsen lag, denn es war ein ausgesprochener Anhänger aller Prinzipien. – „Die einzige Schwierigkeit wäre nur – –."

„Ach was!" rief der „Ritter des Gezückten Schwertes" mit der offenherzigen Brutalität dazwischen, die noch jedes Oberhaupt der Roten Provinzen in seinen Grundfesten erschüttert hat – „ach was! Man bürdet ganz einfach die Verantwortung an dem Zeugs irgendeinem Unterbeamten auf, gibt dem Dé links und rechts je einen handfesten Kommissar an die Seite, unterstützt ihn mit dem tüchtigsten Assistenten der Gegend, seift vor allem das Volk genügend ein mit der ‚Furcht vor Gott, dem Herrn', und wenn's dann noch schiefgehen sollte, sagt man eben: Seine Kollegen sind schuld und haben ihm nicht genug beigestanden. Schließlich ist ja der Bezirksleiter immer der Sündenbock; wozu ist er denn da?" – Die Folge der Rede war ein allgemeines stillschweigendes Einverständnis. – Es sprach doch alles dafür!

3

„Wann wird denn der Mensch endlich seine Stellung antreten? Ich bin immer noch ganz allein hier, und man munkelt, ich soll sein Unterbeamter bleiben."

„Möchten Sie vielleicht um Versetzung einkommen?" fragte Bullows scharf.

Dann legte er seine Hand auf Tallantires Schulter: „Wir sitzen doch alle im selben Kahn; reißen Sie gefälligst nicht aus. Andererseits, freilich, wenn Sie einen bessern Posten kriegen können, was sollte Sie hindern?"

„Der Umstand, daß früher Orde hier regiert hat“, sagte Tallantire schlicht.

„Gut. Aber jetzt macht's der Dé. Er ist ein Bengali, angefüllt bis zum Hals mit Gesetzbuch und Paragraphen und überhaupt ein Prachtkerl, was Erfahrung und Schubladenarbeit anbetrifft; auch plaudert sich's mit ihm sehr nett. Begreiflicherweise hat man ihn bisher in seinem Heimatbezirk belassen, wo alle seine Schwestern zu Hause sind und seine Vettern und Tanten – irgendwo da unten im Süden von Dakka. Eigentlich hat er die ganze Gegend in eine nette Familien-Sinekure verwandelt, seinen Angestellten niemals dreingeredet und jedermann Gelegenheit zum Stibitzen gelassen. Infolgedessen ist er ungeheuer beliebt da unten.“

„Damit will ich nichts zu schaffen haben. Aber sagen Sie mir, wie soll ich unserm Bezirk klarmachen, daß ein Bengali hier die Herrschaft kriegt? Meinen Sie – besser gesagt: Meint die Regierung, daß die Khusru Kheyl so etwas ruhig hinnehmen? – Was werden die mohammedanischen Häuptlinge der Dörfer sagen? Wie werden die Polizisten der Muzbi Sikhs und der Pathans unter Mr. Dé funktionieren? Wir müssen uns ja fügen, wenn man einen Universitätspedell zum Oberhaupt ernennt, aber das Volk wird aufmucken, das wissen Sie ganz genau. Es ist eine hirnverbrannte Idee.“

„Mein lieber Junge, ich weiß das alles und noch ein bißchen mehr. Ich habe meine Bedenken vorgebracht, aber man sagte mir, es seien ‚knabenhafte‘ Vorurteile. Gott gebe, daß die Khusru Kheyl sich mit dem Vorwurf begnügen, ich kennte das Grenzland und seine Gebräuche nicht! Unsere einzigen Chancen sind, daß Sie zur Zeit noch den Bezirk fest in der Hand haben; ich meinerseits lasse alles liegen und stehen und helfe Ihnen, durchzuhalten. Ich verlange gar nicht, daß Sie mit dem Bengali durch dick und dünn gehen. Aber: Tun Sie Ihr Bestes, lediglich um Ihrer selbst willen.“

„Um Ordes willen tät ich's vielleicht. Um mein persönliches Interesse schere ich mich keinen Pfifferling.“

„Seien Sie kein Esel! Die Sache steht, weiß Gott, traurig genug; die Regierung wird es später schon einsehen. Wozu jetzt murren? Ihre Sache ist's, den Bezirk in der Hand zu behalten; Ihre Sache, die Khusru Kheyl zu besänftigen und dem Curbar von der Polizei einzuschärfen, ein wachsames Auge auf alles zu haben. Ich bin jederzeit telegraphisch erreichbar und setze, wenn nötig, meinen Ruf aufs Spiel, wenn es darauf ankommt, den Bezirk zusammenzuhalten. Glückt Ihnen die Sache, dann wird allerdings er den Ruhm einheimsen; geht's schief, wird man sagen, daß Sie ihn nicht ausreichend unterstützt hätten."

„Ich weiß, welche Last man mir aufgebürdet hat", sagte Tallantire traurig, „aber ich will ans Werk gehen. Es ist schwer."

„Die Arbeit ist unser; der Erfolg steht bei Allah – wie Orde zu sagen pflegte, wenn ihm das Wasser in die Nase lief" – das waren Bullows letzte Worte, ehe er wegritt. – – –

Daß zwei Gentlemen im Zivildienste Ihrer Majestät derart über einen dritten, der ebenfalls im Staatsdienst stand, sprechen konnten, zumal es sich um einen kultivierten und fähigen Mann handelte, mag seltsam und betrüblich erscheinen, aber man höre erst, was der blinde Mullah in Jagai, der Priester der Khusru Kheyl, für Reden hielt, wenn er auf seinem Felsen saß, von dem aus man über die ganze Grenze hinüberblicken konnte. – Vor etwa fünf Jahren hatte ihm eine platzende Granate einer Batterie Erde in das Gesicht gespritzt, als er gerade einen Überfall der Ghazis auf ein halbes Dutzend britischer Bajonette in Szene setzte; die Folge war, daß er erblindete, was ihn den Engländern gegenüber noch mehr in Harnisch brachte. Orde erfuhr damals von seinem Mißgeschick und lachte ihn deshalb – aus guten Gründen – öffentlich mehrmals aus.

„Hunde seid ihr", sagte der blinde Mullah zu den aufhorchenden Stammeshäuptlingen am Lagerfeuer. „Verprügelte Hunde! Ihr habt auf Orde Sahib gehört und ihn Vater genannt; ihr habt euch benommen wie seine Kinder. Die britische Regierung hat jetzt bewiesen, wie sie euch einschätzt. – Ihr wißt: Orde Sahib ist tot."

„Ai! Ai! Ai!" klagte ein halbes Dutzend Stimmen.

„Ja, er! Er – war ein Mann! – Aber wer, glaubt ihr wohl, kommt jetzt an seine Stelle? Ein Bengali aus Bengalen – ein Fischfresser aus dem Süden!"

„Das ist eine Lüge!" sagte Khoda Dad Khan. „Wenn du

dich noch länger als Priester patzig machst, stoß ich dir meinen Gewehrkolben in den Hals."

„Oho, bist du auch da, du englischer Speichellecker?" höhnte der Mullah. „Geh nur morgen über die Grenze hinüber und biete deine Dienste dem Nachfolger Orde Sahibs an. Aber vergiß nicht, vor dem Zelteingang deine Schuhe auszuziehen! Es ist das Sitte, wenn man ein Geschenk in die schwarze Pfote eines Bengalen legt. Ich weiß das! In meiner Jugend hätte man einem Burschen den Gewehrkolben in den Hals gerannt, wenn er gewagt hätte, einen Mullah zu schmähen, der die Tür zu Himmel oder Hölle in der Hand hat."

Der blinde Mullah haßte Khoda Dad Khan, wie nur ein Afghane hassen kann, denn beide waren Rivalen um die Vorherrschaft über den Stamm: Den einen fürchtete man wegen seiner körperlichen Eigenschaften, den anderen wegen seiner geistigen. – Khoda Dad Khan warf einen Blick auf Ordes Ring und grunzte: „Morgen gehe ich hin. Ich bin kein solcher Narr, Krieg gegen die Engländer zu predigen. – Aber wenn die Regierung wirklich verrückt geworden ist, dann – –."

„Was dann?" – krächzte der Mullah – „wirst du dann die jungen Leute aufrufen und die vier Dörfer im Grenzland besetzen?"

„Oder vielleicht dir wegen Verbreitung von Lügen den Kragen umdrehen, du schwarzer Rabe der Hölle!"

Khoda Dad Khan ölte sorgfältig seine langen Locken, zog seinen besten Bochara-Gürtel an, einen neuen Turban und schöne, grüne Schuhe und stieg, begleitet von ein paar Freunden, die Berge hinab, um dem neuen Deputatskommissar von Kot-Kumharsen seinen Besuch abzustatten. Auch nahm er als Tribut vier oder fünf unschätzbare goldene Mohurs aus den Zeiten des Kaisers Akbar mit – in ein weißes Schnupftuch gewickelt. Der Deputatskommissar hatte sie zu berühren und zurückzugeben. Die Zeremonie bedeutete, daß die Khusru Kheyl sich brav zu benehmen versprachen – in der nächsten Zeit und vorausgesetzt, daß Khoda Dad Khan am Ruder blieb und ihm der neue Deputatskommissar auch – sympathisch war. Solange Yardley Orde an der Spitze stand, schloß der Besuch jedesmal mit einem solennen Festessen, gewürzt mit – wahrscheinlich verbotenen – Schnäpsen, für alle Fälle aber mit einigen wundervollen Erzählungen und Versicherungen unverbrüchlicher Freundschaft. Khoda Dad Khan befestigte sodann stets zu Hause seine Herrschaft aufs neue durch überschwengliche Schilderung des prunkvollen Empfangs, der ihm bereitet worden, nannte Orde Sahib und Tallantire königliche Prinzen und schwor, jedem bei lebendigem Leib die Haut abziehen zu lassen, der es wagen sollte, einen Raubzug in britisches Gebiet zu veranstalten. – – – Diesmal schien alles beim alten geblieben zu sein: Das Zelt des Deputatskommissars sah genauso aus wie früher, und da Khoda Dad Khan sich selbstverständlich dazu für berechtigt hielt, trat er ohne weiteres durch die offene Tür ein. Gleich darauf erblickte er einen dicken, süßlich lächelnden Bengali, der an einem Tische saß und schrieb. Völlig unwissend, welch erhebenden Einfluß eine sorgfältige Erziehung auf den Menschen ausübt, und überdies gänzlich verschlossenen Gemütes gegenüber Würden, die die Universität verleiht, schätzte Khoda Dad Khan den Mann als Babu – den eingeborenen Kommis des Deputatskomissars und das gehaßteste und verächtlichste Geschöpf – ein.

„Heda!" rief er in aufmunterndem Ton, „wo ist dein Herr, Babudschu?"

„Ich bin der Deputatskommissar", antwortete der Gentleman auf Englisch. Offenbar überschätzte er den Einfluß seiner Universitätswürden, sonst hätte er kaum Khoda Dad Khan so fixiert, wie er es jetzt tat. – Wer nun aber gewohnt ist, von frühester Kindheit an Schlachtgetümmel, Mord und Totschlag vor Augen zu haben, und auf wessen Nerven vergossenes Blut nicht mehr Eindruck macht als rote Farbe – wer überdies, wie Khoda Dad Khan, felsenfest glaubt, daß ein Bengali der Sklave aller Hindostanis ist, die an und für sich schon tiefer stehen als das eigene große, lebensfrohe Ich, der hält so manchen Blick aus, auch wenn er keine Erziehung genossen hat. Er kann auch einen graduierten Oxfordstudenten in Grund und Boden starren, gar, wenn dieser, physisch widerstandslos, Unbehaglichkeiten fürchtet wie manche Menschen die Sünde und als Kind schon in den Schlaf geschreckt wurde mit Ammenmärchen von Teufeln, die in Afghanistan und dem schwarzen Norden hausen. – Es dauerte denn auch nicht lange, und die Augen hinter der goldenen Brille suchten den Fußboden! – Khoda Dad Khan lachte kurz auf, machte kehrt und schritt hinaus, um gleich darauf Tallantire zu begegnen. „Hier“, sagte er rauh und hielt die Münzen hin, „berühre du sie und gib sie zurück! Das soll die Gewähr sein, daß ich – für meine Person – mich gut betragen will. – – Aber, o Sahib, hat denn die Regierung den Verstand verloren, daß sie uns einen schwarzen Bengalihund schickt? Und ich soll einem solchen Dienste leisten? Und du arbeitest unter ihm? Was soll denn das heißen?“

„Es ist Befehl“, sagte Tallantire; er hatte ähnliches kommen sehen. – „Er ist ein sehr geschickter – S-sa-hib.“

„Der und ein Sahib?! Ein kala admi ist er – ein Farbiger – und unfähig, einen Geschirrwagenesel am Schwanz festzuhalten! Alle Völker der Erde haben Bengalen geschröpft. Das ist sprichwörtlich. Wohin sind wir aus dem Norden denn gegangen, wenn wir Weiber brauchten oder plündern wollten? Nach Bengalen! Wohin sonst? Was ist das für ein Kindergeschwätz von Sahibwürde – gar jetzt, nachdem Orde Sahib hier geherrscht hat! In einer Beziehung hat also der blinde Mullah recht gehabt.“

„Was ist's mit ihm?“ fragte Tallantire betroffen; er mißtraute dem Alten mit den toten Augen und der tödlichen Zunge.

„Nun, da ich Orde Sahib Treue geschworen habe, als er starb – drüben am Fluß –, will ich es dir sagen. Aber zuerst: Ist es wahr, daß die Engländer sich selbst die Ferse dieses Bengali in den Nacken gesetzt haben und englische Herrschaft nichts mehr gilt hier im Land?“

„Ich bin doch hier!“ sagte Tallantire, „und ich diene der Maharani von England.“

„Der Mullah sagt anders: Weil wir Orde Sahib geliebt haben und uns seiner starken Hand gefügt, habe die Regierung ein Schwein hergeschickt, um uns zu zeigen, daß wir Hunde sind. Dann heißt es: Die weißen Soldaten werden zurückgezogen und durch Hindostanis ersetzt. Kurz: Alles soll anders werden.“

– – – Nichts ist schlimmer, als ein großes Land falsch behandeln! Sieht etwas noch so vernünftig aus in Kalkutta, so richtig in Bombay, so angebracht für Madras – für den Norden bedeutet es einen Schlag ins Gesicht und bringt das Uferland des Indus außer Rand und Band. – – – Khoda Dad Khan erklärte, so gut er konnte, daß wohl er selbst die besten Absichten habe, aber nicht einstehe für die weniger überlegten Häuptlinge seines Stammes, zumal diese fast alle unter dem Einfluß des blinden Mullahs stünden. Ob es nun Aufstände geben würde oder nicht, keinesfalls dächte auch nur einer daran, dem neuen Deputatskommissar Gefolgschaft zu leisten, dessen sei er sicher. Und ob denn Tallantire wirklich meine, daß für den Fall eines regelrechten Grenzüberfalles die vorhandenen Regierungsstreitkräfte genügten?

„Richte dem Mullah aus", sagte Tallantire kurz, „wenn er noch weiter so dummes Zeug schwatzt, jagt er seine Leute nur in einen sicheren Tod und seinen Stamm der Blockade entgegen, der Kontribution und der Entrichtung von Blutgeld. – Aber was soll ich noch länger diskutieren mit jemand, dessen Stimme kein Gewicht mehr hat im Rate der Stämme!"

Khoda Dad Khan steckte die Beleidigung schweigend ein: Er wußte genau, daß er noch lange nicht ausgelernt hatte, und kehrte zurück in seine Berge, wo ihm der Mullah, dessen aufreizende Reden von Mund zu Mund gingen an den Lagerfeuern und schneller zündeten als die Glut der getrockneten Dungfladen, einen sarkastischen Empfang bereitete.

4

Wie sieht der fast unbekannte Bezirk von Kot-Kumharsen aus? Wälle aus dürrer Erde und aufgetürmten Felsen, an die Berge von Khosru angelehnt und der Länge nach durchschnitten vom Industrom. Siebzig Meilen lang und fünfzig breit, beherbergte das Gebiet eine Bevölkerung von weniger als zweihunderttausend Seelen und mußte eine jährliche Abgabe von vierzigtausend Pfund leisten für Erträgnisse aus einem Boden, der nicht viel anderes war als eine trostlose Wüstenei.

Die Ackerbebauer waren unfreundliche Leute, die Salzminer noch mehr und die Viehzüchter erst recht. Ein Polizeiposten rechts oben auf einer Anhöhe und ein dünnwandiges Lehm-Fort links oben sahen auf Ordnung, wenn allzuviel Salz geschmuggelt oder mehr Vieh gestohlen wurde, als der Einfluß der Einwohner verhindern konnte. Rechterhand unten im Tal liegt Jumala, das Hauptquartier des Bezirkes, ein jämmerliches Nest aus Lehmbaracken, die man Häuser nennt – heimgesucht vom Sommerfieber und mit Dächern bedeckt, die in der Hitze klaffen und in der nassen Jahreszeit lecken.

So war der Ort beschaffen, dessen Herrschaft anzutreten Grish Chunder Dé berufen wurde. Die Nachricht von seinem Kommen war ihm lange schon vorausgeeilt. Bengalis sind so selten wie Pudel da oben unter den Grenzbewohnern, die sich die Köpfe blutig schlagen mit ihren langen Spaten und vor Hindu- und mohammedanischen Heiligenschreinen zu beten pflegen.

Sie rotteten sich zusammen, um Grish Chunder Dés Anblick teilhaftig werden zu können, deuteten mit Fingern und verglichen ihn mit einer trächtigen Milchkuh oder einem niedergebrochenen Pferd, wie es ihnen gerade in den Mund kam. Sie lachten über seine Polizeigarde und wollten gern wissen, seit wann denn die vollbepackten Sikhs bengalische Affen mit sich führten. Sie fragten höhnisch, ob er denn auch alle seine Weiber mitgebracht hätte, und rieten ihm eindringlich, sich ja nicht etwa an die ihrigen heranzumachen. Einer alten runzligen Hexe am Wegesrand blieb vorbehalten, daß sie sich auf ihre ausgemergelten Brüste schlug, als er vorbeikam, und kreischte: „Sechse habe ich gesäugt, die imstande gewesen wären, sechstausend von solchen aufzufressen, wie er einer ist. Die Regierung hat sie erschossen, aber den da machen sie zum König!“ Worauf ein blaubeturbanter knochiger Pflugscharschleifer ihr zuschrie: Keine Sorge, Mutter meiniges, er wird schon noch denselben Weg gehen wie deine Bankertn!“ –

Auch die Kinder, die kleinen, runden, braunen Pudelbälle, machten neugierige Augen. Wie ergötzlich für die Jugend, sich in Orde Sahibs Zelt zu drängen, wo es Kupfermünzen regnete, wenn man die Hand hinhielt – und auch Märchen erzählt wurden, so buchgetreu, daß selbst die eigenen Mütter kaum die Hälfte davon kannten. Allerdings: wie Pir Prith den zehn Teufeln die Augenzähne ausriß, wie sich die großen Steine oben auf den Berggipfeln des Khusru in Reih und Glied stellten, oder was geschieht, wenn man abends durch das Dorftor dem grauen Wolf zuschreit: „Badl Khas ist tot" – davon wußte der fette schwarze Kerl drin nichts zu berichten.

Mittlerweile schwätzte Grish Chunder Dé viel und schnell auf Tallantire ein – nach der Gewohnheit aller derer, die sich hyperenglisch geben –, von Ehrendinners, Cricketmatches, Jagdrennen, von der „Heimat" drüben und ähnlichem fremdem Zeug und Sport. – „Wir müssen die Burschen fest in die Hand kriegen", flocht er bisweilen, unbehaglich gestimmt, ein; „besorgen Sie das! Nur die Zügel nicht auslassen! Sie verstehen: Es hat keinen Zweck, in Ihrem Distrikt ein Auge zuzudrücken."

Aber gleich darauf hörte Tallantire, wie Debendra Nath Dé, der seinem hohen Verwandten brüderlicherweise nachgefolgt war auf seinem Triumphzug, hoffend, daß für ihn etwas abfallen möchte durch dessen Protektion, und sei es auch nur eine Wahlstelle – auf bengalisch flüsterte: „Besser geräucherte Fische in Dakka als gezückte Schwerter in Delhi! Bruder, hör auf mich: Diese Menschen sind Teufel, wie unsere Mutter zu sagen pflegte! Du wirst immer mit einem Fuß im Steigbügel bleiben müssen!"

Noch in derselben Nacht sollte seitens des neuen Deputatskommissars in einem verfallenen Dorf, dreißig Meilen hinter Jumala, eine öffentliche Ansprache gehalten werden, gewissermaßen als Antwort auf den „festlichen" Empfang, den die eingeborenen Beamten bereitet hatten. – Es war eine sorgfältig ausgearbeitete Rede, die sicherlich sehr gewirkt haben würde, wenn nicht der dritte Satz mit den Worten begonnen hätte: „Hamara hookum hai" – (Es ist mein Befehl.) – – Gelächter, klar und glockenrein, brach los; es kam aus dem Hintergrund des Zeltes, wo ein paar Landbesitzer aus dem Grenzgebiet saßen, schwoll an, mit Ausrufen des Zornes gemischt; und das magere, lauernde Gesicht Debendra Nath Dés wurde blaß. Grish Chunder aber wandte sich zu Tallantire und sprach: „Sie – natürlich Sie haben das arrangiert."

Mitten in den Lärm hinein tönte der Schall von Hufschlägen, und gleich darauf trat Curbar ein, der Befehlshaber der Bezirkspolizei, schwitzend und staubbedeckt. Der Staat hatte ihn durch volle siebzehn schwere Jahre in einen Winkel der Provinz verbannt, damit er dort den Salzschmuggel in Schach halte und auf eine Beförderung harre, die niemals eintrat. Curbar hielt seit langem nicht mehr auf eine weiße Uniform, trug rostige Anschraubsporen und auf dem Kopf bald einen Helm, bald einen Turban. Versauert, alt, verbraucht von Hitze und Kälte, wartete er nur noch auf eine ausreichende Pension, um vor dem Verhungern gesichert zu sein.

„Tallantire", sagte er, Grish Chunder Dé auch nicht eines Blickes würdigend, „kommen Sie mal 'raus; ich muß mit Ihnen sprechen. – – Es handelt sich nämlich um folgendes", fuhr er draußen fort, „die Khusru Kheyl sind eingebrochen, haben ein halbes Dutzend Kulis an Ferris' Kanalufer abgeschnitten, ein paar Leute umgebracht und ein Frauenzimmer weggeschleppt. Ich wollte Sie deswegen nicht erst alarmieren, denn Ferris ist hinter ihnen her und Hugonin, mein Assistent, mit zehn Mann, aber ich glaube, es ist erst der Anfang. Ihre Feuer brennen auf den Höhen des Hassan Ardeb, und wenn wir uns nicht rasch dazuhalten, steht bald das ganze Grenzgebiet in Flammen; sie werden zuerst die vier Khusru-Dörfer aufs Korn nehmen, denn mit denen stehen sie schon seit Jahren auf schlechtem Fuß. Sie wissen doch: Der blinde Mullah predigt den Heiligen Krieg, seit Orde tot ist. Was meinen Sie?"

„Verdammt!" brummte Tallantire. „Das ist schnell gegangen. Nun, ich glaube, es ist das beste, ich reite nach dem Fort Ziar und raffe, wenn es nicht überhaupt schon zu spät ist, soviel Talbewohner zusammen, wie ich kann. Ich meine, Tommy Dodd hat zur Zeit das Kommando in Fort Ziar? Ferris und Hugonin sollten der Räuberbande einen Denkzettel geben und – – aber nein, es geht nicht, daß das Oberhaupt der Polizei in zu auffälliger Weise die Bezirkskasse bewacht: Gehen Sie zurück an den Kanal! Ich werde Bullows telegraphieren, er soll nach Jumala kommen mit einem starken Polizeiaufgebot und sich auf die Kasse setzen. Wenn die

Kerle auch nicht hindringen werden, so sieht es doch gut aus."

„Ich – ich – bestehe darauf: Ich will wissen, was hier vorgeht!" ertönte da die Stimme des Deputatskommissars, der den beiden heimlich nachgekommen war.

„Na", sagte Curbar nachlässig (er als Polizist konnte nicht begreifen, daß fünfzehn Jahre sorgfältige Erziehung aus einem Bengali einen Briten machen können). „Na, ein Gefecht hat halt stattgefunden im Grenzgebiet, und Menschen sind haufenweis erschlagen worden. Na, und dann gibt's eben noch ein Gefecht, und noch mehr Menschen werden erschlagen."

„Und warum?"

„Weil die lumpigen paar Millionen im Bezirk mit Ihnen nicht so recht einverstanden sind und glauben, unter Ihrer gesegneten Regierung allerhand Schindluder treiben zu dürfen. Sie hätten eben besser vorsorgen müssen! Ich handle, das wissen Sie, ganz nach Ihren Befehlen. Was raten Sie also jetzt?"

„Ich rufe Sie alle zu Zeugen, daß ich mein Amt offiziell noch gar nicht angetreten habe!" stotterte der Deputatskommissar, diesmal nichts weniger als hyperenglisch.

„Ach so! Hab mir so was gleich gedacht. – Ja, was ich sagen wollte, Tallantire! Ihr Plan ist gut. Führen Sie ihn aus! Brauchen Sie eine Eskorte?"

„Nein, nur ein gutes Pferd. Wer wird aber das Telegramm ins Hauptquartier aufgeben?"

„Nach der Blässe im Gesicht Ihres Herrn Vorgesetzten zu schließen, wird, glaube ich, er selbst, bevor die Nacht noch 'rum ist, einige wundervolle Depeschen vom Stapel lassen; und wir werden nicht lang zu warten brauchen, dann haben wir die Hälfte aller Provinztruppen hier, um den Aufstand zu ersticken. Also gut: Reiten Sie los! Aber geben Sie acht auf sich! Vergessen Sie nicht: Die Khusru Kheyl stechen mit dem Messer von unten nach oben. – Hallo, Mir Khan, bring dem Tallantire Sahib das beste Pferd, das wir haben; und fünf Mann sollen nach Jumala reiten zum Schutz des Deputatskommissars Sahib Bahadur. Ein bissel gschwind aber!"

Geschwind ging es allerdings und nicht zumindest durch

Debendra Nath Dés Zutun, der, in einem Polizeisattel klebend, beständig nach dem kürzesten – nämlich dem allerkürzesten Weg nach Jumala fragte. Die Bengalen sind nun einmal originelle Leute.

Eigentlich hätte Debendra Nath bei seinem Bruder bleiben sollen, aber dieser hatte bereits per Eisenbahn das Weite gesucht und war nach Jumala abgedampft, seinen Göttern – Göttern, die der katholischsten aller Universitäten sicherlich völlig unbekannt sind – dankend, daß er sein Amt offiziell noch nicht angetreten hatte. – So blieb ihm immer noch der Ausweg, sich – o herrliche Zuflucht aller geistesgegenwärtigen Rassen! – rechtzeitig krank zu stellen.

Betrüblicherweise setzten zu alledem noch zwei, rohen Späßen keineswegs abholde Polizisten einen Schabernack auf seine Kosten in Szene, kaum, daß er das schirmende Dach über seinem Haupte wußte. Sie hatten es ausgeheckt, als sie so dahinplumpsten in ihren Sätteln nach Jumala. – Sie betraten – zuerst der eine und nach einer Weile der zweite – das Zimmer des Gewaltigen und überboten einander mit blutrünstigen Schilderungen des Krieges und der Massen teuflischer Stämme, die da ganze Städte in Brand setzten. – – Es wäre ein Spaß gewesen, sagten diese Unholde später – fast so, wie ein Verfolgungsritt mit Curbar hinter fliehenden Afghanen drein. – – Jede einzelne Schreckensschilderung scheuchte den Unglücklichen immer von neuem an den Schreibtisch, wo er dann halbstundenlange Depeschen aufsetzte voll Greuelbotschaften, als handle es sich um eine Wiederholung des historischen Blutbades zu Delhi. An jeden Machthaber telegraphierte er, von dem sich voraussetzen ließ, er sei imstande, ein Bajonett mobil zu machen. – Unsagbares hätte sich begeben, wären die Depeschen abgeschickt worden, aber zum Glück schlief der einzige Beamte auf der Post bereits, und der Stationsvorstand meinte nach einem kurzen Bick auf den Stoß bekritzelten Papiers, mit Hinsicht auf die Eisenbahnvorschriften sei die Beförderung kaiserlicher Botschaften nicht gestattet; so knüllten denn die beiden Polizisten, Ram Singh und Nihal Singh, das Zeug zusammen zu Polstern und schliefen darauf den Schlaf der Gerechten. –

Tallantire gab seinem ungebärdigen Scheckenhengst mit

den porzellanblauen Augen die Sporen und machte sich auf einen vierzig Meilen langen Ritt nach dem Fort Ziar gefaßt. Er kannte die Gegend des ganzen Distriktes auswendig und gab sich nicht erst die Mühe, Wege abzuschneiden, sondern ritt in gerader Luftlinie auf die Furt zu, wo Orde gestorben war und begraben lag. Der staubige Boden verschlang das Geräusch der Hufschläge, und der Mond warf den Pferdeschatten voraus als ein ruheloses Gespenst; der schwere Tau durchnäßte den Reiter bis auf die Haut. – Tamariskenblätter peitschten seine Stirn, dann wieder: kahle Hügellandschaft, hohes Gestrüpp, das den Bauch des Gauls kämmte wie Bürsten, endlose Tiefebene, durchfurcht von Äckern und gefleckt von schlafenden Herden; Wüstenei, und abermals Hügel flogen vorüber, dann arbeitete sich der Hengst durch den tiefen Sand der Indus-Furt. – Tallantire kam zu keinem rechten Bewußtsein, bis er den Bug der schlingernden Fähre drüben im Fluß erkannte und zugleich sein Pferd schnaubend scheute vor dem weißen Stein auf Ordes Grab. Da raffte er sich auf und schrie, daß der Tote es hören möge: „Der Tanz geht los. Wünsch mir Glück, Alter!" – – –

Dann hämmerte er mit dem Steigbügeleisen in der eisigen Dämmerung an das Tor der Festung Ziar, hinter deren Mauern fünfzig zerlumpte Beshakli Beludschen mit ihren Säbeln weilten, um nötigenfalls die Interessen Ihrer Majestät auf ein paar hundert Meilen in der Runde des Grenzlandes zu wahren. – Dieses einzigartige Fort stand unter dem Kommando eines Subalternen, der der alten Familie der Derouletts entstammte, aber nichtsdestoweniger auf den Namen Tommy Dodd hörte. – Tallantire fand ihn wach, in einen Schlaraffenmantel gehüllt, zitternd vor Fieber wie Espenlaub, und damit beschäftigt, die Eingeborenen-Arzneiliste für Invaliden zu studieren.

„Sind Sie also doch gekommen, Tallantire", sagte er. „Schön. Aber wir sind alle krank hier, und ich bezweifle, ob ich dreißig Mann in den Sattel kriege. Aber – – bub-bub-bub – wir tun's herzensgern. Halt: Glauben Sie, ist das da eine Falle oder eine Lüge?" – er schob Tallantire einen Bogen Papier hin; darauf stand in Gurmukhi-Kraxelfüßen: „Junge Füllen kann man nicht zurückhalten. Wenn der Mond untergeht, hinabsteigt in die vier Dörfer vom Jagai-Paß, wollen sie zum Freßtrog in der Nacht!" – und darunter in runder englischer Schrift: „Dein aufrichtiger Freund."

„Braver Kerl!" sagte Tallantire. „Das ist Khoda Dad Khans Werk. Es sind die einzigen englischen Worte, die er sich gemerkt hat; ich erinnere mich genau. Er bildet sich einen Mordsfetzen darauf ein. Er spielt also auf eigene Faust Karten gegen den blinden Mullah, der Fuchs."

„Ich kenne die Politik der Khusru Kheyl nicht, aber wenn Sie zufrieden sind, dann bin ich's auch", sagte Tommy Dodd. „Man hat den Brief gestern nacht übers Tor hereingeworfen, und da sagte ich mir, wir müßten uns einen heftigen Ruck geben und nachforschen, was los ist. Ach Gott, wenn nur das Fieber nicht wäre! Glauben Sie, es wird ein festes Geraufe werden?"

Tallantire schilderte in kurzen Worten die Sachlage, und Tommy Dodd pfiff dazu oder schüttelte sich zur Abwechslung im Fieber. Der ganze Tag war sodann der Strategie und den Finessen der Kriegskunst geweiht sowie der Wiederbelebung der Invaliden, bis gegen Abend glücklich zweiundvierzig Soldaten auf den Beinen standen, mager, hinfällig und ungekämmt, auf die Tommy Dodd mit Stolz blickte, sie mit folgenden Worten anredend: „Ihr Männer! Wenn ihr sterbt, so fahrt ihr zur Hölle. Deshalb rafft euch auf und bleibt hübsch am Leben! Wenn ihr aber zur Hölle fahrt, dann werdet ihr es dort heißer finden als irgendwo anders, und von kaltem Fieber wird nicht mehr die Rede sein. Deshalb fürchtet euch nicht vor dem Tod. Kehrt euch! Marsch!"

Die Leute grinsten und gingen.

5

Lang, lang wird die Erinnerung an jenen nächtlichen Überfall auf die Tal-Dörfer fortleben in den Herzen der Khusru Kheyl! Der Mullah hatte ihnen einen leichten Sieg und unzählbare Beute verheißen, aber – wie aus dem Boden wuchsen die Truppen der Königin, hieben und stachen, kamen angeritten im Sternenlicht, daß bald keiner mehr wußte, wohin sich wenden, und alle, wähnend, sie seien umzingelt von Armeen, in wilder Flucht zurückeilten in ihre Berge. In der Panik fielen so manche, aufgeschlitzt vom Messer der Afghanen, die von unten nach oben ihren Stoß führen – aber mehr noch unter dem Feuer der langen Karabiner. – Da erhob sich der Schrei: „Verrat! Verrat!"; und als die Fliehenden die befestigten Höhen ihrer Berge erklommen hatten, fehlten vierzig Mann, die gefallen waren, und sechzig Verwundete. Aber auch der Glaube an den blinden Mullah war dahin! Man schrie, fluchte und stritt sich an den Lagerfeuern; die Weiber jammerten um ihre Söhne und Männer; und der Mullah heulte Flüche auf die Zurückgekehrten herab.

Da stand Khoda Dad Khan auf, beredt und ungebrochen, denn er hatte an der Schlacht nicht teilgenommen – er hielt den Augenblick für gekommen. Punkt für Punkt machte er dem Stamme klar, daß nur der Mullah die Schuld trug an all dem Unheil, daß er gelogen hatte in jeder Hinsicht und sie durch sein Geschwätz in eine Falle gelockt. Freilich sei es eine Beleidigung, daß ein Bengali, der Sohn eines Bengali, beauftragt worden, die Leitung des Grenzlandes zu übernehmen, aber es bedeute noch lange nicht, wie der Mullah fälschlich behauptet habe, den Anbruch einer Zeit der Willkür und Selbständigkeit. Auch habe der unerklärliche Wahnsinn der englischen Regierung ihre Macht nicht geschwächt. Im Gegenteil, der betrogene und vom Anschluß abgetrennte Stamm werde gerade jetzt, wo seine Scheunen leerstünden, mit Blockade gegenüber dem Handel mit Hindostan bestraft, bis Geiseln gestellt würden als Bürgschaft für künftiges Wohlverhalten – habe Schadenersatz zu leisten und Blutgeld zu zahlen – sechsunddreißig englische Pfund für jeden erschlagenen Dörfler! – „Und ihr könnt euch denken", erklärte Khoda Dad Khan, „daß diese Hunde von Talbewohnern beschwören werden, wir hätten ihrer schockweise umgebracht. Wird der Mullah die Schulden begleichen, oder sollen wir unsere Gewehre verkaufen?" – Ein lautes Murren lief um das Lagerfeuer. – – „Ihr seht also: Es war des Mullahs Werk, und wir haben nichts dafür bekommen, als Versprechungen des Paradieses. Es fehlt uns, ihr wißt, ein Heiligenschrein, um davor zu beten. Wir sind zu geschwächt, als daß wir, wie bisher, uns hinüberwagen könnten ins Gebiet der Madar Kheyl, um am Grabe Pir Sajjis zu knien und unsere Andacht zu verrichten. Die Madar Kheyl würden über uns herfallen – und mit Recht. Unser Mullah aber ist ein heiliger Mann. Er hat hundert Leuten unseres Stammes ins Paradies verholfen diese Nacht. Soll er ihnen nachfolgen! Wir wollen einen Dom errichten über seinem Leichnam aus blauen Multan-Ziegeln und Lampen anzünden zu seinen Füßen jeden Freitag. Er soll ein Heiliger werden, wir haben unsern Schrein, und unsere Weiber werden davor beten um Nachkommenschaft, auf daß die Lücken sich wieder füllen in unseren Reihen. Wie denkt ihr darüber?"

Ein grimmiges Kichern folgte auf diesen Vorschlag, und das leise „Ft Ft", als die Dolche aus den Scheiden gezogen wurden, folgte dem Kichern.

Es war eine treffliche Anregung gewesen und entsprach einem lange gehegten Herzensbedürfnis des Stammes. – – Der Mullah sprang auf und glotzte mit seinen verschrumpften Augäpfeln vergeblich umher nach dem drohenden, unsichtbaren Tod; rief den Fluch Gottes und Mohammeds herab auf den Stamm! – – Dann begann eine Art Blinde-Kuh-Spiel zwischen den Lagerfeuern. – – Khuruk Shah, der Barde des Stammes, hat es in unsterblichen Versen besungen.

Sie kitzelten ihn mit den Spitzen ihrer Messer in den Achselhöhlen: Er sprang heulend zur Seite – nur, um gleich darauf eine kalte Klinge im Nacken zu fühlen oder eine Flintenmündung im Bart. Er rief seine Anhänger zu Hilfe, aber die meisten von ihnen lagen erschlagen unten in der Ebene; für die Abwesenheit gerade der Entschlossensten hatte Khoda Dad Khan schon von Anfang an gesorgt. Die Männer verhöhnten den Blinden mit Schilderungen, wie herrlich der Schrein sein würde, und die Kinder klatschten in die Hände und schrien: „Lauf, Mullah, lauf! Hinter dir steht einer!" – –

Schließlich, als der Sport anfing, langweilig zu werden, jagte ihm Khoda Dad Khans Bruder ein Messer zwischen die Rippen. – „So", sagte Khoda Dad Khan mit entzückender Schlichtheit, „so, jetzt bin ich der Führer der Khusru Kheyl!" – Niemand erhob Einwände, und alles legte sich schlafen. – – –

Unten in der Ebene hielt Tommy Dodd einen Vortrag über die Schönheit einer Kavallerie-Attacke in der Nacht, und Tallantire keuchte nervenerschüttert dazu, im Sattel zusammengekrümmt, denn der an seinem Handgelenk baumelnde Säbel troff vom Blute der Khusru Kheyl, des Stammes, den Orde so gut im Zaum gehalten. Als ein Radschput-Soldat darauf hinwies, daß dem Schecken das rechte Ohr an der Wurzel glatt abgehauen war – offenbar infolge eines Säbelhiebes seines ungeschickten Reiters, da brach Tallantire völlig zusammen und schluchzte und lachte nervös durcheinander, bis Tommy Dodd ihn flach auf den Boden legte und beruhigte.

„Wir müssen warten bis zum Morgen“, sagte er. „Ich habe dem Oberst telegraphiert, bevor wir ausrückten, er solle uns einen Flügel Beshaklis nachschicken. Er wird rasen, daß ich die Sache allein erledigt habe, aber: macht nichts, die Bergbanditen werden jetzt Ruhe geben.“

„Schick deine Beludschen doch mal an den Kanal hinüber; sie sollen nach Curbar sehen, Tommy! – – Übrigens, weißt du auch sicher, daß – daß das – Zeug da am Säbel nur von dem Ohr des Schecken herrührt?“

„Aber selbstverständlich“, sagte Tommy, „du hättest ihm ja beinahe den Kopf abgeschlagen. Ich hab's ganz deutlich gesehen, als der Tanz anfing. Schlaf jetzt, alter Bursche.“

Der Nachmittag brachte zwei Schwadronen Beshaklis zur Stelle und eine Gesellschaft befreundeter Offiziere, die Tommy Dodd vor ein Kriegsgericht gestellt zu sehen wünschten, da er ihnen, unkameradschaftlicherweise, das „Picknick“ verdorben habe; sodann gab's einen gemeinschaftlichen Galopp über Land zum Kanalwerk, wo Ferris, Curbar und Hugonin den schreckensbleichen Kulis zuredeten, doch nicht eine so gute Arbeit und hohen Lohn im Stiche zu lassen, bloß weil die Khusru Kheyl einem halben Dutzend von ihnen die Hälse durchgeschnitten hatten. Der Anblick einer Truppe Beshaklis stellte das erschütterte Vertrauen bald wieder her, und die von Polizisten verfolgten Räuber hatten das zweifelhafte Vergnügen, zusehen zu müssen, wie das fleißige Summen der Arbeit am Kanalufer von neuem begann, wobei diejenigen, die in den Wasserläufen ihre Zuflucht gesucht, von den Truppen aufgestöbert wurden. Bei Sonnenuntergang trat dann seitens der Polizeipatrouille eine erbarmungslose Streife ein, die ganze Grenze entlang – ähnlich einem rastlosen Kuhhirtenritt um eine unruhige Viehherde.

„Da seht ihr's", sagte Khoda Dad Khan zu seinen Leuten und deutete von den flackernden Lagerfeuern hinab ins Tal, „wie wenig sich gegen früher die Zustände geändert haben! Nach ihrer Reiterei werden die kleinen Teufelskanonen kommen, die sie bis herauf auf unsere Gipfel schleppen können und die bis in die Wolken die Kugeln tragen, wie ich weiß. Wenn der Stammesrat es für gut befindet, so will ich zu Tallantire Sahib gehen – er liebt mich – und versuchen, ob ich nicht wenigstens die Blockade verhüten kann. Soll ich im Namen des Stammes reden?"

„Ay, sprich für den Stamm in Gottes Namen. – – Wie die verdammten Feuer blinken! Schicken die Engländer ihre Truppen mit dem Telegraphendraht, oder ist es ein Werk dieses Bengali?" – – –

Als Khoda Dad Khan eben im Begriffe war, den Berg hinabzusteigen, begegnete er einem Stammesgenossen, und ein kurzes Gespräch bewog ihn, rasch wieder umzukehren und etwas zu holen, was er anscheinend vergessen hatte. Sodann ließ er sich von den zwei Soldaten, die hinter seinem Freunde hergewesen waren, zu Tallantire Sahib eskortieren, der sich angeblich mit Bullows in Jumala befand. An der Grenze war alles ruhig, und die Zeit des brieflichen Meinungsaustausches hatte begonnen.

„Gott sei Dank", sagte Bullows, „daß es zu einem Aufstand gekommen ist! Wir können natürlich nicht das Thema aufwerfen: hie Farbig, hie Weiß, aber ganz Indien wird verstehen, was wir sagen wollen. – Besser ein scharfer, kurzer Wutausbruch im Distrikt, als fünf Jahre einer impotenten Regierung innerhalb des Grenzgebietes. Es kostet weniger. Grish Chunder Dé hat sich krank gemeldet; man hat ihn ohne Vorwurf in seine eigene Provinz zurückberufen. Er hat sich ausdrücklich darauf ausgeredet, daß er sein Amt hier noch nicht offiziell angetreten habe."

„Natürlich", sagte Tallantire bitter. „Gut, und welche Schuld wird man mir zuschieben?"

„Oh, man wird sagen, Sie hätten Ihre Befugnisse überschritten und außerdem versäumt, rechtzeitig zu warnen und einen Einfall der Khusru Kheyl drei Wochen früher vorherzusagen. Aber ich denke, die Autoritäten werden nicht wagen, viel Aufhebens davon zu machen; sie haben eine Lektion gekriegt. Haben Sie übrigens Curbars Notizen über den Vorfall gelesen? Einen ordnungsmäßigen Bericht kann er nicht schreiben, wohl aber einen wahrheitsgetreuen."

„Was nützt die Wahrheit? Am besten, er zerrisse seinen Bericht. Ich bin krank an Leib und Seele. Es war alles so gänzlich unnötig – höchstens, daß wir den Babu los sind."

In diesem Augenblick trat Khoda Dad Khan ein, in der Hand einen auffallend straff gefüllten Fouragebeutel, und hinter ihm die zwei Soldaten.

„Möget ihr niemals ermüden!" sagte er fröhlich. „Eine schöne Schlacht war's, Sahibs! Und dir, Tallantire Sahib, ist Naim Schahs Mutter zu besonderer Anerkennung verpflichtet. Ein glatter Hieb, so höre ich, vom Hals bis tief hinunter zum Brustbein, durch den gefütterten Mantel hindurch! Brav gemacht! – – Aber ich spreche jetzt für den Stamm. Es war ein Fehler – ein großer Fehler. Du weißt, Tallantire Sahib, daß ich und die Meinen den Eid gehalten haben, den wir Orde Sahib schwuren am Ufer des Indus."

„Ja. So einschneidig wie ein afghanisches Messer: stumpf auf der einen und scharf auf der andern Seite!" sagte Tallantire.

„Eben darum ist es so wirksam beim Hieb! Aber, ich spreche die Wahrheit, bei Gott! Nur der blinde Mullah hat die jungen Leute hineingehetzt mit der Spitze seiner Zunge; er hat gesagt, es gäbe kein Grenzgesetz mehr, seit der Bengali hergeschickt wurde, und man brauche die Engländer nicht mehr zu fürchten. Da sind sie hinuntergestiegen, um Rache für die Beleidigung zu nehmen und Beute zu machen. Damit ihr uns Glauben schenket, haben wir dem blinden Mullah, dessen üble Ratschläge den Stamm zur Unbesonnenheit verleitet haben, den Kopf abgeschnitten. Zum Beweis hab ich ihn mitgebracht" – er warf den Kopf auf den Boden –, „er wird keinen Aufstand mehr machen, denn jetzt bin ich der Führer und habe die oberste Stimme. Aber hier ist noch ein Seitenstück zu dem Kopf. Es hat noch ein zweiter Fehler stattgefunden. Einer unserer Leute hat das schwarze Bengali-Vieh erwischt, das schuld war, daß der Aufstand losbrach. Alla Dad Khan hat es gesehen, wie es weinend zu Pferd herumstreunte, und da er daran dachte, daß es die Schuld an so vielem vergossenem Blut trägt, hat er ihm den Kopf abgesäbelt; ich bringe ihn mit, auf daß ihr eure Schmach mit ihm begraben könnt. Wenn ihr es wünscht, lasse ich Alla Dad Khan morgen erschießen. – Seht her: Nicht einmal die Brille haben sie ihm genommen, obwohl sie aus Gold ist!"

Langsam rollte zu Tallantires Füßen hin der kurzgeschorene Schädel eines bebrillten, bengalischen Gentlemans – die Augen aufgerissen, den Mund weit offen –: der Kopf des Schreckens selber in leibhaftiger Gestalt! Bullows bückte sich herab: „Wieder ein Blutgeld, und ein sehr schweres, Khoda Dad Khan, denn dies ist der Kopf Debendra Naths, des Bruders! Der Babu selbst hat sich längst in Sicherheit gebracht. Alle wissen es, nur die Narren von Khusru Kheyls wissen es nicht."

„Meinetwegen. Ich kümmere mich nicht um Aas. Fleisch ist Fleisch. Das Vieh hat unten am Bergesrand nach der Straße nach Jumala gefragt, und da hat ihm Alla Dad Khan halt den Weg in die Hölle gezeigt – eben, weil er ein Narr ist, wie du sagst. – – Bleibt nur noch zu erörtern, was die Regierung in unserm Fall zu tun gedenkt. Also: zur Blockade – – –"

„Wer bist du denn, du Verkäufer von Hundefleisch", donnerte Tallantire los, „daß du es wagst, von Verträgen und Verhandlungen zu reden? Pack dich in deine Berge – geh! Und warte dort und hungere, bis die Regierung geruht, dein Volk zur Strafe zu rufen – – Kinder und Narren, die ihr seid! Zählt eure Toten und schweigt. Haltet Ruhe, bis euch die Regierung einen – Mann schickt."

„Das wird gut sein", erwiderte Khoda Dad Khan, „sind doch auch wir – Männer."

Dann blickte er lang und fest Tallantire zwischen die Augen und fügte hinzu: „Bei Gott, Sahib, mögest du dieser Mann sein!"

Zwillinge

Groß ist die Gerechtigkeit des weißen Mannes – größer die Macht einer Lüge.

Eingeborenen-Sprichwort

Das ist deine englische Gerechtigkeit, Beschützer der Armen. Sieh auf meinen Rücken und meine Lenden, die von Stöcken zerschlagen sind – von schweren Stöcken! Ich bin ein armer Mann, und es gibt kein Recht in den Gerichtshöfen.

Unser waren zwei, und wir wurden geboren in einer Geburt, aber ich schwöre, ich wurde zuerst geboren, und Ram Daß ist jünger, um drei volle Atemzüge. Der Sterndeuter hat es gesagt, und es steht geschrieben in meinem Horoskop – dem Horoskop von Durga Daß.

Aber wir waren uns gleich – ich und mein Bruder, der ein Vieh ohne Ehre ist –, so gleich, daß keiner, auch wenn er beide sah, wußte, welcher Durga Daß war. Ich bin ein Mahajun aus Pali in Marwar und ein ehrlicher Mann. Das ist die Wahrheit. Als wir Männer wurden, verließen wir unseres Vaters Haus in Pali und gingen in den Punjab, wo alle Leute Dummköpfe und Eselssöhne sind. Wir machten ein Geschäft auf miteinander in Isser Jang – ich und mein Bruder –, nahe bei dem großen Brunnen, wo das Lager des Gouverneurs Wasser holt. Aber Ram Daß, in dem keine Wahrheit ist, fing einen Streit an mit mir, und wir gingen auseinander. Er nahm seine Bücher mit und seine Töpfe und seinen Stempel und wurde ein Bunnia – ein Wechsler – in der langen Gasse von Isser Jang, nahe beim Tore der Straße, die nach Montgomery geht. Es war nicht meine Schuld, daß wir uns den Turban zerrissen. Ich bin ein Mahajun aus Pali, und ich sage immer die Wahrheit. Ram Daß war der Dieb und der Lügner.

Und es konnte kein Mensch, nicht einmal die kleinen Kinder, auf den ersten Blick sehen, welcher Ram Daß war und welcher Durga Daß. Aber alle Leute in Isser Jang – mögen sie sterben ohne Söhne! – sagten, wir seien Diebe. Sie machten viel üble Rede, aber ich machte mein Geld aus ihren Bettstellen und ihren Kochtöpfen und aus der Ernte auf dem Halm und dem Kalb in der Kuh, vom Brunnen auf dem großen Platz bis an das Tor der Straße nach Montgomery. Narren waren sie, diese Leute – nicht fähig, einem Marwari aus Pali die Fußnägel zu schneiden. Ich lieh ihnen allen Geld. Wenig, ganz wenig nur – hier eine Münze, da eine Münze. Gott ist mein Zeuge, ich bin ein armer Mann. Das ganze Geld ist bei Ram Daß – mögen seine Söhne Christen werden und seine Tochter ein brennendes Feuer und eine Schmach im Hause, von Geschlecht zu Geschlecht! Möge sie ledig sterben und die Mutter sein von einer Schar von Bastarden! Das Licht soll verlöschen in dem Hause des Ram Daß, meines Bruders. Das bete ich täglich zweimal – mit Opfern und Zaubern. So fing das Übel an. Wir teilten die Stadt Isser Jang zwischen uns – ich und mein Bruder. Da gab es einen Gutsherrn außerhalb der Tore, der lebte nur eine knappe Meile vor der Stadt, an der Straße nach Montgomery, und sein Name war Muhammed Shah, Sohn des Nawab. Er war ein großer Prasser und trank Wein. Solange es nur Weiber in seinem Hause gab und Wein und Geld für Hochzeitsfeste, war er vergnügt und wischte sich den Mund. Ram Daß lieh ihm das Geld, ein Lakh oder ein halbes – was weiß ich? –, und solange er Geld geliehen bekam, kümmerte es den Gutsherrn nicht, was er unterschrieb.

Das Volk von Isser Jang war mein Anteil, und der Gutsherr und die Vorstädte waren der Anteil von Ram Daß; so hatten wir das ausgemacht. Ich war der arme Mann, denn die Leute in Isser Jang hatten kein Vermögen. Ich machte, was ich konnte, aber Ram Daß brauchte nur vor dem Gartentor des Gutsherrn zu warten und ihm das Geld zu leihen und die Wechsel aus der Hand des Dieners zu nehmen.

Im Herbst des Jahres, in dem er ihm geliehen hatte, sagte Ram Daß zum Gutsherrn: „Gib mir mein Geld“, aber der Gutsherr gab ihm Schimpfworte. Ram Daß aber ging vors Gericht mit den Papieren und den Wechseln – alles in Ordnung – und holte sich einen Vollzugsbefehl gegen den Gutsherrn, und der Name der Regierung stand auf den Siegeln des Befehls. Ram Daß nahm ein Feld nach dem anderen und einen Mangobaum nach dem anderen und einen Brunnen nach dem anderen; und tat seine Leute hinaus – Schuldner aus der Vorstadt von Isser Jang –, um die Pflanzungen zu bestellen. So rückte er vor über das Land, denn er hatte die Papiere, und der Name der Regierung war auf den Siegeln, bis seine Leute alle Pflanzungen für ihn genommen hatten und alles rings um das große weiße Haus des Gutsherrn. Es war recht so; aber als der Gutsherr das sah, wurde er sehr böse und fluchte auf Ram Daß nach der Art der Mohammedaner. Und so war also der Gutsherr böse, Ram Daß aber lachte und forderte noch mehr Felder, wie es in den Wechseln geschrieben stand. Das war im Monat Phagun. Ich nahm mein Pferd und ritt hinaus, mit dem Manne zu sprechen, der Lackfiguren macht auf der Straße nach Montgomery, denn er war mir schuldig. Vor mir ritt, auf seinem Pferde, mein Bruder Ram Daß. Und als er mich sah, wandte er sich zur Seite in die Pflanzung, denn es war Haß zwischen uns. Und ich ritt weiter, bis ich zu dem Orangengebüsch an dem Haus des Gutsherrn kam. Die Fledermäuse flogen schon, und der Geruch des Abends breitete sich tief über die Erde. Hier begegneten mir vier Männer – wilde Kerle und Mohammedaner – mit verbundenen Gesichtern und packten den Zaum meines Pferdes und riefen: „Das ist Ram Daß! Schlagt ihn!“ Sie hieben auf mich los mit ihren Stöcken – schweren Stöcken, am Ende mit Draht umwickelt, wie sie die Schweine im Punjab als Waffe brauchen – bis ich, um Gnade schreiend, schließlich besinnungslos hinfiel. Aber diese schamlosen Hunde hieben weiter und riefen: „O Ram Daß, da hast du deine Zinsen – gut gewogen und gezählt, in deine Hand, Ram Daß.“ Ich schrie laut, ich sei nicht Ram Daß, sondern Durga Daß, sein Bruder, aber sie schlugen mich nur um so mehr, und als ich keinen Schrei mehr tun konnte, ließen sie mich liegen. Aber ich sah ihre Gesichter. Da war Elahi Baksh, der neben dem weißen Pferde des Gutsherrn läuft, und Nur Ali, der Türhüter, und Wajib Ali, der riesige Koch, und Abdul Latif, der Bote – alle vom Gesinde des Gutsherrn. Das kann ich beschwören beim Schwanz der Kuh, wenn es sein muß – Ahi! Ahi! –, es ist schon einmal beschworen worden, und ich bin ein armer Mann, der seine Ehre verloren hat.

Als diese viere mit Gelächter verschwanden, kam mein

Bruder Ram Daß aus der Pflanzung und klagte über mir wie über einem Toten. Ich aber öffnete meine Augen und bat ihn, mir Wasser zu bringen. Als ich getrunken hatte, trug er mich auf seinem Rücken und brachte mich auf Nebenwegen in die Stadt Isser Jang. Mein Herz wandte sich zu Ram Daß, meinem Bruder, in dieser Stunde, für seine Güte, und ich verlor alle Feindschaft.

Aber eine Schlange ist eine Schlange, bis sie stirbt; und ein Lügner ist ein Lügner, bis das Gericht der Götter ihn an der Ferse packt. Ich irrte mich, als ich meinem Bruder vertraute – dem Sohne meiner Mutter.

Als er zu seinem Hause gekommen war und ich mich ein wenig erholt hatte, erzählte ich ihm meine Geschichte, und er sagte: „Ohne Zweifel bin ich es, den sie schlagen wollten. Aber das Gericht ist offen, und die Gerechtigkeit des Sirkar ist über allen; geh du zum Gericht, sobald diese Krankheit vorüber ist."

Nun war aber, als wir zwei vor Jahren von Pali fortgingen, eine Hungersnot gewesen, von Jeysulmir bis nach Gurgaon und südlich bis an Gogunda. Zu der Zeit kam die Schwester meines Vaters herüber und wohnte bei uns in Isser Jang; denn ein Mensch muß vor allem sehen, daß die Seinen nicht vor Mangel sterben. Als es zum Streit zwischen uns Zwillingen kam, da sagte die Schwester meines Vaters – eine dürre, zahnlose Hündin –, daß Ram Daß recht habe, und ging mit ihm. In ihre Hände – denn sie kannte Arzneien und Heilungen – gab mich Ram Daß, mein Bruder, ermattet von Schlägen und so zerquetscht, daß mir das Blut aus dem Munde quoll. Als ich zwei Tage krank gewesen war, kam das Fieber über mich, und das Fieber setze ich auf die Rechnung, die bei mir im Geiste für den Gutsherrn geschrieben steht.

Die Pundjabi von Isser Jang sind alle Söhne Belials und einer Eselin, aber sie sind sehr gute Zeugen, die ihr Zeugnis festhalten, unbekümmert um alles, was die Advokaten sagen. Ich wollte also Zeugen in Menge kaufen, und jeder sollte aussagen nicht nur gegen Nur Ali, Wajib Ali, Abduf Latif und Elahi Baksh, sondern auch gegen den Gutsherrn, daß er von seinem Pferde herab seinen Leuten befohlen habe, mich zu schlagen; und dann, daß sie mir zweihundert Rupien geraubt hätten. Für dies letzte Zeugnis wollte ich dem Manne, der die Lackfiguren verkauft, ein wenig von seiner Schuld ablassen, und er sollte sagen, er habe mir das Geld in die Hand gegeben und den Raub von weitem gesehen, sei aber aus Angst fortgelaufen. Diese Absicht sagte ich meinem Bruder Ram Daß; und er sagte, der Entwurf sei gut, und ich solle es mir bequem machen und mich eilen, daß ich wieder auf die Beine komme. Mein Herz war offen vor meinem Bruder, während ich krank lag, und ich sagte ihm die Namen derer, die ich zu Zeugen nehmen wollte — alles Schuldner von mir, was aber der Sahib im Magistrat nicht wissen konnte, und der Gutsherr auch nicht. Das Fieber hielt lange bei mir an, und nach dem Fieber wurde ich von Darmgicht und heftigem Bauchgrimmen ergriffen. Zu der Zeit dachte ich, mein Ende sei gekommen, aber jetzt weiß ich, daß sie, die mir die Arzneien gab, die Schwester meines Vaters — eine Witwe mit dem Herzen einer Witwe –, meine zweite Krankheit gemacht hat. Ram Daß, mein Bruder, sagte, mein Haus sei verschlossen und verriegelt, und brachte mir den großen Türschlüssel und meine Bücher, dazu alles Geld, das in meinem Hause war — sogar das Geld, das unter dem Fußboden verscharrt war; denn ich war in großer Furcht, es könnten Diebe einbrechen und nachgraben. Ich spreche die Wahrheit; es war nur wenig Geld in meinem Hause. Zehn Rupien vielleicht — oder zwanzig. Was soll ich sagen? Gott ist mein Zeuge, daß ich ein armer Mann bin.

Eines Nachts, als ich Ram Daß alles erzählt hatte, was ich im Herzen trug, wie ich die Klage gegen den Gutsherrn eingeben wollte, und als Ram Daß mir gesagt hatte, die Vorkehrungen mit den Zeugen seien getroffen, und mir ihre Namen aufgeschrieben hatte, da wurde ich von einer neuen großen Krankheit befallen, und sie legten mich aufs Bett. Als ich mich etwas erholt hatte – ich weiß nicht, wie viele Tage später –, fragte ich nach Ram Daß, und die Schwester meines Vaters sagte mir, er sei nach Montgomery zu einem Prozeß gegangen. Ich nahm eine Arznei und schlief sehr fest, ohne wach zu werden. Als meine Augen sich öffneten, war eine große Stille in dem Hause des Ram Daß, und keiner antwortete, als ich rief – nicht einmal die Schwester meines Vaters. Das erfüllte mich mit Angst, denn ich wußte nicht, was geschehen war.

Mit einem Stock in der Hand ging ich langsam hinaus, bis ich zu dem großen Platz am Brunnen kam, und mein Herz war heiß in mir gegen den Gutsherrn wegen der Qual, bei jedem Schritt.

Ich fragte nach Jowar Singh, dem Zimmermann, dessen Name zuerst auf der Liste derer stand, die gegen den Gutsherrn zeugen sollten, und sagte: „Ist alles bereit, und weißt du, was zu sagen ist?"

Jowar Singh antwortete: „Was soll das, und woher kommst du, Durga Daß?"

Ich sagte: „Von meinem Bett, wo ich so lange krank gelegen habe, wegen des Gutsherrn. Wo ist Ram Daß, mein Bruder, der die Verabredungen mit den Zeugen machen sollte? Ihr wißt doch davon, du und die anderen?"

Drauf sagte Jowar Singh: „Was hat das mit uns zu schaffen, du Lügner? Ich habe Zeugnis abgelegt und habe mein Geld bekommen, und der Gutsherr hat nach dem Urteil des Gerichts die fünfhundert Rupien bezahlt, die er Ram Daß geraubt hatte, und weitere fünfhundert Rupien für das große Ungemach, das er deinem Bruder angetan hat."

Der Brunnen und der Brustbeerbaum über ihm und der Platz von Isser Jang wurden finster vor meinen Augen, aber ich lehnte mich auf meinen Stock und sagte: „Nein! Das ist wie ein Kind geredet und ohne Sinn. Ich war's, der von den Händen des Gutsherrn gelitten hat, und ich bin gekommen, die Sache ins Rechte zu bringen. Wo ist mein Bruder Ram Daß?"

Aber Jowar Singh schüttelte den Kopf, und ein Weib rief: „Wer lügt da? Was hat denn der Gutsherr mit dir für Streit, Bunnia? Nur einer ohne Scham und Treue wird mit seines Bruders Schmerzen Geschäfte machen. Haben diese Bunnias keine Eingeweide?"

Ich rief wieder und sagte: „Bei der Kuh – bei dem Eid auf die Kuh, beim Tempel des blauhalsigen Mahadeo, ich und nur ich wurde geprügelt – bis zu Tode geprügelt! Laßt eure Rede gerade sein, o Volk von Isser Jang, und ich will für die Zeugnisse bezahlen.“ Und ich wankte, wo ich stand, denn die Krankheit und der Schmerz von den Schlägen lagen schwer auf mir.

Da kam Ram Narain herzu, der seinen Teppich ausbreitet unter dem Brustbeerbaum an dem Brunnen und alle Briefe schreibt für die Leute in der Stadt, und sagte: „Heute ist der einundvierzigste Tag seit dem Überfall, und vor sechs Tagen wurde die Sache im Gericht verhandelt, und der Kommissar Sahib hat sie deinem Bruder Ram Daß zugesprochen und ihm auch die Beraubung zugestanden, die ich auch mit bezeugt habe, und alles andere, wie die Zeugen es sagten. Es gab viele Zeugen, und zweimal wurde Ram Daß ohnmächtig vor Gericht infolge seiner Wunden, und der Stunt Sahib – der Baba Stunt Sahib – gab ihm einen Stuhl vor allen Advokaten. Warum heulst du, Durga Daß? Alles ist geschehen, wie ich gesagt habe. War es nicht so?“

Und Jowar Singh sagte: „Das ist die Wahrheit. Ich war dabei, und ein rotes Kissen war auf dem Stuhl.“

Und Ram Narain sagte: „Große Schande ist über den Gutsherrn gekommen wegen des Urteils, und aus Angst vor seinem Zorn ist Ram Daß mit seinem ganzen Haus zurück nach Pali gezogen. Ram Daß hat uns gesagt, daß du auch vorausgegangen seist, nachdem euer Hader beigelegt sei, um ein Geschäft aufzumachen in Pali. Wahrlich, es wäre gut für dich, jetzt noch zu gehen, denn der Gutsherr hat geschworen, wenn er einen eures Hauses erwischt, ihn an den Füßen aufzuhängen am Brunnenhaken und ihn hin und her zu schwenken und mit Stöcken zu schlagen, bis das Blut ihm aus den Ohren läuft. Was ich über den Prozeß gesagt habe, ist die Wahrheit, diese Männer hier können es bezeugen – auch die fünfhundert Rupien.“

Ich sagte: „Waren es fünfhundert Rupien?“ Und Kirpa Ram, der Jat, sagte: „Fünfhundert; denn ich habe auch Zeugnis abgelegt.“

Und ich stöhnte, denn ich hatte nur im Sinne gehabt, zweihundert zu sagen.

Dann kam eine neue Furcht über mich, und meine Eingeweide wurden zu Wasser, und ich rannte schnell zu dem Hause des Ram Daß und suchte nach meinen Büchern und meinem Geld in der großen hölzernen Truhe unter meinem Bett. Nichts war geblieben – auch nicht der Wert eines Kauri. Alles hatte der Teufel genommen, der sagte, daß er mein Bruder sei. Ich ging auch zu meinem eigenen Haus und öffnete die Läden der Fenster; aber da war auch nichts außer den Ratten zwischen den Getreidekörben. In der Stunde verließen mich meine Sinne, und ich zerriß meine Kleider und lief zum Brunnenplatz, schreiend nach der Gerechtigkeit Englands gegen meinen Bruder Ram Daß, und sagte in meiner Dummheit allen, daß die Bücher verloren seien. Als die Leute sahen, daß ich daran war, in den Brunnen hinunterzuspringen, glaubten sie, daß ich die Wahrheit sprach, und mehr noch, weil auf meinem Rücken und meiner Brust noch die Striemen waren von den Stöcken des Gutsherrn.

Jowar Singh, der Zimmermann, packte mich und drehte mich in seinen Armen um – denn er ist ein sehr starker Mann –, zeigte die Narben auf meinem Leibe und krümmte sich vor Lachen über dem Brunnenrand. Er schrie laut, so daß alle ihn hörten, von dem Brunnenplatz bis zur Karawanserei der Pilger: „Oho! Die Schakale haben sich gezankt, und der graue ist in einer Falle gefangen. Wahrhaftig, dieser Mann ist elend geprügelt worden, und sein Bruder hat das Geld genommen, das das Gericht verfügte! Oh, Bunnia, das wird man jahrelang von dir erzählen! Die Schakale haben sich gezankt, und dazu sind die Bücher verbrannt. Ihr Leute, die ihr Durga Daß schuldig seid – und ich weiß, euer sind viele –, die Bücher sind verbrannt!"

Dann nahm ganz Isser Jang den Schrei auf, daß die Bücher verbrannt seien – Ahi! Ahi! daß ich in meiner Dummheit mir's hatte aus dem Munde entwischen lassen – und sie lachten durch die ganze Stadt. Sie gaben mir alle Schimpfworte des Punjab, und es sind schreckliche und brennende Worte, und sie warfen Stöcke nach mir und Kuhmist, bis ich hinfiel und um Barmherzigkeit schrie.

Ram Narain, der Briefschreiber, hieß die Leute stille sein, aus Angst, die Kunde möchte nach Montgomery dringen, und die Polizei möchte kommen, um nachzuforschen. Er sagte unter Schmähungen: „So viel Barmherzigkeit will ich dir antun, Durga Daß, obwohl du gegen meinen Schwestersohn keine Barmherzigkeit gezeigt hast bei der Sache mit der braunen Kuh. Hat irgendwer ein Pony, das nichts wert ist, daß dieser Kerl entwischen kann? Wenn der Gutsherr hört daß einer von den Zwillingen in der Stadt ist (und Gott weiß, ob er einen oder beide geprügelt hat, aber dieser hat sicher Schläge bekommen), dann gibt es einen Mord, und dann kommt die Polizei und stöbert in jedem Hause und frißt Süßigkeiten den ganzen Tag."

Kirpa Ram, der Jat, sagte: „Ich habe ein Pony, das ist sehr krank. Aber mit Schlägen kann man es dazu kriegen, zwei Meilen zu laufen. Wenn es krepiert, bekommt der Fellhändler den Kadaver."

Da sagte Chumbo, der Fellhändler: „Ich will dir drei Anna für den Kadaver zahlen und neben dem Manne herlaufen, bis das Pony tot ist. Wenn es mehr als zwei Meilen sind, werde ich nur zwei Anna zahlen."

Kirpa Ram sagte: „Meinetwegen." Leute brachten das Pony heraus, und ich bat, ob ich etwas Wasser aus dem Brunnen ziehen dürfe, denn ich war ganz ausgedörrt vor Angst.

Drauf sagte Ram Narain: „Hier hast du vier Anna. Gott hat dich weit heruntergebracht, und ich mag dich nicht leer fortschicken, wenn auch die Sache mit der braunen Kuh meines Schwestersohnes eine offene Wunde ist zwischen uns. Geh, und wenn es so beschieden ist, bleibe am Leben, aber vor allem, nimm nicht den Zaum des Ponys, denn der gehört mir."

Und ich ging fort aus Isser Jang unter dem Gelächter der dickbeinigen Jats, und der Fellhändler ging neben mir und wartete, bis das Pony tot umfiel. Nach einer Meile starb es, und voller Angst vor dem Gutsherrn lief ich, bis ich nicht mehr laufen konnte, und kam hierher.

Aber ich schwöre bei allem, wobei Hindus und Muselmanen und sogar die Sahibs schwören, daß ich und nicht mein Bruder vom Gutsherrn verprügelt wurde. Aber der Fall ist geschlossen, und die Türen des Gerichts sind geschlossen, und Gott weiß, wohin der Baba Stunt Sahib – die Muttermilch ist noch nicht trocken auf seinen haarlosen Lippen – gegangen ist. Ahi! Ahi! Ich habe keine Zeugen, und die

Narben werden heilen, und ich bin ein armer Mann. Aber bei der Seele meines Vaters und beim Schwur eines Mahajun von Pali, ich, und nicht mein Bruder, ich wurde vom Gutsherrn verprügelt.

Was kann ich tun? Die Gerechtigkeit Englands ist wie ein großer Fluß. Ist er ein Stück geflossen, so kommt er nicht zurück. Immerhin, Sahib nimm eine Feder und schreibe deutlich, was ich gesagt habe, damit der Dipty Sahib es sieht und den Stunt Sahib tadelt, der ein Füllen ist, noch nicht abgeleckt von der Stute, so jung ist er. Ich, und nicht mein Bruder, wurde verprügelt, und er ist nach Westen gegangen – ich weiß nicht, wohin.

Aber vor allem anderen, schreibe – so daß die Sahibs es lesen sollen und seine Schande voll wird –, daß Ram Daß, mein Bruder, der Sohn von Purun Daß, Mahajun aus Pali, ein Schwein ist und ein nächtlicher Dieb und ein Räuber des Lebens und ein Fleischesser und eine Schakalsbrut, ohne Schönheit oder Treue oder Reinheit oder Ehre!

Serang Pambés Harren und Hoffen

Faßt man alle Einzelheiten des Falles ins Auge, so drängt sich einem die Überzeugung auf: Pambé, der Serang, konnte nur so und nicht anders handeln. Freilich: Er wurde dafür so lange am Halse aufgehängt, bis er starb; aber Nurkid ist tot!

Vor drei Jahren, als der Dampfer „Saarbrücken" bei geradezu fürchterlich heißem Wetter Kohlen in Aden einnahm, erbat sich Nurkid, der große, dicke Zanzibar-Heizer, der den ungeheuern Kessel rechts unten, dreißig Fuß unter dem Deck, bediente, Urlaub, um ein wenig an Land zu gehen.

Als nüchterner „Sidi-boy" – so heißen die Heizer – verließ er das Schiff, aber zurück kam er als Vollblut-Sultan von Zanzibar – als Seine Hoheit Sayyid Burgash, mit einer Flasche in jeder Hand. Dann fläzte er sich auf das Lukengitter des Vorderdecks hin, fraß Salzfisch mit Zwiebel und sang die Lieder eines fernen Landes dazu. – Eigentlich gehörte das Mahl Pambé, dem Serang oder Oberhaupt der indischen Matrosen, der es soeben erst für sich selbst gekocht hatte und nur einen Augenblick weggegangen war, um sich das nötige Salz dazu auszuborgen. Als er zurückkehrte, war es zu spät: Nurkids schmutzige Finger steckten bereits in der Schüssel!

Ein Serang ist ein Würdenträger, verglichen mit einem Heizer, obgleich er schlechter bezahlt wird. Er leitet den Chor: „Hya! Hulla! Hi-ah! Heh!", wenn die Gig des Kapitäns an den Davits an Deck gezogen wird; er handhabt sogar das Tieflot! – Zuweilen, wenn an Bord nichts zu tun ist, zieht er schneeweißes Musselin an und eine große rote Schärpe und spielt mit den Kindern der Passagiere auf dem Quarterdeck. Dafür bekommt er Trinkgelder, die er sorgfältig zusammenspart für eine Orgie in Bombay oder Kalkutta oder Pulu Penang.

„Ho! Du schwarzes dickes Ofenrohr, du frißt ja mein Essen!" sagte Pambé in dem gewissen Lingua-Franca-Jargon, der dort beginnt, wo die Levantesprache aufhört, um dann vorzuherrschen, von Port Said angefangen ostwärts, bis der Osten zum Westen wird und die Seglerbriggs der Kurileninseln mit den verstreuten Hakodate-Dschunken schwätzen.

„Sohn des Iblis, Affenschnauze, vertrocknete Haifischleber, Schweinekerl – ich bin der Sultan Sayyid Burgash und Oberbefehlshaber an Bord! – Da hast du deinen Dreck wieder!" schrie Nurkid und warf Pambé den leeren Topf zu.

Pambé schleuderte ihn verachtungsvoll in ein Wasserschaff über Nurkids Wollschädel. Nurkid zog das Messer und stach damit Pambé ins Bein, worauf Pambé seinerseits ein Messer zückte. Aber Nurkid ließ sich in die Finsternis hinabfallen und spuckte von unten durch das Gitter nach Pambé, dessen Blut das saubere Vorderdeck besudelte.

Der weiße Mond war der einzige Zeuge dieser Vorgänge, denn die Offiziere des Schiffs standen abseits, um die Verstauung der Kohlen zu überwachen, und die Passagiere drängten sich in ihre Kabinen. „Macht nix", sagte Pambé und verband sich die Wunde, „wir werden die Sache später schon in Ordnung bringen."

Malaye und in Indien geboren, war er einmal in Birma verheiratet, wo seine Gattin einen Zigarrenladen in der Shwe-Dagon-Straße besaß; ein zweites Mal in Singapur mit einem Chinesenmädel, und außerdem noch in Madras mit einer mohammedanischen Geflügelverkäuferin. Ein englischer Seemann kann wegen der Segnungen der Post und des Telegraphen nicht so ausgiebig heiraten, wie er gerne möchte, aber ein eingeborener Matrose kann es, denn er kümmert sich um die barbarischen Einrichtungen des Westens den Teufel.

Pambé war ein solider Ehemann, vorausgesetzt, daß er sich der Existenz einer seiner Gattinnen jeweils bewußt wurde; aber andererseits war er auch Malaye, und es ist nicht ratsam, einen Malayen zu beleidigen, denn er vergißt niemals. – Hier, im Fall Pambé, war Blut vergossen und Essen besudelt worden.

Am nächsten Morgen stand Nurkid mit klarem Kopf auf; er war nicht mehr länger der Sultan von Zanzibar, sondern lediglich ein von Kesselglut gequälter Heizer. Als solcher begab er sich auf Deck und öffnete seine Brust der Morgenbrise, da kam ein Messer angesaust wie ein fliegender Fisch knapp an seiner Achselhöhle vorbei und blieb in der Tür der Schiffsküche stecken. Ohne die Ruhepause weiter zu genießen, lief Nurkid hinunter und sann nach, was er dem Besitzer der Waffe möglicherweise angetan haben könnte. Nachmittags, als alle indischen Matrosen beim Essen saßen, trat er unter sie, und da er ein friedfertiger Mann war und überdies um seine Haut besorgt, eröffnete er ein Gespräch mit folgenden Worten: „Mannschaft des Dampfers! Gestern nacht war ich besoffen. Heute morgen wollte es mir scheinen, als hätte ich mich ungebührlich gegen einen oder den andern von euch benommen. Wer ist dieser Mann, auf daß ich von Angesicht zu Angesicht vor ihn treten kann und ihm sagen, daß ich besoffen war?"

Pambé maß im Geiste die Distanz ab, die ihn von Nurkids nackter Brust trennte. Ein so weiter Sprung konnte leicht fehlgehen, und ein blindes Drauflosstechen hätte vielleicht nur eine Schramme zur Folge gehabt; mit Sicherheit jemand das Messer zwischen die Rippen jagen kann man nur, wenn der Betreffende schläft. – Daher schwieg Pambé, und die andern Inder taten desgleichen. Ihre Gesichter wurden regungslos, wie es bei allen Orientalen geschieht, wenn Mord und Totschlag oder sonst etwas Drohendes in der Luft liegen. Nurkid spähte lang in die weißen Augäpfel; er war nur ein Afrikaner und verstand sich nicht aufs Charakterlesen. – Ein schwerer Seufzer – fast ein Stöhnen – entrang sich seiner Brust, dann ging er wieder hinunter zu seinem Kessel. – Die indischen Matrosen nahmen ihre Unterhaltung auf, wo sie stehengeblieben waren; sie tauschten Meinungen aus, wie man am besten Reis kocht.

Nurkid litt sehr unter dem Luftmangel unten im Heizraum auf der langen Fahrt nach Bombay, aber er kam nur an Deck, wenn alles belebt war. Aber auch bei solchen Gelegenheiten passierten die merkwürdigsten Dinge: Einmal fiel ein schwerer Block von der Dirk herunter, dicht an seinem Schädel vorbei; dann wieder begann ein anscheinend fester Grätling, auf den er seinen Fuß setzte, derart zu wackeln, daß er bei einem Haar fünfzehn Fuß tief in die Schiffsladung hinabgestürzt wäre; und schließlich, in einer besonders unerträglich schwülen Nacht, sauste ein Messer vom Fockmast hernieder. Und diesmal gab's Blut.

Da erstattete Nurkid die Anzeige, und als die „Saarbrücken" Bombay anlief, suchte er schnell das Weite und verbarg sich unter den achthunderttausend Menschen und muckste sich nicht, bis das Schiff den Hafen nach einem Monat wieder verließ. – Auch Pambé wartete, hoffte und harrte; aber seine Bombay-Gattin erging sich immer gründlicher in Keiferei, so daß ihm schließlich nichts übrigblieb, als sich für die „Spichern" heuern zu lassen, zumal ihm deutlicher und deutlicher zu Bewußtsein kam, daß Stilliegen für eine Blaujacke Zerlumptwerden heißt. – In der tückischen Chinesischen See mußte er häufig Nurkids gedenken, und als die „Saarbrücken" einmal zufällig neben der „Spichern" vor Anker lag, da erkundigte er sich auf das angelegentlichste nach seinem Verbleib, wobei er erfuhr, daß Nurkid auf der „Gravelotte" unterwegs sei über Kapstadt nach England. Da schiffte er sich auf der „Wörth" ein und kam ebenfalls in England an; die „Spichern" hatte das Schiff unterwegs an einem schottischen Leuchtturm getroffen. –

Aber Nurkid hatte sich auf die „Spichern“ geschmuggelt und dampfte nach der Küste von Kalkutta.

„Wat? ’n Freund willste bei die Klöten kriegn, du Mausfallen-Snut?“ sagte eines Tages ein Handelsschiff-Gentleman zu Pambé, „nichts leichter! Wart bi di Nyanza-Docks, bis er kommt. Jeden Mensch kommt mal bi die Nyanza-Docks. – Warte dort auf ihn, du armer Heide!“

Der Gentleman hatte die Wahrheit gesprochen. Es gibt drei große Tore in der Welt, wo man jeden Menschen einmal treffen muß, vorausgesetzt, daß man lange genug wartet. Das Ende des Suezkanals ist das eine, aber da kommt der Tod oft früher als der, auf den man wartet; die Station Charing Croß in London ist das zweite, wenigstens was den Inland-Wartesport betrifft, und das Nyanza-Dock ist das dritte. Auf allen diesen Orten warten Männer und Frauen in alle Ewigkeit auf die, die bestimmt einmal kommen werden. – Pambé wartete ebenfalls dort. – Zeit spielte für ihn keine Rolle, und seine Frauen konnten warten, wie er es tat: Tag für Tag, Woche für Woche, Monat für Monat bei den „Blue-Diamond“-Minentrichtern, den „Red-Dot“-Schornsteinen und den „Yellow Streaks“ – die unbenannten zigeunernden Kleinboote belauernd, die Ladungen einnahmen oder ausschifften, einander umdrängend, pfeifend und heulend mit ihren Sirenen im beständigen Nebel. – Als Pambé das Geld ausging, überredete ihn ein wohlgesinnter Herr, Christ zu werden. Er willigte augenblicklich ein, wechselte den Glauben zwischen Schiff und Schiffes Ankunft und bezog ein Gehalt von sechs bis sieben Schilling in der Woche, wofür er Traktätchen an Seeleute verteilen mußte. Worin sein neuer Glaube bestand, bekümmerte ihn nicht weiter; er wußte, wenn er zu gewissen Herren mit langen, schwarzen Röcken sagte: „Ich bin mich eine eingeborene ‚Chlist‘“, bekam er ein paar Kupfermünzen als Belohnung.

Nach sechs Monaten erkrankte er an einer Lungenentzündung, die er sich durch das lange Herumstehen im nassen Straßenschmutz zugezogen hatte, und sah sich zu seinem größten Bedauern genötigt, sich unter Flüchen gegen das widrige Schicksal in seiner Fünfzig-Pfennig-Bude niederzulegen.

Der alte Gentleman, der Glaubensbekehrer, saß neben dem Bett und grämte sich, als er gewahr wurde, daß sein Zögling Pambé, statt auf Erbauung aus frommen Büchern bedacht zu sein, vielmehr in einer fremden Sprache vor sich hin schwätzte und auch sonst auf bestem Wege zu sein schien, in das alte Heidentum wieder zurückzufallen, bis eines Tages die halbe Betäubung des Patienten mit einem Ruck verschwand – offenbar infolge eines Rufes draußen auf dem Dock. –

„Mein Freund – er", flüsterte Pambé erregt. „Ihm rufen jetz rufen: Nurkid! Nurkid! Schnell! Gott hat ihn mich geschickt!"

„Er sehnt sich nach einem Landsmann" – sagte sich der freundliche Gentleman, eilte hinaus und schrie aus voller Lunge: „Nurkid! Nur-kid!" – Ein erstaunlich dunkelhäutiger Mann in weißer, brettartig gestärkter Wäsche, funkelnagelneuen weiten Matrosenhosen und mit einer faustgroßen Busennadel geschmückt, drehte sich um. Nurkid war's; oh, er hatte auf seinen vielen Reisen gelernt, wie man den richtigen Gebrauch macht von Geld, und hatte sich als Weltbürger ausstaffiert.

„Hi! Jawoll!" sagte er, als der freundliche Gentleman die Situation erklärt hatte. „War in meinige Dienst – schwarze Nigger das – auf der ‚Saarbrück' – O ja. Alde Pambé, gute alde Pambé. Verdammter Inder. Wo ist er sich, Herr?" – und er folgte dem Gentleman in das Krankenzimmer. Ein schneller Blick zeigte ihm, daß der alte Herr die Wahrheit gesprochen hatte: Pambé war bettelarm. – – Nurkid wühlte mit beiden Händen in den Taschen, näherte sich mit gefüllten Fäusten dem Kranken und schrie: „Heja, Pambé. Heja! Hi-ah, Hulla! Hih! Takilo! Takilo! Faß an! Hoch! Pambé! Weißt noch, Pambé? Du kennen mich. Dekko, jih! Da schau! Verdammter fetter, fauler Matros, indisches!"

Pambé winkte schwach mit der linken Hand; die rechte ruhte unter der Bettdecke. Nurkid nahm seinen riesigen Hut ab und beugte sich über Pambé, um sein Geflüster besser verstehen zu können. – „Es ist wahrhaft erhebend", sagte der freundliche Gentleman, „diese Orientalen lieben einander wie die Kinder!"

„Los! Spuck aus: Was is?“ fragte Nurkid und lehnte sich noch weiter vor.

„Da hast d' für den Fisch mit Zwiebel!“ sagte Pambé und stieß ihm ein Messer von unten nach oben zwischen die Rippen.

Ein ersticktes, trockenes Husten, dann fiel der Afrikaner langsam neben dem Bett zusammen. Seine Hände streckten sich, und eine Menge Silbermünzen rollten durch die Stube.

„Jetzt kann ich sterben!“ sagte Pambé.

Aber er starb nicht; man päppelte ihn mit größter Sorgfalt und mit Aufgebot der verfügbaren Geldmittel wieder auf, denn das Gesetz hielt das Auge auf ihn gerichtet. Als er dann soweit genesen war, hängte man ihn in aller Form und wie es sich gehört, auf.

Pambé machte sich nicht viel daraus. Aber für den freundlichen alten Herrn war es ein schwerer Schlag.

Dray wara yow dee

Denn Eifersucht ist die Raserei des Mannes: Darum wird er nicht schonen am Tage der Rache.

Mandeln und Rosinen, Sahib? Trauben von Kabul? Oder ein seltenes Pony, wenn der Sahib mit mir kommen will? Es ist dreizehneinhalb Hand hoch, Sahib, kann Polo spielen, im Wagen gehn, eine Dame tragen und – Heiliger Gottes und selige Imams, es ist ja der Sahib selbst! Mein Herz wird feist und mein Auge fröhlich. Mögest du nie ermüden! Wie kühles Wasser in der Tirah, so ist der Anblick eines Freundes in der Fremde. Und was tust du in diesem verfluchten Lande? Südlich von Delhi – Sahib, du kennst das Wort – „sind die Männer Diebe und die Weiber Huren“. Auf Befehl? Ein Befehl ist ein Befehl, bis man stark genug ist, nicht zu gehorchen. O mein Bruder, o mein Freund, wir treffen uns in einer guten Stunde! Ist alles wohl in der Seele und im Leibe und im

Hause? An einem glücklichen Tage sind wir beide wieder zusammengekommen.

Ich soll zu dir kommen? Deine Gnade ist groß. Ist da ein Kettenpfahl im Hof? Ich habe drei Pferde und die Packen und den Pferdejungen. Bedenke auch, daß mich die Polizei hier für einen Pferdedieb hält. Was wissen diese Bastarde im Flachland von Pferdedieben? Erinnerst du dich an die Zeit in Peshawar, als Kamal an die Tore von Jumrud schlug – ein geborener Schwindler – und die Pferde des Obersten alle in einer Nacht stahl? Kamal ist jetzt tot, aber sein Neffe hat das Geschäft aufgenommen, und die werden noch mehr Pferde vermissen, wenn die Khaiber Levies nicht aufpassen.

Der Friede Gottes und die Gnade seines Propheten sei über diesem Hause und allem, was darin ist! Shafizullah, binde die scheckige Stute unter den Baum und hol Wasser. Die Pferde können in der Sonne stehen, aber lege die Decken doppelt auf den Rücken. Nein, mein Freund, mache dir die Mühe nicht, sie anzusehen. Die sind zum Verkauf an die Narren von Offizieren, die soviel von Pferden verstehen. Die Stute ist trächtig; der Graue ist ein wilder Teufel; und der Braune – na, du kennst ja den Trick mit dem Bolzen. Wenn sie verkauft sind, gehe ich zurück nach Pubbi oder vielleicht ins Tal von Peshawar.

O Freund meines Herzens, es tut gut, dich wiederzusehen. Ich habe den ganzen Tag gedienert und gelogen für die Offiziers-Sahibs wegen dieser Pferde; und mein Mund ist zu trokken für ein ehrliches Wort. Auggrh! Vor dem Essen ist gut rauchen. Setze dich nicht zu mir, denn wir sind nicht in der Heimat. Setze dich auf die Veranda, und ich werde hier meinen Mantel ausbreiten. Aber zuerst will ich trinken. Im Namen Gottes, der den Dank vergilt dreifältig! Das ist süßes Wasser, wahrlich – süß wie das Wasser von Sheoran, wenn es vom Schnee herabkommt.

Alle sind wohl und zufrieden im Norden – Koda Baksh und die anderen? Yar Khan ist mit den Pferden von Kurdistan gekommen – sechsunddreißig Stück nur und die Hälfte Lastponys – und hat laut im Kashmir Sarai gesagt, die Engländer sollten Gewehre hinschicken und den Emir in die Hölle jagen. Fünfzehn Mauthäuser sind jetzt an der Straße von Kabul; und in Dakka, als er dachte, er sei nun durch, wurden dem Yar Khan alle seine Balkh-Hengste von der Regierung abgenommen! Das ist ein großes Unrecht, und Yar Khan glüht vor Wut. Und die anderen: Mahbub Ali ist noch in Pubbi, schreibt Gott weiß was. Tugluq Khan sitzt im Gefängnis für die Geschichte mit der Polizeipost von Kohat. Faiz Beg kam von Ismail-Ki-Dhera herunter mit einem bucharischen Gürtel, für dich, mein Bruder, gegen Ende des Jahres; aber niemand wußte, wo du hin warst; es war nichts hinterlassen. Die Vettern haben bei Pakpattan wieder angefangen, Maultiere für die Karren der Regierung zu züchten, und es gibt eine Geschichte im Basar von einem Priester. Oho! Eine gesalzene Geschichte! Hör mal zu –

Sahib, warum fragst du mich das? Meine Kleider sind dreckig von dem Staub der Straße. Meine Augen sind trübe von dem Glanz der Sonne. Meine Füße sind geschwollen, weil ich sie in bitterem Wasser gewaschen habe, und meine Wangen sind hohl, weil das Essen hier schlecht ist. Feuer möge dein Geld vertilgen. Was soll ich damit? Ich bin reich, und ich dachte, du wärst mein Freund; aber du bist wie die anderen, ein Sahib. Ist ein Mann traurig, gib ihm Geld, sagen die Sahibs. Ist er entehrt, gib ihm Geld, sagen die Sahibs. Hat er eine Schuld auf seinem Haupt, gib ihm Geld, sagen sie. So sind die Sahibs, und so bist du – sogar du.

Nein, sieh die Füße des Braunen nicht an. Schade, daß ich dich überhaupt gelehrt habe, die Beine eines Pferdes zu beurteilen. Wundgelaufen? Mag sein. Was ist dabei? Die Wege sind schlecht. Auch die Stute wundgelaufen? Sie trägt eine doppelte Last, Sahib.

Und nun erlaube mir, bitte, mich zu verabschieden. Große Gunst und Ehre hat der Sahib mir erwiesen und hat sehr gnädig gezeigt, daß er die Pferde für gestohlen hält. Vielleicht gefällt es ihm, mich auf die Wache zu schicken? Will er einen Straßenkehrer rufen und mich von einem dieser Faulenzer abführen lassen? Ich bin der Freund des Sahibs. Ich habe Wasser getrunken im Schatten seines Hauses, und er hat mein Gesicht dunkel gemacht. Ist noch etwas zu tun? Will der Sahib mir acht Anna geben, um das Unrecht zu heilen und – die Beleidigung vollkommen zu machen?

Verzeih mir, mein Bruder. Ich wußte nicht – ich weiß noch jetzt nicht – was ich sage. Ja, ich habe dich belogen. Ich will Staub auf mein Haupt tun – und ich bin ein Afridi! Die Pferde haben sich wund gelaufen vom Tale bis hierher, und meine Augen sind matt, und mein Leib schmerzt vor Mangel an Schlaf, und mein Herz ist ausgedorrt von Kummer und Schande. Aber wie es meine Schande war, so soll, bei Gott, dem Spender der Gerechtigkeit – bei Allah-al-Mumit –, auch die Rache mein sein.

Wir haben einst zueinander gesprochen mit nackten Herzen und unsere Hände getaucht in die gleiche Schüssel, und du bist mir wie ein Bruder gewesen. Dafür zahle ich dir heim mit Lüge und Undank – wie ein Pathan. Nun höre mich! Wenn der Kummer der Seele zu schwer wird, kann er durch Reden etwas leichter werden; und zudem ist der Geist eines ehrlichen Mannes wie ein Brunnen, und der Sand des Geständnisses fällt hinein und sinkt unter und ist nicht mehr zu sehen. Ich bin vom Tale zu Fuß hierhergekommen, Meile um Meile, mit einem Feuer in meiner Brust, wie das Feuer der Hölle. Warum? Hast du denn so bald unsere Sitten vergessen, der Leute, die ihre Weiber und Töchter um Silber verkaufen? Komm zurück mit mir in den Norden, und sei wieder unter Menschen. Komm zurück, wenn diese Sache getan ist und ich nach dir rufe! Die Blüte der Pfirsichgärten liegt auf dem ganzen Tal, und hier ist nur Staub und großer Gestank. Dort ist ein lieblicher Wind zwischen den Maulbeerbäumen, und die Ströme sind breit von Schneewasser, und Karawanen ziehen hinauf, und Karawanen ziehen hinab, und hundert Feuer blinken in der Enge des Passes, und der Zeltpflock klingt unter dem Hammer, und ein Lastpferd ruft das andere durch den wehenden Abenddunst. Schön ist es jetzt im Norden. Komm zurück mit mir. Laß uns zu den Unsrigen gehen! Komm.

Woher meine Trauer kommt? Reißt wohl ein Mann sein Herz heraus und brät es in kleinen Stücken über einem langsamen Feuer um etwas anderes als um ein Weib? Lache nicht, du mein Freund, denn deine Zeit wird auch kommen. Eine Frau von den Abazai war sie, und ich nahm sie zum Weibe, um den Zwist zu stillen zwischen unserem Dorf und den Leuten von Ghor. Ich bin nicht mehr jung? Der Kalk hat meinen Bart gestreift? Es ist wahr. Ich brauchte nicht zu heiraten? Nein, aber ich liebte sie. Wie sagt Rahman: „Wem die Liebe in das Herz fällt, in dem ist Torheit und sonst nichts. Mit einem Blick des Auges hat sie dich geblendet; mit dem Augenlid und mit der Franse des Augenlides dich unrettbar gefangen, und sonst nichts." Erinnerst du dich an dies Lied beim Rösten der Schafe im Lager Pindi bei den Uzbeken des Emirs?

Die Abazai sind Hunde, und ihre Weiber sind die Dienerinnen der Sünde. Da war ein Liebhaber aus ihrem eigenen Stamm, aber von dem sagte ihr Vater mir nichts. Mein Freund, verfluche für mich in deinen Gebeten, so, wie ich in jedem Gebete verfluche vom Fakr bis zum Isha, den Namen Daoud Shahs, des Abazai, dessen Kopf noch auf den Schultern ist, dessen Hände noch an ihrem Gelenk sind, der mich entehrt hat und meinen Namen zu einem Gelächter gemacht hat unter den Weibern von Little Malikand.

Ich ging nach Hindustan nach zwei Monaten – nach Cherat. Ich war nur zwölf Tage fort, aber ich hatte gesagt, ich würde fünfzehn Tage bleiben. Dies hatte ich gesagt, um sie zu prüfen, denn es steht geschrieben: ‚Traue dem Schwachen nicht.' Als ich allein bei Einbruch der Nacht die Schlucht heraufkomme, höre ich die Stimme eines Mannes an der Tür meines Hauses singen; und es war die Stimme von Daoud Shah, und das Lied war „Dray wara yow dee", „Alle drei sind eins". Es war, als ob mir eine Schlinge um das Herz gelegt würde, und alle Teufel zogen sie fest, daß es nicht zu ertragen war. Ich kroch leise den Pfad bergauf, aber der Zünder an meiner Büchse war naß vom Regen, und ich konnte Daoud Shah nicht aus der Ferne erschlagen. Zudem hatte ich vor, das Weib auch zu töten. So sang er, sitzend vor meinem Hause, und bald darauf öffnete das Weib die Tür, und ich kam näher, auf dem Bauch durch die Felsen kriechend. Ich hatte nur mein Messer bei der Hand. Aber ein Stein glitt unter meinem Fuß aus, und die zwei sahen den Abhang hinunter, und er ließ seine Büchse liegen und floh vor meinem Zorn, denn er hatte Angst um sein Leben. Aber das Weib bewegte sich nicht, bis ich vor ihr stand und schrie: „O Weib, was hast du getan?“ Und sie, furchtlos, obwohl sie wußte, woran ich dachte, sagte lachend: „Nicht viel. Ich habe ihn geliebt, und du bist ein Hund und ein Viehdieb, der bei der Nacht kommt. Schlag zu!“ Und ich, immer noch geblendet von ihrer Schönheit – denn, o mein Freund, die Frauen der Abazai sind sehr schön –, ich sagte: „Hast du keine Angst?“ Und sie sagte: „Keine – als daß ich nicht gleich sterbe.“ Da sagte ich: „Habe keine Angst.“ Und sie neigte den Kopf, und ich schlug ihn vom Wirbelknochen herunter, daß er zwischen meine Füße sprang. Dann kam die Wut meines Volkes über mich, und ich hackte ihr die Brüste ab, damit die Leute von Little Malikand ihr Verbrechen wissen sollten, und warf die Leiche in das Wasser, das zum Kabul fließt. „Dray wara yow dee! Dray wara yow dee!“ Die Leiche ohne Kopf, die Seele ohne Licht, und mein eigenes verdunkeltes Herz – alle drei sind eins, alle drei sind eins!

In dieser Nacht ging ich ohne Rast nach Ghor und fragte nach Daoud Shah. Die Leute sagten: „Er ist nach Pubbi gegangen, Pferde zu holen. Was willst du von ihm? Es ist Frieden zwischen den Dörfern.“ Ich gab zur Antwort: „Jawohl! Der Friede des Verrats, und die Liebe, die der Teufel Atala zu Gurel hatte.“ Dann feuerte ich dreimal ins Tor und lachte und ging meines Wegs.

In diesen Stunden, Bruder und meines Herzens Herzensfreund, waren der Mond und die Sterne wie Blut über mir, und in meinem Munde war der Geschmack von trockener Erde. Auch brach ich kein Brot, und mein Getränk war der Regen des Tales von Ghor auf meinem Antlitz.

In Pubbi fand ich Mahbub Ali, den Schreiber, der auf seinem Schemel saß, und gab meine Waffen ab, nach eurem Gesetz. Aber es bekümmerte mich nicht, denn ich hatte in meinem Herzen beschlossen, Daoud Shah mit meinen bloßen Händen zu töten, so – wie ein Mann ein Bund Rosinen quetscht. Mahbub Ali sagte: „Daoud Shah ist eben eilig nach Peshawar gegangen, und er will seine Pferde mitnehmen auf der Straße nach Delhi, denn es heißt, daß die Bombay-Straßenbahn-Kompanie Pferde aufkauft, waggonweise; acht Pferde auf jeden Waggon.“ Und das war die Wahrheit.

Da sah ich, daß die Jagd keine Kleinigkeit sein würde, denn der Mann war in euer Gebiet gegangen, um sich vor meiner Wut zu retten. Soll er sich damit retten? Lebe ich nicht? Wenn er auch nach Norden läuft bis zum Dora und bis zum Schnee oder nach Süden bis ans schwarze Wasser, ich will ihm folgen, wie ein Liebender den Spuren seiner Gebieterin folgt, und wenn ich ihn finde, will ich ihn zärtlich – oh, so zärtlich – in meine Arme nehmen und sagen: „Gutes hast du getan, und mit Gutem wirst du belohnt." Und aus dieser Umarmung soll Daoud Shah nicht herauskommen mit Atem in seinen Nüstern. Auggrh! Wo ist der Krug? Ich bin durstig wie eine Mutterstute im ersten Monat.

Euer Gesetz! Was ist mir euer Gesetz? Wenn die Pferde kämpfen auf der Weide, fragen sie da nach den Grenzpfählen; oder zaudern die Geier, weil das Aas im Schatten des Ghor Kuttri liegt? Die Sache begann außerhalb der Grenze. Sie wird enden, wo es Gott gefällt. Hier oder in meiner Heimat oder in der Hölle. Alle drei sind eins.

Hör nun, der du den Kummer meines Herzens teilst, und ich will dir von der Verfolgung erzählen. Ich folgte von Pubbi nach Peshawar und ging in den Straßen von Peshawar umher wie ein heimatloser Hund und suchte meinen Feind. Einmal glaubte ich ihn zu sehen, wie er seinen Mund in der Rinne auf dem großen Platz wusch, aber als ich herzukam, war er fort. Mag sein, daß er es war und daß er beim Anblick meines Gesichtes geflohen ist.

Ein Mädchen im Basar sagte, er wolle nach Nowshera gehen. Ich sagte: „O Herzensherz, kommt Daoud Shah, dich zu besuchen?" Und sie sagte: „Gewiß." Ich sagte: „Ich würde ihn gern sehen, denn wir sind Freunde, die seit zwei Jahren getrennt sind. Verstecke mich, bitte, hier im Schatten des Fensterladens, und ich will warten, bis er kommt." Und das Mädchen sagte: „O Pathan, sieh mir in die Augen." Und ich drehte mich um, und auf ihre Brust gelehnt sah ich ihr in die Augen und schwor, daß ich die Wahrheit Gottes spreche. Aber sie erwiderte: „Nie hat ein Freund den Freund mit solchen Augen erwartet. Belüge Gott und den Propheten, aber ein Weib kannst du nicht belügen. Geh weg! Es soll Daoud Shah mit meiner Hilfe kein Leid geschehen."

Ich hätte das Mädchen erwürgen mögen, hätte ich nicht eure Polizei gefürchtet; denn dann wäre es mit der Verfolgung aus gewesen. Drum lachte ich nur und ging fort, und sie lehnte auf dem Fensterbrett in der Nacht und spottete über mich die Straße entlang. Ihr Name ist Jamum. Wenn ich meine Rechnung mit dem Manne gemacht habe, will ich zurückgehen nach Peshawar und – ihre Liebhaber sollen sie nicht mehr um ihrer Schönheit willen begehren. Sie soll nicht Jamum sein, sondern Ak, der Krüppel unter den Bäumen. Haha! Ak soll sie sein!

In Peshawar kaufte ich die Pferde und die Trauben und die Mandeln und Rosinen und dürre Früchte, damit der Grund meiner Wanderungen der Regierung klar wäre und mir kein Hindernis auf dem Wege begegnete. Aber als ich nach Nowshera kam, war er weg, und ich wußte nicht, wohin ich gehen sollte. Ich blieb einen Tag in Nowshera, und in der Nacht sprach eine Stimme in meinen Ohren, als ich zwischen den Pferden schlief. Die ganze Nacht flog sie um meinen Kopf und hörte nicht auf zu flüstern. Ich schlief auf dem Bauch, wie die Teufel schlafen, und es mag sein, daß die Stimme eine Teufelsstimme war. Sie sagte: „Geh nach Süden, und du wirst Daoud Shah finden.“ Höre zu, mein Bruder und Oberster unter den Freunden – höre zu! Ist die Geschichte lang? Denke, wie lang sie für mich war. Ich bin jede Meile der Straße von Pubbi bis an diesen Ort Schritt für Schritt gegangen; und seit Nowshera war mein Führer nur jene Stimme und die Gier nach Rache.

An den Uttock kam ich, aber er war kein Hindernis für mich. Haha! Ein Mensch kann noch Witze machen in seiner Not. Der Uttock war kein Uttock (Hindernis) für mich; und ich hörte die Stimme durch das Getöse des Wassers, das an den Felsen schlug, und sie sagte: „Geh nach rechts.“ So ging ich nach Pindigheb, und in den Tagen wurde mir der Schlaf völlig geraubt, und der Kopf des Weibes von Abazai war vor mir Tag und Nacht, so, wie er mir zwischen die Füße gefallen war. Dray wara yow dee! Dray wara yow dee! Feuer, Asche und mein Lager – alle drei sind eins – alle drei sind eins!

Nun war ich weit von dem Winterweg der Händler, die nach Sialkot gegangen waren, und schon südlich von der

Bahn und der großen Chaussee zu den Garnisonen; aber es war ein Sahib im Lager von Pindigheb, der eine weiße Stute von mir kaufte, um einen guten Preis, und mir sagte, ein Daoud Shah sei mit Pferden nach Shahpur gezogen. Da sah ich, daß die Mahnung der Stimme wahr gewesen war, und beeilte mich, zu den Salt Hills zu kommen. Der Jhelum war ausgetreten, aber ich konnte nicht warten, und beim Übersetzen wurde mir ein rotbrauner Hengst abgeschwemmt und versoff. Da war Gott streng zu mir – nicht wegen des Tieres, danach fragte ich nichts –, aber in meiner Verfolgung. Während ich auf dem rechten Ufer war und die Pferde in das Wasser trieb, war Daoud Shah auf dem linken gewesen, denn – Alghias! Alghias! – die Hufe meiner Stute zerstäubten die heiße Asche seiner Feuer, als wir im Morgengrauen auf dieses Ufer kamen. Aber er war geflohen. Seine Füße waren flink von den Schrecken des Todes. Und ich zog von Shahpur nach Süden, wie der Geier fliegt. Ich wagte nicht, abzuweichen, um nicht meine Rache zu verfehlen – die mein Recht ist. Von Shahpur ging ich längs dem Jhelum, denn ich dachte, er würde die Wüste von Rechna vermeiden. Aber dann bei Sahiwal wandte ich mich auf die Straße nach Jhang, Samundri und Gugera, bis eines Nachts meine scheckige Stute an die Schranke der Bahn nach Montgomery stieß. Und dieser Ort war Okara, und der Kopf des Weibes von Abazai lag auf dem Sande zwischen meinen Füßen.

Von dort ging ich nach Fazilka, und man sagte mir, ich sei wahnsinnig, verhungerte Pferde dahin zu bringen. Die Stimme war mit mir, und ich war nicht wahnsinnig, sondern nur erschöpft, weil ich Daoud Shah nicht finden konnte. Es stand geschrieben, daß ich ihn auch nicht in Rania und in Bahadurgarh finden sollte, und ich kam nach Delhi von Westen, und ich fand ihn auch dort nicht. Mein Freund, ich habe viele seltsame Dinge auf meinen Wanderungen gesehen. Ich habe Teufel gesehen, die durch die Rechna tobten, wie die Hengste toben im Frühling. Ich habe die Djinns einander rufen hören aus den Sandhöhlen und habe sie vor meinem Gesicht vorüberschwirren sehen. Es gibt keine Teufel, sagen die Sahibs? Sie sind sehr weise, aber sie wissen nicht alles von Teufeln – oder Pferden. Haha! Ich sage dir, der du über mein Elend lachst, daß ich die Teufel am hellen Mittag schreiend und hüpfend auf den Dünen des Chenab gesehen habe. Ob ich mich fürchtete? Mein Bruder, wenn das Verlangen eines Mannes nur auf eines gerichtet ist, dann fürchtet er weder Gott noch Mensch, noch Teufel. Wenn meine Rache versagte, würde ich die Tore des Paradieses mit dem Kolben meiner Büchse sprengen oder mir den Weg in die Hölle mit meinem Messer schneiden, und ich würde von denen, die dort herrschen, die Leiche des Daoud Shah fordern. Gibt es eine Liebe, so tief wie der Haß?

Sprich nicht. Ich kenne die Gedanken in deinem Herzen. Ist das Weiße dieses Auges getrübt? Wie schlägt das Blut am Gelenk der Hand? Es ist kein Wahnsinn in meinem Fleisch, sondern nur die Wucht des Verlangens, das mich verzehrt hat. Hör zu!

Südlich von Delhi kannte ich das Land gar nicht. Darum kann ich nicht sagen, wohin ich ging, aber ich kam durch viele Städte. Ich wußte nur, daß mir befohlen war, nach Süden zu gehen. Wenn die Pferde nicht mehr laufen konnten, warf ich mich auf die Erde und erwartete den Tag. Es kam kein Schlaf zu mir auf dieser Reise; und das war eine schwere Last. Kennst du, mein Bruder, die Qual des Wachseins, das sich nicht lösen will – wenn die Knochen schmerzen vor Schlaflosigkeit und die Haut der Schläfen vor Ermattung schrumpft, und doch – kein Schlaf – kein Schlaf? Dray wara yow dee! Dray wara yow dee! Das Auge der Sonne, das Auge des Mondes und mein eigenes ruheloses Auge – alle drei sind eins – alle drei sind eins!

Da gab es eine Stadt, deren Namen ich vergessen habe, und in der rief die Stimme die ganze Nacht. Das war vor zehn Tagen. Sie hat mich wieder betrogen.

Ich bin hierhergekommen von einem Ort, der hieß Hamirpur, und sieh, es ist mein Schicksal, daß ich dich treffen sollte zu meiner Labsal und zum Gedeihen der Freundschaft. Das ist ein gutes Omen. Von der Freude, dein Gesicht anzusehen, ist die Mattigkeit aus meinen Füßen verschwunden, und der Kummer meiner so langen Reise ist vergessen. Auch mein Herz hat Frieden; denn ich weiß, das Ende ist nahe.

Vielleicht werde ich Daoud Shah in dieser Stadt finden, auf dem Wege nach Norden, denn der Hochländer wendet immer um nach den Bergen, wenn der Frühling ruft. Und soll er die Berge unseres Landes wiedersehen? Gewiß hole ich ihn ein! Gewiß ist meine Rache sicher! Gewiß bewahrt Gott ihn in seiner hohlen Hand für mich. Kein Leid wird Daoud Shah geschehen, bis ich komme; denn ich möchte ihn gern frisch und heil töten, solang das Leben fest in seinem Leibe sitzt. Der Granatapfel ist am süßesten, wenn die Kloben widerwillig von der Schale brechen. Möchte es am Tage sein, daß ich sein Gesicht sehen kann und mein Genuß vollkommen sei.

Und wenn ich dies vollbracht habe und mein Ehre rein ist, dann werde ich Gott Dank sagen, ihm, der die Waage des Rechts hält, und werde schlafen. Eine Nacht und einen Tag und wieder bis in die Nacht werde ich schlafen; und kein Traum soll mich stören.

Und nun, o mein Bruder, ist die Geschichte aus. Ahi! Ahi! Alghias! Ahi!

Zweiundzwanzig

Eng wie der Mutterleib, tief wie der Schacht und finster wie das Herz eines Mannes. Bergmannsspruch aus Sonthal

„Ein Weber wollte ernten gehn, fing an, die Halme zu entwirren und kam nicht weiter. Ha-ha-ha! Hat ein Weber Verstand?“

Janki Meah starrte auf Kundoo, aber da Janki Meah blind war, machte sich Kundoo nichts draus. Er war gekommen, um mit Janki Meah zu streiten und, wenn die Gelegenheit es gab, der hübschen jungen Frau des alten Mannes den Hof zu machen.

Kundoo hatte eine Beschwerde und redete im Namen der fünf Männer, die mit Janki Meah die Mannschaft des Stollens Nummer Sieben im Schacht Zweiundzwanzig bildeten. Janki Meah war all die dreißig Jahre, die er der Jimahari-Grube mit Picke und Brecheisen gedient hatte, blind gewesen. Alle die dreißig Jahre lang hatte er sich regelmäßig jeden Morgen vor der Abfahrt vom Aufseher seinen Anteil Lampenöl geholt – ganz so, als ob er ein sehender Bergmann gewesen wäre. Kundoos Mannschaft ärgerte sich, so, wie Hunderte von Mannschaften sich früher geärgert hatten, über Janki Meahs Eigennutz. Er gab das Öl nicht zur gemeinsamen Portion seiner Mannschaft, sondern nahm es für sich und verkaufte es.

„Ich kannte die Grube, bevor du geboren warst", pflegte Janki Meah zu antworten. „Ich brauche kein Licht, um meine Kohlen zu schlagen, und ich habe nicht die Absicht, euch zu helfen. Das Öl gehört mir, und ich werde es behalten."

Ein seltsamer Mann, in mancher Hinsicht, war Janki Meah, der weißhaarige, heißblütige, erblindete Weber, der ein Bergmann geworden war. Den ganzen Tag – außer sonntags und montags, wo er gewöhnlich betrunken war – arbeitete er im Schacht Zweiundzwanzig der Jimahari-Grube, so tüchtig wie ein Mann mit allen Sinnen. Am Abend fuhr er in dem großen, von Dampf betriebenen Lift an die Einfahrt hinauf und rief dort nach seinem Pony – einem klapprigen, kohlenbestaubten Vieh, das fast so alt war wie Janki Meah. Das Pony kam an seine Seite, und Janki Meah kletterte auf seinen Rücken und wurde von ihm zu dem Stück Land getragen, das er wie die anderen Bergleute von der Jimahari-Kompanie bekommen hatte. Das Pony kannte die Stelle, und als nach sechs Jahren die Kompanie alle Anteile vertauschte, um zu verhindern, daß die Bergleute Eigentumsrechte erwarben, da erklärte Janki Meah mit Tränen in den Augen, wenn sein Stück ausgewechselt würde, könne er nie den Weg zu dem neuen finden. „Mein Pferd kennt nur diese Stelle", klagte Janki Meah, und so wurde ihm erlaubt, sein Stück zu behalten.

Auf Grund dieses Vorrechts und seiner gesammelten Ölersparnisse nahm Janki Meah eine zweite Frau – ein Mädchen aus dem Zweige Jolaha des Hauptstammes der Meah, das ausnehmend schön war. Janki Meah konnte ihre Schönheit nicht sehen; er nahm sie also auf Treu und Glauben und verbot ihr, in den Schacht hinunterzugehen. Er hatte nicht dreißig Jahre im Dunklen gearbeitet, um nicht zu wissen, daß der Schacht kein Platz für schöne Mädchen ist. Er belud sie mit Zieraten – nicht Messing oder Zinn, sondern richtigem Silber –, und sie dankte ihm dafür, indem sie mit Kundoo aus Stollen Nummer Sieben grenzenlos flirtete. Kundoo war eigentlich der Obmann der Mannschaft, aber Janki Meah bestand darauf, daß jede Arbeit in seinem Namen begann, und wählte die Leute, mit denen er arbeiten wollte. Die Sitte – die sogar stärker war als die Jimahari-Kompanie – forderte, daß Janki Meah kraft seines Alters das zu bestimmen hatte und auch mitarbeiten konnte, trotz seiner Blindheit. In indischen Gruben, wo sie mit der Picke in die feste Kohle schlagen und von unten nach oben abbauen, konnte ihm auch nicht viel passieren. Zu Hause, wo sie die Kohle unterhöhlen und in einstürzenden Fladen von der Decke herunterholen, würde man ihm nie erlaubt haben, den Fuß in einen Schacht zu setzen. Er war kein beliebter Mann, wegen seiner Ölersparnisse, aber die ganze Mannschaft gab zu, daß Janki alle „Khads" oder Stollen kenne, die jemals gebaut oder zu Bruch gegangen waren, seitdem die Jimahari-Kompanie ihre Arbeiten im Tarachundagebiet angefangen hatte.

Die kleine hübsche Unda wußte nur, daß ihr alter Mann ein Narr war, mit dem man fertig werden konnte. Für die Grube hatte sie nur insofern Interesse, als sie Kundoo fünf von sieben Tagen verschlang und ihn mit Kohlenstaub bedeckte. Kundoo war ein großer Arbeiter und gab sich viele Mühe, sich nicht zu besaufen, denn sobald er vierzig Rupien erspart hatte, sollte Unda alles stehlen, was sie in Jankis Haus finden konnte, und mit ihm davonlaufen in ein Land, wo es keine Gruben gab und wo jeder drei fette Ochsen und eine Milchbüffelkuh hielt. Indes dieser Plan reifte, hatte er die Gewohnheit, bei Janki vorzusprechen und ihn wegen der Ölersparnisse zu ärgern. Unda saß in einer Ecke und nickte zustimmend. An dem Abend, als Kundoo den peinlichen Weberspruch zitiert hatte, wurde Janki böse.

„Hör mal, du Schwein", sagte er, „ich bin ein blinder Mann und ein alter Mann, aber lang, bevor du geboren wurdest, war ich in den Kohlen ergraut. Schon ehe der Schacht Zweiundzwanzig eingesenkt wurde, und als hier erst zweitausend Leute waren, wußte man schon, daß ich die Grube kenne. Gibt es einen Stollen, den ich nicht kenne, von der Sohle des Schachtes bis zum letzten Querschlag? Etwa den Schacht Baromba, den ältesten, oder den Schacht Zweiundzwanzig, wo Tibus Querschlag auf Nr. 5 zutreibt?"

„Hör den alten Esel faseln!" sagte Kundoo, Unda zunickend, „kein Querschlag von Zweiundzwanzig wird vor Ende des Herbstes auf Fünf stoßen. Wir haben noch einen Monat feste Kohle vor uns. Der Babuji sagt es."

„Ach, Babuji! Schweini! Hundi! Was wissen diese dicken Faulenzer aus Kalkutta? Er zeichnet und zeichnet und zeichnet und redet und redet und redet, und alle seine Karten sind falsch. Ich, Janki, weiß, daß es so ist. Wenn ein Mann dreißig Jahre in der Finsternis eingesperrt ist, dann gibt Gott ihm Wissen. Der alte Querschlag, den Tibus Mannschaft gemacht hat, ist keine sechs Fuß von Nr. 5."

„Zweifellos gibt Gott den Blinden Wissen", sagte Kundoo mit einem Blick auf Unda. „Mag es sein, wie du sagst. Ich für mein Teil weiß nicht, wie der alte Querschlag von Tibu geht, aber ich bin kein ausgedörrter Affe, der Öl braucht, um seine Gelenke zu schmieren."

Kundoo sprang lachend aus der Hütte, und Unda kicherte. Janki drehte seine blinden Augen gegen seine Frau und fluchte. „Ich habe Land, und ich habe viel Lampenöl verkauft", überlegte Janki, „aber ich war ein Esel, dieses Kind zu heiraten."

Eine Woche später setzte mit Wucht der Regen ein, und die Mannschaften platschten an den Einfahrten der Schächte im Kohlenschlamm herum. Dann wurden die großen Grubenpumpen zurechtgemacht, und der Direktor der Grube watete durch die Nässe zum Tarachundafluß, der in seinen moorigen Ufern schwoll. „Gott gebe, daß dies aasige Rinnsal nicht ungemütlich wird", sagte der Direktor fromm und ging, mit seinem Assistenten wegen der Pumpen zu beratschlagen.

Aber der Tarachunda wurde sogar sehr ungemütlich. Nach einem Regenfall von drei Zoll in der Stunde mußte er etwas tun. Er trat aus und vereinigte sich mit dem Regenwasser, das sich zwischen zwei niedrigen Hügeln sammelte, da, wo der Bahndamm die Hauptstrecke der Grube überquerte. Wenn ein guter Teil eines geschwollenen Flusses und einige Morgen Überschwemmungswasser auf eine Schleuse von neun Fuß drücken, so kann die Schleuse spucken, soviel sie will, es kann nicht das ganze Wasser durch sie abgehn. Der Direktor balancierte vor Aufregung auf einem Bein, und seine Sprache war nicht salonfähig.

Er hatte Grund zu fluchen, denn er wußte, daß ein Zoll Wasser auf dem Lande einen Druck von hundert Tons auf den Morgen bedeutete; und hier waren ungefähr fünf Fuß tief Wasser, die hinter dem Bahndamm auf die oberflächlichen Stollen von Zweiundzwanzig drückten. Man muß wissen, daß in einer Kohlengrube die Kohle, die der Oberfläche am nächsten ist, zuerst vom Mittelschacht aus abgebaut wird. Das heißt, die Bergleute können das Material bis auf zehn oder zwanzig oder dreißig Fuß von der Oberfläche aushauen und, wenn alles abgebaut ist, nur eine Kruste von Erde, von einigen wenigen Kohlenpfeilern gestützt, übriglassen. In einer tiefen Grube, wo sie wissen, daß beliebige Mengen greifbar sind, fördern die Leute lieber alle Kohle durch einen Schacht, als daß sie eine Anzahl kleiner Stollen machen, um die verhältnismäßig wertlose Oberflächenkohle abzubauen.

Und der Direktor beobachtete die Überschwemmung. Die Schleuse spie einen Strahl von neun Fuß; aber das Wasser staute sich noch immer, und er gab Anweisung, die Leute aus Zweiundzwanzig auszuräumen. Die Lifts kamen herauf, immer wieder gerammelt voll mit den Leuten, die am nächsten beim Schachtauge waren, wie sie die Stelle nennen, wo man von der Strecke des Hauptschachts aus den Tag sehen kann. Überall in den langen, schwarzen Stollen blinkten die Grubenlichter und tanzten wie Johanniskäferchen, und die Männer und Weiber warteten auf die klirrenden, rasselnden, donnernden Lifts, die herunterkamen und wieder hinaufflogen. Aber die äußersten Querschläge waren sehr weit entfernt, und die Nachricht konnte nicht schnell genug durchdringen, obgleich die Obmänner der Mannschaften und der Assistent schrien und fluchten und stampften und stolperten.

Der Direktor hielt ein Auge auf den großen, wogenden Teich hinter dem Bahndamm und betete, die Schleuse möchte nachgeben und das Wasser rechtzeitig durchlassen. Mit dem anderen Auge verfolgte er die Lifts, die heraufkamen, und sah die Obmänner das Verzeichnis der Mannschaften abzählen. Von ganzem Herzen und ganzer Seele fluchte er auf den Winder, der die eiserne Walze unter sich hatte, auf die das Drahtseil der Lifts sich aufwand.

Nach einer kurzen Weile gab es in dem Wasser hinter dem Bahndamm einen Zug in die Tiefe – einen saugenden Wirbel, gelb und gischtig. Das Wasser hatte die Erdkruste durchbrochen und schoß nun in die alten obersten Querschläge von Zweiundzwanzig.

Tief unten traf ein Strahl von schwarzem Wasser die letzte Mannschaft, die auf den Lift wartete, und als sie hineinkletterten, ging ihnen der Strudel bis an die Brust. Der Lift kam an den Ausgang, und der Direktor rief die Listen ab. Es waren alle Mannschaften gerettet, außer der Mannschaft Janki, der Mannschaft Mogul und der Mannschaft Rahim, achtzehn Männer und ungefähr zehn Korbweiber, die die Kohle in die kleinen eisernen Wagen luden, die auf den Schienen der Strecken liefen. Diese Mannschaften waren in den Außenschlägen, drei viertel Meilen entfernt am äußersten Ende der Grube. Noch einmal ging der Lift hinab, aber nur mit zwei Engländern, und klatschte auf einen wirbelnden, tosenden Strom, der beinahe das Dach eines der tieferen Querschläge erreicht hatte. Einer der hölzernen Balken, mit denen die alten Stollen abgestützt wurden, schoß auf der Strömung vorüber und verfehlte gerade noch den Lift.

„Wenn wir uns nicht die Rippen wollen einschlagen lassen, gehn wir lieber“, sagte der Direktor. „Wir können nicht einmal die Stützen retten.“

Der Lift schnalzte spritzend aus dem Wasser, und einige Minuten später wurde öffentlich bekanntgegeben, daß mindestens zehn Fuß Wasser im Schachtauge stünden. Nun hieß zehn Fuß Wasser dort, daß alle anderen Teile der Grube überschwemmt seien, außer solchen Stollen, die mehr als zehn Fuß über dem Niveau der Schachtsohle lagen. Die tiefen Stollen mußten voll sein, die Hauptquerschläge mußten voll sein, nur in den hochliegenden Stollen, die man auf Steigen aus den Hauptstollen erreichte, mußte ein gewisses Quantum Luft vom Wasser sozusagen abgeschnitten sein und unter Druck stehen. Die kleinen Lehrbuben der Wissenschaft können erklären, wie sich Wasser benimmt, das man in die Experimentierröhren gießt. Die Überschwemmung von Zweiundzwanzig war eine Illustration in großem Maßstab.

„Beim Heiligen Grab, was ist mit der Luft passiert!" Es war ein Sonthalarbeiter von der Mannschaft Mogul im Stollen Nr. 9, der im Begriff war, einen Gang von sechs Fuß durch die Kohle zu schlagen. Dann geschah ein Auflauf aus den anderen Stollen, und die Mannschaften Janki und Rahim stolperten mit ihren Korbweibern herauf.

„Wasser ist in die Grube gekommen", sagten sie, „und es gibt keinen Weg hinaus."

„Ich bin hinuntergegangen", sagte Janki, „die Böschung meines Stollens hinunter und habe das Wasser gefühlt."

„Es war kein Wasser im Schacht, seit wir leben", jammerten die Frauen. „Warum können wir nicht hinaus?"

„Seid still!" sagte Janki. „Vor langer Zeit, als mein Vater hier war, kam Wasser in den Schacht Zehn – nein Elf –, und es gab eine große Not. Wollen wir wo hingehen, wo die Luft besser ist?"

Die drei Mannschaften und die Korbweiber verließen den Stollen Nr. 9 und gingen höher nach Nr. 16. Bei einer Biegung des Weges konnten sie das pechschwarze Wasser an den Kohlen lecken sehen. Es hatte die Decke eines Querschlags erreicht, den sie sehr gut kannten – in dem sie ihre Hookahs zu rauchen und ihren Liebeleien nachzugehen pflegten. Als sie das sahen, riefen sie laut zu ihren Göttern, und die Mehas, die dreimal sündhafte Mohammedaner sind, versuchten sich auf den Namen des Propheten zu besinnen. Es war das Ende der Querschläge und das Ende der Grube.

Weit weg, am untern Ende des Stollens, stampfte vertrauensvoll eine kleine Dampfpumpe, die einen tieferen Stollen trockenhalten sollte und den Dampf von oben bekam. Sie hörten sie stoppen.

„Sie haben den Dampf ausgeschaltet", sagte Kundoo hoffnungsvoll. „Sie haben Befehl gegeben, allen Dampf für die Hauptpumpen zu nehmen. Sie wollen das Wasser ausschöpfen."

„Wenn das Wasser den Raucher-Querschlag erreicht hat", sagte Janki, „dann können alle Pumpen der Kompanie in drei Tagen nichts machen."

„Es ist sehr heiß", klagte Jasoda, das Korbweib von Meah. „Die Luft ist sehr schlecht hier wegen der Lampen."

„Löscht sie aus", sagte Janki, „wozu braucht ihr Lampen?" Die Lampen wurden ausgelöscht, und die Gesellschaft saß still in der Finsternis. Jemand stand leise auf und begann längs den Kohlen zu wandern. Es war Janki, der die Wände mit seinen Händen abtastete. „Wo ist die Stufe?" murmelte er vor sich hin.

„Sitz nur, sitz", sagte Kundoo. „Wenn wir sterben, sterben wir. Die Luft ist sehr schlecht."

Aber Janki stolperte und kroch und klopfte mit seiner Picke an die Wände. Die Weiber standen auf.

„Bleibt alle, wo ihr seid. Ohne Lampen könnt ihr nicht sehen und ich – ich kann immer sehen", sagte Janki. Dann hielt er inne und rief: „O ihr, die ihr mehr als zehn Jahre im Schacht gewesen seid, wie ist der Name dieses offenen Platzes? Ich bin ein alter Mann, und ich habe es vergessen."

„Bullias Stube", antwortete der Sonthalmann, der sich über die schlechte Luft beklagt hatte.

„Noch einmal", sagte Janki.

„Bullias Stube."

„Dann hab ich's gefunden", sagte Janki. „Nur der Name war mir aus dem Gedächtnis entwischt. Hier ist der Querschlag Tibus."

„Das ist gelogen", sagte Kundoo. „Es sind keine Querschläge an diesem Platz gewesen, seit ich lebe."

„Drei Schritte tief war die Stufe", murmelte Janki, ohne achtzugeben, „und – oh, meine armen Knochen! Ich hab's gefunden! Es ist hier, diese Stufe hinauf. Kommt alle einzeln meiner Stimme nach, und ich will euch zählen."

Es gab einen Aufbruch im Dunkeln, und Janki fühlte das Gesicht des vordersten Mannes an seine Knie stoßen, als der Sonthalmann die Stufe hinaufkletterte.

„Wer ist's?" rief Janki.

„Ich, Sunna Manji."

„Setz dich", sagte Janki. „Der nächste?"

Einzeln krabbelten die Weiber und die Männer die Stufe hinauf, die auf einer Seite an „Bullias Stube" entlanglief. Sündhafte Mohammedaner, schweinessende Musahr und wilde Sonthal – Janki strich über alle mit der Hand.

„Nun kommt nach", sagte er, „packt mich an der Ferse, und die Weiber sollen die Kleidung der Männer fassen." Er fragte nicht, ob die Leute ihre Picken mitgebracht hatten. Ein Bergmann, ob schwarz oder weiß, gibt seine Picke nicht aus der Hand. Einzeln, Janki voraus, krochen sie in den alten Querschlag – einen sechs Fuß breiten Gang, knapp vier Fuß vom Boden bis zur Decke.

„Die Luft ist hier besser", sagte Josada. Sie konnten ihr Herz schlagen hören in dicken, schweren Schlägen.

„Langsam, langsam", sagte Janki. „Ich bin ein alter Mann, und ich vergesse viel. Das ist Tibus Querschlag, aber wo sind die vier Ziegelsteine, auf denen sie ihr Hookahfeuer machten, wenn die Sahibs es nicht sehen konnten? Langsam, ihr da hinten!"

Sie hörten seine Hände in der bröckeligen Kohle am Boden des Ganges kramen und dann einen dumpfen Ton. „Hier ist ein Ziegelstein, hier noch einer und noch einer. Kundoo ist ein junger Mann – laßt ihn nach vorn kommen. Setz ein Knie auf diesen Ziegelstein und schlage hier. Als Tibus Mannschaft an dem letzten Tage, bevor die gute Kohle aus war, ihr Mittagessen aß, hörte sie die Leute aus Nr. 5 auf der anderen Seite, und Nr. 5 hat seinen Stollen noch zwei Sonntage länger gebaut – oder vielleicht auch nur einen. Schlag hier, Kundoo, aber mach erst Platz, daß ich zurückgehen kann."

Kundoo hob noch zweifelnd die Picke, aber das erste leichte, weiche Splittern der Kohle war ihm ein Signal. Er kämpfte für sein Leben und für Unda – die hübsche kleine Unda mit Ringen an allen Zehen –, für Unda und die vierzig Rupien. Die Weiber sangen das Lied der Picke – die schauerliche, langsame, getragene Melodie mit dem murmelnden Chor, der das Abrutschen der lockeren Kohle nachahmt, und zu jedem Takt hieb Kundoo in die schwarze Finsternis. Als er nicht mehr konnte, nahm Sunna Manji die Picke und kämpfte für sein Leben und sein Weib und sein Dorf jenseits der blauen Berge über dem Tarachunda. Eine Stunde arbeiteten die Männer, und dann räumten die Weiber die Kohle fort.

„Es ist weiter, als ich dachte", sagte Janki. „Die Luft ist sehr schlecht. Aber schlag, Kundoo, schlag fest."

Zum fünftenmal nahm Kundoo die Picke, während der Sonthal zurückkroch. Das Lied hatte kaum wieder begonnen, als es durch einen Schrei von Kundoo unterbrochen wurde, der durch den Querschlag gellte: „Par hua! Par hua! Wir sind durch, wir sind durch!" Die eingepreßte Luft im Schacht schoß durch die Öffnung, und die Weiber am hinteren Ende des Ganges hörten das Wasser durch die Säulen von Bullias Stube brausen und gegen die Stufe rauschen. Als es das Gesetz erfüllt hatte, dem es gehorchte, stieg es nicht weiter. Die Weiber kreischten und stürzten vorwärts. „Das Wasser kommt – wir werden sterben! Wir müssen fort!"

Kundoo kroch durch die Luke und stellte auf eine sehr einfache Art fest, daß er sich in einem abgestützten Querschlag befand, indem er mit dem Kopf gegen einen Pfosten rannte.

„Kenne ich die Grube oder kenne ich sie nicht?" grinste Janki. „Das ist Nr. 5; geht langsam hinaus und sagt eure Namen. Ho! Rahim, zähle deine Mannschaft! Jetzt vorwärts, jeder faßt den anderen wie vorher."

Sie bildeten im Dunkeln eine Reihe, und Janki führte sie – denn ein Bergmann in einem fremden Schacht irrt nur um einen Grad weniger als ein gewöhnlicher Sterblicher, der zum erstenmal unter der Erde ist. Schließlich sahen sie eine Blendlaterne, und die Mannschaften Janki, Mogul und Rahim von Zweiundzwanzig stolperten geblendet in den Schein eines Wetterstollens auf der Sohle von Schacht Fünf: Janki tastend voraus, die anderen hinterdrein.

„Schacht Zweiundzwanzig ist unter Wasser. Gott weiß, wo die anderen sind. Diese Leute habe ich aus dem Querschlag Tibu in unseren Schacht gebracht, indem ich die Nordseite des Querschlags durchstochen habe. Bringt uns zum Lift", sagte Janki Meah.

An der Einfahrt von Zweiundzwanzig waren einige Tausend Leute, die jammerten, weinten und schrien. Hundert Mann – nein, tausend Mann – seien im Schacht ertränkt. Sie würden alle morgen nach Hause gehen. Wo ihre Männer seien? Die kleine Unda stand in regentriefenden Kleidern am Loch und schrie den Schacht hinunter nach Kundoo. Sie hatten die Lifts aus dem Loch beseitigt, und ihre einzige Antwort war das Gurgeln des Wassers im Schachtauge, zweihundertsechzig Fuß unter ihr.

„Seht nach der Frau da! Sie wird sich gleich in den Schacht werfen!" rief der Direktor.

Aber er brauchte sich nicht zu sorgen; Unda hatte Angst vor dem Tode. Sie verlangte nach Kundoo. Der Assistent untersuchte die Flut und probierte, wie weit er in sie hineinwaten konnte. Es war stiller im Wasser, und der Wirbel war erschlafft. Die Grube war voll.

„Bei Gott, wir können von Glück sagen, wenn wir morgen fünfhundert Mann zur Stelle haben!" sagte der Direktor. „Es besteht noch die Möglichkeit, einen provisorischen Damm durch das Wasser zu ziehen. Schmeiß hinein, was da ist – Fässer und Ochsenkarren, wenn es nicht genug Ziegelsteine gibt. Jetzt sollen sie arbeiten, wie sie noch nie gearbeitet haben. He! Ihr Obmänner, macht ihnen Beine!"

Allmählich wurde die Masse in Gruppen aufgeteilt und mit Versprechungen von Überstunden zum Wasser getrieben. Der Dammbau begann, und als er eine gute Weile im Gang war, hielt der Direktor die Zeit der Pumpen für gekommen. Der Zustrom in die Grube hatte aufgehört. Der riesige rote eisenbeschlagene Pumpenschwengel stieg und fiel, und die Pumpe gurgelte und stöhnte und quietschte, als das erste Wasser aus dem Rohr quoll.

„Wir müsen sie die ganze Nacht laufen lassen", sagte der Direktor bekümmert, „aber es gibt keine Hoffnung für die armen Kerle da unten. Hörst du, Gur Sahai, wenn du stolz bist auf deine Maschinen, dann zeige jetzt, was sie leisten können."

Gur Sahai grinste und nickte, die rechte Hand auf dem Hebel und in der linken eine Ölkanne. Er konnte nicht mehr tun, als was er tat, aber er konnte bis zum Morgengrauen dabeibleiben. Sollten die Pumpen der Kompanie von den Grillen des Tarachunda geschlagen werden? Niemals, niemals! Und die Pumpe stöhnte und quietschte: „Niemals! Niemals!“ Der Direktor saß unterm Dach der Einfahrt, versuchte sich an dem Feuer des Pumpenmotors zu trocknen und sah in der trüben Dämmerung, wie die Menge auf dem Damm sich zerstreute und davonlief.

„Das ist das Ende“, stöhnte er. „Es wird uns sechs Wochen kosten, ihnen auszureden, daß wir nicht versucht haben, ihre Kameraden absichtlich zu ersäufen. Oh, was gäb ich um einen ordentlichen, vernünftigen Georchie!“[1]

Aber die Flucht hatte nichts Panisches. Es waren Leute vom Schacht Fünf mit erstaunlichen Neuigkeiten gerannt gekommen, und die Obmänner konnten ihre Mannschaften nicht zusammenhalten. Bald erschienen, umgeben von einer lärmenden Masse, die Mannschaften Rahim, Mogul und Janki mit zehn Korbweibern und meldeten sich, und die hübsche kleine Unda stahl sich davon zu Jankis Hütte, um ihm sein Abendbrot zu machen.

„Ich allein habe den Weg gefunden“, erklärte Janki Meah. „Wird die Kompanie mir jetzt Pension geben?“

Die einfältigen Grubenarbeiter schrien und tanzten und gingen wieder an ihren Damm, neu bestärkt in ihrem alten Glauben, daß, was auch geschah, die Macht der Kompanie, deren Salz sie aßen, so groß war, daß keiner von ihnen umkommen konnte. Nur Gur Sahai fletschte seine weißen Zähne und behielt die Hand am Hebel und ließ seine Pumpen ihr Äußerstes zeigen.

„Hör mal“, sagte eine Woche später der Assistent zum Direktor, „erinnerst du dich an ‚Germinal‘!“

„Ja. Es ist komisch. Ich dachte daran im Lift, als der Balken vorbeiflog. Warum?“

„Hier haben wir ein umgekehrtes ‚Germinal‘. Janki war heute den ganzen Morgen auf meiner Veranda und erzählte mir, daß Kundoo mit seiner Frau durchgegangen sei – Unda oder Anda, heißt sie, glaub ich.“

1 Englischer Bergmann.

„Hallo! Und das ist das Pack, das du mit Gefahr des Lebens aus Zweiundzwanzig holen wolltest!"

„Nein – ich sprach damals von den Stützbalken der Kompanie, nicht von den Leuten der Kompanie."

„So klingt es jetzt besser; aber ich glaube dir nicht, alter Freund."

Durchs Feuer

Der Polizeimann ritt durch den Himalaja-Wald unter den moosbewachsenen Eichen dahin, und ihm nach trottete die Ordonnanz.

„Es ist eine scheußliche Sache, Bhere Singh", sagte der Polizeimann. „Wo sind die beiden?"

„Es ist eine scheußliche Sache" – wiederholte Bhere Singh; „und was die beiden betrifft, so schmoren sie jetzt ohne Zweifel in einem heißeren Feuer, als je eines mit Ästen angezündet wurde."

„Das wollen wir nicht hoffen", meinte der Polizeimann, „denn wenn wir absehen von dem Unterschied der Rassen, so ist es die Geschichte der Francesca da Rimini, Bhere Singh!"

Da Bhere Singh keine Ahnung hatte, wer Francesca da Rimini gewesen war, hielt er den Mund, bis sie zu der Kohlenbrenner-Lichtung kamen, wo die erlöschenden Flammen ihr „hwit, hwit, hwit" sagten, als sie über der weißen Asche flüsternd hin und her zuckten. – –

Es mußte ein riesiges Feuer gewesen sein, als es noch lichterloh brannte! Die Leute in Donga Pah hatten es in der Nacht weithin über das Tal scheinen und flackern sehen und gesagt, die Kohlenbrenner in Kodru müßten offenbar schwer betrunken sein. – – In Wirklichkeit waren es nur Suket Singh, ein Sepoy des 102ten Punshab-Infanterieregiments, und Athira, ein Weib, gewesen, die da verbrannt – zu Asche verbrannt – waren.

Wie die Sache vor sich ging, habe ich aus dem Tagebuch des Polizeimanns erfahren:

Athira war die Frau des Madhu, eines einäugigen Kohlenbrenners von boshafter Gemütsart. Schon eine Woche nach der Hochzeit prügelte er sie mit einem dicken Stock. Einen Monat später kam Suket Singh, der Sepoy, des Weges, um seinen Regimentsurlaub in den kühlen Bergen zu verbringen. Er elektrisierte die Dorfbewohner von Kodru mit Erzählungen von allerlei Geschichten aus dem Militärdienst, verherrlichte die Ruhmestaten des Gouvernements und schilderte anschaulich, in welchen hohen Ehren er beim Obersten, dem Sahib Bahadur, stünde. – – Die braune Desdemona hörte dem „Othello" zu, und, wie alle Desdemonas der Welt verliebte sie sich dabei in ihn.

„Ich hab zwar selber eine Frau zu Hause", sagte Suket Singh, „aber es soll dich nicht bedrücken, wenn es dir im Kopf herumgeht. Ich muß auch nach einiger Zeit wieder zum Regiment zurück, denn ich kann doch nicht gut zum Deserteur werden, gar, wo ich den Rang eines Havildars anstrebe."

„Schadet nichts", sagte Athira, „bleib jetzt bei mir, und wenn Madhu mich schlagen will, dann verprügel ihn!"

„Famos!" sagte Suket Singh und verabreichte dem Madhu eine gehörige Tracht zum Entzücken sämtlicher Kohlenbrenner in Kodru.

„So, das genügt", sagte er und gab dem Madhu einen Stoß, daß er den Abhang hinunterrollte, „jetzt werden wir Ruhe haben." – Aber Madhu krallte den Grashügel wieder hinauf und hinkte mit wütenden Blicken um seine Hütte herum.

„Er wird mich ermorden", sagte Athira zu Suket Singh, „du mußt mich mit fortnehmen."

„Es wird einen Skandal geben in der Truppe, und mein Weib wird mir den Bart ausreißen!" meinte Suket Singh, „aber was liegt daran! Ich nehme dich mit."

Es gab auch wirklich einen Skandal im Regiment, der Bart wurde Suket Singh ausgerissen, und seine Gattin ging zu ihrer Mutter zurück und nahm die Kinder mit. „Jetzt ist alles gut", sagte Athira, und Suket Singh pflichtete ihr bei: „Jetzt ist alles gut."

Madhu hauste nunmehr allein in seiner Hütte, von der

er weit hinüber ins Tal nach Donga Pa blicken konnte; von Anbeginn waren die Sympathien der Leute nicht auf seiner Seite gewesen: Das Volk hat nichts übrig für betrogene Ehemänner.

Eines Tages ging er zu Jusin Dazé, dem Zauberer, der den redenden Affenkopf besitzt.

„Verschaff mir mein Weib wieder!" sagte er.

„Das kann ich nicht", sagte Jusin Dazé, „erst mußt du den Sutledsch das Tal hinauffließen machen bis Donga Pa."

„Mach keine Flausen! Gib mir gefälligst keine Rätsel zu lösen auf!" schrie Madhu und schüttelte seine Hacke drohend gegen den weißhaarigen Jusin Dazé.

„Gib all dein Geld den Oberhäuptern des Dorfes", riet Jusin Dazé; „sie sollen eine Versammlung einberufen und einen Boten abschicken mit der Weisung, dein Weib müsse zurückkommen."

Madhu verzichtete auf seine irdischen Güter, die aus siebenundzwanzig Rupien, acht Annas und drei Pies nebst einer silbernen Kette bestanden, und überreichte sie den Stadträten von Kodru. Dann geschah es, wie Jusin Dazé vorhergesagt: Man schickte Athiras Bruder zu dem Regiment Suket Singhs, um Athira auszurichten, sie möchte heimkehren. Suket Singh benützte ihn als Fußball und kickte ihn um die Front herum; dann überlieferte er ihn dem Hamildar, der ihn mit einem Treibriemen bearbeitete.

„Komm heim!" schrie Athiras Bruder unentwegt bei dieser Prozedur.

„Wohin denn?" fragte Athira.

„Zum Madhu!"

„Ich denk nicht dran!" war die Antwort.

„Dann wird dir Jusin Dazé seinen Fluch schicken!" drohte der Bruder, „und du wirst verdorren wie der Ast eines gefällten Baumes im Frühling!"

Das ging Athira im Kopf herum.

Am nächsten Morgen schon hatte sie Rheumatismus. – „Ich beginne bereits zu verdorren wie der Ast eines gefällten Baumes im Frühjahr", sagte sie. „Das ist der Fluch Jusin Dazés."

Und tatsächlich begann sie hinzusiechen, denn in ihr Herz

war die Furcht eingezogen. Wer an Flüche glaubt, der stirbt an ihnen. Auch Suket Singh war voll Angst, denn er liebte Athira mehr als sein Leben.

Zwei Monate vergingen, da stand Athiras Bruder wieder da, aber ein wenig weiter weg von der Schützenlinie, und höhnte: „Aha, du verdorrst schon! Komm heim!"

„Ja, ich will kommen!" sagte Athira.

„Sag lieber: ‚Wir' werden kommen!" rief Suket Singh.

„Ai! Gut, aber wann?" fragte Athiras Bruder.

„Eines Tages, sehr früh am Morgen", versprach Suket Singh und marschierte im Paradeschritt zum Oberst Sahib Bahadur, um sich einen Urlaub zu erbitten.

„Ich verdorre wie der Ast eines gefällten Baumes im Frühjahr", jammerte Athira.

„Es wird dir bald besser gehen", tröstete sie Suket Singh; und er gestand ihr heimlich, was er vorhatte, und sie lachten und kosten miteinander, denn sie liebten sich beide heiß. Von Stund an ging es besser mit Athira.

Dann reisten sie zusammen fort – fuhren dritter Klasse mit der Bahn, solange es Schienen gab, später in einem Karren die niedrigen Vorberge hinauf und wanderten zu Fuß auf die höheren. Athira sog den Tannenduft ihrer heimatlichen Berge ein – der feuchten Himalajaberge. „Wie schön ist es doch, zu leben!" sagte sie.

„Heda! Du!" fragte Suket Singh einen Mann, „wo liegt die Straße nach Kodru, und wie kommt man zu dem Haus des Waldhüters?" – – –

„Hat vor zwölf Jahren vierzig Rupien gekostet", sagte der Waldhüter und reichte dem Sepoy eine Flinte hin.

„Hier hast du zwanzig", sagte Suket Singh, „aber du mußt mir die besten Kugeln geben!"

„Es ist unendlich schön, zu leben", sagte Athira sehnsüchtig und sog den Harzduft eines Tannengehölzes ein; und dann warteten sie, bis sich die Nacht herabsenkte auf Kodru und Donga Pa.

Madhu hatte, um am nächsten Tag Kohle zu brennen, auf der Anhöhe über seinem Haus dürres Holz aufgetürmt. – – „Es ist hübsch von ihm, daß er uns die Mühe erspart hat", sagte Suket Singh, als er in der Dunkelheit gegen den zwölf Fuß breiten und vier Fuß hohen Scheiterhaufen anrannte. „Wir müssen warten, bis der Mond aufgeht."

Als der Mond aufgegangen war, bestieg Athira den Holzstoß und kniete nieder. – – – „Wenn es nur wenigstens ein Regiments-Snidergewehr wäre", sagte Suket Singh bekümmert mit einem Scheelblick auf den mit Draht umwickelten Lauf der Flinte des Waldhüters.

„Beeile dich", sagte Athira. – Und Suket Singh beeilte sich. – – Athira aber „beeilte" sich in diesem Leben nicht mehr! – –

Dann zündete er den Scheiterhaufen an den vier Ecken an, da, wo dürre Zweige herausragten. – „Man sollte im Regiment lernen, wie man ein Gewehr mit den Zehen abschießt!" sagte er grimmig zum Mond hinauf. – –

Das war die letzte Bemerkung des Sepoys Suket Singh.

Eines Tages, früh am Morgen, kam Madhu zu dem Feuerbrand, erschrak sehr und lief dann schnell fort, um den Polizeimann zu holen, der gerade in der Umgebung die Runde machte.

„Dieser Auswurf von einem Menschen hat mir für vier Rupien Kohlenholz verbrannt", schimpfte er, „und meine Frau getötet. Und einen Brief hat er an eine Tanne gebunden. Ich kann nicht lesen."

In der steifen, pedantischen Schrift, die in den Regimentern gelehrt wird, hatte der Sepoy Suket Singh folgendes geschrieben:

„Man verbrenne uns zusammen, falls noch Reste von uns übrig sein sollten; wir haben die vorgeschriebenen Gebete verrichtet. Madhu und Malak, den Bruder Athiras, haben wir verflucht – sie sind beide böse Menschen. – Dem Oberst Bahadur sende man meine Empfehlung."

Lang und versonnen blickte der Polizeimann auf das Ehebett aus roter und weißer Asche, auf dem, schwarzgebrannt, der Gewehrlauf des Waldhüters lag. Geistesabwesend stieß er mit seiner bespornten Ferse in einen halbverkohlten Balken, und prasselnde Flammen züngelten hoch. – – – „Ein ganz sonderbares Volk!" – murmelte er.

„Hju, ju, oui, oui", sagten die kleinen Flammen.

Dann notierte der Polizeimann mit dürren Worten die Tatsachen in sein Dienstbuch, denn die Regierung liebt romantische Phrasen nicht.

„Und wer wird mir meine vier Rupien bezahlen?" fragte Madhu.

Ohne priesterlichen Segen

Ich erntete vor Frühling meinen Herbst.
Wie du verfrüht, mein Kornfeld, dich verfärbst!
Wie schmerzlich mich dein Rätsel überkommt,
Erwürgte und verdorrte Jahreszeit,
In Wachsens und in Sterbens Heimlichkeit!
Eh andre sahn den Tag, sah ich das Leid
Des Sonnenuntergangs, der Dunkelheit,
Ich, der ich weiß, was nicht zu wissen frommt!

I

„Was aber, wenn es ein Mädchen wird?"

„Herr meines Lebens, das kann nicht sein! Ich habe so viele Nächte hindurch gebetet und so oft Opfergaben zum Heiligenschrein Sheikh Badls geschickt, daß ich bestimmt weiß: Gott schenkt uns einen Sohn – einen Knaben, der zum Manne heranreifen wird. Denk daran und freue dich. Meine Mutter wird seine Mutter sein, bis ich wieder soweit bin, ihn zu mir zu nehmen, und der Mullah der Pattan-Moschee soll ihm sein Horoskop stellen. – Gott gebe, daß er in einer günstigen Stunde geboren wird! – Und – dann wirst du meiner nie überdrüssig werden – meiner, deiner Sklavin."

„Bist du denn je meine Sklavin gewesen?"

„Ja, seit jeher – von Anbeginn an – seit ich der Gnade teilhaftig geworden bin. Wie könnte ich denn deiner Liebe gewiß sein, wo ich doch weiß, du hast mich gekauft. – Mit Silber!"

„O nein, es war ein Brautgeschenk; nur habe ich es deiner Mutter gegeben."

„Und sie hat es verscharrt und sitzt darauf den ganzen Tag wie eine Henne. Was redest du da von einem Brautgeschenk! Gekauft bin ich worden wie ein Tanzmädchen."

„Bereust du den Handel?"

„Ich habe ihn einst bereut, aber heute bin ich glücklich. Wirst du niemals aufhören, mich zu lieben? Sag, mein König!"

„Nein. Niemals — niemals."

„Auch nicht, wenn die mem-logs – die weißen Frauen deiner Rasse – dich mit ihrer Liebe verfolgen? Oh ich habe gut gesehen, wie sie des Abends ihre Blicke auf dich werfen. – Sie sind so schön!"

„So? Ich habe nur Hunderte von Leuchtkugeln gesehen! — Aber dann habe ich den Mond gesehen, und vor seinem Glanz verblaßten die Leuchtkugeln!"

Amira klatschte in die Hände und lachte. „Das ist lieb von dir", sagte sie – spielte dann die Würdevolle: „Es ist genug. Ich gestatte dir zu gehen – wenn du willst."

Der Mann rührte sich nicht. Er saß auf einem niedrigen, rotlackierten Schemel in einer Stube, deren gesamte Ausstattung aus einem blau und weiß geblümten Teppich, ein paar Wolldecken und einer reichhaltigen Sammlung von Eingeborenenkissen bestand. Zu seinen Füßen saß eine Frau von sechzehn Jahren – sie bedeutete für ihn die ganze Welt. Nach wohl jedem Gesetz war sein Verhältnis zu ihr nicht einwandfrei, denn er war Engländer, sie die Tochter eines Muselmans, und er hatte sie ihrer Mutter abgekauft vor zwei Jahren. Die Alte war eine gänzlich mittellose Witwe und hätte gegen einen entsprechenden Preis Amira auch an den Fürsten der Unterwelt verschachert. John Holden hatte den Handel leichtfertig abgeschlossen, als Amira fast noch ein Kind gewesen, aber seitdem hatte sie ihn immer mehr und mehr ausgefüllt. Um ihretwillen — und auch der Mutter zuliebe, einer runzeligen Hexe – hatte er ein kleines Haus gemietet, von dem aus man über die ganze große Stadt mit ihren roten Wällen blicken konnte. Als die Butterblumen am Brunnen im Hof zu blühen begannen, Amira alles nach ihrem eigenen Geschmack wohnlich gemacht und die Alte endlich aufgehört hatte, über den weiten Weg zum Markt und die Unbrauchbarkeit der Küche zu maulen sowie über Hauswirtschaft im allgemeinen, fühlte er sich geradezu heimisch, denn seine Junggesellenwohnung, wo jeder aus und ein ging, Tag und Nacht, wie es ihm gerade paßte, war ein unbehaglicher Aufenthalt. – Zwar mußte er hier durch die Zimmer der Frauen gehen, wenn er über den Hof nach Hause kam, aber hatte sich das schwere Holztor einmal hinter ihm geschlossen, dann war er unbeschränkter König in seinem Reich – mit Amira, seiner Königin. Doch jetzt drohte ein Drittes sich einzudrängen, dessen Kommen John Holden mit gemischten Gefühlen entgegensah. Es schien sein Glück trüben zu wollen. Es zerriß den Frieden des Hauses, das doch sein eigen war. Nur Amira geriet außer sich vor Freude bei dem Gedanken an das kommende Kind, und ihre Mutter desgleichen. Die Liebe eines Mannes – und gar eines weißen Mannes – war im besten Falle eine ungewisse Sache, aber – so schlossen die beiden Frauen – eines kleinen Kindes Hand würde sie befestigen. – „Dann", so pflegte Amira zu sagen, „wird er sich nie mehr um die weißen mem-logs kümmern. Ich hasse sie alle – ich hasse sie alle."

„Er wird auch dann zu seiner Rasse zurückkehren", meinte die Alte, „aber Gott gebe, daß diese Stunde ferne sei."

Holden saß stumm auf dem Schemel und dachte über die Zukunft nach, die er sich trübe genug ausmalte. Die Nachteile eines doppelten Haushalts sind gar mannigfaltig! – Überdies hatte ihn gerade jetzt, wo er am Bette seiner kranken Frau am liebsten Tag und Nacht gewacht hätte, das Gouvernement in väterlicher Besorgnis für eine zweiwöchige Reise in eine entfernte Station auserkoren und ihren Befehl mit der Bemerkung versüßt, wie gut es für ihn jetzt wäre, sich als Junggeselle frei und ungebunden zu wissen. Holden überbrachte die Hiobsbotschaft Amira.

„Angenehm ist es wohl nicht", sagte sie zögernd, „aber schließlich auch nichts Schlimmes. Meine Mutter ist ja bei mir, und es wird mir auch nichts Böses zustoßen – höchstens sterbe ich vor Freude. Geh nur ruhig an deine Arbeit und verscheuche alle bösen Gedanken. Wenn die Tage vorbei sind, glaube ich – nein, ich weiß es bestimmt – Und – dann werde ich ‚ihn' in deine Arme legen, und du wirst mich für immer lieben. Der Zug geht heute nacht – um Mitternacht, nicht wahr? Geh jetzt und laß dir das Herz nicht schwer sein um meinetwillen. Wirst du aber auch bald zurückkommen? Und nicht unterwegs mit den zudringlichen weißen memlogs reden? Komm bald zu mir zurück, mein Leben!"

Als Holden aus dem Hof trat, um sein Pferd zu besteigen, das am Torpfosten angebunden war, sprach er den weißhaarigen alten Mann an, der das Haus bewachte, gab ihm ein ausgefülltes Depeschenformular mit seiner Adresse und bat ihn, es sofort befördern zu lassen, falls die Umstände es erfordern sollten. Das war alles, was er tun konnte, und mit den Gefühlen eines Menschen, der sich selbst sein Begräbnis bestellt hat, reiste er mit dem Nachtzug ab.

Jede Stunde am Tage fürchtete er, man könne ihm ein Telegramm überreichen, und des Nachts quälte er sich ab mit beständigen Ahnungen, Amira läge im Sterben. Kein Wunder, daß seine Arbeit für den Staat sehr minderwertig und sein Verhalten den Kollegen im Amt gegenüber nichts weniger als freundlich war. Die zwei Wochen vergingen, und keinerlei Nachricht von der Heimat war eingetroffen. Vor Angst fast zerrissen, mußte er die paar letzten Stunden sich noch zermürben lassen bei einem Abschiedsdiner im Klub, wobei er wie ein Halbbetäubter anhören mußte, wie abscheulich er seine Pflichten erfüllt und wie unliebenswürdig er sich den Herren gegenüber benommen hätte. Dann floh er zu Pferd in die Nacht hinaus, und das Herz schlug ihm bis zum Halse hinauf.

Er hämmerte an das Tor. Lange keine Antwort. Schon wollte er sein Pferd wenden, damit es mit den Hufen an das Holz donnerte, da endlich erschien Pir Khan, der Hausmeister, mit einer Laterne und hielt ihm den Steigbügel.

„Ist etwas geschehen?" fragte Holden schnell.

„Die Nachricht soll nicht aus meinem Munde kommen, o Beschirmer der Armen, aber –" der Alte hielt die Hand hin, wie einer, der für eine erfreuliche Botschaft ein Trinkgeld erwartet.

Holden eilte über den Hof. Ein Licht brannte im oberen

Zimmer. Das Pferd wieherte im Torweg, und ein dünner, schriller Schrei trieb Holden das Blut in die Kehle. Dann eine Stimme, aber noch immer kein Zeichen, daß Amira am Leben sei.

„Wer ist drin?“ rief er die schmale Ziegelsteintreppe hinauf.

Da! Ein Schrei des Entzückens aus Amiras Mund, und dann die zittrige Stimme der Mutter, bebend vor Stolz: „Wir, die zwei Frauen, sind hier und ein – Mann – dein – Sohn!“

Auf der Zimmerschwelle trat Holden auf einen Dolch – sie hatten ihn hingelegt, um böses Geschick abzuwehren –; die Klinge zerbrach unter der Wucht seines Fußes.

„Gott ist groß!“ gurrte Amira in der schwacherleuchteten Stube, „es ist ein Vorzeichen! Du hast alles Unheil von seinem Haupt auf das deinige genommen!“

„Gut. Aber wie geht es dir, mein Leben? – Alte, sag, wie geht es ihr?“

„In ihrer Freude hat sie alle Schmerzen vergessen“, sagte die Greisin. „Alles ist gut abgelaufen; aber sprich leise!“

„Nur deine Gegenwart fehlte mir noch, um mich vollkommen glücklich zu machen“, sagte Amira. „Mein König, so lange warst du fort! Und was bringst du mir mit? Ah, Ah! Diesmal bin ich es, die ein Geschenk hat. Schau her, mein Leben, schau her. Hat es schon je ein solches Baby gegeben? Ach, ich bin noch zu schwach, um auch nur den Arm von ihm zu lösen.“

„Bleib ganz ruhig und spricht nicht. Ich bin doch bei dir, bachari!“

„So lieb von dir! Aber jetzt ist ein noch viel festeres Band da, das uns verknüpft: Schau, kannst du es sehen hier im Licht? Ohne Fehl und Tadel ist es. Noch nie hat es so einen Knaben gegeben. Ya illah! Ein Pundit – ein Gelehrter – soll er werden – nein, ein Soldat der Königin. Aber du, mein Leben, liebst du mich auch noch so wie früher? Obwohl ich blaß bin und krank und verbraucht?“

„Oh, wie sehr! Ich hab dich lieb wie je zuvor, aus ganzer Seele, mein Perlchen. Aber, lieg still und ruh dich aus.“

„Geh nicht! Setz dich neben mich – so. Mutter, der Herr

des Hauses braucht ein Kissen! Bring's." — — Eine fast unmerkliche Bewegung des kleinen Lebens, das da im Arm Amiras ruhte: „Aho!" sagte Amira, und ihre Stimme schlug über vor Freude. „Jetzt schon ist das Baby ein Fußballchampion. Wie es mich in die Seite kickt! Hat es jemals schon ein solches Kind gegeben! Und unser ist es — dein und mein. Leg deine Hand auf seinen Kopf, aber vorsichtig — — es ist noch so jung, und Männer sind ungeschickt in solchen Dingen."

Behutsam berührte Holden mit den Fingerspitzen das flaumige Köpfchen.

„Er ist ein Gläubiger bereits", sagte Amira; „als ich hier lag in den langen Nachtwachen, habe ich das Gebet und das Bekenntnis des Glaubens ihm ins Ohr geflüstert. — Und wie wunderbar: Er wurde an einem Freitag geboren, wie ich. Sei vorsichtig, mein Leben, aber er kann schon mit den Händchen greifen." Holden fühlte, wie eine winzige Hand sich schwach um seinen Finger schloß, aber die Berührung lief durch seinen ganzen Körper und sammelte sich rings um sein Herz. Bisher hatte all sein Sinnen und Sein Amira gegolten; jetzt erwachte etwas in ihm, als gebe es außer ihr noch etwas anderes in der Welt; nur fühlte er noch nicht, daß es ein Sohn war mit einer lebendigen Seele. Er setzte sich und sann nach, und Amira versank in Halbschlaf.

„Geh jetzt, Sahib", flüsterte die Alte mit verhaltenem Atem. „Es ist nicht gut, wenn sie dich wieder hier sieht beim Erwachen. Sie braucht Ruhe."

„Ich gehe schon", sagte Holden gehorsam. „Hier hast du Geld. Sieh zu, daß mein Baby gedeiht und alles bekommt, was es braucht."

Das Klingen der Silbermünzen weckte Amira. „Ich bin seine Mutter und keine feile Dirne", hauchte sie. „Soll ich besser für ihn sorgen nur des Geldes wegen? Mutter, gib's zurück! Ich habe meinem Herrn einen Sohn geboren."

Tiefer Schlaf überfiel sie, noch während sie sprach. Holden ging leise hinunter — mit erleichtertem Herzen — in den Hofraum. Pir Khan, der alte Hausmeister, gluckste vor Entzücken. „Jetzt hat das Haus alles", sagte er, und ohne weitere Erklärung drückte er Holden den Griff eines Säbels in die Hand, den er – Pir Khan selbst! – viele Jahre getragen hatte, als er noch der Königin gedient hatte bei der Polizei. – Das Meckern einer Ziege tönte vom Brunnenrand herüber.

„Zwei sind's", sagte der Alte, „zwei der besten Sorte. Ich habe sie für teures Geld gekauft, und da keine Gäste zum Geburtsfest kommen, wird das Fleisch mir gehören. Schlag kräftig zu, Sahib! Es ist nur ein schlechtgewichtiger Säbel. Wart, bis sie die Köpfe erheben vom Abweiden der Butterblumen."

„Warum das?" fragte Holden erstaunt.

„Als Erstgeburtsopfer. Wozu sonst? Das Kind bleibt unbeschirmt gegen das Schicksal, wenn man es unterläßt, und könnte sterben. Du wirst, Beschützer der Armen, die Worte schon finden, die man dazu sagen muß."

Holden hatte sie einmal auswendig gelernt; er hatte damals natürlich nie daran gedacht, daß er sie jemals gebrauchen würde. – Die Berührung des Säbelknaufs in seiner Hand fühlte sich plötzlich an wie der Griff der winzigen Kinderhand – vorhin, dort droben im Zimmer – des Kindes, das sein Sohn war –, und eine wilde Furcht, es könnte ihm entrissen werden, überfiel Holden.

„Schlag zu!" rief Pir Khan. „Noch nie ist Leben in die Welt gekommen, es sei denn Leben dafür gegeben worden. Da: die Ziegen erheben ihre Köpfe! Jetzt! Und beim Schlag die Klinge ziehen!"

Holden begriff kaum, was er tat, als er zweimal zuschlug und dabei das mohammedanische Gebet hermurmelte, das da lautet:

„Allmächtiger! An Statt meines Sohnes bring ich dir dar: Leben für Leben, Blut für Blut, Haupt für Haupt, Bein für Bein, Haar für Haar, Haut für Haut."

Das Pferd draußen schnaubte und bäumte sich am Halfter beim Geruch des rauchenden Blutes, das Holdens Reitstiefel von oben bis unten bespritzt hatte.

„Gut getroffen", lobte Pir Khan und wischte die Klinge ab. „Ein Mann des Schwertes ist an dir verlorengegangen. Ziehe hin mit befreitem Gemüt, Himmelsentsprossener. Ich bin dein Diener und der Diener deines Sohnes. Möget ihr leben tausend Jahr und – gehört das ganze Fleisch der Ziegen mir?“ – Pir Khan zog sich zurück, um einen Monatslohn reicher.

Holden schwang sich in den Sattel und ritt dahin durch den tiefhängenden Holzrauch des Abends. Ein schwärmerisches Frohlocken erfüllte ihn, gemischt mit einer vagen Zärtlichkeit, die zwar niemand galt, ihn aber fast jauchzen machte, wie er sich so über den Hals seines aufgeregten Pferdes beugte. – ‚Niemals im Leben habe ich ähnliches gefühlt‘, dachte er bei sich, ‚ich werde in den Klub gehen und ausgelassen sein.‘

Man hatte sich soeben zum Billardspiel begeben, und das Zimmer war voll Herren. Holden trat ein, um endlich helles Licht zu sehen und Freunde – und sang aus vollem Halse:

„In Baltimore am Korso – eine Lady traf ich dort!“

„So? Haben Sie das?“ – sagte der Sekretär des Klubs aus seiner Rauchecke heraus. „Hat sie Ihnen denn nicht gesagt, daß Ihre Stiefel patschnaß sind? Meine Güte, Mensch! Es ist ja Blut!“

„Ach was!“ sagte Holden und nahm sein Queue vom Ständer, „darf man mitspielen? Tau ist's. Ich bin durch hohes Gras geritten. Oder meinetwegen: Wahrscheinlich haben meine Stiefel Blutwurst zu Mittag gegessen.“ Er trällerte:

„Ist's ein Mädel, kriegt's 'nen Trauring;
Wird's ein Bub, wird er Soldat,
Oder geht auf Deck spazieren
Als Matrose oder Maat – –“

„Gelb auf Blau – Grün kommt dran“, sagte der Markeur mit monotoner Stimme.

„Geht auf Deck spazieren. – So? Ich habe Grün? – Als Matrose oder – pfui Teufel, ein Gickser – als Matrose oder Maat.“

„Sie haben, weiß Gott, keinen Grund, zu krächzen“, meinte ein junger Streber von Zivilbeamten giftig, „die Regierung soll nicht besonders erbaut gewesen sein von Ihrer Tätigkeit bei Sanders drüben!“

„Oh! Eine Nase aus dem Hauptquartier?“ sagte Holden

mit einem geistesabwesenden Lächeln, „nun, ich werde mich zu trösten wissen."

Das Gespräch wurde allgemein; es drehte sich immer um dasselbe Thema: Beruf und Amt, und hielt Holden fest, bis es Zeit zum Aufbruch wurde. Dann ging er in seinen dunklen, leeren Junggesellen-Bungalow, wo ihn sein Diener mit dem Gesicht eines Menschen empfing, der alles weiß.

Holden blieb fast die ganze Nacht wach und baute Luftschlösser.

2

„Wie alt ist er jetzt?"

„Ya illah! – So kann auch nur ein Mann fragen! Rund sechs Wochen ist er alt, und heut nacht noch gehe ich aufs Dach hinauf mit dir, mein Leben, um die Sterne zu zählen, denn das bringt Glück. – Er ist an einem Freitag geboren und im Zeichen der Sonne. Man hat mir gesagt, er wird uns überleben und zu großem Reichtum gelangen. Können wir uns Besseres wünschen, Geliebter?"

„Nein, etwas Besseres gibt es nicht! Komm, gehen wir auf das Dach hinauf, und du sollst die Sterne zählen. Aber viel werden es nicht sein: Der Himmel ist voller Wolken."

„Die Winterregen sind heuer spät dran, fast schon nach der Saison. Also komm, ehe die Sterne ganz verschwinden! Ich habe meine besten Juwelen angelegt."

„Das Beste von allen hast du aber vergessen!"

„Ai! Richtig! Unser Juwel! Er kommt mit. Er hat noch nie den Himmel gesehen."

Amira klomm die schmale Leiter hinauf, die empor zum flachen Dache führte, und in ihrem Arm lag, still und mit weit offenen Augen, das Kind, eingehüllt in silberdurchwirkten Musselin, auf dem Köpfchen eine kleine Haube.

Amira trug allen Schmuck, den sie besaß: den diamantenen Nasenknopf, der wie das europäische Schönheitspflästerchen den Zweck hat, die feine Schweifung der Nüstern zu betonen – den goldenen Zierat mitten auf der Stirn, besetzt mit Smaragd- und Rubintropfen – die schwere Halskette aus gehämmertem Gold, die sich weich an ihren

Nacken schmiegte, und die klirrenden, getriebenen Silberreifen um die zarten, schlanken Fußknöchel. Sie war gekleidet in jadegrünen Musselin, wie es sich geziemt für eine Tochter aus dem Stamme der Gläubigen. – Von Schulter zu Ellbogen und von Ellbogen zum Gelenk liefen Braceletts aus Florettseide, mit Silberfäden durchzogen, und zarte Glasarmbänder fielen auf die Hand herab, um ihre Schmäle zu zeigen. Dazwischen schwere goldene Armreifen, die zwar keine Ornamente nach dem Geschmack der Asiaten zeigten, aber ein Geschenk Holdens waren und – versehen mit schönen europäischen Schlössern – Amiras besondere Freude bildeten.

Sie setzten sich beide auf das weiße, niedrige Ruhebett auf dem Dache und blickten hinab auf die Stadt mit den vielen Lichtern.

„Sicher sind sie glücklich, die da unten“, sagte Amira, „aber so glücklich wie wir können sie nicht sein. Ich glaube auch nicht, daß die weißen mem-logs glücklich sind. – Was meinst du?“

„Sie sind es gewiß nicht.“

„Woher weißt du das?“

„Sie überlassen ihre Kinder den Ammen.“

„Ich habe das noch nie gesehen“, sagte Amira mit einem tiefen Seufzer, „ich möchte es auch nie sehen – Ahi!“ – – sie ließ ihren Kopf auf Holdens Schulter sinken – „ich habe vierzig Sterne gezählt und bin so müde jetzt. Schau: das Kind! Es zählt auch, du Licht meines Lebens!“

Mit runden Augen starrte das Baby in die Dunkelheit des Firmamentes hinein. Amira legte es Holden in den Arm; es blieb dort ruhig liegen, ohne zu schreien oder zu weinen.

„Wie werden wir ihn nennen?“ fragte sie. „Schau ihn an! Könntest du jemals müde werden, ihn anzusehen?! – Er hat ganz deine Augen. – Nur der Mund – –“

„Ist von dir, Liebling. Wer wüßte das besser als ich?“

„So ein kleines Mündchen! Und doch hält es mein Herz zwischen den Lippen. Gib ihn mir wieder jetzt! So lange schon hab ich ihn nicht gehabt.“

„Nein, laß ihn noch; er hat noch nicht angefangen zu weinen.“

„Freilich, wenn er weint, dann gibst du ihn zurück – eh? Was ihr Männer doch für ein Volk seid! Je mehr er schreit, desto lieber hab ich ihn. Also: mein Leben, wie sollen wir ihn nennen?"

Hilflos und fest angeschmiegt lag der kleine Körper an seines Vaters Herzen; Holden wagte kaum zu atmen, um ihm nicht wehe zu tun. – – Der grüne Papagei im Käfig – der gute Geist des Hauses nach der Meinung der Eingeborenen – bewegte sich auf der Stange und schüttelte schlaftrunken sein Gefieder. – –

„Da haben wir die Antwort!" rief Holden. „Mian Mittu hat gesprochen! Mian Mittu, so heißt doch der Papagei in deiner – in der Sprache der Moslim – nicht wahr? – So soll auch der Name des Kleinen sein! Wenn er soweit ist, wird er schwätzen und herumlaufen wie ein Papagei."

„Und mich frägst du gar nicht?" schmollte Amira. „Wählen wir doch einen Namen, der englisch klingt, wenn auch nicht ganz. Ich bin ja seine Mutter!"

„Dann nenn ihn Tota; das klingt noch am meisten englisch."

„Ay, Tota, und das heißt fast soviel wie: Papagei! Verzeih mir, mein Herr und Gebieter, das, was ich soeben vor einer Sekunde gesagt habe, aber ich dachte, er ist noch viel zu klein, um ein so schweres Gewicht wie den Namen Mian Mittu tragen zu können. Ja: Tota soll es sein – unser Tota soll er sein! Hörst du mich, Kleines? Kindchen, du bist der Tota!" – Sie drückte seine Wange an die ihrige, und das Baby erwachte und begann zu weinen; die Mutter nahm es zärtlich in ihren Arm, wiegte es und sang leise den schönen Kinderreim, der da heißt:

„Aré koko, Jare kokó – – –
Krähe du! Fort mit dir, Krähe du! Baby schläft gesund.
Wilde Pflaumen wachsen im Busch, nur ein Penny das Pfund,
Nur ein Penny das Pfund, husch, husch –
nur ein Penny das Pfund."

Vielemal versichert, daß Zwetschgen so überaus billig seien, kuschelte sich Tota in Schlaf.

Die beiden sanften weißen Ochsen beim Brunnen wiederkäuten rastlos ihre Abendmahlzeit, und der alte Pir Khan kauerte zu Häupten des Pferdes seines Herrn, seinen Polizeisäbel auf den Knien und schlaftrunken an seiner Wasserpfeife saugend, die schnurgelte und quakte wie ein Riesenfrosch im Sumpf. Das schwere Holztor war verriegelt, und Amiras Mutter spann unten in der Veranda. Die Musik eines Hochzeitszuges tönte aus dem Summen der Stadt bis herauf auf das Dach, und ein paar fliegende Hunde huschten über das schimmernde Antlitz des Mondes.

„Ich habe gebetet", sagte Amira nach einer langen, stillen Pause, „ich habe um zwei Dinge gebetet: zuerst, daß ich an deiner Statt sterben möge, wenn dich der Tod ruft – und daß man mich von der Erde nähme an Stelle des Kindes. Ich habe zum Propheten gebetet und zu Bibi Mirjam, der Jungfrau. Glaubst du, sie haben meine Bitte gehört?"

„Wer würde von deinen Lippen nicht auch das leiseste Wort hören?!"

„Ich habe dich um ein kaltes, klares Wort gebeten, statt dessen antwortest du mir lieb und sanft. – Wird mein Gebet erhört werden?"

„Wie kann ich das wissen! Gott ist allgütig."

„Dessen bin ich nicht so sicher! Hör mich an: Wenn ich stürbe oder das Kind, was wird dann dein Schicksal sein? Lebst du, dann wirst du zurückkehren zu den frechen, weißen mem-logs, denn Art schreit nach Art."

„Nicht immer."

„Bei einer Frau, nein; aber bei Männern ist es anders. Du wirst in deinem Leben – später – zurückkehren zu deinem Volk. Ich werde es tragen können, denn dann bin ich nicht mehr. Aber wenn du stirbst, dann gehst du fort in ein mir fremdes Land und in ein Paradies, das ich nicht kenne."

„Ob es wohl das Paradies sein wird?"

„Sicher, denn wer könnte dir Böses wünschen? Aber wir zwei – ich und das Kind – werden anderswo sein und nicht zu dir kommen können – so wenig, wie du zu uns kommen kannst. In früheren Tagen, bevor das Kind geboren wurde, habe ich an solche Dinge nie gedacht; aber jetzt verläßt mich der Gedanke nicht. Es liegt mir schwer auf dem Herzen."

„Es wird kommen, wie es bestimmt ist. Das ‚Morgen' kennen wir nicht, aber das ‚Heute', und die Liebe, die kennen wir. Und heute sind wir glücklich."

„So glücklich, daß es gut wäre, wir schmiedeten unser Glück für immer fest. Deine Bibi Mirjam wird meine Bitte hören, denn sie ist ein Weib wie ich, aber sie wird mich beneiden! Es soll nicht sein, daß ein Mann ein Weib anbetet."

Holden lachte auf bei diesem seltsamen Eifersuchtsausbruch Amiras. „Du glaubst, es ist nicht recht? Warum erlaubst du mir dann, daß ich dich anbete, Amira?"

„Du? Mich anbeten? Du mein König: Trotz deiner süßen, lieben Worte weiß ich doch immer, daß ich nur deine Sklavin bin und Staub zu deinen Füßen. Ich möchte auch nicht, daß es je anders sei. Schau!"

Und ehe Holden sie daran hindern konnte, beugte sie sich vor und berührte seine Füße – stand dann leise lachend auf und drückte Tota an die Brust. Dann fuhr sie fort, fast wild:

„Ist es wahr, daß die frechen weißen mem-logs dreimal länger leben als wir anderen Frauen? Ist es wahr, daß sie nicht früher heiraten, als bis sie alte Weiber geworden sind?"

„Sie heiraten wie andere auch – wenn sie erwachsene Frauen geworden sind."

„Das weiß ich, aber sie sollen sich mit fünfundzwanzig Jahren vermählen. Ist das wahr?"

„Ja, das ist wahr."

„Ya illah! Mit fünfundzwanzig! Wer heiratet freiwillig ein Weib, wenn es schon achtzehn ist? Ein Weib – es altert doch von Stunde zu Stunde! Fünfundzwanzig! Ich werde in dem Alter eine alte Frau sein – und diese mem-logs bleiben ewig jung. Oh, wie ich sie hasse!"

„Was hat das mit uns zu tun?"

„Das kann ich nicht sagen. Ich weiß nur: Heute schon kann das Weib auf Erden leben, das zehn Jahre älter ist als ich und zu dir kommen wird und mir deine Liebe rauben, wenn ich eine grauharige Greisin sein werde und die Dienerin Totas. Das ist ungerecht und schlimm. Oh, wenn sie doch stürbe!"

„Nun, trotz deiner Jahre bist du doch noch ein Kind, das man nehmen und die Leiter hinuntertragen muß."

„Tota! Gib acht auf Tota, mein Herr und Gebieter! Du bist wirklich noch so närrisch wie ein Baby!“ – Und Amira barg sorgsam Tota an ihrer Brust, damit ihm nichts geschehe, und wurde lachend von Holden auf den Armen hinuntergetragen, wobei das Kindchen, die Augen weit offen, lächelte, wie Engel lächeln.

Es war ein stilles Kind, und ehe Holden noch richtig begriffen hatte, daß es wirklich und wahrhaftig auf der Welt war, hatte es sich bereits in einen kleinen goldfarbenen Gott verwandelt und sich zum unbestrittenen Despoten in dem Hause, das da hinabsah auf die Stadt, aufgeschwungen. Es waren Monate ungetrübten Glückes für Amira und Holden – des Glückes in einer Welt, die abgeschlossen war durch das Holztor und bewacht wurde von Pir Khan. Tagsüber erfüllte Holden seine Amtspflichten, tiefes Bedauern für alle im Herzen, die nicht so glücklich waren wie er, und voll Sympathie für kleine Kinder, die auf den engen Spielplätzen ihre Mütter in Entzücken und Staunen versetzten. Brach der Abend an, kehrte er zu Amira zurück, die immer von neuen Wundertaten Totas zu berichten wußte: wie er bereits zielbewußt die Finger zu bewegen verstünde – was offenbar ein Mirakel bedeutete – und später, daß er aus eigenem Antrieb sein niedriges Bettchen verlassen habe und auf dem Boden herumgekrochen sei – einmal drei Atemzüge lang aufrecht auf zwei Beinen.

„Und es waren sogar lange Atemzüge“, erklärte Amira; „ich weiß es bestimmt, denn mir stand das Herz still vor Wonne.“

Später nahm Tota das Getier des Hauses in Augenschein: die Brunnenochsen, die kleinen grauen Eichhörnchen, die Schnattergans, die in einem nassen Loch beim Brunnen wohnte, und insbesondere Mian Mittu, den Papagei, der immer furchtbar schrie, wenn ihn Tota bei den Schwanzfedern zauste – bis Amira oder Holden zu Hilfe eilten.

„Du Bösewicht! Du gewalttätiges Kind!“ pflegte Amira bei solchen Gelegenheiten zu schelten, „so etwas deinem Bruder oben auf dem Hausdach?! Tobah, Tobah! Pfui! Pfui! Aber wart, ich weiß einen Zauberspruch, der macht dich weise wie Suleiman und Aflatoun. Da schau“ – und sie reichte dem Kind eine Handvoll Mandeln hin – „schau! Wir zählen jetzt bis sieben. Im Namen Gottes!" – Dabei hebt sie den wütenden und schlimm zerzausten Papagei auf seinen Käfig hinauf, setzt sich zwischen ihn und das Kind, knackt und schält eine Mandel und hält sie mit ihren weißen Zähnen fest: „Lach nicht, mein Leben, – es ist ein wirklicher Zauber. Schau, ich gebe Mian Mittu die eine Hälfte und Tota die andere!" – Behutsam holte sich der Vogel mit dem Schnabel seinen Teil, und die andere Hälfte küßte sie in den Mund des Kindchens hinein, das langsam die Mandel aß mit verwunderten Augen. „Das werden wir sieben Tage hindurch tun; dann wird unser kleiner Sohn ein kühner Redner und ein Weiser werden. Sag, Tota, was wird sein, bis du ein Mann bist und ich eine alte, grauhaarige Frau?" – Tota verschlang seine fetten Beinchen als Antwort zu den erstaunlichsten Verknotungen. Kriechen? Ja, aber seine Jugend mit eitlen Gesprächen verbringen? Nein! – Wonach es ihn gelüstete, war: Mian Mittu wieder in den Schweif zu zwicken.

Als er soweit war, die Würde eines kleinen silbernen Halsbandes schätzen zu können, das ihm, mit einem magischen Plättchen versehen, umhing als größter Teil seiner Bekleidung, kletterte er nach langer, gefahrvoller Reise hinab in den Garten zu Pir Khan und bot ihm seinen ganzen Schmuck dar – denn er hatte einst die Großmutter belauscht, wie sie mit Hausierern schacherte – für einen Ritt auf Holdens Pferd. Pir Khan vergoß Tränen und setzte zum Zeichen seiner Unterwürfigkeit die kleinen, ungeübten Füßchen auf sein graues Haupt; dann trug er den Abenteurer in die Arme der Mutter zurück und schwur, Tota würde, noch ehe ihm ein Bart wüchse, ein Führer der Menschheit werden.

An einem heißen Abend, als Tota zwischen Vater und Mutter auf dem Dache saß und beobachtete, wie die Gassenjungen Papierdrachen steigen ließen, verlangte er plötzlich, selbst ein solches Ding zu besitzen, das aber Pir Khan steigen lassen müsse – denn er selbst fühlte sich Sachen gegenüber, die größer waren als er selbst, nicht recht geheuer. – Als Holden dazu lachte und meinte, er sei doch noch ein „winziges Fünkchen", stellte er sich auf die Füße und verteidigte seine kürzlich erst erworbene Individualität mit den gravitätischen Worten: „Hum park nahin hai. Hum admi hai“ (Ich bin kein Fünkchen; ich bin ein Mann).

Dieser Ausspruch erschreckte Holden förmlich und zwang ihn direkt, über Totas Zukunft nachzudenken. Die Gedanken wollten nicht mehr aus seinem Kopf: Dieses Leben ist fast zu schön, als daß es ewig dauern könnte! – – – – – – – Und bald zerschellte auch das Glück, wie so vieles einem entrissen wird in Indien – plötzlich, wie durch einen Blitz aus heiterm Himmel. – – Der kleine Herr des Hauses, wie ihn Pir Khan zu nennen pflegte, wurde eines Tages traurig und klagte über Schmerzen, deren Ursache nicht zu ermitteln war. Amira, außer sich vor Entsetzen, wachte die ganze Nacht bei ihm, aber in der Dämmerung des zweiten Tages schüttelte das Fieber – das gefürchtete Herbstfieber – das Leben aus dem kleinen Körper. – Es kam so plötzlich, und es war so unwahrscheinlich, Tota könne sterben, daß weder Amira noch Holden ihren Augen trauten, auf dem Bettchen läge eine kleine Leiche. Dann schlug Amira den Kopf gegen die Mauer und hätte sich in den Brunnen gestürzt, wenn nicht Holden sie mit aller Kraft davon abgehalten hätte.

Nur eine Gunst gewährte ihm das Schicksal: Als er im Sonnenschein ins Amt geritten war, fand er eine schwere Postarbeit vor, die seine ganze Aufmerksamkeit in Anspruch nahm. Aber er hatte für diese Gnade der Götter nur ein totes Herz.

3

Wird ein Mensch von einer Kugel getroffen, so fühlt er zuerst nur einen starken Schlag; zehn bis fünfzehn Sekunden vergehen, ehe der Körper die Verstümmelung der Seele meldet. – Auch Holden wurde seines Schmerzes nur allmählich gewahr – so, wie er sich einst auch nur langsam seines Glükkes bewußt geworden. Zuerst hatte er nur die Empfindung eines erlittenen Verlustes und fühlte, daß Amira des Trostes bedurfte, wie sie so dasaß, den Kopf auf den Knien, und jedesmal zusammenschauderte, wenn Mian Mittu auf dem Dach oben rief: „Tota! Tota! Tota!“ – Später aber war es, als stünde die ganze Welt und das tägliche Leben selbst gegen ihn auf, ihn zu verwunden. – Klang es nicht fast wie Hohn, daß am Abend die Knaben draußen jubelten und tobten, wo doch sein eigenes Kind gestorben war! Es peitschte ihn fort, wenn ihn ein Junge ansprach und ihm erzählen wollte, wie sich sein Vater gefreut habe über diese oder jene kleine kindliche Tat. Er mußte seinen Schmerz hinunterwürgen – hatte er doch nirgends Sympathien, nirgends Trost oder Zuspruch; Amira selbst, wenn er müde heimkam von der Arbeit, trieb ihn durch die Hölle der Selbstvorwürfe: Vielleicht hätte ein wenig mehr Sorgfalt dem Kinde das Leben gerettet – nur ein ganz klein wenig mehr Umsicht, wie es Eltern zu tun pflegen, denen ein Kind entrissen worden.

„Vielleicht", so sagte Amira immer und immer, „habe ich nicht auf alles geachtet. Meinst du nicht auch? Damals, als er so lang auf dem Dach gespielt hat, schien die Sonne so heiß – und – ich habe mir das Haar geflochten! Ahi! Vielleicht hat die Sonne das Fieber in ihm ausgebrütet. Hätte ich ihn vor ihr gewarnt, er wäre jetzt noch am Leben. Oh, sag mir doch, daß ich schuldlos bin! Du weißt, ich habe ihn geliebt, wie ich dich liebe. Sag, daß keine Schuld auf mir ruht, oder ich muß sterben – ich muß sterben!"

„Du hast keine Schuld, bei Gott – keine. Es hat im Buche des Schicksals geschrieben gestanden; was hätten wir da tun können, ihn zu retten? Was geschehen ist, ist geschehen. Laß Vergangenheit Vergangenheit sein."

„Für mich war er mein ganzes Herz. Wie kann ich den Gedanken verscheuchen, wo doch die lange Nacht hindurch mein Arm mich beständig mahnt: Wo ist er? Ahi! Ahi! Oh, Tota, komm zurück zu mir – zurück zu mir, damit alles wieder so ist, wie es war!"

„Still! Still! Um deinetwillen – und – auch um meinetwillen: schweig!"

„Daran sehe ich, daß du nicht Kummer im Herzen trägst; und wie könnte es auch sein? Die weißen Männer haben steinerne Herzen und Seelen aus Eisen. Oh, hätte ich doch einen Mann aus meinem Stamme geheiratet – ich weiß, er hätte mich geschlagen, aber ich hätte nie das Brot eines Fremden gegessen!"

„Ich, ein Fremder? – Der Mutter meines Sohnes?"

„Was sonst, Sahib? – – – Oh, verzeih mir – verzeih mir! Der Tod hat mich wahnsinnig gemacht. Du, du bist das Leben meines Herzens und das Licht meiner Augen und der Atem meines Lebens, und – und ich hab dich von mir gestoßen, wenn auch nur einen Augenblick. Wenn du von mir gehst, bei wem soll ich Hilfe suchen? Sei nicht zornig! Wirklich, es war nur der Schmerz, der aus mir gesprochen hat, und nicht ich, deine Sklavin."

„Ich weiß, ich weiß. Wir sind zwei – und sind drei gewesen. Um so größer die Notwendigkeit, daß wir jetzt eins sein sollen." – – – Sie saßen beisammen auf dem Dach des Hauses nach alter Gewohnheit. Es war eine warme Vorfrühlingsnacht, und Blitze tanzten am Horizont zum Trommelton des fernen Donners. – Amira hatte sich in Holdens Arm geschmiegt.

„Die trockene Erde lechzt wie eine verdurstende Kuh nach Wasser und – und ich fürchte mich. Ist's nicht wie damals, als wir die Sterne zählten? Aber liebst du mich noch wie früher, als – als das Band uns noch zusammenhielt? Sag!"

„Ich liebe dich noch mehr, denn der Schmerz, den wir beide aus dem Becher des Leides schlürfen mußten, hat ein neues Band geschaffen; das weißt du."

„Ja, ich weiß", flüsterte Amira, „aber es ist so gut, es immer wieder aus deinem Mund zu hören, mein Leben. Du bist so stark. Aber auch ich will kein Kind mehr sein und dir helfen! – Gib mir meine Sitar, und ich will tapfer sein und singen."

Und sie nahm die leichte silberbeschlagene Sitar und begann ein Lied zu singen von dem großen Helden Radscha Rasalu; doch bald irrten ihre Finger über die Saiten – ein tiefer Akkord, und das arme, kleine Ammenliedchen von der bösen Krähe erklang:

„Und wilde Pflaumen wachsen im Busch, nur ein Penny das Pfund, Nur ein Penny das Pfund, Husch, Husch – nur ein Penny das Pfund."

Dann ein Tränenstrom und herzzerbrechende Anklagen gegen das Schicksal, bis sie in Schlaf sank, im Traum noch schluchzend und den Arm gebeugt, als behüte sie etwas, das nicht da war.

Seit jener Nacht wurde das Leben endlich etwas leichter für Holden. Die ewige Gegenwart des Schmerzes um den erlittenen Verlust trieb ihn zur Arbeit, und die Arbeit lohnte es ihm, indem sie sein Gemüt für neun oder zehn Stunden täglich gefangennahm. – Unterdessen saß Amira allein zu Hause und brütete vor sich hin; aber allmählich fühlte sie sich glücklicher, da sie sah, daß es Holden besser ging – wie es so Frauenart ist. Wiederum kosteten sie das Glück, aber diesmal behutsamer:

„Tota mußte sterben, weil wir ihn so lieb hatten; die Eifersucht Gottes lastete auf uns", sagte sie. „Ich habe einen großen, schwarzen Krug vors Fenster gestellt, um den bösen Blick von uns abzuwenden; und wir dürfen unser Entzücken nicht merken lassen, sondern ganz still unter den Sternen dahinwandeln, sonst findet uns Gott. Hab ich nicht recht, du – Elender?" – – sie sagte: „Elender" statt „Geliebter", um ihrer Theorie Ausdruck zu geben, man solle sein Glück verstecken. Aber der Kuß, den sie gleich darauf Holden gab, war so heiß, daß er wohl den Neid jeder Gottheit erregt hätte. In Zukunft beschränkten sie sich darauf, bei jeder Gelegenheit zu sagen: „Es ist nichts, gar nichts" – hoffend, daß die Hohen Mächte es hören würden.

Aber die Hohen Mächte waren anderweitig beschäftigt. Sie hatten einem Dreißig-Millionen-Volk vier Jahre Wohlstand geschenkt: Die Menschen gediehen und nahmen an Rundung sichtlich zu; die Ernte kam gut herein, die Geburtsziffern stiegen von Jahr zu Jahr, und die Ackerbauberichte erhöhten sich von der Zahl neunhundert auf zweitausend pro Quadratmeile bepflanzten Bodens. – Der Abgeordnete von „Klein-Tutting" durchwanderte Indien in Zylinder und Gehrock, schwätzte ein langes und breites über die Wohltat der englischen Regierungsmaßnahmen, schlug, als dringend wichtig, eine allgemeine Wahlreform vor und eine Generalbeschenkung der Gerechtsamen. Seine leidensgewohnten Gastgeber lächelten dazu und hießen ihn willkommen, und wenn er gelegentlich eine Pause in seinem Geschwätz eintreten ließ, um auf irgendeinen frühzeitig in Blüte stehenden

Dhak-Baum als auf ein günstiges Vorzeichen kommender froher Begebnisse hinzuweisen, lächelten sie noch mehr.

Der Distriktskommissar von Kot-Kumharsen war es, der anläßlich eines Tagesaufenthaltes im Klub eine Nachricht brachte, die Holden derart das Blut in den Adern erstarren machte, daß er das Ende der Erzählung nicht mehr verstand. Wie aus weiter Ferne hörte er, wie Satz sich an Satz reihte, bisweilen unterbrochen von Fragen der Zuhörer:

„– – und da war Schluß mit dem Gequassel. Hab noch nie einen Menschen so erstaunt gesehen. – Bei Gott, ich glaubte schon, er wolle eine Frage an ein leeres Parlament stellen. – – Mitpassagier auf seinem Schiff gewesen – schwätzte was über Cholera – dann war er tot in achtzehn Stunden – jawohl. Da gibt's nichts zu lachen, meine Herren. – Der Abgeordnete von Klein-Tutting rast – besser gesagt: Das Herz hat er in den Hosen – – gedenkt, seine werte Person aus Indien fluchtartig zu entfernen."

„Ich möchte es mich etwas kosten lassen, wenn ihn der Teufel holte. Würde gern ein paar Küster seines Gelichters auf ihr eigenes Kirchspielbegräbnis schicken. – Aber was ist's mit der Cholera? Man hört da neuerdings wieder allerhand ‚Gerüchte'", sagte der Vorstand einer dividendenlosen Salzlecke.

„Weiß nichts Genaues", entgegnete der Deputatskommissar nachdenklich. – „Es schwirrt durch die Luft wie Heuschrekken. – Sporadisches Auftreten der Cholera oben im Norden – wir nennen's nämlich ‚sporadisch' des Anstands halber. – Die Frühlingssaat steht niedrig in fünf Distrikten, und die Leute haben schon fast vergessen, wie Regen aussieht. Dabei ist beinahe März. – Ich will niemand verknobeln, aber mir scheint, die Natur wird heuer den Rotstift zur Hand nehmen. Noch im Sommer."

„Natürlich, gerade jetzt, wo ich mir Urlaub zu nehmen gedenke!" rief eine Stimme aus dem Hintergrund.

„Viel Urlaub wird's dies Jahr nicht geben, wohl aber desto mehr Avancement! – Ich bin hergereist, um der Regierung nahezulegen, daß mein Bewässerungskanalprojekt auf die Liste der Hungersnotstandsarbeiten gesetzt wird. Es weht ein böser Wind, der nichts Gutes verheißt. Der Kanal muß endlich fertig werden."

„Immer das gleiche, alte Programm also“, sagte Holden, „Hungersnot, Fieber, Cholera?“

„Ach nein. Nur die übliche Schlamperei und ein besonders zahlreiches Auftreten der Saisonkrankheiten. Sie werden es nächstes Jahr in den Statistiken lesen, wenn – Sie noch am Leben sind! – Aber was denn, Sie! Sie sind ein glücklicher Bursche: Sie haben kein Weib daheim, dessentwegen Sie sich sorgen müßten. Die Bergstationen werden heuer voll von Frauen sein!“

„Ich glaube, Sie übertreiben ein wenig das Basargeschwätz“, fiel ein junger Zivilbeamter des Sekretariats ein. „Ich habe beobachtet –“

„So? Sie haben?“ – unterbrach der Kommissar. „Sie werden sehr bald noch viel mehr zu beobachten haben, mein Sohn. Inzwischen möchte ich Ihnen aber – –“ und er nahm den jungen Herrn beiseite, um mit ihm über das Kanalprojekt zu diskutieren, das ihm so am Herzen lag.

Holden ging in seinen Junggesellen-Bungalow, und es kam ihm mit aller Deutlichkeit zu Bewußtsein, daß er nicht allein auf der Welt war und der Furcht um ein anderes Wesen preisgegeben – die einzige Furcht des Menschen, die seiner Seele nützt.

Zwei Monate später traf ein, was der Kommissar vorausgesagt hatte: Die Natur nahm den „Rotstift“ zur Hand. Der Frühlingsmißernte auf dem Fuß folgte der Schrei nach Brot, und da die Regierung beschlossen hatte, niemand dürfe an Mangel sterben, schickte sie Weizen. – Aber da kam die Cholera aus allen vier Richtungen der Windrose. Im Nu war eine halbe Million Menschen auf den Beinen und pilgerte zu irgendeinem heiligen Schrein. Viele starben zu den Füßen ihres Gottes; andere packte es „nur“, und sie eilten durch das Land, die Pestilenz mit sich herumschleppend und von Dorf zu Dorf tragend. Das Volk belagerte die Eisenbahnzüge, hing auf den Trittbrettern und quetschte sich auf den Dächern der Waggons, aber – die Cholera folgte ihnen: Auf jeder Station lud man Tote und Sterbende aus. – Sie starben am Wegesrand, und die Pferde der Engländer scheuten vor den Leichen im Gras. Kein Tropfen Regen wollte fallen, und die Erde verwandelte sich in Eisen, damit die Menschen dem

Tod nicht entrännen, indem sie sich eingruben. Die Engländer schickten ihre Frauen in die Berge und gingen an ihre gewohnte Arbeit, einander ersetzend, wenn der Vordermann – erledigt war.

Holden, fast krank vor Furcht, er könne sein Liebstes auf Erden verlieren, tat sein Bestes, Amira zu überreden, mit ihrer Mutter ins Himalajagebiet zu fliehen.

„Warum soll ich gehen?" fragte sie, als sie eines Abends wieder auf dem Dach saßen.

„Überall wütet die Krankheit, und das Volk stirbt dahin. Alle weißen mem-logs sind bereits fort."

„Alle?"

„Alle – höchstens ist noch hie und da ein Dickschädel zurückgeblieben und macht dem Gatten das Herz schwer, indem sie sich der Todesgefahr aussetzt."

„Oh, die dableibt, ist meine Schwester, und du darfst sie nicht beschimpfen, denn ich will auch so ein Dickschädel sein. Ich bin froh, daß die Frechen der weißen mem-logs alle fortgegangen sind."

„Spreche ich mit einer Frau oder mit einem Kind? – Geh in die Berge, und ich werde dafür sorgen, daß du wie eine Königstochter reist. – Denk nur, Kind: in einem rotlackierten Ochsengefährt, verschleiert und hinter Vorhängen, Messingpfauen auf dem Verdeck und rote Tuchbehänge! Zwei Ordonnanzen gebe ich dir mit zum Schutz, und – – –"

„Still! Jetzt sprichst du wie ein Kind! Was soll mir dieser Tand? – Tota hätte die Ochsen getätschelt und mit dem Zierat gespielt – vielleicht seinetwegen hätte ich mich zur Engländerin machen lassen und wäre gereist. Aber so? Ich will nicht. – Sollen die mem-logs davonlaufen!"

„Aber ihre Gatten schicken sie doch fort, Geliebte!"

„Eine treffliche Ausrede. Seit wann bist du mein Gatte gewesen, um mir zu sagen, was ich tun soll? Ich habe dir lediglich einen Sohn geboren. Du allein bist das Um und Auf meiner Seele. Wie könnte ich abreisen mit der Furcht im Herzen: Was, wenn dich ein Unheil befällt? Und wenn es auch nur gering wäre wie der Nagel meines kleinen Fingers – und der ist doch gewiß klein, nicht wahr? –, ich würde es merken, und wäre ich selbst im Paradies! Und wenn ich denke, du könntest hier sterben im Sommer – ai, jani – sterben! Ans Sterbebett würden sie dir ein weißes Weib schicken! Sie würde mir deine Liebe rauben!"

„Liebe entsteht nicht in einem Augenblick und auch nicht auf dem Totenbett."

„Was verstehst du von Liebe, du steinernes Herz? Sie würde deinen Dank mit sich nehmen, und das, bei Gott und dem Propheten und bei Bibi Mirjam, der Mutter des Propheten – das könnte ich nicht ertragen. Mein Herr und Geliebter, sprich nicht mehr so närrisch zu mir von Weggehen! Wo du bist, da bin auch ich. Es ist genug." – Und sie schlang ihren Arm um seinen Nacken und verschloß ihm den Mund mit der Hand.

Kein Glück ist so überwältigend wie das unter dem Damoklesschwert! Sie saßen beisammen und lachten – gaben einander Kosenamen, offen und ohne Scheu vor der Eifersucht der Götter.

Unten die Stadt wand sich in Qual und Angst; Schwefelfeuer schwelten in den Straßen, die Tritonmuscheln in den Hindutempeln heulten und bellten, denn die Götter waren unaufmerksam in jenen Tagen. Ein Gottesdienst wurde abgehalten vor dem großen mohammedanischen Heiligenschrein, und unaufhörlich tönten die Gebete von den Minaretten. Aus den Häusern erscholl Totenklage und da und dort der Schrei einer Mutter, die ihr Kind verloren hatte und verzweiflungsvoll jammerte, es möge wieder zum Leben erwachen. – Sie sahen, wie man die Leichen hinaustrug durch die Stadt – ein kleines klagendes Gefolge hinterdrein –, sahen es, küßten sich und – schauderten.

Der Tod hielt eine furchtbare Ernte, denn das Land war krank und brauchte eine Atempause, ehe das ärmliche Leben wieder anfangen konnte, auch nur schwach zu pulsieren. Die Kinder unreifer Väter und unentwickelter Mütter leisteten der Epidemie gar keinen Widerstand; es überfiel sie, und sie saßen still, bis das Schwert des Novembers sie hinraffte, wenn das Schicksal es wollte. Auch in die Reihen der Engländer wurden Breschen gerissen, aber immer wieder von neuen Menschen ausgefüllt. Die Hungersnotbehörde trat in Tätigkeit, Cholerabaracken erstanden, Medizinen wurden verteilt

– kurz, alle die kleinen, fast wirkungslosen Sanitätsmaßnahmen wurden getroffen, die die Regierung befohlen hatte.

Holden mußte sich bereit halten, jeden Augenblick seinen Vormann zu ersetzen, falls dieser weggerafft werden sollte. Oft vergingen zwölf Tagesstunden, ehe er Amira wiedersehen durfte – sie konnte inzwischen gestorben sein! – Er malte sich den namenlosen Schmerz aus, wenn ihn das Los träfe, drei Monate fern von ihr sein zu müssen; oder wenn sie stürbe in seiner Abwesenheit.

So gewiß wußte er in seinem Innern, daß sie ihm entrissen werden würde – so unfehlbar gewiß, daß er nur krampfhaft auflachte, als eines Tages Pir Khan atemlos vor ihm stand im Torweg.

„Und?“ fragte Holden kurz.

„Wenn in der Nacht sich ein Schrei aus der Brust ringt und der Geist die Kehle drosselt, wer hätte da noch einen helfenden Zauberspruch? Komm schnell, Himmelsentsprossener! Es ist die schwarze Cholera.“

Holden raste auf seinem Pferd in gestrecktem Galopp nach Hause. Der Himmel war schwer von Wolken, denn der langersehnte Regen hing in der Luft; die Hitze brütete zum Ersticken. Amiras Mutter kam ihm entgegen in den Hof und winselte: „Sie stirbt. Sie huschelt sich selbst in den Tod hinein. Sie ist fast schon gestorben. Was soll ich tun, Sahib?“

Amira lag in dem Zimmer, in dem sie Tota geboren hatte. Sie erkannte Holden nicht mehr, als er eintrat; die menschliche Seele ist ein einsames Wesen: Wenn sie sich rüstet zum Aufbruch, schweift sie hinüber in das dunkle Grenzland, in das ihr die Lebenden nicht folgen können. Die schwarze Cholera vollbringt ihr Werk, stumm – erbarmungslos, aber ohne Kampf. Amira schied aus dem Leben, als hätte der Engel des Todes selbst sie bei der Hand genommen. Die schnellen Atemzüge bewiesen, daß sie weder litt noch sich fürchtete, aber weder Lippen noch Augen gaben eine Antwort auf Holdens Küsse. Da war kein Rat mehr und keine Hilfe. – Holden konnte nur schweigen, warten und leiden. Draußen fielen die ersten Regentropfen auf die Dächer, und er konnte die Freudenschreie hören, die durch die Straßen der entvölkerten Stadt liefen.

Da kam die Seele Amiras für einen Augenblick zurück, und die Lippen bewegten sich. Holden beugte sich über sie. „Nimm nichts von meinen Sachen", flüsterte sie, „nimm nicht ein Haar von meinem Haupte. ‚Sie' – die andere – würde später alles verbrennen. Die Flamme würde auch mich verzehren! Tiefer! Beug dich tiefer zu mir herab! Nur an das eine denke immer: daß ich dein war und dir einen Sohn geboren habe. Und wenn du morgen ein weißes Weib freiest und hältst in den Armen deinen Sohn – einen Sohn, der vor allen Menschen deinen Namen tragen wird –, so denke an mich. Alles Unheil, das ihn treffen könnte, falle auf mein Haupt. – – Zeuge bin –" ihre Lippen hauchten die Worte des mohammedanischen Glaubensbekenntnisses in sein Ohr: „Zeuge bin ich: Es gibt nur einen Gott – aber das bist du, Geliebter!"

Dann verschied sie. Holden saß regungslos, und alles Denken war von ihm gewichen – bis er hörte, daß Amiras Mutter den Vorhang hob.

„Ist sie tot, Sahib?"

„Tot."

„Dann will ich die Totenklage anstimmen und nachher ein Verzeichnis der Möbel aufnehmen. Denn sie gehören mir. Der Sahib wird sie doch nicht beanspruchen? Es ist wenig, Sahib, sehr wenig, und ich bin ein altes Weib. Ich möcht es gern behaglich haben."

„Um Gottes Barmherzigkeit willen, schweig! Geh hinaus und stimm die Totenklage an, wo ich es nicht höre."

„Sahib, sie muß in vier Stunden bestattet werden!"

„Ich weiß, es ist so Sitte. Ich werde gehen, ehe sie sie holen. Ich lege es in deine Hand. Sieh zu, daß das Bett, auf dem – auf dem sie liegt –"

„Aha! Das schöne rotlackierte Bett. Ich hab's schon lang gewünscht."

„Daß das Bett unberührt bleibt und zu meiner Verfügung. Alles übrige im Haus ist dein. Miete einen Karren, nimm alles, geh fort; noch vor Sonnenuntergang darf nichts mehr hier sein, außer das, was du zu respektieren hast, wie ich dir gesagt habe."

„Ich bin ein altes Weib. Wenn ich wenigstens bleiben

könnte über die Tage der Totenklage und bis der Regen nachläßt. Wohin soll ich denn gehen?"

„Was kümmert das mich? Mein Befehl lautet: Du hast zu gehen. Das Hausgerät ist tausend Rupien wert, und meine Ordonnanz wird dir heute nacht hundert Rupien bringen."

„Das ist wenig, sehr wenig. Bedenke, was die Karrenmiete kostet."

„Es wird zu nichts zusammenschrumpfen, wenn du nicht gehst, und zwar sofort. – Weib, geh hinaus und laß mich allein mit meiner Toten!"

Die Alte schlurfte die Treppe hinunter, und vor lauter Gier nach den Sachen im Haus vergaß sie die Totenklage. Holden stand an Amiras Lager, und die Regenschauer prasselten auf das Dach hernieder – er konnte infolge des lauten Geräusches keinen klaren Gedanken fassen, so sehr er sich auch bemühte. Dann kamen vier verhüllte Gespenster hereingetrippelt und starrten ihn an durch ihre Schleier: Leichenwäscherinnen. Holden verließ das Zimmer und ging hinaus zu seinem Pferd. Gekommen war er in totem, erstickendem Dunst und durch fußtiefen Staub – jetzt schien der ganze Hofraum eine einzige Regenpfütze zu sein, belebt von Fröschen; ein gelber Wasserstrom lief unter dem Tor durch, und ein heulender Wind jagte Güsse wie Flintensalven gegen die Lehmmauern. Pir Khan schauderte in seiner kleinen Hütte neben dem Eingang, und das Pferd stampfte mit den Hufen in die Nässe.

„Ich habe die Befehle des Sahibs erhalten", sagte Pir Khan. „Es ist gut. Das Haus ist jetzt verödet. Auch ich gehe, denn mein Affengesicht könnte Erinnerungen in dir wecken an das, was dahin ist. Was das Bett betrifft, so werde ich es in der Frühe in dein Haus hinüberbringen; aber bedenke, Sahib, es wird dir wie ein Messer sein, das in einer frischen Wunde wühlt. Ich gehe auf die Pilgerschaft, und ich nehme kein Geld von dir. Ich bin dick und fett geworden unter dem Schutz der Gegenwart dessen, dessen Leid auch mein Leid ist. Zum letztenmal halte ich jetzt seinen Steigbügel."

Er berührte Holdens Fuß mit beiden Händen, und das Pferd jagte hinaus auf die Landstraße, wo der hohe Bambus den Himmel peitschte und die Frösche quakten. Holden konnte wegen des Regens in seinem Gesicht kaum sehen. Er preßte die Hand vor die Augen und murmelte:

„O du Scheusal! O du grauenhaftes Scheusal!“

Die Nachricht von seinem Schicksalsschlag war ihm bereits vorausgeeilt in seinen Bungalow. Er las es in den Augen seines Dieners, Achmed Khan, als dieser ihm das Essen brachte; zum ersten- und letztenmal im Leben legte ihm der Mann die Hand auf die Schulter. – „Iß, Sahib! Iß!“ – sagte er. „Essen ist das Beste gegen Kummer. Ich hab's einst auch an mir erfahren. – Die Schatten kommen und – gehen, Sahib! – Die Schatten kommen und gehen. Hier hast du Eier mit Pfeffer.“

Holden konnte weder essen noch schlafen. Acht Zoll Regen schüttete der Himmel in dieser Nacht herab und wusch die Erde rein. Die Fluten rissen Mauern nieder, zerstörten die Straßen und wuschen die seichten Gräber der mohammedanischen Begräbnisstätten auf. Den ganzen folgenden Tag regnete es, und Holden saß regungslos in seinem Haus und wühlte in seinem Gram. Am Morgen des dritten Tages erhielt er ein lakonisches Telegramm des Inhalts: „Ricketts, Myndonie, im Sterben. Holden antreten. Sogleich.“

Ehe er abreiste, wollte er noch einen Blick tun in das Haus, wo er einst König und Gebieter gewesen.

Das Wetter hatte sich aufgehellt; die nasse Erde dampfte.

Die Regengüsse hatten die Lehmpfeiler beim Tor eingerissen, und das Tor selbst, das einst sein alles hienieden behütet, hing lose in den Angeln. Drei Zoll hoch war Gras im Hof aufgeschossen; Pir Khans Hütte stand leer, und der aufgeweichte Fußboden hatte sich zwischen die Balken hinabgesenkt. Ein graues Eichhörnchen hatte Besitz ergriffen von der Veranda, als sei das Haus unbewohnt gewesen seit dreißig Jahren, statt drei Tagen. Amiras Mutter hatte alles mit fortgenommen mit Ausnahme einer mottenzerfressenen Decke. Das Ticktick der kleinen Skorpione, wie sie über den Boden liefen, war das einzige Geräusch im Haus. Amiras Zimmer und das, worin Tota gelebt, waren von Schimmel überzogen und die Sprossen der Leiter hinauf auf das Dach besudelt mit Wasserschlamm. – Holden sah es und ging hinaus auf die Straße; dort kam ihm sein Hausherr, Durga Das, entgegen – sauber und stattlich gekleidet in weißen Musselin, ein Ce-Feder-Buggy kutschierend: Er wollte seinen Besitz in Augenschein nehmen und nach dem Schaden sehen, den der Regen angerichtet hatte.

„Ich habe vernommen, Sahib", begann er, „Sie wollen das Haus verlassen?"

„Was haben Sie mit ihm vor?"

„Vielleicht vermiete ich es wieder."

„Dann behalte ich es, auch wenn ich nicht hier bin."

Durga Das schwieg eine Weile. – „Sie sollten das nicht tun", sagte er dann. „Als ich noch jung war, hätte ich auch so – –. Aber heute bin ich Mitglied der Stadtbehörde. Ho! Ho! Nein. Wenn die Vögel fortgeflogen sind, wozu ist das Nest noch gut? – Ich möchte es niederreißen lassen: Mit dem Bauholz kann man noch mancherlei kaufen. Es soll eingerissen werden, und die Stadt wird eine Straße drüberlegen, wie sie es schon lange will – vom Verbrennungs-Ghat bis hinüber zur Schanze. Kein Mensch wird später wissen, wo es gestanden hat!"

Überschwemmung

Tweed sprach zu Till:
„Was fließt du so still?"
Till sprach zu Tweed:
„Wenn du auch hurtig läufst,
Ich fließe gemach vorbei –
Doch wo du einen ersäufst,
Ersäufe ich zwei."

Heut abend geht es nicht über den Fluß, Sahib. Man sagt, ein Ochsenkarren sei schon heruntergespült worden, und die Ekka, die eine halbe Stunde vor dir hinüberging, ist noch nicht drüben. Hat es der Sahib eilig? Ich will den Furtelefanten hineintreiben und es ihm zeigen. Heda! Ihr Kerle im Schuppen! Bringt Ram Pershad heraus, und wenn er es mit der Strömung aufnimmt, dann gut. Ein Elefant lügt niemals, Sahib, und Ram Pershad ist von seiner Freundin Kala Nag getrennt. Er will auch hinüber. Gut so, gut so, mein König! Reite halbwegs hinein, Mahoutji, und sieh, was der Fluß sagt. Gut so, Ram Pershad! Perle unter den Elefanten, geh in den Fluß! Hau ihm auf den Kopf, du Rindvieh! Glaubst du, der Stachel ist nur dazu da, um dir den feisten Rücken zu kitzeln, du Bastard? Schlag zu, schlag zu! Was machen dir die Steine, Ram Pershad, mein Rustum, mein Berg von Kraft? Hinein! Hinein!

Nein, Sahib! Es hat keinen Zweck. Du kannst ihn trompeten hören. Er sagt Kala Nag, daß er nicht hinüber kann. Sieh! Er hat sich umgewandt und schüttelt den Kopf. Er ist nicht dumm. Er weiß, was der Barshwi meint, wenn er böse ist. Ahi! Wahrlich, du bist nicht dumm, mein Kind! Salaam, Ram Pershad, Bahadur! Nimm ihn unter die Bäume, Mahout, und sieh, daß er seine Kräuter kriegt. Gut gemacht, du Herrscher unter den Langzahnigen! Salaam dir, Sirkar, und geh schlafen.

Was soll man machen? Der Sahib muß warten, bis der Fluß zurückgeht. Er wird morgen früh fallen, wenn es Gott gefällt, oder übermorgen spätestens. Was wird der Sahib so böse? Ich bin sein Diener. Bei Gott, nicht ich habe diesen Strom geschaffen. Was kann ich tun? Meine Hütte und alles darinnen ist dem Sahib zu Diensten, und es fängt zu regnen an. Komm fort, mein Herr. Wie soll der Fluß davon sinken, daß du ihn mit Schimpfworten bewirfst? In alten Zeiten waren die englischen Leute nicht so. Der Feuerwagen hat sie empfindlich gemacht. In alten Zeiten, als sie mit Pferden reisten, bei Tage und bei Nacht, da sagten sie nichts, wenn ein Fluß den Weg sperrte oder ein Wagen im Schlamme festsaß. Es war Gottes Wille – nicht wie ein Feuerwagen, der läuft und läuft und läuft, wenn auch alle Teufel des Landes sich an seinen Schwanz hängen. Der Feuerwagen hat die englischen Leute verdorben. Was ist schließlich ein versäumter Tag, oder meinetwegen zwei Tage? Fährt der Sahib zu seiner eigenen Hochzeit, daß er in solch rasender Eile ist? Hahaha. Ich bin ein alter Mann und sehe wenig Sahibs. Verzeih mir, wenn ich vergessen habe, welchen Respekt ich ihnen schuldig bin. Der Sahib ist doch nicht böse?

Die eigene Hochzeit! Hahaha. Der Geist eines alten Mannes ist wie der Numahbaum. Frucht, Knospe, Blüte und die toten Blätter aller vergangenen Jahre prangen beieinander. Altes und Neues und was aus dem Gedächtnis verschwunden ist, alles das ist darin. Setz dich auf das Bett, Sahib, und trink Milch. Oder – möchte der Sahib vielleicht meinen Tabak trinken? Er ist gut. Es ist Tabak von Nuklao. Mein Sohn, der dort im Dienst ist, hat ihn mir geschickt. Trink nur, Sahib, wenn du mit dem Rohr umzugehen weißt. Der Sahib faßt es wie ein Muselman. Wai, wai. Wo hat er das gelernt? Die eigene Hochzeit! Hahaha! Der Sahib sagt, es handle sich gar nicht um eine Hochzeit. Würde wohl der Sahib die Wahrheit zu mir sagen, der ich nur ein schwarzer Mann bin? Kein Wunder also, daß er es eilig hat. Dreißig Jahre habe ich an dieser Furt den Gong geschlagen, aber nie habe ich einen Sahib so eilig gesehen. Dreißig Jahre, Sahib! Das ist eine sehr lange Zeit. Vor dreißig Jahren ging durch diese Furt die Leinstraße der Bunjara, und ich habe zweitausend Packochsen in einer Nacht übergehen sehn. Nun sind die Schienen gekommen, und der Feuerwagen sagt bu-bus–bus, und Tausende von Ballen gleiten über diese Brücke. Es ist wunderbar; aber die Furt ist nun einsam, seit keine Bunjara mehr unter den Bäumen lagern.

Nein, müh dich nicht, den Himmel draußen anzuschaun. Es wird bis zur Dämmerung weiterregnen. Die Steine reden heute nacht im Flußbett. Hör sie! Sie würden jetzt deine Knochen schälen, Sahib, wenn du versucht hättest, überzusetzen. Komm, ich will die Türe schließen, dann kann kein Regen herein. Wahi! Ahi! Uff! Dreißig Jahre an den Ufern der Furt. Ein alter Mann bin ich und – wo ist das Öl für die Lampe?

Verzeihung, bei meinen Jahren schlafe ich nicht fester als ein Hund, und du wandtest dich zur Türe. Schau nur nach, Sahib. Schau und horche. Eine volle halbe Meile von Ufer zu Ufer ist der Strom jetzt – du kannst es sehen unter den Sternen –, und zehn Fuß tief Wasser ist darin. Er fällt nicht vom Zorn in deinen Augen und wird nicht stille von deinen Flüchen. Was ist lauter, Sahib – deine Stimme oder die Stimme des Flusses? Rufe ihn an – vielleicht wird er sich schämen. Lege dich hin, Sahib, und schlafe wieder. Ich kenne den Zorn des Barshwi, wenn der Regen in den Vorbergen gefallen ist. Ich bin einmal in der Flut geschwommen, in einer Nacht, die zehnmal schlimmer war als diese, und durch die Gnade Gottes wurde ich vom Tode errettet, als ich schon dicht an seine Pforte gekommen war.

Soll ich die Geschichte erzählen? Es ist eine gute Geschichte. Ich werde die Pfeife wieder füllen.

Es war vor dreißig Jahren, als ich noch ein junger Mann und erst jüngst an die Furt gekommen war. Ich war damals stark, und die Bunjara zweifelten nicht, wenn ich sagte: „Die Furt ist klar!" Ich habe geschafft die ganze Nacht, bis an die Schulterblätter im strömenden Wasser unter hundert Ochsen, die wild waren vor Angst, und habe sie durchgebracht, ohne auch nur einen Huf zu verlieren. Wenn alles getan war, holte ich die zitternden Männer, und sie gaben mir zum Dank, was ich wollte von ihrem Vieh – den ersten Bullen der Herde. Solche Ehre erfuhr ich! Aber heute, wenn der Regen fällt und der Fluß schwillt, krieche ich in meine Hütte und winsele wie ein Hund. Meine Kraft ist weg. Ich bin ein alter Mann, und der Feuerwagen hat die Furt verödet. Sie pflegten mich den Starken vom Barshwi zu nennen.

Betrachte mein Gesicht, Sahib – es ist das Gesicht eines Affen. Und meinen Arm – er ist eines alten Weibes Arm. Ich schwöre dir, Sahib, daß eine Frau dieses Gesicht geliebt und in der Höhlung dieses Armes geruht hat. Vor zwanzig Jahren, Sahib. Glaube mir, es ist die Wahrheit – vor zwanzig Jahren.

Komm an die Tür und schau hindurch. Kannst du ein schwaches Feuer sehen, sehr weit weg den Strom hinab? Das ist das Tempelfeuer in dem Schrein Hanumans, in dem Dorfe Pateera. Nördlicher, unter dem großen Stern, liegt das Dorf selbst, aber es ist hinter einer Krümmung des Flusses versteckt. Ist es weit, dahin zu schwimmen, Sahib? Würdest du deine Kleider ausziehn und es wagen? Und doch bin ich nach Pateera geschwommen – nicht einmal, sondern viele, viele Male; und dabei gibt es auch Krokodile in diesem Fluß.

Die Liebe kennt keine Kaste; wie hätte ich sonst als Muselman und Sohn eines Muselmans eine Hindufrau begehrt – die Witwe eines Hindus –, die Schwester des Obmanns von Pateera? Und doch war es so. Die Leute des Obmanns kamen auf einer Pilgerfahrt nach Muttra hier vorüber, als sie eben Braut war. Silberner Zierat war an den Rädern des Ochsenkarrens, und seidene Vorhänge verbargen die Frau. Sahib, ich eilte nicht, sie zu befördern, denn der Wind teilte die Vorhänge, und ich sah sie. Als sie von der Pilgerfahrt heimkehrten, war der Bursch, der ihr verlobt war, gestorben, und ich sah sie wieder in dem Ochsenkarren. Bei Gott, diese Hindus sind Tröpfe. Was bedeutete mir das, ob sie Hindu war oder Jain – Straßenkehrer, aussätzig oder gesund? Ich hätte sie geheiratet und ihr ein Heim gegeben an der Furt. Die siebente der neun Satzungen sagt, daß ein Mann keine von den Götzendienern heiraten soll? Ist das wahr? Die Schiiten und die Sunniten sagen beide, daß ein Muselman keine von den Götzendienern heiraten soll? Ist der Sahib denn ein Priester, daß er so viel weiß? Ich will ihm etwas sagen, was er nicht weiß. Es gibt nicht Schiiten oder Sunniten, Verboten oder Götzendiener in der Liebe; und die neun Satzungen sind nur neun kleine Reisigruten, die die Flamme der Liebe wie nichts verbrennt. Wahrlich, ich hätte sie genommen; aber was konnte ich tun? Der Obmann hätte seine Leute geschickt, mir mit Knüppeln den Kopf zu zerschmettern. Ich bin nicht – war nicht – ängstlich vor fünf Männern; aber wer kann bestehen gegen ein halbes Dorf?

Drum hatte ich die Gewohnheit, nachdem alles das zwischen uns zweien beredet war, bei Nacht zum Dorf Pateera zu gehen, und dort trafen wir uns in den Feldern, und keiner wußte etwas davon. Nun paß auf! Ich setzte hier über, an dem Dschungel entlang zu der Krümmung des Flusses, wo die Eisenbahnbrücke ist, und dann quer über die Landzunge nach Pateera. Das Licht des Schreines war mein Führer, wenn die Nacht dunkel war. Der Dschungel am Fluß ist voll von Schlangen – den kleinen Karaits, die auf dem Lande schlafen –, und außerdem hätten ihre Brüder mich erschlagen, wenn sie mich in den Feldern gefunden hätten. Aber niemand wußte etwas – niemand, nur sie und ich; und der Triebsand des Flußbettes bedeckte die Spuren meiner Füße. In den heißen Monaten war es ein leichtes, von der Furt nach Pateera zu kommen, und in der ersten Regenzeit, wenn der Fluß sachte stieg, war es auch ein leichtes. Ich stemmte meine Kraft gegen die Kraft des Stromes, und jede Nacht aß ich hier in meiner Hütte und trank drüben in Pateera. Sie hatte mir gesagt, daß ein gewisser Hirnam Singh, ein Dieb, ihr nachging, und er war aus einem Dorfe flußauf, aber auf dem gleichen Ufer. Die Sikhs sind alle Hunde, und sie verschmähen in ihrer Dummheit die gute Gottesgabe, den Tabak. Ich war bereit, Hirnam Singh umzubringen, sowie er nur in ihre Nähe gekommen wäre; besonders, weil er ihr geschworen hatte, daß sie einen Liebhaber habe und daß er ihm aufpassen und seinen Namen dem Obmann sagen wolle, wenn sie nicht mit ihm davonginge. Solche Köter sind diese Sikhs!

Nach diesen Nachrichten schwamm ich immer mit einem kleinen scharfen Messer im Gürtel, und schlimm wäre es dem Manne ergangen, der sich mir widersetzt hätte. Ich kannte das Gesicht des Hirnam Singh nicht, aber ich hätte jeden getötet, der zwischen mich und sie gekommen wäre.

Eines Nachts im Anfang des Regens wollte ich nach Pateera übersetzen, obwohl der Fluß zornig war. Nun hat aber der Barshwi seine eigene Art, Sahib. In zwanzig Atemzügen kommt er von den Bergen herab wie eine Wand, drei Fuß hoch, und ich habe ihn gesehen, wie er zwischen Feuermachen und Grützekochen angewachsen ist von einem Bach zu einem Bruder Jumnas.

Als ich dies Ufer verließ, war eine Sandbank eine halbe Meile abwärts, und ich bog ab, um sie zu erreichen und Atem zu schöpfen, ehe ich weiterschwamm; denn ich fühlte, wie die Hand des Flusses schwer auf meinen Fersen lag. Aber was tut nicht ein junger Mann um der Liebe willen! Es kam nur wenig Licht von den Sternen, und auf halbem Wege zur Sandbank fuhr mir ein Zweig von dem stinkenden Deodarbaum über den Mund, während ich schwamm. Das war ein Zeichen von starkem Regen in den Vorbergen und weiter oben, denn der Deodar ist ein kräftiger Baum und von der Bergseite nicht leicht zu schütteln. Ich eilte, und der Fluß half mir, aber ehe ich die Sandbank erreicht hatte, schlug der Puls der Strömung heftig in mir und ringsum, und denke dir, die Sandbank war weg, und ich ritt hoch auf dem Kamm einer Welle dahin, die von einem Ufer zum anderen reichte. Ist der Sahib jemals mitten in vielem Wasser gewesen, welches kämpft und einen Mann seine Glieder nicht will gebrauchen lassen? Mir, da ich nur den Kopf über Wasser hatte, schien es so, als gäbe es nichts als Wasser bis ans Ende der Welt, und der Fluß trug mich zusammen mit seinem Treibholz. Ein Mensch ist ein sehr kleines Ding in dem Schoß einer Flut. Und diese Flut, obwohl ich das nicht wußte, war die große Flut, von der die Menschen heute noch sprechen. Mein Lebensmut war gebrochen, und ich lag wie ein Klotz auf meinem Rücken, in Todesfurcht. Es waren lebendige Dinge im Wasser, die schrien und heulten jämmerlich – Tiere des Waldes und Vieh und einmal die Stimme eines Mannes, die um Hilfe rief. Aber der Regen kam und peitschte das Wasser weiß, und ich hörte nichts weiter als das Toben der Steine und das Toben des Regens oben. So wirbelte ich stromab, nach Atem ringend. Es ist sehr hart zu sterben, wenn man jung ist. Kann der Sahib von hier aus die Eisenbahnbrücke sehen? Da sieh, da sind die Lichter des Postzuges nach Peshawar! Die Brücke ist jetzt zwanzig Fuß über dem Fluß, aber in der Nacht tobte das Wasser gegen das Gitterwerk, und ich trieb gegen das Gitter, die Füße voraus. Aber es war viel Treibholz angestaut, dort an den Pfeilern, und ich tat mir nicht viel Schaden. Der Fluß preßte mich aber, wie ein starker Mann einen schwächeren preßt. Ich konnte kaum das Gitter fassen und auf das Geländer klettern. Sahib, das Wasser schäumte einen Fuß hoch über die Schienen! Urteile danach, was für eine Flut es gewesen sein muß. Ich konnte nicht hören. Ich konnte nicht sehen. Ich konnte nur auf dem Geländer liegen und nach Atem keuchen.

Nach einer Weile hörte der Regen auf, und am Himmel kamen einige reingewaschene Sterne hervor, und in ihrem Schimmer sah ich, daß es kein Ende des schwarzen Wassers gab, so weit das Auge schweifen konnte, und das Wasser bis über die Schienen gestiegen war. Tote Tiere waren in dem Treibholz an den Pfeilern, andere staken mit den Hälsen im Gitterwerk, andere, noch nicht ertrunken, mühten sich, im Gitterwerk Fuß zu fassen – Büffel und Kühe, Wildschweine und ein oder zwei Hirsche, und Schlangen und Schakale ohne Zahl. Es war schwarz von ihren Leibern auf der einen Seite der Brücke, die kleineren aber wurden durch das Gitter gedrängt und wirbelten stromab.

Darauf verloschen die Sterne, und Regen kam aufs neue herunter, und der Fluß schwoll noch mehr, und ich fühlte, wie die Brücke begann, sich unter mir zu bewegen, so, wie ein Mann sich im Schlafe bewegt, ehe er erwacht. Aber ich fürchtete mich nicht, Sahib. Ich schwöre dir, ich fürchtete mich nicht, obwohl ich keine Kraft in meinen Gliedern hatte. Ich wußte, daß ich nicht sterben würde, ohne sie noch einmal gesehen zu haben. Aber ich war sehr kalt, und ich fühlte, daß die Brücke weichen würde.

Es war ein Zittern im Wasser, so ein Zittern, wie es einer großen Woge vorangeht, und die Brücke hob ihre Flanke gegen den kommenden Stoß, so daß das rechte Geländer unter Wasser tauchte und das linke aufragte. Bei meinem Bart, Sahib, ich spreche die Wahrheit Gottes! Wie eine Steinbarke in Mirzapore sich in den Wind dreht, so drehte sich die Barshwi-Brücke. So und nicht anders.

Ich glitt von dem Geländer in das tiefe Wasser, und hinter mir wogte die Wut des Flusses. Ich hörte seine Stimme und das Kreischen des Mittelstücks der Brücke, wie es von den Pfeilern brach und sank, und dann wußte ich nichts mehr, bis ich mich inmitten der großen Flut emporhob. Ich reckte meine Hand aus, um zu schwimmen, und sieh da, sie traf auf das verknotete Haar eines Männerkopfes. Er war tot, denn keiner außer mir, dem Starken vom Barshwi, konnte in diesem Rasen lebendig bleiben. Er war schon volle zwei Tage tot, denn er schwamm obenauf und wälzte sich und war mir eine Hilfe. Da lachte ich, denn ich wußte nun gewiß, daß ich sie wiedersehen und nicht umkommen würde; und ich flocht meine Finger in das Haar des Mannes, denn ich war ermattet, und so fuhren wir zusammen den Strom hinunter – er, der Tote, und ich, der Lebende. Ohne diese Hilfe wäre ich untergesunken, die Kälte saß mir im Mark, und mein Fleisch war geschrumpft und mürbe auf meinen Knochen. Er aber fürchtete sich nicht, der das Schlimmste von der Gewalt des Flusses erfahren hatte; und ich ließ ihn fahren, wohin er wollte. Zuletzt gerieten wir in die Macht einer Nebenströmung, die an das rechte Ufer zog, und ich mühte mich mit den Füßen, um mit ihr zu kommen. Der tote Mann aber schwang heftig in dem Wirbel herum, und ich fürchtete, daß ihn irgendein Ast getroffen hätte und er sinken würde. Die Wipfel der Tamarisken kratzten meine Knie; so wußte ich, daß wir ins übergetretene Wasser über den Feldern gekommen waren, und dann ließ ich meine Beine hinunter und fühlte Grund – den Rain eines Feldes -, und dann blieb der tote Mann an einem Hügel unter einem Feigenbaum stecken, und ich zog freudig meinen Leib aus dem Wasser.

Weiß der Sahib, wohin der Widerstrom der Flut mich getragen hatte? Zu dem Hügel, der die östliche Flurgrenze des Dorfes Pateera ist. Zu keinem anderen Ort. Ich zog den Toten herauf aufs Gras für den Dienst, den er mir geleistet hatte, und auch, da ich nicht wußte, ob ich ihn wieder brauchen würde. Dann ging ich, dreimal wie ein Schakal rufend, zu dem bestimmten Platz, nahe dem Kuhstall beim Gehöft des Obmanns. Aber meine Liebste war schon dort und weinte. Sie fürchtete, die Flut hätte meine Hütte an der Barshwi-Furt fortgeschwemmt. Als ich leise durch das knöcheltiefe Wasser herankam, dachte sie, ich sei ein Geist, und sie wäre davongelaufen, aber ich legte meine Arme um sie und – ich war kein Geist zu der Zeit, obwohl ich heute ein alter Mann bin. Haha! Trocken Korn, wahrhaftig. Mais ohne Saft. Haha![1]

Ich erzählte ihr die Geschichte von dem Sturz der Barshwi-Brücke, und sie sagte, ich sei größer als irgendein Sterblicher – denn keiner könne bei voller Flut über den Barshwi setzen – und habe gesehen, was noch nie ein Mensch gesehen habe. Hand in Hand gingen wir zu dem Hügel, wo der Tote

1 Leider muß ich sagen, daß der Wächter der Barshwi-Furt hier für zwei sehr schlechte Wortspiele im Dialekt verantwortlich ist.
R.K.

lag, und ich zeigte ihr, mit wessen Hilfe ich übergesetzt war. Sie sah auch den Leichnam an im Licht der Sterne, denn der übrige Teil der Nacht war klar, und verbarg ihr Gesicht in ihren Händen und rief: „Es ist die Leiche von Hirnam Singh!" Ich sagte: „Das Schwein taugt tot mehr als lebendig, meine Geliebte", und sie sagte: „Sicher, denn er hat meiner Liebe das teuerste Leben auf der Welt gerettet. Aber dennoch kann er nicht hierbleiben, denn das würde Schande über mich bringen." Die Leiche lag keinen Flintenschuß von ihrem Hause entfernt.

Dann sagte ich und rollte die Leiche mit meinen Händen: „Gott hat gerichtet zwischen uns, Hirnam Singh, daß dein Blut nicht auf mein Haupt fällt. Ob ich ein Unrecht getan habe, dich von der Hölle fernzuhalten, kannst du mit den Krähen zusammen ausmachen." So warf ich ihn in die Strömung, und er wurde ins Freie hinausgezogen, immer seinen dichten schwarzen Bart schüttelnd wie ein Priester auf der Kanzel. Und ich habe nie wieder etwas von Hirnam Singh gesehen.

Vor Anbruch des Tages trennten wir zwei uns, und ich ging in einen Teil des Dschungels, der nicht überschwemmt war. Bei hellem Tag sah ich, was ich im Dunkeln getan hatte, und die Knochen bebten mir im Fleisch, denn es strömte, zwei Meilen breit, rasendes Wasser zwischen dem Dorf Pateera und den Bäumen des anderen Ufers, und in der Mitte starrten die Pfeiler der Barshwi-Brücke wie zerbrochene Zähne in den Kinnbacken eines alten Mannes. Es war nichts Lebendes auf dem Wasser – keine Vögel oder Boote, nur ein Heer von Ertrunkenen – Büffel und Pferde und Menschen –, und der Fluß war röter als Blut von dem Lehm der Berge. Niemals habe ich eine solche Flut gesehen – niemals seit dem Jahr habe ich etwas Ähnliches gesehen – und, o Sahib, kein lebender Mensch hatte das getan, was ich getan hatte. Es gab für mich keine Rückkehr an dem Tage. Nicht für alle Länder des Obmanns hätte ich es ohne den Schutz der Dunkelheit, die die Gefahr verhüllt, ein zweites Mal gewagt. Ich ging eine Meile stromauf zu dem Hause des Schmieds, sagte ihm, ich sei durch die Flut von meiner Hütte fortgeschwemmt worden, und sie gaben mir Nahrung. Sieben Tage blieb ich bei dem Schmied, bis ein Boot kam und ich zu meinem Hause zurückkehrte. Da war nicht die Spur einer Wand oder des Daches oder Bodens – nichts als ein Fleck von schleimigem Lehm. Urteile danach, Sahib, wie hoch der Fluß gestiegen sein muß.

Es stand nicht geschrieben, daß ich sterben sollte, weder in meinem Hause noch im Herzen Barshwis, noch unter den Trümmern der Barshwi-Brücke, denn Gott schickte Hirnam Singh herab, zwei Tage tot – obschon ich nicht weiß, wie der Mann starb –, um meine Boje und meine Hilfe zu sein. Hirnam Singh ist diese zwanzig Jahre in der Hölle gewesen, und der Gedanke an jene Nacht muß die Würze seiner Qualen gewesen sein.

Horch, Sahib! Der Fluß hat seine Stimme verändert. Er wird bis zum Morgengrauen schlafen, und das ist noch eine Stunde. Wenn es hell ist, beginnt er aufs neue. Woher ich das weiß? Bin ich dreißig Jahre hier gewesen und kennte nicht die Stimme des Flusses, wie ein Vater die Stimme seines Sohnes kennt? Jeden Augenblick redet er weniger zornig. Ich schwöre, daß keine Gefahr ist eine Stunde lang oder vielleicht zwei. Wie der Morgen sein wird, dafür stehe ich nicht ein. Mach schnell, Sahib! Ich werde Ram Pershad rufen, und er wird diesmal nicht umkehren. Ist der Strick fest geschnürt um alles Gepäck? Ohe, Mahout, du hohler Schädel, den Elefanten für den Sahib, und sage denen am andern Ufer, daß nach Tagesanbruch keiner herüber kann.

Geld? Nein, Sahib. So bin ich nicht. Nein, auch nicht, um den Kindern Leckereien zu geben. Mein Haus, siehst du, ist leer, und ich bin ein alter Mann.

Datt, Ram Pershad! Datt, datt, datt! Gut Glück auf den Weg, Sahib.

William

I

„Ist es schon offiziell bekanntgegeben?"

„Sie sind schon so weit gegangen, äußersten örtlichen Nahrungsmittelmangel zuzugeben, und haben in ein oder zwei Distrikten das Hilfswerk in Gang gesetzt; so steht es in der Zeitung."

„Das bedeutet, sie werden es bekanntgeben, sobald sie sich ihre Leute und das Betriebsmaterial gesichert haben. Es wäre nicht zu verwundern, wenn die Sache ebenso bös würde wie die große Hungersnot."

„Unmöglich!" erwiderte Scott und drehte sich ein wenig in dem Rohr-Streckstuhle um: „Wir hatten im Norden eine prächtige Ernte; auch Bombay und Bengalen melden, sie hätten mehr, als sie brauchten. Sie werden imstande sein, die Sache einzudämmen, bevor sie ihnen über den Kopf wachsen kann. Sie wird örtlich beschränkt bleiben."

Martyn setzte sich auf, nahm den „Pionier" vom Tische, las noch einmal die Telegramme durch und legte die Füße wieder auf den Streckstuhl. Der Abend war heiß, dunkel und drückend, schwer vom Geruch des frisch gesprengten Mall. Die Blumen im Garten des Klubs hingen tot und schwarz an ihren Stengeln, der kleine Lotosteich war nur mehr ein harter, runder Schlammkuchen, und die Tamariskenbäume standen weißgepudert vom Staube des Tages. Die meisten Herren waren im Stadtpark bei der Musik (von der Veranda des Klubs hörte man die Kapelle der eingeborenen Polizisten uralte Walzer quäken) oder auf dem Polorasen oder dem von hohen Mauern umgebenen Ballspielplatze, auf dem Backofenhitze brütete. Ein halbes Dutzend Pferdejungen kauerte bei ihren Ponys und wartete auf die Rückkehr ihrer Herren. Von Zeit zu Zeit ritt ein Mann im Schritt in den Hof des Klubs ein und bummelte dann träge zu den weißgetünchten Baracken neben dem Hauptgebäude, wo sich die sogenannten Wohnräume befanden. Dort lebten die Herren, trafen Abend für Abend dieselben Gesichter beim Essen und zogen ihre Arbeit in den

Ämtern bis zur spätesten Stunde hin, um der kläglichen Gesellschaft zu entgehen.

„Was werden Sie jetzt machen?“ fragte Martyn gähnend. „Wollen wir nicht vor dem Abendessen noch schwimmen gehn?“

„Das Wasser ist warm. Ich war heute schon im Bad“, erwiderte Scott.

„Eine Partie Billard — nur auf fünfzig Points?“

„Es hat jetzt hundertfünf Grad Fahrenheit in der Halle. Sitzen Sie still und seien Sie nicht so gräßlich tatenlustig!“

Ein grunzendes Kamel schaukelte vor die Einfahrt, der an Gürtel und Abzeichen kenntliche Reiter schwenkte eine lederne Tasche.

„Kubber - kargaz - ki - yektraaa“, kreischte er und reichte eine Extrausgabe herunter — ein nur einseitig bedrucktes, von der Presse noch feuchtes Stück Papier, das an dem Schwarzen Brett angeschlagen wurde, mitten zwischen Ankündigungen von zum Verkauf stehenden Ponys und verlaufenen Foxterriern.

Martyn erhob sich faul, las und stieß einen Pfiff aus: „Es ist ’raus!“ rief er. „Eins, zwei, drei — acht Distrikte fallen unter das Hungersnotgesetz. Sie haben Jimmy Hawkins mit dem Oberbefehl betraut.“

„Eine gute Sache!“ sagte Scott, der jetzt das erste Zeichen von Interesse zeigte. „In dubio nimm einen Pundjabmann. Ich habe unter Jimmy gearbeitet, als ich zuerst hinausgeschickt wurde und er noch zum Pundjab gehörte. Er hat mehr Grütze im Kopfe als die meisten Männer.“

„Jimmy ist beim Jubiläum zum Ritter geschlagen worden“, sagte Martyn. „Er war ein guter Junge, wenn er auch ein dreimal eingefleischter Zivilbeamter ist und in das von Gott geschlagene Präsidium eingetreten ist. Was für heilloser Namen diese Distrikte sich erfreuen — alle endigen auf ungas oder rungas oder pillays oder polliums.“

Ein Dogcart fuhr vor, und ein Mann betrat, sich das Gesicht trocknend, die Halle. Er war der Herausgeber der einzigen Tageszeitung in der Hauptstadt einer Provinz, in der 25 Millionen Eingeborene und einige hundert Weiße lebten, und da sich sein Stab lediglich auf ihn und einen Gehilfen beschränkte, dauerte seine Bürozeit fast immer zehn bis zwanzig Stunden täglich.

Martyn hielt ihn auf und sagte:

„Hallo, Raines, Sie müssen doch alles wissen! Was wird aus dem Lebensmittelmangel in Madras werden?"

„Niemand weiß es noch. Ein ellenlanger Bericht geht eben telephonisch ein; ich habe meinen Jungen im Büro gelassen, um ihn aufzunehmen. Madras hat zugegeben, daß es allein nicht mehr damit fertig wird, und Jimmy scheint freie Hand zu haben, alle Leute, die er braucht, zu sich zu berufen. Arbuthnot hat schon Order, sich bereit zu halten."

„Badger Arbuthnot?"

„Ja, der Kerl aus Peshawur. Und der ‚Pi' (Pionier) telegraphiert, daß Ellis und Clay schon von Nord-West abkommandiert sind. Und sie haben auch ein halbes Dutzend Leute aus Bombay genommen; es ist pukka (echte, richtige) Hungersnot, wie es scheint."

„Sie sind dem Schauplatz der Aktion näher als wir; aber wenn es dazu kommt, daß man so früh schon das Pundjab einberuft, so hat die Sache einen größeren Umfang, als es von außen den Anschein hat."

„Heute gekommen, morgen gegangen. Wird auch nicht für die Ewigkeit sein", sagte Scott, legte den Roman von Marryt, den er eben las, fort und stand auf. „Martyn, Ihre Schwester wartet auf Sie."

Ein grobknochiges graues Pferd scharrte unruhig vor der Veranda, von der das Licht einer Kerosin-Lampe auf einen braunen Kalikoanzug und ein weißes Gesicht unter einem grauen Filzhute fiel.

„Hallo, ich bin fertig", sagte Martyn. „Scott, kommen Sie lieber mit und essen Sie bei uns, wenn Sie nichts zu tun haben. William, ist etwas zu essen im Hause?"

„Ich kehre nach Hause zurück und sehe nach", erwiderte die Reiterin. „Du kannst ihn dann hinüberkutschieren – um acht Uhr, bitte."

Scott begab sich gemächlich in sein Zimmer und zog sich um; er legte die der Jahreszeit und dem Lande entsprechende Abendkleidung an: fleckenlos weißes Leinen vom Kopf bis zu den Füßen mit einem breiten seidenen Gürtel.

Ein Abendessen bei Martyns war entschieden besser als Ziegenfleisch, zähes Geflügel und Konservenbüchsenvorspeisen im Klub. Aber es war doch sehr schade, daß Martyn es sich nicht leisten konnte, seine Schwester in der heißen Jahreszeit in die Berge zu schicken. Als aktiver Distrikts-Superintendent der Polizei bezog Martyn das großartige Monatsgehalt von sechshundert entwerteten Silberrupien, und sein kleiner Vierzimmerbungalow war dementsprechend eingerichtet. Da lagen die üblichen blau-weiß gestreiften, von Zuchthäuslern angefertigten Teppiche auf dem unebenen Boden; die üblichen, mit Glasperlen bestickten Amritsar-Phulkaris (Shawls) waren mit Nägeln an der Wand, deren Tünche überall abblätterte, befestigt. Es gab auch das übliche halbe Dutzend Sessel, die nicht zusammengehörten, wie man sie in Indien bei Nachlaß-Versteigerungen erstehen kann; und dort, wo der lederne Punka-Riemen (großer ostindischer Fächer) durch die Wand lief, sah man die üblichen schwärzlich-fettigen Streifen. Es war, als sei alles am Abend zuvor ausgepackt worden und würde am nächsten Morgen wieder eingepackt werden. Nicht eine Tür im Hause hing ordentlich in ihren Angeln. Die fünfzehn Fuß hoch in der Mauer eingelassenen kleinen Fenster waren von Wespennestern verdunkelt, und zwischen den Balken des hölzernen Daches machten Eidechsen auf Fliegen Jagd. Aber all dies war auch ein Teil von Scotts Leben. So lebten eben Leute, die ein solches Einkommen hatten; und in einem Lande, in dem jedermanns Gehalt, Alter und Stellung in einem Buch gedruckt steht, das jeder lesen kann, ist es kaum der Mühe wert, in Wort oder Tun etwas vortäuschen zu wollen. Scott hatte acht Dienstjahre im Bewässerungsdepartement verbracht und bezog achthundert Rupien im Monat, mit der Aussicht, sich nach weiteren zweiundzwanzig Jahren treuen Staatsdienstes mit einer Pension von etlichen hundert Rupien monatlich zur Ruhe setzen zu dürfen. Seine Tätigkeit, die sich hauptsächlich unter Zeltleinwand oder in rasch errichteten Schuppen, in denen ein Mann schlafen, essen und Briefe schreiben konnte, abgespielt hatte, verpflichtete ihn, Bewässerungskanäle anzulegen und instand zu halten, zwei- bis dreitausend Arbeiter aller Kasten und Glaubensbekenntnisse zu befehligen und große Summen gemünzten Silbers auszuzahlen. Er hatte diesen Frühling – nicht ohne einigen Beifall – den letzten Abschnitt des großen Mosuhlkanals fertiggebaut und war dann – sehr gegen seinen Willen, denn er haßte Büroarbeit – für die heiße Zeit in die Rechnungs- und Lieferungsabteilung seines Departements versetzt worden, wo er allein die Leitung des drückendheißen Büros der Unterabteilung in der Provinzhauptstadt innehatte. Martyn wußte es, William, seine Schwester, wußte es, jedermann wußte es.

Scott andererseits wußte, wie alle Welt, daß Fräulein Martyn vier Jahre zuvor nach Indien gekommen war, um den Haushalt ihres Bruders zu leiten, der, wie auch wiederum jedermann wußte, sich das Geld für ihre Überfahrt ausgeliehen hatte, und daß sie, wie alle Welt sagte, schon längst hätte heiraten sollen. Anstatt dessen hatte sie ein halbes Dutzend Leutnants, einen um zwanzig Jahre älteren Zivilbeamten, einen Major und einen Herrn aus dem Indischen Hygienedepartement abgewiesen. Auch dies war aller Welt bekannt. Sie hatte „drei heiße Jahreszeiten überstanden", wie die Phrase lautet, weil ihr Bruder verschuldet war und die Ausgabe für ihren Aufenthalt selbst in einer billigen Bergstation sich nicht leisten konnte. Daher war ihr Gesicht knochenweiß, und mitten auf der Stirne hatte sie ein schillinggroßes, silberiges Mal – die Narbe eines „Delhi-Ausschlages", was dasselbe ist wie die bekannte „Erinnerung an Bagdad". Das kommt vom Trinken schlechten Wassers und frißt sich langsam in das Fleisch ein, bis es reif genug ist, mit Säure ausgebrannt zu werden.

Nichtsdestoweniger hatte sich William in den letzten vier Jahren sehr gut unterhalten. Zweimal war sie fast ertrunken, als sie zu Pferde eine Furt durchquerte; einmal war ein Kamel mit ihr durchgegangen; sie war Zeuge eines mitternächtlichen Angriffes von Dieben auf das Lager ihres Bruders gewesen und hatte zugesehen, wie im Freien unter Bäumen mit langen Stöcken Gerechtigkeit geübt wurde. Sie konnte Urdu und auch ein rauhes Pundjab mit einer Geläufigkeit sprechen, um die sie weit länger in Indien Lebende beneideten; auch hatte sie die Gepflogenheit, an ihre Tanten in England zu schreiben und die englischen Magazine aufzuschneiden, gänzlich aufgegeben; sie hatte ein sehr böses Cholerajahr mitgemacht und Dinge gesehen, die man nicht wiedergeben kann, und hatte ihre Erfahrungen mit einem sechs Wochen dauernden Typhus abgeschlossen, währenddessen sie ganz kahl geschoren worden war; sie hoffte, im September dieses Jahres ihren dreiundzwanzigsten Geburtstag zu erleben. Es ist anzunehmen, daß ihre Tanten das Wesen eines jungen Mädchens mißbilligt hätten, das keinen Schritt zu Fuß ging, wenn ein Pferd in Reichweite war, auf Bälle mit nur einem Schal über dem Rock ritt, das Haar abgeschnitten und in wilden Locken trug, ebensosehr auf den Namen William wie Bill hörte; dessen Sprache mit Redeblüten des Dialektes überladen war, das in Liebhaberaufführungen mitzutun, Banjo zu spielen, acht Dienstleute und zwei Pferde, deren Rechnungen und Krankheiten zu überblicken, und Männern langsam und nachdenklich in die Augen zu schauen verstand, nachdem sie ihr nämlich einen Heiratsantrag gemacht und ihren Korb bekommen hatten.

„Ich mag Männer, die etwas tun", hatte sie einem Herrn vom Erziehungsdepartement anvertraut, der die Söhne von Tuchhändlern und Färbern die Schönheit von Wordsworths „Ausflug" aus vollgeschmierten Paukerheften lehrte; und als er poetisch wurde, erklärte William, daß sie „Gedichte nicht sehr gut verstehe und Kopfweh davon bekomme", und wiederum flüchtete sich ein gebrochenes Herz in den Klub. Und das war durchaus Williams Art, sie liebte es, Männer von ihrer eigenen Arbeit sprechen zu hören, und dies ist der sicherste Weg, einen Mann vor einer Frau auf die Knie zu zwingen.

Scott kannte sie mehr oder weniger seit etwa drei Jahren; gewöhnlich begegnete er ihr unter der Zeltleinwand, wenn es sich traf, daß sein und ihres Bruders Lager für einen Tag an der gleichen Stelle am Rande der Indischen Wüste aufgeschlagen war. Mehrmals hatte er mit ihr auf den großen Weihnachtsgesellschaften, bei denen in der Station bis zu fünfhundert Weiße zusammenkamen, getanzt; und er hatte immer großen Respekt gehabt vor der Art, wie sie den Haushalt führte, und vor ihrem Abendessen.

Mehr denn je sah sie wie ein Junge aus, als sie nach der Mahlzeit auf dem ledernen Lagersofa, einen Fuß unter sich gezogen, saß, Zigaretten für ihren Bruder drehte und die niedere Stirn unter den dunklen Locken beim Rollen des Papiers in Falten zog. Sie stieß ihr rundes Kinn in die Luft, wenn der Tabak gut gewickelt war, und mit einer völlig knabenhaften Gebärde, wie wenn ein Schuljunge einen Stein schleudert, warf sie die fertige Zigarette quer durchs Zimmer Martyn zu, der sie mit einer Hand auffing, ohne sein Gespräch mit Scott zu unterbrechen. Es war reinste Fachsimpelei – Kanäle und die Instandhaltung der Kanäle; die Sünden der Dorfbewohner, die mehr Wasser stahlen, als sie bezahlten, die schwerere Sünde der eingeborenen Polizisten, die mit den Dieben im Einverständnis waren; die Möglichkeit, ganze Dörfer mit Kind und Kegel auf neubewässerten Boden zu verpflanzen; der künftige Kampf mit der Wüste im Süden, sobald die Provinzialfonds die Eröffnung des lange geplanten Luni-Schutz-Kanalsystems gesichert haben würden. Scott sprach offen von seiner großen Sehnsucht, einen ganz bestimmten Abschnitt des Kanals, wo er Land und Leute kenne, übernehmen zu dürfen; Martyn seufzte nach der Versetzung in die Himalajavorberge und äußerte sich über seine Vorgesetzten; und William rollte Zigaretten, sagte nichts und lächelte nur ernsthaft ihrem Bruder zu, weil er glücklich war.

Um zehn Uhr wurde Scotts Pferd vor die Tür gebracht, und der Abend war zu Ende.

Die Lichter der zwei niederen Bungalows, in denen die Tageszeitung gedruckt wurde, warfen einen hellen Schein über die Straße. Da es noch zu früh war, um Schlaf zu finden, begab sich Scott zu dem Herausgeber. Raines, halb entblößt bis zu den Hüften, wie ein Matrose an der Kanone, lag in einem Streckstuhle und wartete auf Nachttelegramme. Nach seiner Theorie wurde ein Mann, der nicht den ganzen Tag und den größten Teil der Nacht seiner Arbeit widmete, die Beute des Fiebers; daher pflegte er zwischen seinen Papierstapeln zu essen und zu schlafen.

„Können Sie es machen?" fragte er schläfrig. „Ich meinte nicht, daß Sie deswegen noch herüberkommen sollten."

„Weswegen? Ich habe bei Martyn zu Abend gegessen."

„Der Hungersnot wegen natürlich. Martyn hat auch Bereitschaftsbefehl erhalten. Sie nehmen die Leute, wo sie sie finden. Ich sandte Ihnen eben in den Klub eine Anfrage, ob Sie mir wöchentlich einen Brief aus dem Süden schicken könnten – zwei bis drei Spalten lang, sagen wir. Keine sensationelle Aufmachung natürlich, sondern bloß die einfachen Tatsachen, wer was tut und so weiter. Unser gewöhnlicher Tarif – zwanzig Rupien die Spalte."

„Tut mir leid, aber das liegt mir nicht", erwiderte Scott und starrte geistesabwesend auf die Karte von Indien, die an der Wand hing. „Das ist hart für Martyn – wirklich. Bin neugierig, was er mit seiner Schwester beginnen wird. Was, zum Kuckuck, wird wohl mit mir geschehen? Ich habe keine Erfahrung mit Hungersnöten, das ist die erste, von der ich höre. Habe ich denn Befehl bekommen?"

„Ja; hier ist das Telegramm. Man wird Sie beim Hilfswerke verwenden", fuhr Raines fort, „mit einer Horde von Madraser Leuten, die wie die Fliegen sterben, einem eingeborenen Apotheker und einer halben Pinte Choleramixtur für je zehntausend von euch. Das kommt davon, daß Sie einen Augenblick nichts zu tun haben. Jeder, der jetzt nicht gerade für zwei arbeitet, scheint einberufen zu sein. Hawkins glaubt offensichtlich an Pundjableute. Die Sache wird so bös werden wie nur irgendeine in den letzten zehn Jahren."

„Das gehört eben alles zum Tagewerk; nichts zu machen. Ich nehme an, daß ich wohl morgen irgendwann meine offizielle Order bekommen werde. Ich bin froh, daß ich zufällig zu Ihnen gekommen bin. Besser, ich gehe jetzt und packe meine Siebensachen. Wer löst mich hier ab – wissen Sie das?"

Raines blätterte einen Stoß Telegramme durch und sagte: „McEuan von Murree." Scott lachte laut: „Er dachte, er würde einen kühlen Sommer erleben. Der wird sich fuchsen! Na, das Reden nützt nichts. Gute Nacht."

Zwei Stunden später legte sich Scott mit gutem Gewissen in einem leeren Zimmer in seine Hängematte schlafen. Zwei abgenutzte Rindslederkoffer, eine lederne Wasserflasche, eine Eisbüchse aus Zinn und sein in einen Sack genähter Lieblingssattel lagen aufgestapelt neben der Türe und die Quittung für die Klubrechnung der letzten Monate unter seinem Kopfkissen. Am nächsten Morgen kam sein Einrückungsbefehl und zugleich ein inoffizielles Telegramm von Sir James Hawkins – der brauchbare Leute nicht vergaß –, das ihn aufforderte, sich in aller Eile nach einem unaussprechlichen Ort fünfzehnhundert Meilen südlich zu begeben, denn die Hungersnot im Lande war groß, und es wurden weiße Männer gebraucht.

In der rotglühenden Mittagshitze kam ein dicklicher rosiger Jüngling an, der ein wenig über Schicksal und Hungersnöte winselte, die niemand drei Monate Frieden vergönnten. Es war Scotts Nachfolger, ein anderer Zahn im großen Rad der Maschine, der nun hinter seinem Kameraden nachrückte, dessen Dienste, wie die offizielle Kundmachung verlautbarte, „bis auf weiteres der Regierung von Madras für das Hungersnot-Hilfswerk zur Verfügung gestellt wurden". Scott übergab ihm die in seiner Verwaltung befindlichen Fonds, zeigte ihm den kühlsten Winkel seines Amtslokals und warnte ihn vor übermäßigem Fleiß. Als die Dämmerung kam, verließ er den Klub in einem Mietwagen, seinen treuen Leibdiener Faiz Ullah und einen Wall von ungeordnetem Gepäck auf dem Bocke, um den Südzug in der Station, einem von Mauern mit Schießscharten umgebenen Gebäude, zu erreichen. Die Hitze von den dicken Ziegelmauern schlug ihm wie ein in heißes Wasser getauchtes Handtuch ins Gesicht, und er bedachte, daß er nun mindestens fünf Tage und vier Nächte Reise vor sich habe. Faiz Ullah, an alle Ereignisse im Dienste gewöhnt, tauchte auf dem steinernen Bahnsteig im Gedränge unter, während Scott, eine schwarze Cheerot zwischen den Zähnen, wartete, bis sein Abteil reserviert wäre. Ein Dutzend eingeborener Polizisten mit ihren Gewehren und Bündeln schob sich durch das Gedränge von Pundjab-Bauern, Sikh-Handwerkern und fettlockigen Afridi-Hausierern und eskortierte mit großem Pomp Martyns Uniformkoffer, Wasserflaschen, Eisbüchse und Bettrolle. Sie sahen Faiz Ullahs erhobene Hand und steuerten auf ihn los. Faiz Ullah sagte zu Martyns Diener:

„Mein Sahib und euer Sahib werden zusammen reisen. Du und ich, o Bruder, werden uns daher die Plätze der

Diener nahebei sichern, und um der Macht unserer Herren willen wird niemand uns zu stören wagen."

Als Faiz Ullah meldete, daß alles bereit sei, stieg Scott ein, zog Rock und Schuhe aus und ließ sich auf der lederbezogenen Schlafbank nieder. Die Hitze unter dem Eisengerüst des Bahnhofsdaches mochte wohl reichlich über hundert Grad betragen. Im letzten Augenblick stieg Martyn ein, erhitzt und schweißtriefend.

„Fluchen Sie nicht", sagte Scott faul, „es ist zu spät, einen anderen Wagen aufzusuchen; und wir werden uns in das Eis teilen."

„Was tun Sie hier?" fragte der Polizeioffizier.

„An die Regierung von Madras ausgeliehen, ebenso wie Sie. Bei Gott, kein Spaß, diese Nacht! Nehmen Sie einige von Ihren Leuten mit?"

„Ein Dutzend. Nehme an, daß ich die Oberaufsicht über die Lebensmittelverteilung zu führen habe. Wußte nicht, daß Sie auch einberufen sind."

„Ich erfuhr es auch erst, als ich Sie gestern abend verließ. Raines wußte als erster die Neuigkeit. Mein Marschbefehl kam erst heute morgen. MacEuan hat mich um vier Uhr abgelöst, und ich habe mich sofort auf die Socken gemacht. Sollte mich nicht wundern, wenn das eine interessante Sache für uns würde, diese Hungersnot – sofern wir mit dem Leben davonkommen."

„Jimmy sollte uns zwei zusammenarbeiten lassen", sagte Martyn und fügte nach einer Pause hinzu, „meine Schwester ist hier."

„Prächtige Sache", sagte Scott herzlich, „steigt wohl in Umballa um und fährt nach Simla hinauf, nehme ich an? Bei wem wird sie dort wohnen?"

„Nein, das ist ja gerade die Schwierigkeit. Sie fährt mit mir hinunter."

Scott richtete sich bolzengerade unter der Öllampe auf, während der Zug durch die Station von Tarn-Taran ratterte: „Was, Sie wollen doch nicht sagen, daß Sie es sich nicht leisten –"

„Ach, ich hätte schon das Geld irgendwie zusammengekratzt . . ."

„Sie hätten zu mir kommen können, um das erst mal zu erwähnen“, sagte Scott steif, „wir sind einander doch nicht ganz fremd.“

„Na, Sie müssen deswegen nicht muffig sein; ich wäre vielleicht gekommen – aber Sie kennen meine Schwester nicht. Ich habe den ganzen Tag erklärt und ermahnt, gebeten und befohlen und noch allerhand gesagt – ich habe seit sieben Uhr früh alle Selbstbeherrschung verloren und noch nicht wiedergefunden, aber sie wollte von keinem Kompromiß hören. Eine Frau ist berechtigt, mit ihrem Gatten zu reisen, wenn sie will, und William behauptet, sie stehe mir ebenso nahe, als ob wir verheiratet wären. Sehen Sie, wir haben mehr oder weniger unser ganzes Leben miteinander verbracht, seit unsere Eltern gestorben sind. Es ist nicht nur so, wie man gewöhnlich zu einer Schwester steht.“

„Alle Schwestern, von denen ich je gehört habe, wären ganz brav dort geblieben, wo sie waren.“

„Zum Teufel auch, sie ist gescheit wie ein Mann“, fuhr Martyn fort, „sie hat mir den Bungalow über dem Kopf abgebrochen, während ich in sie hineinredete. Hat die ganze subchiz (Ausrüstung) in drei Stunden in Ordnung gebracht, Diener, Pferde und alles. Ich habe meinen Marschbefehl erst um neun Uhr bekommen.“

„Jimmy Hawkins wird nicht erfreut sein“, sagte Scott, „eine Gegend in Hungersnot ist kein Ort für eine Frau.“

„Frau Jim, ich meine Lady Jim, ist mit ihm im Lager. Jedenfalls wird sie sich meiner Schwester annehmen, sagt sie. William hat ihr auf eigene Faust telegraphiert, ob sie kommen dürfe, und hat meinen Argumenten den Boden unter den Füßen weggezogen, indem sie mir ihre Antwort zeigte.“

Scott lachte laut: „Wenn sie das tut, kann sie schon selbst auf sich achtgeben, und Frau Jim wird sie auch nicht ins Unglück rennen lassen. Es gibt nicht viele Frauen – Schwestern oder Gattinnen –, die mit offenen Augen in eine Hungersnot gehen würden. Und nicht, als ob sie nicht wüßte, was diese Dinge bedeuten. Sie hat doch im letzten Jahre die Cholera in Jaloo mitgemacht.“

Der Zug hielt in Amritsar, und Scott begab sich ins Frauenabteil, das sich im Nebenwaggon befand. William, eine Reitkappe aus Stoff auf den Locken, nickte leutselig und sagte: „Kommen Sie herein und trinken Sie Tee, das beste Mittel gegen Hitzschlag."

„Sehe ich so aus, als ob mich der Hitzschlag treffen würde?"

„Das weiß man nicht", erwiderte William weise, „es ist immer das beste, vorbereitet zu sein."

Sie hatte sich mit ihren Siebensachen wie ein erfahrener alter Soldat eingerichtet. Eine filzüberzogene Wasserflasche hing im Zugwind eines der Fenster, an denen die Laden geschlossen waren, ein russisches Teeservice, in einem mit Stroh gefüllten Korb verpackt, stand gebrauchsfertig auf dem Sitz, und ein Reisespirituskocher war darüber ins Holzwerk gehakt.

William bediente sie reichlich mit heißem Tee in großen Tassen, der verhindert, daß in heißen Nächten die Halsadern in unerwünschter Weise anschwellen. Charakteristisch für das Mädchen war es, daß sie, wenn sie einmal ihren Feldzugsplan festgelegt hatte, sich um die Einwürfe anderer nicht mehr kümmerte. Das Leben mit Männern, die sehr viel zu arbeiten haben und wenig Zeit, darüber zu schwatzen, hatte sie gelehrt, sowohl von sich selber abzusehen, als für sich selbst zu sorgen. Sie versuchte weder durch Wort noch Tat den Anschein zu erwecken, daß sie den anderen auf der Reise nützlich, trostreich oder erfreulich sein wollte, sondern sie fuhr fort, sich heiter mit ihren Dingen zu beschäftigen, stellte, als der Tee ausgetrunken war, die Tassen zurück, ohne mit ihnen zu klappern, und drehte Zigaretten für ihre Gäste.

„Vor vierundzwanzig Stunden noch haben wir uns so etwas nicht erwartet", sagte Scott.

„Ich habe gelernt, auf alles gefaßt zu sein", erwiderte William. „In unserm Dienste, wissen Sie, lebt man am Ende eines Telegraphendrahtes. Diese Sache müßte natürlich für uns alle gut sein – ich meine dienstlich –, wenn wir mit dem Leben davonkommen."

„Es reißt uns ganz aus dem Gang der Ereignisse in unserer Provinz heraus", antwortete Scott sehr ernst. „Ich hoffte, in der kommenden kühlen Jahreszeit zu den Lunischutzwerken versetzt zu werden, aber es läßt sich gar nicht absehen, wie lange uns die Hungersnot dort festhalten wird."

„Kaum länger als bis Oktober, denke ich", meinte Martyn, „sie wird dann, so oder so, zu Ende sein."

„Und wir haben fast eine Woche zu fahren", sagte William. „Wir werden ein bißchen verstaubt sein, wenn's zu Ende ist, nicht?"

Eine Nacht und einen Tag lang kannten sie noch die Gegend; eine Nacht und einen Tag lang, die sie auf einer schmalspurigen Strecke am Rande der großen indischen Wüste dahinfuhren, erinnerten sie sich, wie sie in den Tagen, als sie noch Lehrlinge gewesen waren, diese Strecke von Bombay hergekommen waren. Dann waren die Stationsnamen in anderen Sprachen geschrieben, und sie fuhren in den Süden ein, in ein fremdes Land, in dem sogar die Gerüche neu waren. Viele lange, schwerbeladene Getreidezüge fuhren vor ihnen her, und sie bekamen Jimmy Hawkins' Hand schon ganz von weitem zu spüren. Sie warteten auf rasch errichteten Nebengeleisen, da die Strecke von langen Prozessionen leerer Transportwagen blockiert war, die nach Norden zurückkehrten. Sie wurden an langsam dahinkriechende Züge angekoppelt und blieben um Mitternacht Gott weiß wo stehen. Dabei brütete eine wahnsinnige Hitze; sie gingen zwischen Säcken auf und ab, und Hunde heulten. Dann kamen sie in ein Indien, das sie noch fremder berührte als einen landfremden Engländer – das flache rote Indien der Palmen, Palmyrabäume und Reisfelder; das Indien der Bilderbücher des „Kleinen Henry" – nun tot und ausgedörrt in der Backofenglut. Sie hatten den ständigen Passagierverkehr des Nordens und des Westens weit, weit hinter sich gelassen. Nun krochen Eingeborene, ihre Kinder in den Armen haltend, am Zuge entlang; ein beladener Güterwagen wurde zurückgelassen, und Männer und Weiber drängten sich geballt um ihn wie Ameisen um vergossenen Honig. Einmal erblickten sie im Zwielichte auf der staubigen Ebene ein Regiment kleiner brauner Männer; jeder von ihnen trug einen menschlichen Körper auf der Schulter. Und als der Zug anhielt und wieder ein Getreidewaggon abgekoppelt wurde, bemerkten sie, daß die Lasten keine Leichen waren, sondern Verhungernde, die ein Korps irregulärer Truppen an der Seite ihrer gefallenen Ochsen aufgelesen hatte. Jetzt begegneten sie schon häufiger weißen Männern, hier einem, dort zweien, deren Zelte neben dem Geleise standen, die bewehrt mit geschriebenen Berechtigungsscheinen und mit zornigen Worten einen Waggon abkoppelten. Sie waren zu beschäftigt, um Scott und Martyn mit mehr als einem Kopfnicken zu begrüßen und William neugierig anzustarren, die nichts tun konnte als Tee bereiten und zusehen, wie ihre Leute den Ansturm der jammernden, wandelnden Skelette abwehrten, indem sie gleich drei auf einen Haufen warfen oder mit eigenen Händen die bezeichneten Waggons abkoppelten oder Quittungen von den erschöpften hohläugigen Weißen in Empfang nahmen, die einen andern Dialekt sprachen als sie.

Eis, Sodawasser und Tee waren ihnen ausgegangen, denn sie waren sechs Tage und sieben Nächte auf der Fahrt, und sie erschienen ihnen wie siebenmal sieben Jahre.

In einer heißen, trockenen Dämmerstunde erreichten sie endlich in diesem Totenreiche, erleuchtet von den großen roten Feuern aus Eisenbahnschwellen, in denen man die Leichen verbrannte, ihren Bestimmungsort und wurden von dem Leiter des Hungersnothilfswerks, Jim Hawkins, empfangen, der, unrasiert und ungewaschen, doch wohlgelaunt und der Sachlage gänzlich gewachsen war.

Martyn, beschloß er an Ort und Stelle, habe bis auf weiteres auf Zügen zu leben; er solle mit den leeren Waggons zurückfahren, sie mit Hungernden, wo er deren fände, beladen und sie am Rande der acht Distrikte in einem Sammellager für Hungersnotbetroffene absetzen. Er sollte Lebensmittelnachschub holen und zurückkehren, seine Polizisten hätten die beladenen Waggons zu bewachen und gleichfalls Hungernde aufzulesen und an ein Lager hundert Meilen weiter südlich abzugeben. Scott – Hawkins war sehr erfreut, Scott wiederzusehen – sollte auf der Stelle den Oberbefehl über einen Zug Ochsenkarren übernehmen, nach Süden in ein anderes Sammellager fern von der Eisenbahn ziehen, unterwegs die Lebensmittel verteilen und die Hungernden – er würde deren auf seinem Wege genug auflesen – im Lager lassen und weitere telegraphische Befehle abwarten. Im allgemeinen solle Scott bei geringfügigen Angelegenheiten das tun, was er selber für richtig halte.

William biß sich auf die Unterlippe. Niemand auf der weiten Welt kam ihrem Bruder gleich, dennoch gab ihm seine Marschorder keinen Spielraum zu selbständigem Handeln. Sie kam aus dem Waggon, von Kopf bis zu den Füßen staubbedeckt, eine hufeisenförmige Falte auf der Stirne, die sich hier durch vieles Nachdenken in der letzten Woche eingegraben hatte, aber beherrscht wie immer. Frau Jim – die eigentlich Lady Jim war, aber niemand dachte daran, sie mit ihrem Titel anzusprechen – ergriff mit einem kleinen Schrei von ihr Besitz.

„Oh, ich bin so froh, daß Sie hier sind!" schluchzte sie fast. „Sie hätten natürlich nicht kommen sollen, aber hier – ist keine andere Frau außer mir, und wir müssen einander helfen, wissen Sie; wir haben ja das ganze unselige Volk hier, und die kleinen Kinder, die sie verkaufen."

„Ich habe sie gesehen", sagte William.

„Ist es nicht gräßlich! Ich habe zwanzig gekauft, sie sind in unserm Lager; möchten Sie aber nicht zuvor etwas essen? Wir haben hier mehr, als zehn Leute vertilgen können; und ich habe auch ein Pferd für Sie. Oh, ich bin so froh, daß Sie gekommen sind! Sie sind ja auch von den Pundjableuten, wissen Sie."

„Fassung, Lizzie", sagte Hawkins über die Schulter hin. „Wir werden auf Sie achtgeben, Fräulein Martyn. Tut mir leid, daß ich Sie nicht zum Frühstück bitten kann, Martyn. Sie können essen, wenn Sie im Fahren sind. Lassen Sie zwei von Ihren Leuten zur Hilfe für Scott da. Diese armen Teufel hier sind schon zu schwach, um die Karren zu beladen. Saunders" – wandte er sich an den Lokomotivführer, der im Halbschlaf auf der Maschine stand –, „umkehren und die leeren Waggons zurückführen! Sie haben ‚freie Strecke' bis Anundrapilay, dort erhalten Sie Befehl für die nördliche Strecke. Scott, laden Sie diesen Waggon in Ihre Karren um und fort mit Ihnen, so rasch wie möglich! Der Eurasier im rosa Hemd ist Ihr Dolmetsch und Führer. Sie werden an das Joch des zweiten Wagens einen Apotheker von Qualitäten angebunden finden, er hat durchzugehen versucht, Sie werden auf ihn aufpassen müssen. Lizzie, kutschiere Fräulein Martyn ins Lager und sag dort, man solle mir meinen Fuchs hierherschicken."

Scott war mit Faiz Ullah und den zwei Polizisten schon bei den Karren beschäftigt; er ließ sie neben den Waggon rangieren und öffnete ruhig dessen Klappwand, indes die andern die Hirse- und Weizensäcke verluden. Hawkins sah ihm bei der Arbeit zu, bis ein Karren beladen war.

„Das ist ein tüchtiger Mann", sagte er, „wenn alles gut geht, werde ich ihn ordentlich 'rannehmen." Das war das höchste Lob, das nach Jim Hawkins' Ansicht ein menschliches Wesen dem andern spenden konnte. Eine Stunde später war Scott auf dem Wege; der Apotheker drohte ihm mit dem Strafgesetzbuch, daß man ihn, ein Mitglied der ärztlichen Unterabteilung, gegen seinen Willen und gegen alle Gesetze über die Freiheit der Untertanen gebunden und ihm Gewalt angetan habe; der Eurasier im rosa Hemd bat um Urlaub, um seine Mutter sehen zu können, die zufällig drei Meilen von hier im Sterben liege: „Nur serr, serr kurze Urlaub, und werde sogleich zurück sein, Herrr . . ."

Die zwei Polizisten, mit Stecken bewaffnet, bildeten die Nachhut; und Faiz Ullah erklärte, mit der Verachtung des Mohammedaners für alle Hindus und Fremden in jedem Zug seines Gesichtes, den Ochsentreibern, daß man zwar vor Scott Sahib aus Furcht auf allen vieren liegen müsse, daß aber dennoch er, Faiz Ullah, die eigentliche Autorität selbst sei.

Die Prozession knarrte an Hawkins' Lager vorbei — drei fleckigen Zelten unter einer Gruppe abgestorbener Bäume; dahinter befand sich das Obdach für die verzweifelte Menge der Hungernden, die ihre Arme nach den Kochkesseln ausstreckten.

‚Ich wünschte zu Gott, William wäre zu Hause geblieben', dachte Scott nach einem Blick dorthin. ‚Wenn die Regenzeit kommt, werden wir Cholera haben, das ist so sicher, wie zweimal zwei vier ist.'

Doch William schien entschlossen, ganz im Sinne des Hungersnotgesetzes zu handeln, das, wenn Hungersnot proklamiert ist, die Wirkungen sonst geltender Gesetze suspendiert. Scott sah sie, in einem Kalikoreitanzuge und blaugrauem Filzhut mit goldener Kokarde auf dem Kopfe, in der Mitte einer Schar weinender Frauen stehen.

„Bitte, ich brauche fünfzig Rupien. Ich vergaß, Jack, bevor er abfuhr, darum zu bitten. Können Sie sie mir borgen? Sie sind für Kondensmilch für die Säuglinge“, sagte sie.

Scott nahm das Geld aus dem Gürtel und händigte es ihr wortlos aus. Dann sagte er: „Ums Himmels willen, geben Sie acht auf sich!“

„Ach, mir wird es schon ganz gut gehen. Wir sollen in zwei Tagen Milch bekommen. Nebenbei wollte ich Ihnen sagen, daß Sie den Befehl haben, eins von Sir Jims Pferden zu nehmen. Es ist ein grauer Cabuli dabei, der, wie ich dachte, ganz Ihr Stil sein würde, und so sagte ich, Sie würden ihn nehmen. War das recht?“

„Das ist schrecklich freundlich von Ihnen. Ich fürchte, wir für unsere Person können beide nicht viel von Stil sprechen.“

Scott trug einen wetterfesten Drilljagdanzug, der an den Nähten schon weißlich und an den Handgelenken etwas abgeschabt war. Gedankenvoll betrachtete ihn William vom Korkhelm bis zu den eingefetteten Stiefeln: „Sie sehen sehr nett aus, finde ich. Haben Sie auch sicher alles mit, was Sie brauchen, Chinin, Chlorodyn und so weiter?“

„Ich denke wohl“, antwortete Scott und klopfte auf mehrere Jagdtaschen, die am Sattel des Tieres hingen, das eben gebracht wurde, stieg auf und ritt an der Flanke seines Zuges entlang.

„Leben Sie wohl!“ rief er.

„Leben Sie wohl und viel Glück!“ erwiderte William. „Ich bin Ihnen furchtbar dankbar für das Geld.“ Sie machte auf dem gespornten Absatz kehrt und verschwand in dem Zelte, während die Karren an den Schuppen für die Hungernden vorbeizogen, vorbei an den Reihen prasselnder großer Feuer, hinunter in die glühendheiße Gehenna des Südens.

2

Es war Sträflingsarbeit, obwohl Scott bei Nacht marschierte und am Tage rastete; aber so weit sein Blick reichte, war niemand, den er als seinen Herrn ansprechen konnte. Er war so frei wie Jimmy Hawkins, freier sogar, denn die Regierung hielt den Oberbefehlshaber über die Hungersnotaktion fest an einen Telegraphendraht gebunden, und hätte Jimmy sich je ernstlich nach Telegrammen gerichtet, dann wäre die Sterblichkeitsziffer in dieser Hungersnot noch größer gewesen, als sie schon war.

Nachdem Scott so einige Tage dahingekrochen war, lernte er etwas von dem Charakter dieses Indiens, dem er diente, und es setzte ihn in Erstaunen. Seine Karren waren, wie schon gesagt, mit Weizen, Hirse und Gerste beladen, gutem, eßbarem Getreide, das nur ein wenig gemahlen werden mußte. Aber die Leute, denen er die lebenspendenden Lebensmittel brachte, waren Reisesser. Sie konnten den Reis in ihren Mörsern enthülsen, aber sie wußten von den schweren steinernen Handmühlen des Nordens nichts und noch weniger von dem Nahrungsmittel, das ihnen der weiße Mann auf so mühsamem Wege brachte. Sie schrien um Reis, unenthülsten Reis, solchen, an den sie gewöhnt waren – und als sie sahen, daß es keinen gab, gingen sie weinend von den Karren fort. Was nützten ihnen diese fremden harten Körner, die sie in der Kehle würgten? Sie wollten lieber sterben. Und da und dort taten ihrer viele es denn auch. Andere nahmen ihre Ration in Empfang und tauschten eine Hirsemenge, die genügte, einen Mann eine Woche lang lang zu ernähren, gegen ein paar Handvoll verdorbenen Reises ein, die ein Glücklicherer noch übrig hatte. Etliche taten ihren Anteil in die Reismörser, zerstießen ihn und machten mit schmutzigem Wasser einen Teig an; aber deren waren nur sehr wenige. Scott begriff dunkel, daß viele Leute im südlichen Indien gewöhnlich nur Reis aßen, aber er hatte seine Dienstzeit in einer Kornprovinz verbracht, hatte selten Reis in Halm und Ähre stehen gesehen und hätte es für unglaublich gehalten, daß die Menschen in Zeiten bitterster Not, in Armlänge von der Fülle entfernt, lieber stürben, als daß sie eine Speise anrührten, die sie nicht kannten. Umsonst dolmetschten die Dolmetscher; vergeblich zeigten seine zwei Polizisten mit heftigen Pantomimen, was zu tun sei; die Hungernden schlichen zurück zu Rinde, Unkraut, Maden, Blättern und Lehm und ließen die offenen Säcke unberührt. Doch manchmal legten die Frauen ihre Phantome von Kindern zu Scotts Füßen nieder und sahen sich noch einmal um, ehe sie davonstolperten.

Faiz Ullah meinte, es sei wohl Gottes Wille, daß diese Fremden stürben, und daher blieb nichts übrig, als anzuordnen, die Toten zu verbrennen. Nichtsdestoweniger war dies kein Grund, daß es dem Sahib an Bequemlichkeiten fehlen sollte, und so hatte Faiz Ullah, in Reisen und Lagern erfahren, ein paar schmächtige Ziegen gefangen und der Karawane einverleibt. Auf daß sie Milch für das Frühstück lieferten, fütterte er sie mit dem guten Korn, das diese Toren zurückwiesen. „Ja, wenn es der Sahib für richtig hielte“, meinte Faiz Ullah, „könnte man den Säuglingen von der Milch geben“, aber wie der Sahib wohl wußte, waren Säuglinge billig, und nach Faiz Ullahs persönlicher Meinung hatte die Regierung keine Verfügung betreffs Säuglingen erlassen. Scott hielt Faiz Ullah und den zwei Polizisten eine kräftige Rede und hieß sie, Ziegen einzufangen, wo sie sie fänden. Das taten sie mit großer Freude, denn es war eine Abwechslung, und viele herrenlose Ziegen wurden eingebracht. Nach einmaliger Fütterung folgten die armen Tiere willig genug den Karren, und nach einigen Tagen guter Nahrung — der Nahrung, um derentwillen Menschen starben — gaben sie wieder Milch.

„Aber ich bin doch kein Ziegenhirt“, sagte Faiz Ullah, „es ist gegen mein izzat (Ehre).“

„Wenn wir wieder über den Bias-Fluß gehen, werden wir von izzat reden“, erwiderte Scott. „Bis zu diesem Tage werdet ihr, du und die Polizisten, das Lager fegen, wenn ich es befehle.“

„So geschehe es, wenn der Sahib es haben will“, brummte Faiz Ullah und zeigte Scott, der über ihn gebeugt stand, wie eine Ziege gemolken werden will.

„Jetzt werden wir sie füttern, dreimal am Tag werden

wir sie füttern", sagte Scott, beugte den Rücken zum Melken und bekam einen schrecklichen Krampf. Die Verbindung zwischen einer unruhigen Zickenmutter und einem Säugling, der am Sterben ist, aufrechtzuerhalten, erfordert eine große Anstrengung. Aber die Säuglinge wurden gefüttert. Morgens, mittags und abends hob Scott feierlich einen nach dem andern aus ihrem Nest von Getreidesäcken unter den Wagenplanen heraus. Viele konnten kaum mehr als atmen, und die Milch wurde ihnen Tropfen für Tropfen in den zahnlosen Mund eingeflößt, mit gehörigen Pausen, wenn sie sich verschluckten. Jeden Morgen wurden auch die Ziegen gefüttert; und da sie ohne Hirten einander stießen und die Eingeborenen nur Mietlinge waren, sah sich Scott gezwungen, das Reiten aufzugeben und langsam, seinen Schritt ihrer Schwäche anpassend, an der Spitze seiner Herden zu wandern. All das war hinreichend albern, und er fühlte auch die Albernheit genau; aber er rettete doch wenigstens Menschenleben, und als die Frauen sahen, daß ihre Kinder nicht starben, bequemten sie sich dazu, ein wenig von der fremden Speise zu essen, und schlichen mit Segenssprüchen für den Herrn der Ziegen hinter den Karren her.

„Gibt man den Frauen nur etwas, wofür sie leben, so werden sie schon irgendwie weiterkommen", sagte Scott zu sich, als ihn der Staub, den hundert kleine Füße aufwirbelten, niesen machte, „aber dies übertrifft sogar Williams Kniff mit der Kondensmilch. Aber ich werde es wohl nicht durchhalten können."

Sehr langsam erreichte er seinen Bestimmungsort, erfuhr, daß ein Schiff mit Reis aus Burma gekommen sei und daß Reisvorräte zur Verfügung ständen. Er fand auch einen überarbeiteten Engländer, der die Leitung des Hilfsplatzes hatte, belud seine Karren und kehrte um, den Reis in den Gegenden, die er schon durchzogen hatte, zu verteilen. Er ließ einige Kinder und die Hälfte seiner Ziegen in dem Hungerlager, wofür ihm der Engländer nicht dankbar war, der schon mehr verirrte Säuglinge hatte, als ihm lieb war. Scotts Rücken war schon geschmeidig vom vielen Bücken, und er fuhr fort, diesen Dienst zu verrichten und am Wege seinen Reis zu verteilen. Immer mehr Ziegen und Kinder wurden seiner Obhut anvertraut, aber jetzt trugen schon manche von den Kindern Lumpen oder Perlenschnüre um den Hals oder das Handgelenk. „Das bedeutet“, sagte der Dolmetsch, als hätte es Scott nicht selbst gewußt, „daß ihre Mütter hoffen, sie gegebenenfalls offiziell zurückzunehmen.“

„Je früher, desto besser“, sagte Scott, aber gleichzeitig nahm er mit dem Stolz des Eigentümers wahr, wie dieser oder jener kleine Ramasamy Fleisch ansetzte wie ein Bantam-Zwerghuhn. Als die Reiswagen leer waren, nahm er Richtung auf Hawkins' Lager an der Bahnlinie zu und setzte seine Ankunftszeit so an, daß er zur Stunde des Abendessens zurechtkäme, denn es war lange her, seit er zuletzt an einem gedeckten Tisch gegessen hatte. Er hatte nicht die Absicht, einen irgendwie dramatischen Einzug zu halten, aber eine Laune der untergehenden Sonne fügte es, daß, als er seinen Helm abnahm, um die Abendluft zu spüren, das tiefe Licht quer über seine Stirn fiel, so daß er nicht vor sich blicken konnte – indessen eine, an der Zelttür wartend, mit neuen Augen einen Jüngling schaute, schön wie Paris, einen Gott in einer Aureole goldenen Staubs, langsam schreitend an der Spitze seiner Herde, während an seinen Knien kleine nackte Cupidos einherliefen. Aber sie lachte. William in einer schiefergrauen Bluse bog sich vor Lachen, bis Scott, gute Miene zum bösen Spiel machend, seiner Heerschaft Halt gebot und sie den Kindergarten bewundern ließ. Es war ein unziemlicher Anblick, aber Schicklichkeit hatte man vor undenklichen Zeiten zugleich mit den Teegesellschaften in Amritsar, siebenhundert Meilen nordwärts, zurückgelassen.

„Sie gedeihen gut“, sagte William, „wir haben nur mehr fünfundzwanzig hier, die Frauen beginnen sie sich wiederzuholen.“

„Sie haben also die Kinder in Ihrer Obhut?“

„Ja, Frau Jim und ich. Wir haben nicht an Ziegen gedacht, natürlich; wir versuchten Kondensmilch mit Wasser gemischt.“

„Keine Todesfälle?“

„Mehr, als mir zu denken lieb ist“, erwiderte William schaudernd. „Und Sie?“

Scott sagte nichts. Viele Kinder waren auf seinem Wege begraben worden, viele Mütter hatten geweint, als sie ihre der Obhut der Regierung anvertrauten Kinder nicht wiedergefunden hatten.

Dann kam Hawkins heraus, mit einem Rasiermesser in der Hand, das Scott gierig betrachtete, denn er trug einen Bart, der ihm nicht gefallen wollte. Und als sie sich zum Abendbrot im Zelte niedersetzten, erzählte er seine Geschichte in kurzen Worten, wie einen amtlichen Bericht. Von Zeit zu Zeit schneuzte sich Frau Jim, und Jim nickte zustimmend mit dem Kopf; aber Williams graue Augen blickten auf das sauber rasierte Gesicht; und nur ihr schienen Scotts Worte zu gelten.

„Ein Glück für die Hungerprovinz!" sagte William und lehnte sich, das Kinn in die Hand gestützt, zwischen den Weingläsern vor. Ihre Wangen waren eingefallen, und die Narbe auf der Stirn war auffallender denn je, aber der schön gerundete Hals erhob sich wie eine Säule aus der Krause ihrer Bluse, dem anerkannten Abendkleid im Lager.

„Es war manchmal schrecklich albern", sagte Scott, „sehen Sie, ich verstand doch nicht viel von Melken und von kleinen Kindern; sie werden mich damit zu Tode necken, wenn die Geschichte im Norden ruchbar wird."

„Lassen Sie sie nur reden", antwortete William hochmütig, „wir haben alle Kuliarbeit getan, seit wir hier sind. Auch Jack."

Dies war an Hawkins' Adresse gerichtet; der große Mann lächelte mild und sagte: „Ihr Bruder ist ein höchst tüchtiger Offizier, William, und ich habe ihm die Ehre erwiesen, ihn so zu behandeln, wie er es verdient. Denken Sie daran, daß ich die vertraulichen Berichte schreibe."

„Dann mußt du auch sagen, daß William ihr Gewicht in Gold wert ist", sagte Frau Jim, „ich weiß nicht, was wir ohne sie getan hätten. Sie hat alles für uns getan." Ihre Hand legte sich auf Williams Hand, die rauh war vom Halten der Zügel, und William streichelte sie sanft. Jim warf strahlende Blicke auf die Gesellschaft. Es stand gut in seiner kleinen Welt. Drei seiner unfähigsten Leute waren gestorben, und ihre Stellen waren von tüchtigeren Männern besetzt worden. Jeder Tag brachte die Regenzeit näher, in fünf Distrikten war der Hungersnot schon ein Ende gemacht, und im übrigen war die Sterblichkeitsziffer in Anbetracht der Lage nicht zu hoch gestiegen. Er betrachtete Scott sorgfältig prüfend wie ein Menschenfresser und labte sich an seinem Körperbau und seiner eisenharten Konstitution.

‚Er ist nur ganz wenig mitgenommen und kann noch immer Arbeit für zwei leisten', dachte Jim bei sich. Dann bemerkte er, daß Frau Jim ihm etwas mit den Augen telegraphierte, was nach dem häuslichen Kodex bedeutete: „Ein klarer Fall. Schau sie an!"

Er schaute sie an und hörte zu, aber William sagte nur: „Was kann man von einem Lande erwarten, wo sie einen bhistee (Wasserträger) einen tunni-cutch nennen?" Und Scott antwortete nur: „Ich werde herzlich froh sein, wieder in den Klub zurückzukehren. Halten Sie mir auf dem Weihnachtsball einen Tanz frei, ja?"

„Ein weiter Weg von hier bis Lawrence Hall", sagte Jim. „Besser, Sie gehen bald schlafen, Scott; morgen geht's wieder an die Reiskarren; mit dem Einladen müssen Sie um fünf Uhr beginnen."

„Willst du Herrn Scott nicht einen Tag Rast gönnen?"

„Ich wünschte, ich könnte es, Lizzie. Fürchte, es geht nicht. Solange er noch auf den Füßen steht, müssen wir ihn ausnützen."

„Gut, so habe ich wenigstens mal wieder einen europäischen Abend gehabt . . . Bei Gott, ich hätte fast vergessen! Was fange ich mit meinen Kindern an?"

„Lassen Sie sie hier – wir nehmen sie in Obhut –", antwortete William, „und soviel Ziegen, als Sie entbehren können. Ich muß jetzt melken lernen."

„Wenn Sie morgen früh genug aufstehen wollen, zeige ich es Ihnen. Ich melke immer, wissen Sie; und was ich noch sagen wollte, die Hälfte der Kinder hat Perlenschnüre und andere Sachen um den Hals. Denken Sie daran und nehmen Sie sie ihnen nicht weg für den Fall, daß die Mütter zurückkommen sollten."

„Sie vergessen, daß ich hier auch einige Erfahrung gesammelt habe."

„Ich hoffe zu Gott, daß Sie sich nicht überarbeiten werden!“ Einen Augenblick verlor Scott die Herrschaft über seine Stimme.

„Ich werde auf sie achten“, sagte Frau Jim und telegraphierte hundert Worte lange Botschaften, während sie William wegführte; unterdessen gab Jim Scott seine Befehle für den nächsten Zug. Es war sehr spät, fast neun Uhr.

„Jim, du bist eine Bestie“, sagte seine Gattin abends zu ihm, und der Befehlshaber über die Hungersnot lachte in sich hinein.

„Nicht im geringsten eine Bestie, meine Liebe. Ich erinnere mich, das erste Andiala-Settlement einem Mädchen in einer Krinoline zuliebe geschaffen zu haben; und schlank war sie, Lizzie! Ich habe seither nie wieder solch ein tüchtiges Stück Arbeit geleistet. Er – wird wie ein Dämon arbeiten.“

„Aber du hättest ihm einen Tag gönnen können.“

„Um die Sache jetzt schon auf die Spitze zu treiben? Nein, meine Liebe, sie verleben jetzt ihre glücklichste Zeit.“

„Ich glaube nicht, daß einer von den lieben Leutchen weiß, wie es um sie steht. Ist es nicht schön und entzückend?“

„Steht um drei Uhr früh auf, um melken zu lernen! Gott segne ihr Herz! Ach Götter, warum müssen wir alt und dick werden?“

„Sie ist ein liebes Ding. Sie hat unter meiner Leitung mehr gearbeitet als –“

„Unter deiner! Am Tage nach ihrer Ankunft hat sie kommandiert und du warst die Untergebene und bist es seither geblieben. Sie weiß dich fast ebensogut um den Finger zu wickeln wie du mich.“

„Sie tut es nicht, und deswegen liebe ich sie. Sie ist so geradeheraus wie ein Mann – wie ihr Bruder.“

„Ihr Bruder ist schwächer als sie. Er fragt immer bei mir um Befehle an, aber er ist ein Ehrenmann und unersättlich nach Arbeit. Ich gestehe, ich habe William geradezu lieb, und wenn ich eine Tochter hätte –“

Das Gespräch brach hier ab. Ferne im Derajat lag ein Kindergrab, das mehr als zwanzig Jahre alt war, und weder Jim noch seine Frau sprachen mehr davon.

„Dennoch bist du verantwortlich", fügte Jim nach einem kurzen Schweigen hinzu.

„Gott segne sie", erwiderte schläfrig Frau Jim.

Ehe die Sterne verblaßten, erwachte Scott, der in einem leeren Karren geschlafen hatte, und ging schweigend an seine Arbeit; es wäre ihm roh erschienen, Faiz Ullah und den Dolmetsch zu dieser Stunde zu wecken. Da sein Kopf fast bis an den Boden gebeugt war, hörte er William erst, als sie in dem schmutzigen alten Reitanzug über ihm stand, mit noch schlaftrunkenen Augen, eine Tasse Tee und ein Stück Toast in der Hand. Auf dem Boden lag, auf einer Pferdedecke strampelnd, ein Säugling, und ein sechsjähriges Kind guckte Scott über die Schulter.

„Halt, kleiner Schurke, wie, zum Teufel, willst du deine Ration kriegen, wenn du nicht ruhig liegst?" sagte Scott.

Eine kühle weiße Hand hielt den Balg fest, der sogleich zu schlucken begann, als die Milch in seinen Mund gurgelte.

„Guten Morgen!" sagte der Melker, „Sie haben keine Ahnung, wie diese kleinen Kerle strampeln können."

„O doch, ich weiß es", erwiderte sie flüsternd, denn die Welt schlief noch. „Nur füttere ich sie mit einem Löffel oder mit einem Läppchen. Ihre sind dicker als meine ... Und das haben Sie Tag für Tag zweimal gemacht?" Ihre Stimme klang ganz versonnen.

„Ja, es war albern. Aber jetzt versuchen Sie es!" erwiderte er und machte dem Mädchen Platz. „Vorsicht, eine Ziege ist keine Kuh."

Die Ziege protestierte gegen die Amateurmelkerin, und es gab einen Kampf, bei dem Scott rasch den Säugling an sich riß. Dann mußte wieder von vorne angefangen werden, und William lachte sanft und glücklich. Immerhin brachte sie es zuwege, zwei Säuglinge zu füttern und sogar noch einen dritten.

„Trinken die kleinen Würmer nicht gut?" fragte Scott. „Ich habe sie dazu erzogen."

Sie waren sehr beschäftigt und interessiert, und ehe sie es merkten, war heller Tag und das ganze Lager auf den Beinen — und sie knieten noch immer bei den Ziegen und erröteten beide — vom Tage überrascht — bis über die Ohren.

Und doch hätte die ganze Erdkugel, die sich aus der Dunkelheit heraus ins Licht drehte, alles hören und sehen dürfen, was zwischen ihnen vorging.

William nahm den Tee und den Toast auf und sagte unsicher: „Ich hatte Tee für Sie gemacht. Jetzt ist er eiskalt. Ich dachte, Sie würden so früh vielleicht nichts zu essen bekommen. Trinken Sie ihn lieber nicht. Er ist — er ist eiskalt."

„Das ist schrecklich lieb von Ihnen. Er ist ganz gut so. Es ist wirklich schrecklich lieb von Ihnen. Ich werde meine Kleinen und meine Ziegen bei Ihnen und bei Frau Jim lassen. Natürlich kann Ihnen jeder im Lager das Melken beibringen."

„Natürlich", sagte William, und sie wurde röter und röter und schöner und noch schöner, indes sie in ihr Zelt zurückschritt und sich heftig mit der Untertasse fächelte.

Schrilles Wehklagen ging durch das Lager, als die älteren Kinder sahen, daß ihre Kinderfrau ohne sie abzog. Faiz Ullah ließ sich sogar so weit herab, mit den Polizisten darüber Scherze zu machen, und Scott wurde vor Scham puterrot, weil Hawkins, der schon im Sattel saß, in brüllendes Gelächter ausbrach.

Ein Kind entkam Frau Jims Händen und lief, von William mit langen, leichten Schritten verfolgt, schnell wie ein Kaninchen auf Scott zu und umklammerte seinen Stiefel. „Ich geh nicht zu ihnen, ich geh nicht zu ihnen!" quiekte das Kind und umfaßte mit seinen Füßen Scotts Knöchel. „Sie werden mich hier umbringen, ich kenne die Leute nicht!"

„Hör, sie tut dir nichts!" sagte Scott in gebrochenem Tamil, „geh mit ihr, du bekommst gut zu essen!"

„Komm", sagte William keuchend und warf Scott, der hilflos und wie mit gelähmten Knien dastand, einen ärgerlichen Blick zu.

„Gehen Sie zurück", sagte er rasch zu William, „ich schicke Ihnen den kleinen Kerl in einem Augenblick hinüber."

Sein befehlender Ton hatte augenblicklichen Erfolg, aber einen Erfolg anderer Art, als Scott beabsichtigt hatte. Der Knabe ließ ihn los und sagte ernsthaft: „Ich wußte nicht, daß die Frau dein ist, ich werde gehen." Dann rief er seinen Gefährten, einer Horde Drei-, Vier- und Fünfjähriger, die, ehe sie in wilder Flucht durchgingen, den Erfolg seines Versuches abwarten wollten, zu: „Geht zurück und eßt. Sie ist das Weib unseres Mannes. Sie wird seinen Befehlen gehorchen."

Jimmy fiel fast aus dem Sattel, Faiz Ullah und die zwei Polizisten grinsten, und Scotts Befehle hagelten nur so auf die Treiber herab.

„Das ist die Gewohnheit der Sahibs, wenn in ihrer Gegenwart die Wahrheit gesprochen wird", sagte Faiz Ullah. „Die Zeit naht, daß ich mir einen neuen Dienst suchen muß. Junge Frauen, besonders solche, die unsere Sprache sprechen und die Gewohnheiten der Polizei kennen, bereiten einem ehrlichen Kammerdiener großen Kummer in bezug auf die wöchentlichen Abrechnungen."

Was William dachte, sprach sie nicht aus, aber als ihr Bruder zehn Tage später ins Lager kam, um Befehle entgegenzunehmen, sagte er lachend, als er von Scotts Taten hörte: „Na, das gibt einen Spaß. Er wird Bakri Scott genannt werden bis ans Ende seiner Tage! (Bakri bedeutet in der nördlichen Landessprache Ziege.) Was für ein Kapitalspaß! Ich hätte ein Monatsgehalt darum gegeben, ihn verhungerte Säuglinge pflegen zu sehen. Ich habe einige mit conjee (Reiswasser) gefüttert, aber das nahm sich ganz ordentlich aus."

„Es ist geradezu widerwärtig", sagte mit flammenden Augen seine Schwester. „Ein Mann tut so – so etwas, und ihr andern alle denkt an nichts, als ihm einen albernen Spitznamen zu geben, und dann lacht ihr und glaubt, es sei komisch."

„Ah!" machte Frau Jim voll Mitgefühl.

„Na, du darfst nicht reden, William. Du hast das kleine Fräulein Demby in der letzten kalten Jahreszeit die Fettwachtel getauft, du weißt, der Name stammt von dir. Indien ist das Land der Spitznamen."

„Das ist ein Unterschied", entgegnete William, „sie ist nur ein Mädchen und hat nichts geleistet, als daß sie wie eine Wachtel hüpfte, und das tut sie wirklich. Aber es ist nicht anständig, einen Mann zu verspotten."

„Scott macht sich nichts daraus", antwortete Martyn. „Den alten Scotty kann man nicht aus seiner Ruhe bringen.

Ich habe es schon seit acht Jahren versucht, und du kennst ihn erst drei. Wie sieht er aus?"

„Er sieht sehr gut aus", sagte William und ging mit errötenden Wangen fort.

„Bakri Scott, wirklich!" Dann lachte sie still, denn sie kannte das Land, dem sie diente. „Aber er wird trotzdem Bakri bleiben" – und sie wiederholte den Namen mehrmals langsam, bis er ihr lieb und vertraut klang.

Als Martyn auf seinen Posten auf der Bahnstrecke zurückkehrte, verbreitete er den Namen weit und breit unter seinen Mitarbeitern, so daß endlich auch Scott, der seine Reiskarren in den Kampf führte, ihn zu hören bekam. Die Eingeborenen glaubten, es sei irgendein englischer Ehrentitel, und die Ochsentreiber gebrauchten ihn in aller Einfalt, bis Faiz Ullah, der für fremde Späße nichts übrig hatte, ihnen eins auf die Kappe gab. Es wurde nur mehr wenig gemolken, außer in den großen Lagern, wo Jim Scotts Idee in größerem Maßstabe durchführen und zahlreiche Herden mit dem nutzlosen nördlichen Getreide füttern ließ. In die acht Distrikte war genug Reis eingeführt worden, um die Bevölkerung zu retten, wenn er nur rasch genug verteilt wurde; und niemand war zu diesem Zweck geeigneter als der große Kanal-Offizier, der nie die Geduld verlor, nie einen unnötigen Befehl gab und nie an einem einmal ausgesprochenen Befehl rüttelte. Scott zog eilig weiter, um sein Zugvieh zu retten, ließ ihnen täglich die wundgescheuerten Nacken waschen, damit auf dem Wege keine Zeit verloren werde, meldete sich mit seinem Reis bei den kleineren Hungerlagern, lud ab und kehrte in forcierten Nachtmärschen eilig zu den nächsten Lebensmittelstellen zurück, wo er unabänderlich das gleiche Telegramm von Hawkins: „Nochmals" vorfand.

Und er tat es wieder und wieder und noch einmal, indes Jim Hawkins, fünfzig Meilen weit weg, auf einer Karte die Spuren seiner Karrenräder nachzog, die über das vom Hunger geschlagene Land dahinknarrten. Andere arbeiteten gut – Hawkins meldete am Schlusse, daß alle gut gearbeitet hätten –, aber Scott war der ausgezeichnetste Arbeiter, er behielt die guten gemünzten Rupien bei sich, zahlte für die Reparaturen seiner Karren auf der Stelle und kam freiwillig für manche unerwartete Nebenausgaben im Vertrauen auf spätere Rückerstattung aus eigener Tasche auf. In der Theorie hätte die Regierung für jeden Schuh und jeden Achsennagel bezahlen sollen, für jede Hand, die beim Verladen half, aber Regierungsgutscheine kassieren sich nur langsam ein; und intelligente fleißige Bürokraten schreiben ausführliche Antworten und fechten jede acht Annas an, die eigenmächtig ausgegeben werden. Der Mann, der mit seiner Arbeit Erfolg haben will, muß auch sein eigenes Bankguthaben oder sonstiges Eigentum in Anspruch zu nehmen wissen, wenn er auszieht.

„Ich sagte dir, er würde schuften", sprach Jimmy zu seiner Frau sechs Wochen später. „Er hat ein Jahr lang allein die Oberaufsicht über ein paar tausend Mann im Norden am Mosuhl-Kanal geführt und macht einem weniger zu schaffen als der junge Martyn mit seinen zehn Polizisten, und ich habe die moralische Überzeugung – nur erkennt die Regierung moralische Überzeugungen nicht an –, daß er die Hälfte seines Gehaltes ausgegeben hat, um die Räder seiner Karren zu schmieren. Schau her, Lizzie, das ist die Arbeit einer Woche. In zwei Tagen vierzig Meilen mit zwölf Karren, zwei Tage Halt, um für den jungen Rogers ein Lebensmitteldepot zu bauen (Rogers hätte es selbst errichten können, der Idiot!). Dann wieder vierzig Meilen zurück, Abladen von sechs Karren unterwegs und Verteilung den ganzen Sonntag lang. Und am Abend verfaßt er einen zwanzig Seiten langen, halboffiziellen Bericht an mich, in dem er ausführt, daß dort, wo er sich aufhält, ‚die Leute vorteilhaft zum Hilfswerk herangezogen werden könnten', und deutet an, daß er sie bei irgendeinem alten zerfallenen Reservoir, das er entdeckt hat, arbeiten ließe, um, wenn die Regenzeit käme, eine Vorratsstelle guten Wassers zu haben. Er glaubt, die Schleuse in zwei Wochen dichten zu können. Betrachte seine Randzeichnungen, sind sie nicht gut und klar? Ich wußte, daß er pukka ist, aber ich habe nicht gewußt, daß er so pukka ist."

„Ich muß das William zeigen", sagte Frau Jim, „das Kind übermüdet sich mit den Säuglingen."

„Nicht mehr als du, meine Liebe. Na, in zwei weiteren

Monaten sind wir aus dem Ärgsten heraus. Tut mir leid, daß ich dich nicht für ein V. C.[1] eingeben kann."

William saß noch spät am Abend in ihrem Zelt; sie las Seite für Seite der eckigen Handschrift, fuhr mit der Hand streichelnd über die Skizzen für die vorgeschlagene Wiederherstellung des Reservoirs und runzelte die Augenbrauen über den Ziffernkolonnen, in denen die Wassermenge schätzungsweise angegeben war. „Und er findet Zeit, alles das zu tun", sagte sie zu sich selbst, „und – ich war ja auch dabei. Ich habe ein oder zwei Kinder gerettet."

Und sie träumte zum zwanzigsten Male von dem Gott in der goldenen Staubaureole und erwachte erquickt, um ekelhafte farbige Kinder zu füttern, Dutzende von Straßenbälgen, am Wege aufgelesen, denen die Knochen fast durch die Haut stachen und die mit schrecklichen Ausschlägen bedeckt waren. Scott durfte seine Arbeit bei den Karren nicht verlassen, aber sein Brief wurde ordnungsgemäß an die Regierung weiterbefördert, und er hatte den Trost – kein seltenes Vorkommnis in Indien –, daß ein anderer dort erntete, wo er gesät. Aber auch das war eine nützliche Schulung der Seele.

„Er ist viel zu gut, um sich bei Kanalbauerei zu verbrauchen", meinte Jimmy. „Jedermann kann Kulis beaufsichtigen. Sie brauchen nicht böse zu werden, William; es ist nun mal so. – Aber ich brauche meine Perle unter den Ochsentreibern, und ich habe ihn in den Khandadistrikt versetzt, wo er die ganze Geschichte noch mal machen muß. Er muß jetzt schon unterwegs sein."

„Er ist kein Kuli", sagte William wütend, „er sollte seine Regulierungsbauten leiten."

„Er ist der tüchtigste Mann in seinem Dienst, und das will viel heißen, aber wenn man schon mal Rasiermesser zum Mühlsteineschneiden verwenden muß, zieh ich die besten Klingen vor."

„Ist es nicht an der Zeit, daß wir ihn wieder einmal zu sehen bekommen?" fragte Frau Jim, „ich bin sicher, der arme Junge hat seit einem Monat keine anständige Mahlzeit ge-

1 Victoria Cross – Viktoriakreuz (A. d. Ü.).

gessen. Er sitzt wahrscheinlich auf einem Karren und ißt Sardinen mit den Fingern."

„Alles zu seiner Zeit, meine Liebe, Pflicht geht vor Anstand – hat das nicht immer Herr Chuck gesagt?"

„Nein, es war der ‚Midshipman Easy[1]'", lachte William. „Ich wundere mich manchmal, wie es einem vorkommen wird, wieder zu tanzen oder einer Musikkapelle zuzuhören oder unter einem Dache zu sitzen. Ich kann gar nicht glauben, daß ich jemals im Leben ein Ballkleid getragen habe."

„Eine Minute!" sagte Frau Jim, die nachgedacht hatte, „wenn er nach Khanda marschiert, muß er doch fünf Meilen von hier vorbeikommen. Natürlich wird er herreiten."

„O nein, er wird nicht", sagte William.

„Woher wissen Sie das, mein Kind?"

„Es würde ihn von seiner Arbeit abhalten. Er wird keine Zeit haben."

„Er wird sie sich nehmen", sagte Frau Jim mit einem Zwinkern.

„Es hängt von seinem eigenen Ermessen ab. Es ist absolut kein Grund vorhanden, warum er es nicht tun sollte, wenn er es für richtig hält", meinte Jim.

„Er wird es nicht für richtig halten", entgegnete William ohne Erregung oder Kummer. „Er wäre nicht er selbst, wenn er es täte."

„Sicherlich lernt man die Menschen in einer solchen Zeit gut kennen", sagte Jim trocken; aber Williams Gesicht war heiter wie immer, und Scott erschien nicht, wie sie es prophezeit hatte.

Endlich setzten die Regen ein, spät, aber schwer; die trokkene, klaffende Erde verwandelte sich in roten Schlamm; im Lager erschlugen die Diener die Schlangen. Jedermann blieb infolge des Wetters vierzehn Tage lang ans Lager gebunden, bis auf Hawkins, der zu Pferde fröhlich durch die Nässe plätscherte. Die Regierung dekretierte, daß Saatgut an die Bevölkerung verteilt und ihnen Geld zum Ankauf neuer Ochsen vorgeschossen werde; und die Weißen Männer mußten diese neue Aufgabe mit doppelter Anstrengung

1 Held eines Marryatschen Romans (A. d. Ü.).

durchführen. Indessen schwang sich William von Ziegel zu Ziegel, die über den zertrampelten Schlamm gelegt waren, und flößte ihren Schutzbefohlenen so angenehm wärmende Heiltränke ein, daß sie ihre kleinen, runden Bäuche rieben. Die Milchziegen gediehen bei dem üppigen Gras prächtig. Aus dem Khandadistrikt fern im Südosten kam kein Wort von Scott, außer dem regelmäßigen telegraphischen Bericht an Hawkins. Die kunstlosen Landstraßen waren verschwunden, seine Treiber meuterten fast; einer der von Martyn entliehenen Polizisten war an der Cholera gestorben, und Scott nahm täglich dreißig Körner Chinin, um das Fieber zu bekämpfen, das sich bei harter Arbeit im Regen einzustellen pflegt; aber diese Dinge zu berichten, hielt er nicht für notwendig. Er arbeitete wie gewöhnlich von einer Vorratsstation an der Bahnlinie aus, um einen Kreis von dreißig Meilen im Durchmesser zu versorgen, und da die Wagen nicht mehr vollgeladen werden konnten, belud er sie nur zum vierten Teil und hatte infolgedessen die vierfache Plage; denn er wollte es nicht auf eine Epidemie ankommen lassen, die bei der Ansammlung von Tausenden von Landbewohnern an den Hilfsstellen ins Unberechenbare wachsen mußte. Es war billiger, der Regierung gehörige Ochsen zu nehmen, sie zu Tode zu rackern und den Krähen im Morast am Wegrande zu überlassen.

In dieser Zeit kamen ihm seine acht Jahre enthaltsamen, strengen Lebens zugute, obwohl ihm der Kopf vom Chinin wie eine Glocke dröhnte und die Erde unter seinen Füßen, wenn er stand, und das Bett, wenn er schlief, schwankten. Wenn Hawkins es für richtig hielt, ihn zum Ochsentreiber zu machen, so war das nach seiner Meinung ganz und gar Hawkins' eigene Angelegenheit. Es gab Männer im Norden, die erfahren würden, was er getan hatte, Männer mit dreißig Dienstjahren in seinem Departement, die sagen würden „nicht übel!", und darüber, unermeßlich weit über allen Rangstufen der Männer, stand William, mitten im heißen Kampf, die sein Tun gutheißen würde, denn sie verstand ihn!

Er hatte seinen Willen derart erzogen, daß er sich im mechanischen Ablauf jedes Tages bewährte, obwohl ihm seine eigene Stimme fremd im Ohr klang und seine Hände an seinen Handgelenken ihm beim Schreiben bald klein wie Erbsen, bald groß wie Kissen dünkten. Diese Willenskraft trug auch seinen Körper noch in das Telegraphenamt der Bahnstation und diktierte ein Telegramm an Hawkins, das besagte, der Khandadistrikt sei nach seinem Urteile jetzt gerettet, und er erwarte weitere Befehle.

Der Madraser Telegraphenbeamte mißbilligte das Benehmen des breitschultrigen, hagern Mannes, der in einer tödlichen Ohnmacht über ihn fiel, nicht so sehr seines Gewichtes halber, als wegen der Schimpfnamen und Schläge, die er von Faiz Ullah erhielt, als dieser den Körper fand, der unter eine Bank gerollt war. Dann raffte Faiz Ullah Pferde-, Reise- und Bettdecken zusammen, wo er ihrer habhaft werden konnte, und bettete seinen Herrn darauf; er band ihm die Arme mit einem Zeltstrick und gab ihm einen greulichen Kräuterabsud zu trinken; dann stellte er den Polizisten daneben, damit er ihn niederhielte, falls er versuchen sollte, der unerträglichen Hitze unter den Decken zu entkommen, und schloß zwei Tage und eine Nacht das Telegraphenamt ab, um die Neugierigen fernzuhalten. Und als eine Einzelmaschine die Strecke herunterkam und Hawkins die Tür mit einem Fußtritte zerbrach, rief ihn Scott schwach, aber mit natürlicher Stimme an, und Faiz Ullah stand im Hintergrunde und erntete den Lohn seiner Bemühungen.

„Zwei Nächte lang, Himmelsgeborener, war er pagal (verrückt)“, sagte Faiz Ullah. „Schau meine Nase an und betrachte das Auge des Polizisten. Er hat uns mit seinen gebundenen Händen geschlagen, aber wir haben uns auf ihn gesetzt, Himmelsgeborener, und obwohl seine Worte tez (scharf) waren, ließen wir ihn schwitzen. Himmelsgeborener, noch nie hat es solch einen Schweiß gegeben. Er ist jetzt schwächer als ein Kind, aber das Fieber hat ihn durch die Gnade Gottes verlassen. Es bleibt nur noch meine Nase und das Auge des Polizisten. Sahib, soll ich um meine Entlassung bitten, weil mein Sahib mich geschlagen hat?“ Und Faiz Ullah legte vorsichtig seine lange dünne Hand auf Scotts Brust, um sich zu vergewissern, daß das Fieber vergangen sei, bevor er hinausging, um eine Suppenkonserve zu öffnen und jenen, die ihn seiner geschwollenen Nase wegen verlachten, die Spottlust auszutreiben.

„Der Distrikt ist jetzt ganz in Ordnung", flüsterte Scott. „Alles andere hat nichts zu sagen. Haben Sie mein Telegramm bekommen? Ich werde in einer Woche wieder auf den Beinen sein. Verstehe nicht, wie das gekommen ist. Ich werde in ein paar Tagen wieder auf den Beinen sein."

„Sie kommen ins Lager zu uns", sagte Hawkins.

„Aber hören Sie – aber –."

„Es ist alles vorbei. Wir werden euch Pundjableute nicht mehr brauchen. Mein Ehrenwort, wir brauchen euch nicht mehr. Martyn kehrt in wenigen Wochen heim, Arbuthnot ist schon nach Hause gefahren, Ellis und Clay legen nur noch die letzte Hand an eine Bahnlinie, die die Regierung für die Lebensmittelzufuhr gebaut hat. Morton ist tot – er war freilich ein Bengale –, Sie haben ihn wohl nicht gekannt. Auf mein Wort – Sie und Will – Fräulein Martyn – sind am besten von allen durchgekommen."

„Oh, wie geht es ihr?" Die Stimme stieg und fiel, als er sprach.

„Sie war tadellos in Form, als ich sie verließ. Die römisch-katholische Mission adoptiert die nicht zurückverlangten Kinder und wird kleine Priester aus ihnen machen; die Basil-Mission nimmt einige, und die Mütter holen den Rest. Sie sollten hören, wie die kleinen Würmer heulen, wenn sie von William fortgeschickt werden. Sie ist ein bißchen herunter, aber das sind wir alle. Wann, glauben Sie, werden Sie imstande sein, hier wegzugehen?"

„Ich kann nicht in diesem Zustande ins Lager kommen. Ich will nicht", sagte Scott mürrisch.

„Ja, Sie sind gerade kein herrlicherAnblick, aber soviel ich herausbekommen habe, scheint es mir, als wären sie dort doch froh, Sie unter allen Umständen zu sehen. Wenn Sie wollen, werde ich Ihre Arbeit hier ein paar Tage inspizieren, und Sie können sich indessen von Faiz Ullah auffüttern und wieder auf die Beine bringen lassen."

Als Hawkins die Inspektion beendet hatte, konnte Scott schon wieder, zwar noch ein wenig schwankend, gehen, und er wurde über und über rot, als Jim von seiner Leistung im

Distrikt sagte, sie sei „nicht übel“, ferner aus freien Stücken zugab, daß er während der Hungersnot Scott als seine rechte Hand betrachtet habe und sich verpflichtet fühle, dasselbe offiziell zu wiederholen. So kamen sie mit der Bahn ins alte Lager zurück, aber keine Scharen drängten sich hier mehr, die großen Feuer in den Gräben waren erloschen, und die Lager der Hungernden standen fast leer.

„Sie sehen, da ist nicht mehr viel für uns zu tun“, sagte Jim. „Reiten Sie lieber hin und begrüßen Sie meine Frau. Es ist ein Zelt für Sie aufgeschlagen. Abendessen um sieben Uhr, ich werde Sie dann sehen.“

Scott ritt im Schritt weiter, neben sich Faiz Ullah, der sich am Steigbügel hielt; so traf er William in ihrem braunen Kalikoreitanzug; sie saß vor dem Eingang des Speisezeltes, die Hände im Schoße, aschgrau, dünn und erschöpft, mit glanzlosen Haaren. Weit und breit war keine Frau Jim zu sehen, und alles, was William herausbrachte, war: „Mein Gott, wie schlecht Sie ausschauen.“

„Ich habe ein bißchen Fieber gehabt. Sie selbst sehen auch nicht eben gut aus.“

„Oh, ich bin ganz gut beieinander. Wir haben hier Schluß gemacht. Ich nehme an, Sie wissen es.“

Scott nickte: „Wir werden alle in einigen Wochen wieder daheim sein. Hawkins sagte es mir.“

„Vor Weihnachten noch, meint Frau Jim. Werden Sie nicht froh sein, zurückzukommen? Ich kann schon den Duft der Wälder riechen.“

William schnüffelte in die Luft: „Wir werden noch zu allen Weihnachtsvorbereitungen zurechtkommen. Ich nehme an, die Regierung des Pundjab wird nicht so gemein sein, Jack noch vor dem neuen Jahr zu versetzen.“

„Es kommt mir wie eine Ewigkeit vor, das Pundjab und all das, nicht? Sind Sie froh, daß Sie hierhergekommen sind?“

„Jetzt, wo es vorbei ist, ja. Es war gräßlich hier. Wissen Sie, wir mußten stillsitzen und konnten nichts tun, und Sir Jim war so viel abwesend.“

„Nichts tun! Wie kamen Sie mit dem Melken vorwärts?“

„Ich brachte es irgendwie zustande, nachdem Sie es mich gelehrt hatten.“

Dann schnappte das Gespräch mit fast hörbarem Knacken ab. Noch immer kam keine Frau Jim.

„Das erinnert mich, daß ich Ihnen noch fünfzig Rupien schulde, für die Kondensmilch. Ich dachte, Sie würden vielleicht hier vorbeikommen, als Sie in den Khandadistrikt versetzt wurden, und ich hätte sie Ihnen dann bezahlen können, aber Sie sind nicht gekommen."

„Ich kam fünf Meilen vom Lager vorbei. Sehen Sie, ich war mitten auf dem Marsch, und die Karren brachen alle paar Minuten zusammen, und als ich sie endlich über die Stelle hinweg gebracht hatte, war es zehn Uhr nachts geworden. Aber ich wäre schrecklich gern gekommen. Sie wußten es, nicht wahr?"

„Ich glaube – ich wußte es –", sagte William und richtete die Augen auf sein Gesicht. Jetzt war sie nicht mehr blaß.

„Haben Sie es verstanden?"

„Warum Sie nicht hereingeritten sind? Natürlich habe ich es verstanden!"

„Warum?"

„Weil Sie nicht konnten, natürlich. Ich wußte das."

„Hätten Sie es gern gesehen?"

„Wenn Sie gekommen wären? – Aber ich habe gewußt, daß Sie es nicht tun würden. Aber wenn Sie gekommen wären, hätte ich es sehr gern gesehen. Sie wissen das doch auch."

„Gott sei Dank habe ich es nicht gewußt. Und ich wäre so gern gekommen! Ich konnte es mir aber nicht gestatten, vor den Karren herzureiten, denn ich mußte sie doch hier vorbeilotsen, verstehen Sie?"

„Ich habe es gewußt, daß Sie nicht kommen würden", sagte William zufrieden. „Hier sind Ihre fünfzig Rupien."

Scott beugte sich nieder und küßte die Hand, die ihm die fettigen Banknoten reichte; deren Gefährtin fuhr ihm linkisch, aber sehr zärtlich über das Haar.

„Und du hast es gewußt, nicht wahr?" fragte William mit einer neuen Stimme.

„Nein, bei meiner Ehre, ich habe nichts gewußt. Ich hatte nicht – nicht die Freiheit, irgend etwas derartiges zu erwarten außer . . . Sag, bist du an dem Tage, an dem ich auf meinem Wege nach Khanda vorbeikam, irgendwohin geritten?"

William nickte und lächelte wie ein Engel, der auf einer guten Tat ertappt wird.

„Dann habe ich gerade ein Stückchen von deinem Reitanzug erblickt in –"

„– dem Palmenhaine neben dem südlichen Karrenweg. Ich habe deinen Helm gesehen, als du vom Tempel heraufkamst – gerade genug, um sicher zu sein, daß es dir gut ging. Freut dich das etwas?"

Diesmal küßte ihr Scott nicht die Hand, denn sie waren im Dunkel des Speisezeltes, und da Williams Knie zitterten, mußte sie sich auf den nächsten Stuhl setzen und lange und glücklich – den Kopf auf die Arme gelegt – weinen. Und als Scott meinte, es sei an der Zeit, sie zu trösten, wollte sie von nichts dergleichen wissen; sie lief in ihr eigenes Zelt, und Scott ging hinaus in die Welt und lächelte sie breit und töricht an. Doch als Faiz Ullah ihm einen Trunk brachte, hielt er es für nötig, die eine Hand mit der andern zu stützen, sonst wäre der gute Whisky mit Soda verschüttet worden. Es gibt eben verschiedenerlei Fieber.

Aber ärger, viel ärger noch war das angestrengte Tischgespräch, währenddessen die Blicke einander mieden, bis sich die Dienerschaft zurückgezogen hatte; am ärgsten aber war es, als Frau Jim, die, von der Suppe angefangen, immer dem Weinen nahe war, Scott und William küßte; und sie tranken eine Flasche Champagner, der warm war, da es kein Eis gab, und Scott und William saßen vor dem Zelte im Sternenlichte, bis Frau Jim sie hereinzog, aus Furcht vor noch mehr Fieber.

Angesichts dieser und anderer Dinge sagte William: „Verlobt sein ist abscheulich, weißt du, weil man keine offizielle Stellung hat. Wir müssen dankbar sein, daß wir so viel zu tun haben."

„So viel zu tun haben", sagte Jim, als man ihm diese Worte berichtete. „Keiner von beiden taugt mehr zu irgend etwas. Ich kann nicht mal fünf Stunden Arbeit aus Scott herausdrücken, die Hälfte der Zeit steckt er in den Wolken."

„Aber sie sind so schön anzusehen, Jimmy. Mir wird das Herz brechen, wenn sie wegfahren. Kannst du nichts für ihn tun?"

„Ich habe bei der Regierung den Eindruck erweckt – ich

hoffe wenigstens, daß es mir gelungen ist –, daß er persönlich den ganzen Feldzug gegen die Hungersnot geführt hat. Aber er wünscht sich ja nur, bei den Luni-Kanal-Werken unterzukommen, und William treibt es ebenso arg damit. Hast du je gehört, wie sie von Abdämmungen, Plankenbettung und Abzugswasser sprechen? Das ist ihre Art von Liebesgesprächen, nehme ich an."

Frau Jim lächelte zärtlich: „Das ist nur in den Zwischenzeiten. Gott segne sie."

Und so lief der Liebesgott ungestört am hellen Tage durch das Lager, indessen die Männer noch die letzten Spuren austilgten und beseitigten, die letzten Spuren der Hungersnot in den acht Distrikten.

Der Morgen brachte die durchdringende Dezemberkälte des Nordens, Schwaden vom Rauche brennenden Holzes, das staubige Graublau der Tamarisken, die Kuppeln zerstörter Gräber und den ganzen Duft der hellen Ebene des Nordens, als der Postzug über die meilenlange Sutlejbrücke fuhr. William, in ein poshteen gehüllt – eine seidengestickte Schaflederjacke mit großgelocktem Astrachanpelz besetzt –, schaute mit feuchten Augen und freudig geblähten Nüstern hinaus. Nun war es vorbei mit dem Süden der Palmen und Pagoden, vorbei mit dem übervölkerten Hindusüden. Dies war das Land, das sie kannte und liebte, und vor ihr lag das gute Leben, wie es ihr vertraut war, unter den Menschen ihrer eigenen Kaste und Denkungsart.

Beinahe auf jeder Station stiegen sie ein – Frauen und Männer, die sich für die Weihnachtswoche in die Stadt begaben, mit Raketts, Bündeln von Polostöcken, mit den geliebten halbzerhauenen Cricketschlägern, mit Foxterriern und Sätteln. Der größte Teil von ihnen trug Jacken wie William, denn mit der Kälte des Nordens ist ebensowenig zu spaßen wie mit der Hitze des Südens. Und William bewegte sich unter ihnen, gehörte zu ihnen; die Hände in den Taschen, den Kragen bis über die Ohren aufgeschlagen, ging sie stampfend auf dem Bahnsteig auf und ab, um sich zu erwärmen, machte in jedem Waggon Besuche und nahm überall Glückwünsche entgegen. Scott saß mit den Junggesellen am Ende des Zuges, wo man ihn erbarmungslos mit dem Füttern der Säuglinge und dem Melken der Ziegen hänselte; aber von Zeit zu Zeit schlenderte er zu Williams Wagenfenster und sagte leise: „Nett hier, nicht?“ und William antwortete mit dem Seufzen reinen Wohlgefühls: „Nett hier, wirklich!“ Schön war es, den langen, offenen Namen der heimatlichen Städte wieder zu lauschen. Umballa, Ludianah, Phillour, Jullundur tönten wie künftige Hochzeitsglocken an ihre Ohren, und William bemitleidete tief und aufrichtig alle Fremden und Außenseiter – Besucher, Touristen und die neu in den Dienst des Landes Gezwungenen. Es war eine glorreiche Heimkehr, und als die Junggesellen ihren Weihnachtsball veranstalteten, war William unoffiziell sozusagen der Haupt- und Ehrengast der Wirte, die den Abend für ihre Freunde sehr vergnüglich zu gestalten wußten. Sie tanzte fast alle Tänze mit Scott, und während der übrigen saßen sie in der großen dunklen Galerie, von der man das prächtige Teakholzparkett übersehen konnte, auf dem die Uniformen leuchteten, die Sporen klirrten und die neuen Kleider von vierhundert Tanzenden sich drehten und drehten, bis die um die Säulen drapierten Fahnen in ihrem Zugwind sich zu blähen und zu flattern begannen.

Um Mitternacht kam ein halbes Dutzend Herren, denen am Tanzen nichts gelegen war, aus dem Klub herüber, um „Weihnachtsmusikanten“ zu spielen, und – dies war eine von den Gastgebern veranstaltete Überraschung – bevor einer wußte, was geschah, hatte die Kapelle zu spielen aufgehört, und verborgene Stimmen begannen den „guten König Wenzeslaus“ zu singen; und William in der Galerie klopfte mit dem Fuße den Takt dazu und summte mit!

„Merk dir meine Fußstapfen gut,
Mein Page, tritt kühnlich hinein –
Dann wird dir gegen des Winters Wut
Wärme im Blute sein.“

„Ich hoffe, sie singen uns noch etwas! Ist's nicht hübsch, wie die Stimmen aus dem Dunkel kommen? Schau – schau hinunter! Da wischt sich Frau Gregory die Augen.“

„Es ist fast wie zu Hause", sagte Scott, ich erinnere mich –."
„Still, hör zu, Lieber!" Und wieder begann es:

„Es waren Hirten auf dem Felde,
Die hüteten ihre Herden des Nachts.
Und siehe, der Engel des Herrn trat zu ihnen,
Und die Glorie Gottes umleuchtete ihn.
Und sie erschraken sehr.
Der Engel sprach zu ihnen:
‚Fürchtet euch nicht, ich bring euch frohe Botschaft –
Denn heute nacht . . .'"

„Ach", sagte William und schmiegte sich fester an Scott. Diesmal war es William, die sich die Augen wischte.

Die Stadt der furchtbaren Nächte

Die erstickende feuchte Hitze, die auf dem Land liegt wie ein Tuch, macht jede Hoffnung auf Schlaf zuschanden; dazu das unablässige Zirpen der Zikaden und das gellende Geheul der Schakale! – Unmöglich, es noch länger auszuhalten in dem leeren, dunklen, echoreichen Haus, und immer und ewig sehen zu müssen, wie der Punkahfächer in die tote Luft schlägt! – So ging ich hinaus um zehn Uhr nachts in den Garten und steckte meinen Spazierstock in ein lockeres Beet, um zu sehen, nach welcher Richtung er fallen würde. – Er deutete hinüber zur mondlichtbeschienenen Straße, die zur Stadt der furchtbaren Nächte führt. Das Geräusch seines Falles scheuchte einen Hasen auf. Der hoppelte von seinem Lager auf und lief hinüber zu einer aufgelassenen mohammedanischen Begräbnisstätte, auf der die zahnlosen Schädel und blanken Schenkelknochen, erbarmungslos bloßgelegt durch die Juli-Wolkenbrüche, wie Perlmutter schimmerten auf dem von Regengüssen zerwühlten Grund. Es war, als hätten die schwere Erde und die heiße Luft sogar die Toten emporgetrieben, Kühlung zu suchen. – Der Hase hoppelte weiter, beschnupperte seltsam eine rauchgeschwärzte Lampenscherbe und verschwand im Schatten eines Tamariskengebüsches.

Die offene Hütte des Mattenwebers beim Hindutempel war gefüllt mit schlafenden Menschen, die umherlagen wie eingewickelte Leichen. Hoch oben am Himmel brannte das starre Auge des Mondes. Dunkelheit täuscht Kühle nur vor; beständig mußte ich mir vorsagen, das grelle Licht trüge keine Schuld an der Hitze ringsum. Eine krankhafte Wärme ging vom Mond aus und strahlte in die Luft.

Wie ein gerader Streifen aus poliertem Stahl lief die Straße hinüber zur Stadt der furchtbaren Nächte; an den Wegrändern hingestreckt in phantastischen Stellungen, leichenhaft schlafend, die Leiber von hundertsiebzig Menschen auf Lagerstätten. Einige ganz in Weiß gehüllt und die Münder fest geschlossen, einige nackt und schwarz wie Ebenholz in dem gleißenden Licht, und einer, weit weg von ihnen, das Gesicht aufwärts gekehrt, den Kiefer herabgesunken, silberig schimmernd und aschig fahl: ein Aussätziger. Die übrigen: erschöpfte Kulis, Diener, Kleinladenbesitzer und Kutscher von dem nahen Wagenstand. Szene: das Land vor den Toren der Stadt Lahore und eine heiße Augustnacht. Das war alles, was ich sah, aber nicht alles, was ich hätte sehen können. Der Hexenspuk des Mondlichts hatte die Welt in ein grausiges Bild verwandelt: Die lange Reihe der nackten „Toten“ bot einen schauerlichen Anblick – und als letzter darin der statuenhafte Leprakranke.

Eine Straße, aus Menschenleibern gebildet! Lauter Männer. – Mußten denn die Frauen in den stickigen Höhlen der Lehmhütten die Nacht verbringen, so gut es ging? Das klägliche Greinen eines Kindes gab mir Antwort auf meine stumme Frage. Wo Kinder sind, da sind auch die Mütter nicht weit, die sie behüten. Sie halten Wache bei ihnen in diesen zermürbenden, sengenden Nächten. Ein schwarzer kleiner Kugelkopf lugte vom Giebel eines niedrigen Lehmhüttendaches herab, und ein dünnes – jämmerlich dünnes Beinchen streckte sich über die Regenrinne. Dann das scharfe Klicken eines Glasarmbandes; ein Frauenarm wird einen Augenblick lang über der Brustwehr sichtbar, schlingt sich um den

Nacken des Kindes und zieht es zurück – das Zappelnde, Widerstrebende – in die schwüle Bettstatt. Schnell und kurz, wie es ertönte, ist das Piepsen des Kleinen verstummt; sogar die Kinder der Gosse sind zum Weinen zu erschöpft.

Wieder: leichenhaft schlafende Leiber, eine Koppel bewegungslos ruhender Kamele am Wegesrand, Mondlichtstreifen, eine weiße Straße, eine Vision dahineilender Schakale, Ekka-Ponys, in tiefem Schlummer, das Zuggeschirr noch auf dem Rücken, und – wieder Leichen, Leichen. Messingbeschlagene Landkarren blitzen im Mondlicht – wieder Leichen, Leichen. – Wo immer ein Heuwagendach, ein Baumstumpf, ein zersägter Stamm, ein Büschel Bambus oder ein Strohhaufen Schatten wirft, da ist der Boden bedeckt mit diesen Schlafleichen. Einige mit dem Gesicht nach abwärts, die Arme verschränkt, im Staub; einige mit über den Köpfen gefalteten Händen; andere zusammengekrümmt wie Hunde oder wie die Geschützrohre steif an den Seiten der Kornwagen liegend. – Andere wieder im grellen Mondesglanz und die Stirnen an die Knie gepreßt.

Ich empfände es wie eine Erlösung, wenn sie schnarchen würden, aber alles bleibt still wie auf einem Totenfeld. Bisweilen beschnuppert den oder jenen ein Hund und trabt dann weiter. Hie und da liegt ein mageres Kindchen neben seinem Vater auf der Erde, und gelegentlich schlingt sich ein Arm um seinen Körper; aber zumeist schlafen die Kleinen bei ihren Müttern auf den Dächern. – Gelbhäutige, blankzähnige Parias weiß man nicht gern in der Nähe brauner Kinderleiber.

Ein erstickend heißer Hauch aus dem Munde des Delhi-Tores ertötet fast meinen Entschluß, um diese Stunde die Stadt der furchtbaren Nächte zu betreten.

Es ist ein Gemisch aller üblen Gerüche tierischen und pflanzlichen Ursprungs, die eine mauerumgürtete Stadt ausbrüten kann in einem Tag und in einer Nacht; die Hitze, die in den Gruppen der Platanen und Orangenbäume außerhalb der Wälle herrscht, ist wie Eiseskälte, gemessen an der Temperatur, die einem entgegendringt. Gott sei allen Kranken und Säuglingen gnädig, die innerhalb dieser Stadt die Nacht verbringen müssen! Die hohen Häusermauern strahlen noch immer Glutwellen aus, und aus den Gossengruben dampfen faulige Miasmen, die einen Büffel betäuben könnten. Aber die Büffel schenken dem keine Beachtung. Ein halbes Dutzend lustwandelt in der menschenleeren Hauptstraße, und von Zeit zu Zeit drücken sie ihre massigen Nüstern an die Verschalungen der Kornhändlerläden und beschnauben sie dann wie die Walfische.

Wieder Stille. Aber jene gewisse Stille, die erfüllt ist von den Nachtgeräuschen einer großen Stadt: Einen Augenblick erklingt ein Saiteninstrument, aber – nur einen Augenblick. Hoch oben reißt einer ein Fenster auf, und das Klappern des Rahmens ruft das Echo wach in den verödeten Straßen. Von einem Dach herab dringt das rhythmische Schlagen einer Punkah, und Leute reden miteinander – es klingt wie das sanfte Glucksen der Wasserpfeife. Ein wenig weiter, und das Geräusch einer Unterhaltung wird deutlich. – Ein schmaler Lichtstreifen zwischen den Ritzen des Rollverschlusses eines Ladens: drinnen ein stoppelbärtiger, müdäugiger Händler mitten unter Baumwollballen schreibt Zahlen in sein Hauptbuch. Drei verhüllte Gestalten leisten ihm Gesellschaft und machen von Zeit zu Zeit eine Notiz. Der Händler macht eine Eintragung, dann eine Bemerkung, dann fährt er sich mit dem Handrücken über die nasse Stirn. – Die Hitze in der eng verbauten Straße ist furchtbar; drin im Laden muß sie unerträglich sein. Aber die Arbeit geht ihren Gang: Eintragung, ein Kehllaut, ein Zucken der Hand nach der Stirn, so folgt eins auf das andere mit der Regelmäßigkeit eines Uhrwerks.

Ein Polizeimann – ohne Turban und tief im Schlaf – liegt quer über dem Weg auf der Straße zur Moschee des Wazir Khan. Ein Streifen Mondlicht glänzt auf seinem Gesicht, aber es stört ihn nicht. Es ist dicht vor Mitternacht, und noch immer nimmt die Hitze zu. Der offene viereckige Platz vor der Moschee ist bedeckt mit „Leichen"; vorsichtig muß man sich den Weg ertasten, um nicht auf sie zu treten. Das Mondlicht fällt quer auf die hohe Front der mit bunten Diagonalstreifen aus Email geschmückten Moschee, und jede der in den Nischen und Winkeln des Mauerwerks träumenden Tauben wirft ihren kugelförmigen Schatten. Verhüllte Gestalten taumeln schlaftrunken auf von ihren Pritschen und verschwinden geisterhaft in den dunklen Tiefen des Gebäudes. – – Ob es wohl möglich ist, bis zum Giebel des Minaretts emporzuklimmen, um von dort in die Stadt hinabzuschauen? Auf alle Fälle lohnt es den Versuch, vorausgesetzt, daß die Tür zur Treppe nicht verschlossen ist! – Sie ist offen; aber ein tief schlafender Janitor liegt auf der Schwelle, das Angesicht dem Monde zugekehrt. Eine Ratte huscht aus seinem Turban beim Geräusch der sich nähernden Schritte. Der Mann grunzt, öffnet die Augen für eine Minute, dreht sich um und schläft wieder ein. – Die ganze Hitze eines Jahrzehnts glühender indischer Sommer ist aufgespeichert in den pechschwarzen glatten Wänden der Wendeltreppe. Auf halber Höhe des Minaretts regt sich etwas Lebendiges, Warmes und Fedriges, und – schnarcht. Von Stufe zu Stufe emporgetrieben, flattert es hinauf und entpuppt sich als gelbäugiger, wutfauchender Raubvogel. Zu Dutzenden schlafen sie in den Minaretten und der Kuppel darunter. – Jetzt, auf der Spitze des Turmes, ein Schatten von Kühle oder wenigstens ein geringerer Gluthauch als unten. Und erfrischt davon, bleibe ich stehen und blicke hinab auf die Stadt der furchtbaren Nächte.

Doré hätte sie zeichnen, Zola sie beschreiben können: diese Tausende, die da schliefen im Mondlicht und seinen Schlagschatten. Die Dächer erfüllt mit Männern, Frauen und Kindern! Die Luft ist voll undefinierbarer Geräusche. Alles ruhelos in dieser Stadt der furchtbaren Nächte. Kein Wunder! Ein Wunder nur ist's, daß diese Menschen noch atmen können! Sieht man genau hin, so bemerkt man, daß sie unruhig sind wie Menschen am hellen Tage, nur ist keine Eile in ihnen – das Leben scheint unterdrückt. Überall, wohin man blickt, sieht man Schläfer sich unruhig wälzen, ihre Lagerbetten hin und her zerren und sich wieder ausstrecken. Auch unten in den Höfen der Häuser dasselbe Bild.

Erbarmungslos scheint der Mond auf sie hernieder. Scheint auf die Flächen außerhalb der Stadt und hie und da auf das handbreite Rinnsal des Raviflusses hinter den Wällen. Dann reißt er einen glitzernden Silberblitz auf einem Hausdach auf, genau unter dem Moscheeminarett: Irgendeine arme Seele gießt sich einen Kübel Wasser über den fiebernden Leib.

Das Plätschern der fallenden Tropfen dringt leise an mein Ohr. Zwei oder drei andere folgen dem Beispiel; die Wassergüsse leuchten auf wie heliographische Signale.

Eine kleine Wolke zieht über den Mond, und die Stadt und ihre Einwohner – soeben noch in weißes Licht und schwere Schlagschatten getaucht – verschwimmen in einen Klumpen von Dunkel und immer tiefer werdendem Schwarz. Aber das unstete Geräusch dauert fort: das Seufzen einer großen Stadt, gewürgt von Hitze, und eines Volkes, das vergeblich nach Ruhe ächzt.

Nur die Frauen der niedrigeren Kaste schlafen – versuchen zu schlafen – auf den Häusern der Dächer. Welche Qual muß erst herrschen in den vergitterten Zenanas – den Frauenhäusern? Hie und da sieht man durch die kleinen Fenster noch immer Lampen funkeln.

Da! Schritte im Hofe unten! Es ist der Muezzin – der gläubige Diener der Moschee; eine Stunde früher hätte er hier sein sollen, um den Rechtgläubigen zu sagen, daß Gebet besser ist als Schlaf – Schlaf, der doch nicht kommt in die Stadt der furchtbaren Nächte!

Einen Augenblick tastet der Muezzin an der Tür eines Minaretts herum – verschwindet für eine Weile – – – dann verkündet ein furchtbarer Ruf – ein donnernder Baß, dröhnend wie das Brüllen eines Stieres, daß er auf der Spitze des Turmes angekommen ist. – Sie müssen ihn hören – alle – bis hinüber zu den trockenen Sandbänken des Ravi. Bis hinab auf den Hofraum fällt die Gewalt des Rufes.

Die Wolke zieht vorbei, und der Mondglanz zeigt den Muezzin, wie er sich abhebt als schwarze Silhouette gegen den Himmel, wie er seine Hände an die Ohren preßt und seine breite Brust sich gehoben hat unter dem Atemstoß seiner Lungen bei dem hallenden Schrei: „Allah ho Akbar." – Dann eine Pause und ein anderer Muezzin, aus der Richtung vom Goldenen Tempel her, nimmt den Ruf auf: – „Allah ho Akbar." Und wieder und wieder dröhnt es. Im ganzen viermal. Ein Dutzend Männer sind bereits aufgestanden von ihren Strohsäcken. – –: „Zeuge bin ich, es gibt keinen Gott außer Gott!" – was für ein herrlicher Ruf das ist, dieses Bekenntnis der Gläubigen, der die Menschen scharenweise von den Lagern scheucht um Mitternacht! – Wieder dröhnt die Donnerstimme denselben Satz, und der Muezzin taumelt unter der Wucht seines eigenen Rufes; und dann nah und fern erbebt die Nachtluft mit dem Wort: „Mahomm'd ist Gottes Prophet." – Es ist, als fliege der Schrei bis hin zum fernen Horizont und fordere den Sommerblitz heraus, der da zuckt und aufgrellt wie ein aus der Scheide gerissenes Schwert. Bald, und alle Muezzins der Stadt rufen es herab von den Moscheezinnen; – schon haben sich viele auf den Dächern in die Knie geworfen. – Eine lange Pause geht dem Schlußruf voran: „La ilaha Illallah!" – Dann Totenstille.

Wie ein Sack schließt sich das nächtliche Schweigen über allem.

Der Muezzin stolpert die dunkle Treppe hinunter, brummt etwas in den Bart, schreitet durch den Eingangsbogen und verschwindet. – Erstickende Hitze brütet wieder stumm über der Stadt der furchtbaren Nächte. Wieder schlafen die Raubvögel in den Minaretten und schnarchen noch lauter als vorher; Gluthauch steigt in langsamen Wellen auf, und der Mond gleitet unmerklich zum Horizont hinab. Bis zur Morgendämmerung kann man da an der Brustwehr lehnen, die Ellenbogen aufgestützt, und hinunterschauen auf den von Hitze gequälten, summenden menschlichen Bienenschwarm. – – Wie sie wohl ihr Leben verbringen? Woran sie denken? Wann sie wohl erwachen werden? – – Wieder das Plätschern von Wassereimern – leises Scharren von hölzernen Bettstellen, die in den und aus dem Schatten gerückt werden; mißtönende Musik von Saiteninstrumenten, die, durch die große Entfernung gemildert, wie ein wehmütiger Klageruf klingt – dann das tiefe Grollen eines Donners weit drüben im Land. – Der Janitor unten im Hofraum der Moschee – derselbe, der quer über der Schwelle lag, als ich das Minarett betrat – fährt plötzlich wild auf im Schlaf, wirft die Arme in die Höhe, murmelt etwas und fällt wieder zurück in seine alte Stellung. – Eingelullt von dem Schnarchen der Turmkäuze – sie röcheln wie Menschen, die erdrosselt werden –, versinke ich in quälenden Halbschlaf; nur dunkel kommt mir zu Bewußtsein, daß es drei Uhr geschlagen hat und eine leise, kaum merkliche Kühle in der Luft liegt. In der Stadt unten herrscht mit einemmal vollkommene Ruhe, nur bisweilen unterbrochen vom Liebesgesang einiger streunender Hunde. Sonst schwerer Schlaf überall.

Wochenlang, so will mir scheinen, dauert die Finsternis: Der Mond ist untergegangen. Sogar die Hunde schweigen. Ich warte, bis die Dämmerung kommt, ehe ich heimgehen will. Abermals ein Geräusch schlurfender Füße. Der Morgenruf hebt an, und meine Nachtwache ist vorüber. – – „Allah ho Akbar! Allah ho Akbar!" – Der Osten färbt sich grau und – gleich darauf safrangelb; der Morgenwind erhebt sich, als hätte ihn der Muezzin beschworen, und wie ein Mann steht die Stadt der furchtbaren Nächte auf von der Lagerstatt auf den Dächern der Häuser.

Die Lider schwer vom Entbehren des Schlummers, schleiche ich mich aus dem Minarett über den Hofraum der Moschee auf den breiten Platz hinaus, wo die erwachten Schläfer aufgestanden sind, ihre Bettstätten aufzuräumen, und von der Morgenwasserpfeife reden. Die kurze Minute der Kühle ist vorbei, und es ist wieder so heiß wie zuvor.

„Möchte der Sahib die Freundlichkeit haben, ein wenig zur Seite zu treten?"

– – – „Weshalb? Was ist geschehen?" – – Auf Männerschultern wird ein Etwas herangetragen im Zwielicht, und ich weiche einen Schritt zurück. Die Leiche einer Frau wird zum Verbrennungsghat hinabgeführt. – Einer der Herumstehenden sagt: „Sie ist heute um Mitternacht an der Hitze gestorben." – – –

Nicht nur eine Stadt der furchtbaren Nächte ist Lahore, auch eine Stadt des Todes.

Naboth

Diese Geschichte könnte eine Allegorie des indischen Kaiserreiches sein, aber abgespielt hat sie sich nichtsdestoweniger, und zwar folgendermaßen:

Ich begegnete Naboth am Rande meines Gartens. Er trug einen leeren Korb auf dem Kopf und ein schmutziges Tuch um die Lenden. Das war anscheinend seine ganze Habe – damals, als ich ihn zum ersten Male sah.

Er eröffnete unsere Bekanntschaft mit Betteln, war sehr mager und trug fast ebensoviel Rippen zur Schau wie sein Korb. Er erzählte mir eine endlose Geschichte von Fieber und einem Prozeß und einem eisernen Kessel, den ihm das Gericht nach vorheriger Pfändung beschlagnahmt hätte.

Ich griff in die Tasche, um Naboth zu helfen; haben doch bekanntlich orientalische Herrscher fremden Abenteurern bis zur Neige ihrer königlichen Schatzkammern geholfen! – Ich fand eine Rupie in den Futterfalten meiner Westentasche – wußte gar nicht, daß sich eine solche dort verkrochen hatte – und reichte sie Naboth, gewissermaßen als ein direktes Geschenk des Himmels.

Er versicherte mir, ich sei der einzig berufene Beschirmer der Armen, den er jemals im Leben gesehen hätte.

Am nächsten Morgen erschien er wieder, ein wenig gerundeter an Körperfülle, ballte sich zu einem Knäuel auf meiner Veranda zusammen und beteuerte, ich sei sein Vater, seine Mutter und der direkte Abkömmling des indischen Götterpantheons – außerdem lenke ich fraglos die Geschicke des Universums. – Er selbst hingegen sei nur ein geringer Zuckerwarenverkäufer und viel weniger als der Staub zu meinen Füßen.

Ich hatte derlei Hymnen schon oft gehört und fragte ihn daher, was sein Begehr sei. – Meine Rupie, sagte Naboth, habe ihm die dauernden Wonnen des Paradieses erschlossen, nur ein Wunsch bliebe ihm noch, nämlich, in der Nähe des Hauses seines Wohltäters einen Zuckerstand errichten zu dürfen, um beständig sein – das heißt mein – erhabenes Antlitz vor Augen zu haben und zu sehen, wie ich komme und gehe und die Welt erleuchte. Ich gewährte ihm gnädigst die untertänig vorgebrachte Bitte, und er ging von hinnen, den Kopf zwischen den Knien.

Vom untersten Ende meines Gartens senkte sich, gekrönt von dichtem Gestrüpp, ein Abhang zur Straße hinab. Ein kurzer Fahrweg führte an dem Gebüsch vorbei von meinem Hause zum Korso. – Am nächsten Tag sah ich, daß Naboth sich am Fuße des Abhanges hingesetzt hatte – mitten hinein in den Staub der Straße und in die volle Glut der Sonne, mit einem schmächtigen Korb schmieriger Süßigkeiten vor sich: Er hatte offensichtlich mit meiner großmütigen Gabe als Betriebskapital wieder ein Geschäft angefangen. – Ich war gewissermaßen der Schöpfer dieses Paradieses.

Bei Anbeginn war die Erde ringsum wüst und leer gewesen, dann zeigten sich die Uranfänge in schwachen Umrissen: Naboth, ein Körbchen, grauer Staub und Sonnenschein, das war, ehe die Anzapfung meines Reiches anhub.

Am nächsten Tage bereits hatte sich Naboth näher an mein Gestrüpp herangepirscht, nannte ein Palmenblatt sein eigen und wedelte damit die Fliegen von seinen Süßigkeiten weg, woraus ich schloß, daß er ein gutes Geschäft gemacht haben mußte.

Vier Tage später bemerkte ich, daß er sich und seinen Korb bis in den Schatten des Gebüsches hinaufgezogen und ein isabellfarbenes Tuch als Baldachin zwischen den Ästen befestigt hatte, um von der Sonnenhitze nicht belästigt zu werden. Sein Korb enthielt eine große Auswahl Zuckerwerk. – Der Handel scheint zu blühen, dachte ich bei mir.

Sieben Wochen später erwarb die Regierung ein Stück Land ganz in der Nähe, um ein Gerichtsgebäude darauf errichten zu lassen. Etwa vierhundert Kulis wurden zur Aushebung des Grundes eingestellt. – Naboth kaufte sich ein blau und weiß gestreiftes Tuch, einen messingnen Lampenständer und einen kleinen Jungen, um der geschäftlichen Flutwelle, die stündlich wuchs, begegnen zu können.

Wieder fünf Tage später hatte er sich ein riesiges, dickbäuchiges, rotrückiges Buch angeschafft und dazu ein gläsernes Tintenfaß – was mir verriet, daß die Kulis auf dem besten Wege waren, seine Schuldner zu werden, und daß sich das Geschäft bereits dem legitimen Bankfach zubewegte. Auch sah ich, daß sich der eine Korb in drei verwandelt hatte, Naboth in das Gestrüpp eingedrungen war und dort eine niedliche Lichtung behufs gebührender Entfaltung des Warenvorrats, des Jungen und der Buchhaltung ausgehauen hatte.

Nach zwölf weiteren Tagen stand eine Art Feldküche aus Lehm in der Lichtung, und das rotrückige Hauptbuch machte einen hochträchtigen Eindruck. – Er versicherte mir, Gott habe nur wenige Engländer meiner Art erschaffen, und ich sei fraglos eine Verkörperung aller menschlichen Tugenden. Als Opfergabe spendete er mir ein wenig von seinem Zuckerzeug, und durch dessen Annahme setzte ich ihn sozusagen zum Vasallen im Bereich meines Schutzgebietes ein.

Abermals drei Wochen, und ich bemerkte, daß der Junge täglich für seinen Herrn ein warmes Mittagessen bereitete und Naboth selbst sich einen Spitzbauch anzulegen gedachte. Er hatte ein weiteres Stück meines Gebüsches „urbar" gemacht und sich ein zweites, noch dickeres Kontobuch angeschafft.

Elf Wochen darauf hatte er sich beinahe durch das ganze Buschwerk durchgehauen, und eine Schilfrohrhütte mit einem Bett davor verschönte die Ansiedlung. Zwei Hunde und ein Baby schliefen auf dem Bett, woraus ich schloß, daß Naboth eine Gattin heimgeführt hatte. Er gab es ohne weiteres zu und sagte, er habe den Schritt getan in der Voraussetzung, daß es meine Gnade noch gestatten würde, zumal ich unendlich edler sei als Krishna selbst.

Nach Verlauf von sechs Wochen und zwei Tagen war eine Lehmmauer hinter der Hütte entstanden; Hühner liefen davor umher, und es stank ein wenig. – Der Munizipalsekretär stellte fest, daß sich infolge dieser Bautätigkeit bereits eine Senkgrube von Abwässern auf der Straße vor meinem Besitztum zu bilden begänne, die ich unbedingt beseitigen lassen müßte. Ich sprach mit Naboth.

Er sagte, ich sei unumschränkter Gebieter über alle seine irdischen Güter und der Garten mein ausschließliches Eigentum. Als Huldigung und Opfergabe sandte er mir wieder einiges Zuckerwerk, eingewickelt in einen gebrauchten Wischlappen.

Zwei Monate später begab es sich, daß ein Kuli bei einer

Rauferei, die gegenüber Naboths Paradies und Weinberg stattgefunden haben mußte, erschlagen worden war.

Der Polizeiinspektor sagte, es sei das ein ernster Fall, drang in meine Gesindewohnungen ein, beschimpfte die Hausmeisterin und wollte den Hausmeister verhaften. Das Bedenkliche bei der Mordaffäre war, daß es allgemein hieß, die meisten der an der Rauferei beteiligten Kulis seien schwer betrunken gewesen. – Naboth stellte mir aufs eindringlichste vor, nur mein Name, als glänzender Schild zwischen ihn und seine Feinde gestellt, könne ihn schützen, was um so wünschenswerter sei, als er in Bälde die Ankunft eines zweiten Babys erwarte.

Vier Monate waren wieder vorbei, da bestand die Hütte ganz und gar aus soliden Lehmmauern, und Naboth hatte den größten Teil meines Gebüsches für fünf Ziegen abgeholzt. Eine silberne Uhr an einer Aluminiumkette zierte seinen stattlichen Bauch. –

Nun waren meine Diener wiederholt unglaublich betrunken und pflegten auch sonst die Tage in geheimnisvollen Orgien in Naboths Paradies zu verbringen.

Ich sprach mit Naboth.

Er sagte, meine strahlende und erhabene Gnade vorausgesetzt, werde er alle seine Weiber in unnahbare Damen verwandeln, und falls jemand ihn verdächtigen sollte, er triebe etwa einen verbotenen Handel mit Schnaps im Schatten der Tamariskensträucher, so solle ich, sein Gebieter und Herr, den Ruchlosen unerbittlich zur Rechenschaft ziehen.

Eine Woche darauf bestellte er einen Mann, damit er ihm einige Dutzend Quadratmeter Gitterzaun um die Rückseite der Hütte zöge, auf daß seine Damen vor den zudringlichen Blicken des Publikums geschützt seien. Der Mann fing mit der Arbeit zwar an, ließ sie aber bald stehen und pflasterte lieber statt dessen ein Stück der kurzen Verbindungsstraße, die nach meinem Hause läuft.

Nun fuhr ich in der Dämmerung an jenem Tage heim und bog scharf um die Ecke an Naboths Weinberg. Im nächsten Augenblick hatten die beiden Pferde meines Phaetons sich mit den Füßen in einem Haufen umherliegenden Gitterwerks verfangen und stürzten. Das eine schürfte sich nur das Knie auf, aber das andere mußte ich auf der Stelle erschießen, so war es zugerichtet. – – –

Naboth ist jetzt fort, seine Hütte ist der Erde, der sie entstammte, gleichgemacht und der Boden mit Salz bestreut, statt mit Zucker, zum Zeichen, daß der Platz verflucht sein möge.

An die Grenze meines Gartens habe ich mir eine Sommerlaube bauen lassen, die die Aussicht beherrscht. Sie dient mir als Sperrfort, von dem aus ich mein Reich vor Einfall beschirme.

Ich kann mir heute genau vergegenwärtigen, wie dem gottseligen Ahab in der Bibel zumute gewesen sein muß. Man hat ihn in der Schrift schmählich falsch beurteilt! – – –

Die Wache Howli

Als Bote, wenn das Herz Euer Gnaden mir es gönnen will. Und für sechs Rupien. Ja, Sahib, denn ich habe drei ganz, ganz kleine Kinder, deren Mägen immer leer sind, und es gibt jetzt nur vierzig Pfund Korn für eine Rupie. Ich will ein so kluger Bote sein, daß Ihr den ganzen Tag mit mir zufrieden sein und mir am Ende des Jahres einen Turban schenken sollt. Ich kenne alle Wege um die Station und viele andere Dinge. Ach, Sahib! Ich bin klug. Gebt mir einen Dienst. Ich bin früher bei der Polizei gewesen. Ein schlechter Charakter? Das Märchen hat sicher ein Feind erzählt. Ich bin nie ein Gauner gewesen. Ich bin ein Mann mit reinem Herzen, und meine Worte sind alle wahr. Sie wußten das, als ich bei der Polizei war. Sie sagten: „Afzal Khan ist ein Sprecher der Wahrheit, und auf sein Wort kann man vertrauen." Ich bin ein Pathan von Delhi, Sahib – alle Pathans von Delhi sind gute Menschen. Ihr habt Delhi gesehen? Ja, es ist wahr, es gibt viele Gauner unter den Pathans von Delhi. Wie der Sahib weise ist! Nichts ist vor seinen Augen verborgen, und er wird mich zu seinem Boten machen, und ich will alle seine Nachrichten geheim und unauffällig besorgen. Nein, Sahib, Gott ist mein Zeuge, daß ich nichts Schlechtes meinte. Ich habe mich lange danach gesehnt, einem wirklichen Sahib zu dienen – einem tugendhaften Sahib. Viele junge Sahibs sind wie losgelassene Teufel. Bei solchen Sahibs würde ich keinen Dienst nehmen – auch wenn alle Mägen meiner kleinen Kinder nach Brot schreien würden.

Warum ich nicht mehr bei der Polizei bin? Ich will wahre Rede sagen. Es kam ein Unheil über die Wache – über Ram Baksh, den Havildar, und Maula Baksh und Jaggut Ram und Bhim Singh und Suruj Bul. Ram Baksh sitzt für eine Weile im Gefängnis, und ebenso Maula Baksh.

Es war auf der Wache in Howli, an der Straße, die nach Gokral-Seetarun führt, wo viele Räuber sind. Wir waren lauter tapfere Kerle – Rustums. Deshalb hatte man uns auf diese Wache geschickt, die acht Meilen von der nächsten Wache entfernt war. Tag und Nacht paßten wir auf Räuber auf. Warum lacht der Sahib? Nein, ich will ein Geständnis machen. Die Räuber waren zu schlau, und da wir das sahen, machten wir uns weiter keine Arbeit. Es war in der heißen Zeit. Was kann ein Mensch in den heißen Tagen tun? Ist der Sahib, der doch so kräftig ist — ist er wohl stark in der Zeit? Wir machten eine Vereinbarung mit den Räubern, um des Friedens willen. Der Havildar, der sehr dick war, brachte das zustande. Hoho! Sahib, er wird jetzt dünn im Gefängnis beim Teppichknüpfen. Der Havildar sagte: „Macht ihr uns keine Mühe, und wir wollen euch keine Mühe machen. Nach der Ernte schickt uns einen Kerl zum Abliefern fürs Gericht, einen Mann von schwachem Geist, und schafft eine Klage gegen ihn, die wieder zusammenfällt. So werden wir unsere Ehre wahren." Mit dieser Rede waren die Räuber zufrieden, und wir hatten keine Arbeit auf der Wache und konnten in Frieden Melonen essen und den ganzen Tag auf unseren Pritschen sitzen. Süß wie Zuckerrohr sind die Melonen von Howli.

Nun war da ein Hilfskommissar – ein Unter-Sahib im Distrikt, der hieß Yunkum-Sahib. Ahi! Er war streng – so streng, wie der Sahib selber ist, der mir gewiß den Schatten seines Schutzes geben wird. Viele Augen hatte Yunkum-Sahib und flitzte schnell durch den Distrikt. Die Leute nannten ihn den Tiger von Gokral-Seetarun, denn er erschien unerwartet und schlug zu, und noch vor Sonnenuntergang kam er schon über die Tehsildars, dreißig Meilen weiter. Niemand wußte von dem Kommen und Gehen des Yunkum-Sahib. Er hatte kein Zelt, und wenn sein Pferd müde war, dann ritt er auf einem Teufelswagen. Ich weiß nicht, wie er heißt, aber der Sahib saß mitten auf drei silbernen Rädern, die nicht knarrten, und trieb sie mit seinen Beinen und sauste wie ein Roß, das Bohnen gefressen hat – so. Der Schatten einer Krähe auf dem Felde ist nicht lautloser als der Teufelswagen des Yunkum-Sahib. Er war hier, er war da, er war weg, und der Bericht war fertig, und es gab Krach. Fragt einmal den Tehsildar von Rohestri, wie der Hühnerdiebstahl herauskam, Sahib.

Es geschah eines Nachts, daß wir in der Wache wie gewöhnlich auf unseren Pritschen schliefen, nachdem wir das Abendbrot gegessen und Tabak getrunken hatten. Als wir am Morgen erwachten, war, weiß Gott, von unseren sechs Gewehren keins mehr da. Auch das große Polizeibuch, das der Havildar verwahrte, war weg. Als wir das sahen, waren wir voller Angst und dachten uns, daß die Räuber ehrvergessen bei Nacht gekommen seien und uns in Schande gebracht hätten. Dann sagte Ram Baksh, der Havildar: „Seid still! Die Sache ist übel, aber sie kann noch gut ausgehn. Wir wollen den Tatbestand vervollständigen. Bringt ein Zicklein und meinen Säbel. Hört ihr noch nicht, ihr Esel! Ein Hieb fürs Pferd, dem Manne genügt ein Wort."

Wir von der Wache begriffen rasch, was der Havildar im Sinne hatte, und hatten große Angst, den Dienst zu verlieren; so eilten wir, die Ziege ins Zimmer zu schaffen und aufzupassen, was der Havildar sagte. „Zwanzig Räuber kamen", sagte der Havildar, und wir nahmen seine Worte und sprachen sie ihm nach, wie es die Sitte ist. „Es gab einen großen Kampf", sagte der Havildar, „und keiner von uns kam unverwundet davon. Die Fenstergitter wurden zerbrochen. Suruj Bul, besorge das; und, o ihr Männer, macht schnell mit eurer Arbeit, denn ein Läufer muß mit der Nachricht zum Tiger von Gokral-Seetarun." Darauf lehnte sich Suruj Bul mit seiner Schulter gegen die Gitterstangen der Fenster und brach sie, ich trieb die Stute des Havildars mit einer Peitsche durch die Melonenbeete, bis sie ganz von Hufspuren zertrampelt waren.

Nachdem das fertig war, kehrte ich zur Wache zurück, und die Ziege wurde geschlachtet, und einige Teile der Wand wurden mit Feuer geschwärzt, und jeder Mann tunkte seine Kleider ein bißchen in das Blut der Ziege. Wißt, o Sahib, die Wunde, die ein Mann sich am eigenen Leibe macht, kann von einem Kenner leicht unterschieden werden von einer Wunde, die ein anderer gemacht hat. Deshalb nahm der Havildar seinen Säbel und hieb dem einen von uns sachte auf den Unterarm ins Fett, und dem anderen ans Bein und einem dritten auf den Rücken der Hand. So machte er es mit uns allen, bis Blut kam; und Suruj Bul, der am eifrigsten war, riß sich viele Haare aus. O Sahib, nie hat es bessere Vorbereitungen gegeben. Ja, ich selbst hätte geschworen, daß es der Wache so gegangen sei, wie wir sagten. Rauch war da und Einbruch und Blut und zertrampelte Erde.

„Reite nun los, Maula Baksh", sagte der Havildar, „nach dem Hause des Unter-Sahibs und bring ihm die Nachricht vom Überfall. Und du auch, o Afzal Khan, laufe hin und eile dich, daß du triefst von Schweiß und Staub, wenn du hinkommst. Das Blut auf den Kleidern wird trocken. Ich bleibe hier und schicke sofort einen Bericht an den Ober-Sahib, und wir wollen einige von den Dorfleuten fangen, die ihr kennt, damit alles für die Ankunft des Ober-Sahibs bereit ist."

So ritt also Maula Baksh los, und ich hängte mich an den Steigbügel und rannte mit, und wir kamen in einem üblen Zustand vor den Tiger von Gokral-Seetarun in Rohestri. Unsere Geschichte war lang und ganz genau, Sahib, denn wir nannten sogar die Namen der Räuber und den Ausgang des Kampfes und flehten ihn an, zu kommen. Aber der Tiger rührte sich nicht und lächelte nur, wie die Sahibs lächeln, wenn sie eine Hinterlist im Herzen haben. „Könnt ihr den Bericht beschwören?" sagte er, und wir sagten: „Deine Diener schwören. Das Blut des Kampfes ist kaum getrocknet auf uns. Seht selbst, ob es das Blut von Euer Gnaden Dienern ist oder nicht." Und er sagte: „Ich sehe, ihr habt eure Sache gut gemacht." Aber er dachte nicht daran, nach seinem Pferd oder seinem Teufelswagen zu rufen und durch die Gegend zu sausen wie gewöhnlich. Er sagte: „Erholt euch und eßt Brot, denn ihr seid müde. Ich will warten, bis der Ober-Sahib kommt."

Nun ist befohlen, daß der Havildar, der die Wache hat, einen direkten Bericht von allen Räubereien an den Ober-Sahib schickt. Um Mittag kam er, ein dicker, alter und sehr strenger Mann; aber wir von der Wache hatten keine Angst vor seinem Zorn, wir fürchteten mehr das Schweigen des Tigers von Gokral-Seetarun. Mit ihm kamen Ram Baksh, der Havildar, und die anderen und führten zehn Leute aus dem Dorfe Howli vor, lauter übelberüchtigte Kerle vor der Polizei des Sirkars. Sie kamen als Gefangene mit Eisen an den Händen und flehten um Gnade – Imam Baksh, der Bauer, der dem Havildar seine Frau abgeschlagen hatte, und andere bösartige Spitzbuben, die wir Wachtleute nicht ausstehen konnten. Es war gut gemacht, und der Havildar war stolz. Der Ober-Sahib aber war wütend auf den Unter-Sahib wegen seines Mangels an Eifer, und sagte „Dam-Dam" nach Art der Engländer und rühmte den Havildar. Yunkum-Sahib lag immer noch in seinem langen Stuhl. „Haben die Leute geschworen?" sagte der Yunkum-Sahib. „Jawohl, und zehn Übeltäter gefangen", sagte der Ober-Sahib. „Und draußen sind noch mehr für Sie. Nehmen Sie Ihr Pferd – reiten Sie und scheren Sie sich im Namen Sirkars!" – „Sicher gibt es draußen noch mehr Übeltäter", sagte Yunkum-Sahib, „aber ein Pferd ist nicht nötig. Kommt alle mit."

Ich sah die Spur einer Peitsche an der Schläfe des Imam Baksh. Kennen Euer Gnaden die Qual des kalten Strichs? Ich sah auch das Gesicht des Tigers von Gokral-Seetarun, das schlimme Lächeln war drauf, und ich hielt mich zurück für den Fall, daß was passieren könnte. Es war gut, Sahib, daß ich das tat. Yunkum-Sahib sperrte die Tür von seinem Badezimmer auf und lächelte aufs neue. Drinnen lagen die sechs Gewehre und das große Polizeibuch der Wache von Howli! Er war bei Nacht auf seinem Teufelswagen gekommen, der lautlos ist wie ein Ghoul, und war zwischen uns umhergegangen, während wir schliefen, und hatte die Gewehre und das Buch weggenommen! Zweimal war er zur Wache gekommen und hatte jedesmal drei Gewehre genommen. Die Leber des Havildars wurde zu Wasser, und er fiel hin und streichelte den Staub um die Stiefel des Yunkum-Sahibs und schrie: „Habt Erbarmen!"

Und ich? Sahib, ich bin ein Pathan von Delhi und ein junger Mann mit kleinen Kindern. Die Stute des Havildars stand im Hof. Ich lief zu ihr und ritt davon: Die schwarze Wut des Sirkars war hinter mir, und ich wußte nicht, wohin. Bis sie tot umfiel, ritt ich die Fuchsstute, und durch den Segen Gottes, der gewiß mit allen gerechten Menschen ist, entkam ich. Der Havildar aber und der Rest sitzen jetzt im Gefängnis.

Ich bin ein Gauner? Wie es Euer Gnaden gefällt. Gott wird aus Euer Gnaden einen Lord machen und ihm eine reiche Memsahib, so schön wie eine Peri, zum Weibe geben und viele starke Söhne, wenn er mich zu seinem Diener macht. Die Gnade des Himmels sei über dem Sahib! Ja, ich will nur zum Basar gehen und meine kleinen Kinder zu diesem palastähnlichen Hause bringen und dann – Euer Gnaden sind mein Vater und meine Mutter, und ich, Afzal Khan, sein Sklave.

Ohe, Sirdarji! Nun gehöre ich auch zum Haushalt des Sahibs.

Moti Gudsch, der Meuterer

Es war einmal ein Pflanzer in Indien, der wollte einen Wald ausholzen, um eine Kaffeeplantage anzulegen. Als der letzte Baum gefällt und das Unterholz verbrannt war, blieb nur noch, die Stümpfe auszuroden. Dynamit kostet viel, und Feuer ist zu langweilig. Die beste Art, Stümpfe zu entfernen, ist, sich des Königs der Tiere, des Elefanten, zu bedienen. Er gräbt sie entweder mit seinen Stoßzähnen aus der Erde, oder er reißt sie vermittelst eines Taues aus. Der Pflanzer mietete also Elefanten und schickte sie einzeln, paarweise oder zu dreien an die Arbeit.

Der beste der Elefanten gehörte dem schlechtesten der Treiber, und der Name dieses unvergleichlichsten aller Tiere war: Moti Gudsch. Er war der unbeschränkte Besitz seines Mahouts, was unter einer Eingeborenenregierung nicht möglich gewesen wäre, denn Moti Gudsch war ein Geschöpf, das den Neid jedes Königs erweckt hätte; wie denn auch sein Name soviel wie „Perle der Elefanten“ bedeutete. Da das Land aber unter britischer Botmäßigkeit stand, durfte Deesa, der Mahout, im unbestrittenen Besitz seines Schatzes bleiben.

Deesa, der Mahout, war ein Schlemmer. Hatte er durch die Kraft seines Elefanten genug Geld verdient, so pflegte er sich maßlos zu betrinken und dann Moti Gudsch eine Tracht Prügel mit einer Zeltstange zu verabfolgen, indem er auf die empfindlichen Zehennägel seiner Vorderfüße losdrosch. Moti Gudsch trampelte ihn bei solchen Gelegenheiten nicht etwa tot, wußte er doch ganz genau, wenn die Prügel zu Ende sein würden, würde Deesa seinen Rüssel umarmen und laut weinen und ihn „mein Herzblättchen, mein Leben und Leber meiner Seele“ nennen und ihm Schnaps zu trinken geben. – Moti Gudsch war nämlich ein großer Freund des Alkohols, insbesondere des Arraks, aber er verschmähte auch Palmsaft-Toddy nicht, wenn er nichts Besseres bekam. – Nach solchen Gefühlsausbrüchen legte sich Deesa gewöhnlich zwischen Moti Gudschs Vorderfüße schlafen, und da er sich dazu gewöhnlich die Mitte der Landstraße auserkor, Moti Gudsch über ihm Wache hielt und weder Pferd noch Fußgänger, noch Wagen passieren ließ, so stockte jedesmal der Verkehr, bis es Deesa beliebte, aufzuwachen. Tagsüber war Schlafen auf der Ausholzung streng verboten, denn dazu waren die Löhne zu hoch. Deesa saß also auf Moti Gudschs Nacken und kommandierte, während Moti Gudsch machtvoll Baumstümpfe ausrodete, denn er besaß ein Paar prachtvolle Stoßzähne, oder sie mit einem Strick ausriß – denn er besaß ein Paar ebenso prachtvolle Schultern; Deesa trat ihm dabei hinter die Ohren und nannte ihn den König der Elefanten. Am Abend spülte Moti Gudsch fünfhundert Pfund Grünfutter mit einem Quart Arrak hinunter, und auch Deesa nahm einen

Imbiß zu sich und sang dann zwischen Moti Gudschs Vorderbeinen Lieder, bis es Zeit wurde, schlafen zu gehen. Wöchentlich einmal führte Deesa Moti Gudsch hinunter ans Flußufer; Moti Gudsch legte sich dann in dem seichten Wasser wollüstig auf die Seite und ließ sich von Deesa mit einem Kokosschrubber und einem Ziegelstein bearbeiten, bis ihm ein Klatschen mit dem Stein das Zeichen gab, sich umzudrehen. War die Prozedur vorbei, sah Deesa ihm Augen und Füße nach und hob ihm die Lappen seiner langen Ohren auf, um nachzuschauen, ob sich dort nicht wunde Stellen oder Entzündungsherde gebildet hätten. Fiel der Befund zufriedenstellend aus, so kehrten beide – Moti Gudsch schwarz und glänzend, einen abgerissenen zwölf Fuß langen Ast mit dem Rüssel schwenkend, und Deesa, sein nasses langes Haar zum Knoten schürzend und eine Hymne auf das Meer singend – nach Hause zurück.

So floß ein friedliches und gut bezahltes Leben dahin, bis Deesa eines Tages die Lust in sich fühlte, sich wieder einmal gründlich zu besaufen. Er sehnte sich aus Herzensgrund nach einer Orgie. Die kleinen Gelegenheitsschnapsereien führten zu nichts Rechtem und zehrten nur an seinem Männlichkeitsbewußtsein!

Er ging deshalb zu dem Pflanzer und rief unter heißen Tränen: „Meine Mutter ist tot!“

„Ich weiß“, sagte der Pflanzer, „sie ist vor zwei Monaten auf der andern Plantage gestorben. Aber auch früher ist sie schon einmal gestorben – damals hast du – vor einem Jahr – bei mir gearbeitet.“

„Dann ist's meine Tante!“ heulte Deesa. „Sie war so gut zu mir wie meine Mutter. Sie hat achtzehn kleine Kinder zurückgelassen, deren hungrige Mägen ich füllen muß“, und er schlug seine Stirne auf den Boden.

„Wer hat dir die Nachricht gebracht?“ forschte der Pflanzer.

„Die Post.“

„Die ganze letzte Woche ist doch gar keine Post gekommen! Scher dich an deine Arbeit!“

„Eine verheerende Krankheit ist in meinem Dorf ausgebrochen, und meine sämtlichen Weiber liegen im Sterben!“

jammerte Deesa, und diesmal füllten echte Tränen seine Augen.

„Chihun soll herkommen!" befahl der Pflanzer. „Er ist aus demselben Dorf wie Deesa. – – Chihun, hat dieser Mann ein Weib?"

„Der?!" sagte Chihun. „I wo! Kein Weib aus unserm Dorf würde ihn anschauen! Eher würde sie noch seinen Elefanten heiraten." – Und Chihun lachte laut; Deesa aber weinte und brüllte.

„Du wirst gleich was erwischen! Marsch jetzt an deine Arbeit!" rief der Pflanzer.

„So will ich denn die himmlische Wahrheit sprechen!" stieß Deesa, von plötzlichem Offenherzigkeitsdrang ergriffen, hervor. „Seit zwei Monaten habe ich mich nicht mehr betrunken. Ich will weit fortgehen von dieser Himmelsplantage, um kein Ärgernis zu geben."

Ein Lächeln flackerte über das Gesicht des Pflanzers. „Deesa", sagte er, „jetzt hast du die Wahrheit gesprochen, und ich würde dir auf der Stelle einen Urlaub bewilligen, wenn ich nur wüßte, was ich mit Moti Gudsch anfangen soll, während du fort bist. Du weißt, er gehorcht nur dir allein."

„Mögest du, o Licht des Himmels, vierzigtausend Jahre leben!" rief Deesa. „Ich werde nur zehn Tage fort sein, dann kehre ich zurück, das schwöre ich bei meinem Glauben, bei meiner Ehre und meiner Seele. Habe ich jetzt die allergnädigste Erlaubnis des Himmelsentsprossenen, Moti Gudsch herzubringen?"

Die Erlaubnis wurde erteilt, und auf Deesas schrillen Pfiff hin kam das majestätische Tier aus dem Schatten einer Baumgruppe herangeschaukelt, wo es sich die Zeit damit vertrieben hatte, sich mit Staub zu duschen.

„Licht meines Herzens, Beschützer der Betrunkenen, Berg der Macht, leihe mir dein Ohr!" begann Deesa und pflanzte sich vor dem Elefanten auf.

Moti Gudsch lieh es ihm und salutierte mit dem Rüssel.

„Ich gehe fort", erklärte Deesa.

Moti Gudsch zwinkerte verständnisvoll; er liebte ebenso wie sein Herr das Umherstrolchen: Man konnte da allerlei nette Sachen auf der Landstraße aufschnappen.

„Aber du, du altes, dickes Schwein, bleibst hier und arbeitest!“ setzte Deesa schnell hinzu.

Moti Gudsch heuchelte Entzücken, aber der Glanz in seinem Auge erlosch. Er haßte aus tiefster Seele das Stümpfeausroden. Es bereitete ihm Zahnschmerzen.

„Zehn Tage bleibe ich fort, o Lieblicher! Heb mal jetzt den linken Vorderfuß, damit ich dir die Zahl einhämmern kann, du Warzenkröte aus einer vertrockneten Dreckpfütze!“ – und Deesa nahm die Zeltstange und schlug Moti Gudsch, der dabei grunzte und von einem Fuß auf den andern trat, zehnmal auf die Nägel.

„Zehn Tage“, wiederholte Deesa, „mußt du arbeiten, Stümpfe ausroden und ausreißen, wie Chihun dir befehlen wird. Heb jetzt Chihun auf und setze ihn auf deinen Nacken!“

Moti Gudsch rollte das Ende seines Rüssels zusammen, Chihun stellte seinen Fuß hinein und befand sich im nächsten Augenblick auf dem Nacken des Elefanten.

Deesa reichte ihm den Ankus hinauf, den eisernen Elefantenstachel; Chihun hämmerte damit auf Moti Gudschs Glatze los wie ein Grobschmied auf den Amboß.

Moti Gudsch trompetete.

„Keine Widerrede, du Schwein aus dem Urwald!“ ermahnte ihn Deesa. „Chihun ist jetzt dein Mahout für zehn Tage. Und nun, Tier meines Herzens, sag mir Lebewohl! O du mein Herr, mein König! Perle aller erschaffenen Elefanten! Du Lilie der Herde, bleib gesund und sei tugendhaft! Gott befohlen!“

Moti Gudsch schlang als Antwort seinen Rüssel um Deesa und schwenkte ihn zweimal durch die Luft.

„Jetzt wird er arbeiten“, sagte Deesa zu dem Pflanzer. „Darf ich gehen?“

Der Pflanzer nickte, und Deesa verschwand im Gehölz. Moti Gudsch ging zurück an seine Arbeit. – –

Chihun behandelte ihn gut, aber er fühlte sich dennoch unglücklich und verlassen. – Chihun gab ihm klumpenweise Gewürze, kitzelte ihn unter dem Kinn, Chihuns Baby umschmeichelte ihn nach der Arbeit, Chihuns Weib nannte ihn „Herzenskind“, aber Moti Gudsch war der geborene Hagestolz, genau wie Deesa, und Familienzärtlichkeiten lagen ihm nicht. Er sehnte sich nach dem Licht *seiner* Welt, nach einem Labetrunk, nach dem Schlummer der Trunkenheit, nach den wilden Hieben und den wilden Liebkosungen.

Dennoch arbeitete er zu des Pflanzers größter Verwunderung. – – –

Deesa war indessen auf den Landstraßen umhergestrolcht, bis er einer Hochzeitsprozession von Leuten seiner eigenen Kaste begegnet war und über Trinken, Tanzen und Schwelgen die Zeit vergaß.

Der Morgen des elften Tages brach an, und noch immer ließ er sich in der Plantage nicht sehen. – –

Man löste die Stricke von Moti Gudsch, damit er an seine Arbeit gehe; er schüttelte sie ab, blickte umher, zuckte die Achseln und ging fort, wie jemand, der anderswo zu tun hat.

„Hi! Ho! Komm zurück, du!" schrie Chihun. „Hierher, du ungestalter Berg, und heb mich auf deinen Nacken! Hier komm her, o Glanz des Hügelgeländes, Zierde von ganz Indien, kehre um, oder ich hau dir jede Zehe ab von deinen fetten Vorderfüßen!"

Moti Gudsch gurgelte höflich, dachte aber nicht im entferntesten daran, zu gehorchen. Chihun lief ihm nach und fing ihn mit einem Strick ein. Moti Gudsch breitete die Ohren aus wie Schirme. Chihun erkannte daraus, wieviel die Glocke geschlagen hatte, und versuchte es deshalb mit hochtrabenden Worten:

„Erlaub dir keine frechen Späße mit mir! Marsch jetzt in deine Abteilung, du Teufelssohn!"

„Hrrump!" entgegnete Moti Gudsch. Das war die ganze Antwort. Das und das Ausbreiten der Ohren! Dann steckte Moti Gudsch die Hände in die Taschen, kaute einen Baumzweig als Zahnstocher, schlenderte auf der Plantage umher und verhöhnte die andern Elefanten, die bereits an ihre Arbeit gegangen waren.

Chihun meldete dem Pflanzer den Stand der Dinge, worauf dieser sich sofort auf den Schauplatz begab und wütend mit der Hundepeitsche knallte.

Moti Gudsch erwies dem weißen Mann sogleich die Ehre, ihn eine Viertelmeile weit auf der Ausholzung in den Lüften umherzuschwenken und ihn dann in seine Veranda zu „hrrumpen". Sodann stellte er sich vors Haus, wiegte sich erheitert hin und her und gluckste spaßhaft in sich hinein, wie das nun einmal Elefantenart ist.

„Wir werden ihn verhauen, wie noch nie ein Elefant verhauen worden ist!" schimpfte der Pflanzer. „Man gebe Kala Nag und Nazim jedem eine zwölf Fuß lange Kette; sie sollen ihm damit zwanzig Schläge geben."

Kala Nag – was soviel heißt wie „Schwarze Schlange" – und Nazim waren zwei der größten Elefanten aus der Herde, und eine ihrer Obliegenheiten bestand darin, die schweren Strafen auszuteilen, denn ein Mann ist nicht imstande, einen Elefanten zweckentsprechend zu verprügeln.

Sie traten pflichtgemäß an, nahmen die Peitschketten, rasselten sie in ihre Rüssel und schritten auf Moti Gudsch zu, um ihn in die Mitte zu nehmen.

Nun war Moti Gudsch während seines neununddreißigjährigen Lebens noch nie geprügelt worden und neuen Erfahrungen abhold. Er wartete kalten Blutes, wiegte den Kopf von rechts nach links und erwog genau, an welcher Stelle in Kala Nags fetter Flanke wohl ein Stoßzahn am tiefsten eindringen könnte.

Kala Nag selbst besaß keine Zähne mehr; nur die Kette war das Abzeichen seiner Amtswürde – er zog es deshalb vor, noch im letzten Augenblick möglichst weit von Moti Gudsch abzurücken und so zu tun, als habe er die Kette lediglich zu seinem Vergnügen mitgebracht. Auch Nazim drehte sich auf dem Absatz um und strebte nach Hause – zum Prügeln fühlte er sich an diesem Morgen nicht aufgelegt. Und so blieb Moti Gudsch allein auf dem Platz zurück, die Ohren wie Schirme ausgebreitet.

Das bestimmte den Pflanzer, klein beizugeben, denn mit einem Elefanten, der nicht arbeiten mag und überdies nicht angebunden ist, kann man nicht so leicht fertig werden. Moti Gudsch trollte sich, um die Pflanzung in Augenschein zu nehmen, klatschte seinen alten Kameraden leutselig auf den Rücken und fragte sie spöttisch, ob das Baumstümpfeausreißen auch gut vonstatten gehe, redete dann allerhand Unsinn über die Arbeit an sich und über das Recht der Elefanten auf eine lange Mittagspause – kurz, er demoralisierte, von einem zum andern gehend und bis zum Sonnenuntergang aufrührerische Ansprachen haltend, die ganze Plantage, worauf er sich zu den Futtertrögen verfügte.

„Wenn du nicht arbeiten willst, dann sollst du auch nicht essen", sagte Chihun ärgerlich. „Du bist ein wilder Elefant, schäm dich! Du bist überhaupt kein gebildetes Tier. Geh in deinen Dschungel zurück!"

Da kroch Chihuns kleines, braunes Baby aus der Hütte heraus und reckte die fetten Ärmchen nach dem ungeheuren Elefantenschatten vor der Türe. – Moti Gudsch wußte ganz genau, daß es Chihun das Liebste auf der Welt war; deshalb machte er mit dem Rüssel einen einladenden Haken, und sofort stürzte sich das Kleine mit einem Jauchzen darauf. Moti Gudsch hob es sofort zwölf Fuß hoch in die Luft über den Kopf seines Vaters, wo es laut zu krähen begann.

„Großer Häuptling!" schrie Chihun entsetzt, „die allerbesten Mehlkuchen, zwölf an der Zahl und zwei Fuß breit und in Rum eingeweicht, will ich dir auf der Stelle geben und zweihundert Pfund frischgeschnittenes Zuckerrohr dazu, nur geruhe in Gnaden, diesen wertlosen Knirps, der mein Herz und mein Leben ist, wieder sicher niederzusetzen!"

Moti Gudsch senkte das braune Baby behutsam zwischen seine riesigen Vorderfüße hinab, mit denen er Chihuns ganze Hütte spielend in Brei hätte verwandeln können, und wartete auf das versprochene Futter. – Fraß es. – Das braune Baby krabbelte von hinnen.

Dann überließ sich Moti Gudsch dem Schlummer und träumte von Deesa.

Eins der vielen Rätsel, die den Elefanten umgeben, ist, daß sein ungeheurer Körper fast keines Schlafes bedarf. Vier oder fünf Stunden genügen – zwei vor Mitternacht liegt er auf der einen Seite und zwei nach ein Uhr auf der andern. – Der Rest der stillen Stunden wird mit Fressen, Hin- und Hertreten von einem Fuß auf den andern und mit langen gebrummten Selbstgesprächen verbracht.

Um Mitternacht nun schritt Moti Gudsch aus seinem Abteil heraus, denn es war ihm der Gedanke gekommen, Deesa könne möglicherweise irgendwo im dunklen Walde herumliegen ohne Schutz und Bewachung. Deshalb jagte er die ganze Nacht schnaubend und trompetend und die Ohren schüttelnd durch das Unterholz. Ging hinunter an den Fluß und gab Trompetensignale über die Furt hinüber, wo ihn Deesa zu waschen pflegte; aber keine Antwort kam zurück. Er konnte Deesa nirgends erblicken, hingegen wachten alle Elefanten der Herde auf, und eine Zigeunerbande floh in wildem Entsetzen.

In der Morgendämmerung erschien endlich Deesa auf der Plantage. Er war schwer bezecht und sah seiner Bestrafung mit Fassung entgegen; er wußte gar wohl, daß er seinen Urlaub überschritten hatte, und atmete befreit auf, als er sah, daß der Bungalow und die Pflanzung noch unbeschädigt dastanden, denn er hatte im Hinblick auf Moti Gudschs Temperament bereits das Schlimmste befürchtet.

Mit vielen Salaams und noch mehr Lügen meldete er sich. – Moti Gudsch weste ab. Er hatte sich zum Frühstück begeben. Die nächtliche Forschungsreise hatte ihn hungrig gemacht.

„Ruf dein Vieh her!“ befahl der Pflanzer ärgerlich.

Deesa schrie etwas in der geheimnisvollen Elefantensprache, die, wie so viele Mahouts glauben, aus China herübergekommen ist – bei Erschaffung der Welt –, als noch Elefanten und nicht Menschen die Herren der Welt waren.

Moti Gudsch horchte auf und kam sogleich. – Elefanten laufen nie im Galopp; sie bewegen sich fort mit wechselnder Geschwindigkeit. Wenn ein Elefant einen Expreßzug einholen wollte, würde er auch nicht galoppieren – aber einholen würde er ihn bestimmt. – So langte Moti Gudsch vor der Tür des Pflanzers an, ehe noch Chihun bemerkt hatte, daß er im Stalle fehlte.

Er fiel Deesa um den Hals, trompetete entzückt, und beide betasteten sich dann gegenseitig von Kopf bis zu Fuß, ob auch keines von ihnen Schaden genommen hätte.

„Jetzt wollen wir an die Arbeit gehen!“ sagte Deesa. „Heb mich auf, mein Sohn und meine Freude!“

Moti Gudsch schwang ihn auf seinen Nacken, und dahin ging's nach der Plantage, die lästigen Stümpfe ausreißen.

Dem Pflanzer aber verging der Zorn vor Staunen.

Sie hatten guten Grund, stolz zu sein, und noch bessern, Angst zu haben, alle zwölf. Sie hatten sich zwar, Spiel um Spiel, hinaufgearbeitet über die einzelnen Ponytrupps, die an dem Poloturnier beteiligt waren; aber heute nachmittag mußten sie sich im Endspiel mit den „Erzengeln" messen, und die „Erzengel" spielten jeder mit einem halben Dutzend Ponys. Da die Partie in sechs Vierer zu je acht Minuten eingeteilt war, bedeutete das ein frisches Pony nach jedem Gang. Die Mannschaft der „Skidars" aber, vorausgesetzt, daß kein Zwischenfall eintrat, konnte nur ein Pony für jede zweite Ablösung aufbringen, und zwei gegen einen ist eine dumme Sache. Außerdem traten sie, wie Shiraz, der graue Syrer, betonte, dem Kern und der Auslese aller Poloponys von Oberindien gegenüber, Ponys, die jedes über tausend Rupien gekostet hatten, während sie selbst von ihren Herren, die bei einem armen, aber ehrenhaften Eingeborenen-Infanterieregiment standen, billig zusammengekauft waren, manchmal vom Bauernwagen weg.

„Geld bedeutet Schnelligkeit und Gewicht", sagte Shiraz und rieb seine schwarze Seidennase kummervoll an seinem tadellos sitzenden Schuh, „und nach den Regeln des Spiels, wie ich sie kenne –"

„Ach, wir spielen aber nicht die Regeln", erklärte die Maltakatze. „Wir spielen das Spiel, und wir haben den großen Vorteil, das Spiel zu kennen. Denk doch mal nach, Shiraz. In zwei Wochen haben wir uns von unten bis zum zweiten Platz heraufgearbeitet gegen all diese Burschen hier auf dem Feld, nur weil wir ebensogut mit den Köpfen wie mit den Füßen spielen."

„Trotzdem fühle ich mich winzig und unbehaglich", meinte Kittiwynk, eine mausfarbige Stute mit einem roten Stirnband und den zierlichsten Beinen, die je ein bejahrtes Pony besessen. „Sie sind noch einmal so groß wie wir, die andern."

Kittiwynk schaute auf die Versammlung und seufzte. Der harte, staubige Poloplatz von Umballa war von Tausenden von Soldaten umsäumt, schwarz und weiß, nicht zu zählen

Hunderte und Hunderte von Wagen, von Drags[1] und Dogcarts; und Ladys mit buntleuchtenden Sonnenschirmen und Offiziere in Uniform und in Zivil und Scharen von Eingeborenen dahinter; und Ordonnanzen auf Kamelen, die haltgemacht hatten, um dem Spiele zuzuschauen, anstatt ihre Briefe hin und her in der Station zu befördern, und eingeborene Pferdehändler, die auf spitzohrigen Biluchi-Stuten umhersprengten und schauten, wo sie vielleicht ein paar erstklassige Poloponys verkaufen könnten. Dann waren da die Ponys von dreißig Mannschaften, die sich zum Wettbewerb um den Preis von Oberindien gemeldet hatten – fast jedes Pony von Rang und Ansehen von Mhow bis Peshawur, von Allahabad bis Multan; preisgekrönte Ponys, Araber, Syrer, Berber, heimische Zucht, Dekhan, Waziri und Kabul-Ponys von jeder Farbe, Gestalt und Art, die man sich nur denken kann. Einige waren in strohgedeckten Ställen nahe dem Poloplatz untergebracht, aber die meisten waren gesattelt, und ihre Herren, die in den früheren Spielen geschlagen worden waren, trabten umher und erklärten einander genau, wie das Spiel eigentlich gespielt werden müßte.

Es war ein glorreicher Anblick, und das Kommen und Gehen der kleinen, schnellen Hufe und die unaufhörlichen Begrüßungen der Ponys, die einander früher auf anderen Poloplätzen oder Rennen getroffen hatten, waren genug, das Herz eines vierfüßigen Geschöpfes höher schlagen zu lassen.

Aber der „Skidar"-Trupp war darauf bedacht, nicht mit seinen Nachbarn bekannt zu werden, obwohl die Hälfte aller Ponys auf dem Platz begierig war, sich mit den kleinen Burschen anzufreunden, die aus dem Norden gekommen und bis jetzt allen anderen über gewesen waren.

„Hör mal", meinte ein sanfter, goldfarbiger Araber, der tags zuvor sehr schlecht gespielt hatte, zu der Maltakatze, „haben wir uns nicht in Abdul Rahmans Stall in Bombay vor vier Sommern getroffen? Ich gewann im Sommer darauf

1 Drag = langer, hoher Wagen mit Quersitzen, oft mit vier Pferden. (A. d. Ü.)

den Paikpattan-Pokal, wie du dich sicherlich noch gut erinnern wirst.“

„Das war ich nicht“, antwortete die Maltakatze höflich. „Ich war damals auf Malta und zog einen Gemüsewagen. Ich mache keine Rennen. Ich spiele das Spiel.“

„Oh – oh!“ sagte der Araber und stolzierte erhobenen Schweifes ab.

„Haltet euch nur zueinander“, sagte die Maltakatze zu ihren Gefährten. „Wir haben's nicht nötig, mit all diesen gänsebäuchigen Halbblütern von Oberindien die Nasen zu reiben. Wenn wir uns diesen Preis holen, werden sie ihre Schuhe drum geben, uns kennenzulernen.“

„Wir werden den Preis nicht gewinnen“, meinte Shiraz. „Wie fühlst du dich?“

„Flau, wie muffiges Futter, wenn eine Moschusratte drübergelaufen ist“, antwortete Polaris, ein ziemlich breitschultriger Grauer, und die anderen stimmten ihm zu.

„Denk nicht dran“, sagte die Maltakatze munter. „Sie sind jetzt mit dem Frühstück im großen Zelt fertig. Jetzt wird man uns brauchen. Wenn eure Sättel nicht bequem sind, schlagt aus. Wenn das Gebiß nicht gut sitzt, geht hoch und zeigt den ‚sais‘, ob eure Schuhe passen.“

Jedes Pony hatte seinen ‚sais‘, seinen Groom, der mit dem Pony zusammen wohnte, aß und schlief und auf den Ausgang des Spiels ein gut Teil mehr gewettet hatte, als er bezahlen konnte. Es war nicht anzunehmen, daß irgend etwas schiefgehen würde, und um ganz sicherzugehen, wusch und massierte jeder sais die Beine seines Ponys bis zur letzten Minute. Hinter den sais saßen alle vom Regiment der „Skidars“, die Urlaub zu dem Match bekommen hatten – fast die Hälfte der eingeborenen Offiziere und ein- oder zweihundert dunkle schwarzbärtige Leute nebst den Spielleuten des Regiments, die nervös die großen, bebänderten Dudelsäcke fingerten. Die Skidars waren, was man ein Pionierregiment nennt, und die Dudelsäcke waren die Nationalmusik der halben Mannschaft. Die eingeborenen Offiziere hielten Bündel von Polostäben, lange Schläger mit Rohrgriffen, und als sich nach dem Frühstück die große Tribüne füllte, stellten sie sich einzeln und zu zweit an verschiedenen

Punkten rund um den Platz auf, so daß, wenn ein Stab zerbrach, der Spieler nicht weit nach einem neuen zu reiten brauchte. Ein ungeduldiges britisches Kavalleriemusikkorps setzte ein: „Willst du wissen, was die Uhr, frag 'nen Polizisten nur!" und die beiden Schiedsrichter in leichten Staubmänteln kamen auf zwei kleinen aufgeregten Ponys herausgetänzelt. Die vier Spieler von den „Erzengeln" folgten, und der Anblick ihrer wundervollen Tiere entlockte Shiraz einen neuen Seufzer.

„Wart ab, bis wir sehen!" sagte die Maltakatze. „Zwei von ihnen spielen mit Scheuklappen, und das bedeutet, sie können ihrer eignen Partei nicht aus dem Wege gehen, oder sie scheuen unter Umständen vor den Ponys der Schiedsrichter. Sie haben alle weiße gewirkte Zügel, die sich sicher verziehen oder abgleiten!"

„Und", meinte Kittiwynk und tanzte, um die Steifheit loszuwerden, „sie tragen die Peitschen in den Händen, anstatt an den Handgelenken. Hah!"

„Ganz richtig. Auf diese Art kann niemand mit Stock und Zügel und Peitsche zugleich fertig werden", sagte die Maltakatze. „Ich bin über jeden Quadratfuß Boden in Malta gekommen, und ich muß das wissen." Sie schüttelte ihren kleinen, flohzerstochenen Widerrist, um zu zeigen, wie sicher sie sich fühlte; aber ihr Herz war nicht so leicht. Seit sie auf einem Truppenschiff nach Indien gekommen war – mit einer alten Flinte zusammen als Teilzahlung für eine Rennschuld –, hatte die Maltakatze auf dem steinigen Poloplatz der „Skidars" Polo gespielt und den andern über das Spiel gepredigt. Nun ist ein Polopony geradeso wie ein Dichter. Wenn es mit Liebe für das Spiel geboren ist, ist etwas aus ihm zu machen. Die Maltakatze wußte, daß Bambus bloß wuchs, damit Polobälle aus seinen Wurzeln gedreht würden; daß Korn dazu da war, um Ponys damit herauszufüttern, und daß Ponys Schuhe anbekamen, damit sie beim Wenden nicht ausrutschten. Abgesehen von alledem kannte sie aber auch jeden Trick und Kunstgriff des schönsten Spieles der Welt, und zwei Sommer hindurch hatte sie den andern alles beigebracht, was sie wußte oder vermutete.

„Denkt daran", sagte sie zum hundertstenmal, als die

Reiter herankamen, „wir müssen zusammenspielen, und ihr müßt mit dem Kopf spielen. Was auch geschieht: Folgt dem Ball. Wer kommt zuerst dran?"

Kittiwynk, Shiraz, Polaris und ein kurzer, hoher kleiner Fuchs mit starken Fesseln und kaum nennenswertem Widerrist (er hieß Corks) wurden aufgezäumt, und die Soldaten im Hintergrund starrten mit all ihren Augen.

„Ich wünsche, daß ihr Leute euch ruhig verhaltet", sagte Lutyens, der Anführer der Mannschaft, „und besonders, daß ihr nicht auf euren Dudelsäcken blast."

„Auch nicht, wenn wir gewinnen, Kapitän Sahib?" fragte ein Bläser.

„Wenn wir gewinnen, könnt ihr tun, was ihr wollt", sagte Lutyens lächelnd, indes er die Schlaufe seines Stabes übers Handgelenk schob und wendete, um auf seinen Platz zu galoppieren. Den Ponys der „Erzengel" stieg die vielfarbige Menge ein bißchen zu Kopf, die sich so nah um den Platz drängte. Ihre Reiter waren ausgezeichnete Spieler, aber sie waren eine Mannschaft von Meistern, anstatt eine Meistermannschaft, und das war ein gewaltiger Unterschied. Sie hatten die ehrliche Absicht, zusammenzuspielen, aber es ist sehr schwer für vier Männer, jeder der Beste der Mannschaft, aus der er ausgesucht ist, daran zu denken, daß beim Polo noch so brillantes Schlagen oder Reiten kein Ersatz für wirkliches Zusammenspiel ist. Ihr Kapitän schrie ihnen seine Befehle zu, indem er sie bei Namen rief, und es ist eine merkwürdige Sache, daß man einen Engländer hitzig und verwirrt macht, wenn man ihn öffentlich laut bei seinem Namen anruft. Lutyens sagte nichts zu seinen Leuten, denn alles war vorher gesagt worden. Er hielt Shiraz zurück, denn er spielte im Hintergrunde, um das Tor zu verteidigen. Powell auf Polaris war halb zurück, und Macnamara und Hughes auf Corks und Kittiwynk waren vorn. Der harte Ball aus Bambuswurzelholz wurde in die Mitte des Platzes gelegt, hundertundfünfzig Yard von den Enden, und Hughes kreuzte mit dem Kapitän der „Erzengel" die Stäbe, der es für richtig gehalten hatte, vorne zu spielen, und das ist ein Platz, von dem aus man die Mannschaft nur schwer kontrollieren kann. Das schwache „klick", mit dem die Stäbe aufeinandertrafen, war über den ganzen Platz zu hören, und dann tat Hughes eine Art schnellen Schlags aus dem Handgelenk, der den Ball nur eben ein paar Yard weitertrudelte. Kittiwynk kannte den Schlag von alters her und folgte wie die Katze der Maus. Während der Kapitän der „Erzengel" sein Pony herumriß, schlug Hughes mit aller Kraft, und im nächsten Augenblick war Kittiwynk fort, Corks folgte dichtauf: Alle acht kleinen Hufe prasselten wie Regentropfen auf Glas.

„Nach links ausweichen", sagte Kittiwynk zwischen den Zähnen, „er kommt zu uns, Corks!"

Die letzte und mittlere Reihe der „Erzengel" stürzten auf sie zu, just als sie in Reichweite des Balles war. Hughes lehnte sich mit losem Zügel vornüber und schlug ihn fast unter Kittiwynks Füßen links seitwärts fort, und er hüpfte und sprang zu Corks hin, der sah, daß der Ball über die Grenzlinie rollen würde, wenn er sich nicht beeilte. Dieser lange, wuchtige Schlag gab den „Erzengeln" Zeit, zu wenden und drei Leute über den Platz zu schicken, um Corks zu überholen. Kittiwynk blieb, wo sie war, denn sie kannte das Spiel. Corks war den halben Bruchteil einer Sekunde früher als die andern beim Ball, und Macnamara schickte ihn mit einem „back-hand" wieder über den Platz zu Hughes zurück. Der sah: Bahn frei zum Mal der „Erzengel" und hieb den Ball hinein, ehe noch jemand recht wußte, was geschehen war.

„Das nenn ich Glück", sagte Corks, als sie die Plätze wechselten. „Ein Tor in drei Minuten mit drei Schlägen und fast ohne Laufen."

„Ich weiß nicht", sagte Polaris. „Wir haben sie zu früh in Wut gebracht. Sollt mich nicht wundern, wenn wir uns beim nächstenmal die Beine vom Leib rennen müssen."

„Dann müßt ihr eben den Ball festhalten", rief Shiraz. „Das hält kein Pony aus, das nicht dran gewöhnt ist."

Beim nächstenmal gab's kein leichtes Galoppieren mehr über den Platz. Die „Erzengel" rückten alle geschlossen auf wie ein Mann; aber da standen sie: denn Corks, Kittiwynk und Polaris hielten sich, auf der Stelle tretend, immer irgendwo über dem Ball, indes die Schläger aneinanderklappten, während Shiraz außen herumstrich und auf eine Gelegenheit wartete.

„Wir können das stundenlang“, sagte Polaris, sein Achterteil einem gegnerischen Pony in die Flanke rammend. „Wo drängelst du denn hin?“

„Ich will – ich will eine Ekka[1] ziehen, wenn ich's weiß“, war die schnaufende Antwort, „und ich würde eine Woche Futter drum geben, wenn ich meine Scheuklappen los würde. Ich kann überhaupt nichts sehen.“

„Der Staub ist recht schlimm. Puh! Das ging an meinen Hinterfuß! Wo ist der Ball, Corks?“

„Unter meinem Schwanz. Wenigstens sucht einer dort danach. Das ist großartig. Sie können ihre Stäbe nicht gebrauchen, und das macht sie wild. Gib dem alten Scheuklapprich einen Schubs, daß er abschiebt.“

„Hier, rühr mich nicht an! Ich kann nichts sehen. Ich will – ich will lieber hier 'raus, denk ich“, sagte das Pony mit den Scheuklappen, denn es wußte, wenn man nicht nach allen Seiten sehen kann, kann man sich nicht gegen einen Stoß schützen.

Corks beobachtete den Ball, der dicht bei seinem linken Vorderfuß im Staub lag, indes Macnamara mit kurz gefaßtem Schläger ihn leicht hin und her stieß. Kittiwynk bahnte sich einen Weg aus dem Gedränge, vor nervöser Erregung mit ihrem Schwanzstummel schlagend.

„Ho! Sie haben ihn“, schnaubte sie. „Laßt mich 'raus!“ Und wie aus der Pistole geschossen, galoppierte sie hinter einem großen schlanken Erzengelpony her, dessen Reiter gerade den Stab zum Schlage schwang.

„Heute nicht, danke schön“, sagte Hughes, indem der Streich an seinem erhobenen Schläger abglitt, und Kittiwynk stemmte die Schulter gegen die Flanke des großen Ponys und schob es beiseite, gerade als Lutyens auf Shiraz den Ball zurückschickte, woher er gekommen, während das große Pony nach links wegschlidderte. Als Kittiwynk sah, daß Polaris sich Corks bei der Jagd nach dem Ball den Platz hinauf anschloß, sprang sie auf Polaris' Platz – und dann wurde abgerufen.

Die Ponys der „Skidars“ verloren keine Zeit damit, aus-

1 Indischer Wagen.

zuschlagen oder sich aufzuregen. Sie wußten, jede Minute Rast bedeutete einen Gewinn, und trabten davon zur Barriere und zu ihren sais, die sofort anfingen, sie zu striegeln, in Decken zu hüllen und abzureiben.

„Puh!“ sagte Corks und machte sich steif, um den ganzen Kitzel der großen Striegelbürste aus Hartgummi abzubekommen. „Wenn wir Pony gegen Pony spielten, würden wir diese Erzengel in einer halben Stunde zweimal unterkriegen. Aber sie werden frische und wieder frische ’rausbringen, und dann wieder frische – das ist’s eben.“

„Wenn schon“, meinte Polaris. „Wir haben den ersten Vorsprung. Schwillt mein Fuß?“

„Sieht dick aus“, antwortete Corks. „Du mußt einen ziemlichen Hieb abgekriegt haben. Laß ihn nicht steif werden. In einer halben Stunde mußt du wieder ’ran.“

„Wie spielt sich’s?“ fragte die Maltakatze.

„Der Platz ist hart wie dein Schuh, ausgenommen, wo sie zuviel Wasser draufgegossen haben“, sagte Kittiwynk. „Dann ist’s glitschig. Spielt nicht in der Mitte. Da ist’s morastig. Ich weiß nicht, wie ihre nächsten vier sich benehmen werden, aber wir hielten den Ball fest und brachten sie in Schaum um nichts. Wer geht vor? Zwei Araber und ein paar Einheimische! Das ist schlimm! Herrlich, sich den Mund auszuwaschen!“

Kittiwynk sprach mit einer lederbezogenen Flasche Sodawasser zwischen den Zähnen und versuchte gleichzeitig, über ihren Hals zu sehen. Das nahm sich sehr kokett aus.

„Was ist schlimm?“ fragte Gray Dawn, der sich satteln ließ und seine schönen Schultern bewunderte.

„Ihr Araber könnt nicht schnell genug galoppieren, um warm zu bleiben – das meint Kitty“, sagte Polaris und lahmte, um zu betonen, daß sein Fuß Beachtung erfordere. „Spielst du hinten, Gray Dawn?“

„Sieht so aus“, antwortete Gray Dawn, indes Lutyens sich aufschwang. Powell bestieg das „Kaninchen“, einen Fuchs einheimischer Zucht, der ganz wie Corks aussah, bloß daß er Mauleselohren hatte. Macnamara nahm Faiz Ullah, einen flinken, kurzrückigen kleinen Araber mit langem Schwanz, und Hughes bestieg Benami, einen alten griesgrämigen Braunen, der vorderlastiger war, als ein Polopony sein sollte.

„Benami sieht aus, als sollt er ackern“, meinte Shiraz. „Wie ist die Stimmung, Ben?“ Der alte Veteran humpelte davon, ohne zu antworten, und die Maltakatze sah sich die frischen Ponys der Erzengel an, die auf den Platz stolziert kamen. Es waren vier wunderschöne Rappen, und sie waren breitrückig und stark genug, um die ganzen „Skidars“ aufzufressen und mit der Mahlzeit im Bauch davonzugaloppieren.

„Wieder Scheuklappen“, sagte die Maltakatze. „Schon gut!“

„Das sind Chargenpferde – Kavallerie-Chargenpferde!“ sagte Kittiwynk entrüstet. „Die haben doch gar nicht das Maß.“

„Sie sind alle richtig gemessen worden und haben alle ihre Bescheinigung bekommen!“ sagte die Maltakatze, „sonst wären sie nicht hier. Wir müssen die Dinge nehmen, wie sie kommen, und im übrigen auf den Ball schauen.“

Das Spiel begann, aber diesmal wurden die „Skidars“ auf ihrem eigenen Platzende eingeengt, und die zuschauenden Ponys waren nicht damit zufrieden.

„Faiz Ullah drückt sich wie gewöhnlich“, sagte Polaris mit wütendem Grunzen.

„Faiz Ullah kriegt die Peitsche zu schmecken“, bemerkte Corks. Sie konnten die Lederriemen der Polopeitsche auf den wohlgerundeten Leib des kleinen Burschen klatschen hören. Dann erscholl das schrille Wiehern des Kaninchens über den Platz. „Ich kann nicht alles allein machen!“ schrie er.

„Spiele das Spiel, aber schwatze nicht“, schnaubte die Maltakatze, und alle Ponys tänzelten vor Aufregung, und die Soldaten und Grooms klammerten sich an die Schranken und schrien. Ein schwarzes Pony mit Scheuklappen hatte den alten Benami abseits gedrängt und hinderte ihn auf jede mögliche Weise. Sie konnten sehen, wie Benami den Kopf auf und nieder schüttelte und mit der Unterlippe klappte.

„In einer Minute gibt es einen Sturz“, sagte Polaris. „Benami wird jetzt wütend.“

Das Spiel schwankte zwischen Torpfosten und Torpfosten

hin und her, und die schwarzen Ponys wurden zuversichtlicher, als sie fühlten, daß sie die flinkeren Beine hatten. Der Ball wurde aus einem kleinen Getümmel herausgeschlagen, und Benami und das Kaninchen folgten ihm. Faiz Ullah war nur zu froh, einen Augenblick Ruhe zu haben.

Das schwarze Pony mit Scheuklappen kam wie ein Falke heran, zwei von seiner Partei hinterdrein, und Benamis Augen funkelten im Rennen. Die Frage war, welches Pony dem andern ausweichen würde; jeder Reiter war fest entschlossen, im Notfall einen Sturz zu riskieren. Der Schwarze, den seine Scheuklappen beinahe verrückt gemacht hatten, vertraute auf sein Gewicht und sein Temperament; aber Benami wußte, wie er sein Gewicht zur Geltung bringen und sein Temperament im Zaum halten mußte. Sie stießen aufeinander, und es gab eine Staubwolke. Der Schwarze lag auf der Seite, und es hatte ihm völlig den Atem verschlagen. Das Kaninchen war hundert Meter weiter mit dem Ball, und Benami saß am Boden. Er war fast zehn Meter langgeschliddert, aber er hatte seine Rache und saß mit geblähten Nüstern da, bis das schwarze Pony aufstand.

„Das hast du dafür, mir in die Quere zu kommen. Willst du noch was?" fragte Benami und stürzte sich ins Spiel. Aber es kam nichts zustande, denn Faiz Ullah wollte nicht galoppieren, obgleich Macnamara ihn prügelte, sooft er eine Sekunde Zeit dazu fand. Der Sturz des schwarzen Ponys hatte indessen gewaltigen Eindruck auf seine Gefährten gemacht, und so brachte Faiz Ullahs schlechtes Benehmen den Erzengeln keinen Vorteil.

Aber, wie die Maltakatze meinte, als abgerufen wurde und die vier schnaufend und schweißtriefend zurückkamen: Faiz Ullah hätte mit Fußtritten rund um ganz Umballa gejagt werden müssen. Wenn er sich das nächstemal nicht besser aufführte, würde sie, die Maltakatze, ihm seinen Araberschwanz bis zur Wurzel ausreißen und auffressen.

Es blieb keine Zeit zum Schwatzen, denn die dritten vier mußten hinaus.

Die dritte Partie eines Spieles ist gewöhnlich die hitzigste, denn jede Partei glaubt, die andere müßte ausgepumpt sein. Für die Entscheidung ist dieser Teil meistens der wichtigste.

Lutyens empfing die Maltakatze mit einem Klaps und einer Umarmung, denn er schätzte sie mehr als irgend etwas anderes in der Welt. Powell hatte Shikast, eine kleine graue Ratte ohne Stammbaum, die nichts verstand außer Polo; Macnamara bestieg Bamboo, den größten von allen, und Hughes nahm „Der da“ alias „Der Vierfüßler“. Er sollte australisches Blut in seinen Adern haben, sah aber wie ein Wäschegestell aus, und man hätte ihm mit einem Brecheisen gegen die Beine schlagen können, ohne ihm weh zu tun.

Sie traten der Blüte des Marstalls der „Erzengel“ gegenüber, und als „Der da“ ihre elegant beschuhten Füße und ihr wundervolles Atlasfell sah, grinste er zwischen seinen leichten, abgetragenen Zügeln.

„Auf mein Wort!“ sagte er, „wir müssen ihnen mit ein bißchen Fußball beikommen. Diese Herren müssen gehörig gezwickt werden.“

„Nicht beißen“, sagte die Maltakatze warnend, denn ein- oder zweimal in seiner Laufbahn hatte sich „Der da“ in dieser Weise vergessen.

„Wer hat was von Beißen gesagt? Ich spiele. Ich spiele das Spiel.“

Die „Erzengel“ kamen heran wie der Wolf auf die Herde, denn sie waren des Fußballs überdrüssig und wollten Polo haben. Sie bekamen es, gehörig. Gleich nach Beginn des Spiels traf Lutyens einen Ball, der auf ihn zugeschossen kam, und er sprang, wie ein Ball das manchmal tut, mit dem Schwirren eines aufgeschreckten Rebhuhns in die Luft. Shikast hörte ihn, konnte ihn aber im Augenblick nicht entdecken, obwohl er überallhin und in die Luft hinauf schaute, wie die Maltakatze es ihn gelehrt hatte. Als er ihn über sich, vor sich sah, stürzte er, so schnell ihn seine Füße tragen wollten, mit Powell vor. Und nun geschah es, daß Powell, in der Regel ein ruhiger und besinnlicher Mann, eine Eingebung bekam und einen Schlag tat, der einem manchmal an einem stillen Nachmittag langen Trainings gelingen mag. Er nahm seinen Stab in beide Hände, stand in den Steigbügeln auf und schlug nach dem Ball in der Luft. Eine Sekunde starren Erstaunens, und dann brach auf allen vier Seiten des Platzes ein Schrei des Beifalls und der Begeisterung aus, als der Ball wirklich „kam“ (man konnte sehen, wie die verdutzten „Erzengel“ sich in den Sätteln duckten, um nicht getroffen zu werden, und ihm mit offenem Munde nachstarrten), und die Regimentsdudelsäcke der „Skidars“ quäkten von der Schranke her, solange die Bläser Atem hatten.

Shikast hörte den Schlag, aber er hörte gleichzeitig auch, wie der Schlägel vom Stabe flog. Neunhundertneunundneunzig von tausend Ponys wären dem Ball nachgestürzt, hätte ihr nutzlos gewordener Reiter auch noch so an den Zügeln gerissen; aber Powell kannte ihn, und er kannte Powell, und im Augenblick, als er Powells rechtes Bein ein wenig gegen die Satteldecke rucken fühlte, sprengte er auf die Schranke zu, wo ein eingeborener Offizier aus Leibeskräften einen neuen Schläger schwenkte. Ehe noch das Beifallsgeschrei verklungen war, war Powell wieder bewaffnet.

Einmal in ihrem Leben hatte die Maltakatze genau denselben Schlag über ihrem eigenen Rücken gehört und hatte aus der Verwirrung, die darauf folgte, ihren Vorteil gezogen. Diesmal handelte sie aus Erfahrung, und Bamboo für den Notfall zur Bewachung des Tors zurücklassend, schoß sie wie der Blitz zwischen den anderen durch, Kopf und Schwanz gesenkt (Lutyens hoch in den Bügeln, um es ihr leichter zu machen) – fegte daher, ehe die Gegner wußten, was los war, und setzte sich vor dem Tor der „Erzengel“ beinahe auf den Kopf, indes Lutyens, nach einem geraden Rennen von hundertundfünfzig Metern, den Ball hineintrieb. Wenn es etwas gab, worauf sich die Maltakatze mehr als auf alles andere etwas einbildete, so war es diese Fähigkeit, auf *einen* Strich über den halben Platz zu sausen. Sie hielt nichts davon, einen Ball um das ganze Feld zu treiben, wenn man nicht ganz und gar das Übergewicht hatte. Hiernach gaben sie den „Erzengeln“ fünf Minuten lang „Fußball“, und ein nobles Rennpony haßt Fußball, denn das verhunzt ihm sein Temperament.

„Der da“ zeigte sich bei diesem Spiel noch tüchtiger als selbst Polaris. Er drückte sich nie beiseite, sondern bohrte sich liebevoll in das Gedränge, als ob er seine Nase in der Krippe hätte und nach irgendwas Schmackhaftem suchte. Der kleine

Shikast stürzte sich auf den Ball im Augenblick, wo er freikam, und jedesmal, wenn ein Pony von den „Erzengeln" ihm nachlief, stieß es auf Shikast, der schon darüber stand und fragte, was los wäre.

„Wenn wir diese Partie durchhalten", sagte die Maltakatze, „hab' ich keine Sorge mehr. Gebt euch nicht zu sehr aus. Laßt sie nur schäumen."

So „verbiesterten" sich die feindlichen Ponys, wie ihre Reiter nachher erklärten. Die „Erzengel" hielten sie vor ihrem Tor fest, aber das brachte sie um den letzten Rest ihrer Laune, und einige fingen an, auszuschlagen, und Liebenswürdigkeiten flogen zwischen den Reitern hin und her, und „Der da" kriegte was auf die Beine, aber er zeigte die Zähne und blieb stehen, wo er stand, und der Staub stieg wie ein Baum über dem Getümmel auf, bis diese heiße Partie zu Ende war.

Sie fanden die Ponys sehr aufgeregt und zuversichtlich, als sie zu ihren sais zurückkamen, und die Maltakatze mußte sie warnen, das Schlimmste vom Spiel käme noch.

„*Wir* gehen jetzt alle zum zweitenmal 'raus", sagte sie, „und *sie* bringen frische Ponys. Ihr werdet meinen, ihr könnt galoppieren, und dann werdet ihr sehen, ihr könnt's nicht, und dann wird euch weniger gut zumute sein."

„Aber zwei Tore gegen keins ist doch ein halfterlanger Vorsprung", meinte Kittiwynk und tänzelte.

„Ein Tor ist schnell geholt", antwortete die Maltakatze. „Um Himmels willen, lauft jetzt nicht mit der Meinung fort, daß das Spiel halb gewonnen ist, weil wir jetzt grade Glück hatten. Sie werden euch gegen die große Tribüne treiben, wenn sie können; ihr müßt ihnen keine Gelegenheit geben. Folgt dem Ball."

„Fußball, wie gewöhnlich?" fragte Polaris. „Mein Fuß ist bald so dick wie'n Futterbeutel."

„Laßt sie den Ball überhaupt nicht zu sehen kriegen, wenn ihr's machen könnt. Jetzt laßt mich in Ruhe. Ich muß mich vor der letzten Partie soviel wie möglich ausruhen."

Sie ließ den Kopf hängen und alle Muskeln erschlaffen; Shikast, Bamboo und „Der da" folgten ihrem Beispiel.

„Besser, nicht aufs Spiel aufzupassen", sagte sie. „Wir

spielen nicht, und wenn wir uns aufregen, machen wir uns bloß schlapp. Schaut auf den Boden und fangt Fliegen."

Sie taten ihr Bestes, aber es war ein schwer zu befolgender Ratschlag. Die Hufe trommelten, und die Schläge rasselten hin und her auf dem Platz, und die Beifallsrufe der englischen Truppen verkündeten, daß die „Erzengel" die Skidars hart bedrängten. Die eingeborenen Soldaten hinter den Ponys brummten und murrten und tuschelten allerlei, und plötzlich hörten sie ein langgezogenes Geschrei und eine Salve von Hurras!

„Eins für die Erzengel", sagte Shikast, ohne den Kopf zu heben. „Die Zeit ist gleich um. O meine Herrn und Damen!"

„Faiz Ullah", sagte die Maltakatze, „wenn du diesmal nicht bis zum letzten Hufnagel spielst, kriegst du auf dem Platz vor allen anderen Ponys Fußtritte von mir."

„Ich werde mein Bestes tun, wenn's an mich kommt", sagte der kleine Araber standhaft.

Die sais sahen einander mit ernsten Mienen an, als sie den Ponys die Beine abrieben. Jetzt fingen zum erstenmal die großen Geldbeutel an, mitzureden, jeder wußte das. Kittiwynk und die anderen kamen zurück; der Schweiß tropfte ihnen über die Hufe, und ihre Schwänze erzählten traurige Dinge.

„Sie sind besser als wir", sagte Shiraz. „Ich wußte ja, wie es kommen würde."

„Halt dein großes Maul", erwiderte die Maltakatze, „wir haben noch ein Tor gut."

„Ja, aber jetzt kommen zwei Araber und zwei Einheimische dran", sagte Corks. „Faiz Ullah, denke dran!" Er sprach in beißendem Ton.

Als Lutyens Gray Dawn bestieg, schaute er auf seine Leute, und sie sahen nicht hübsch aus. Sie waren in Streifen mit Staub und Schweiß bedeckt. Ihre gelben Stiefel waren fast schwarz, ihre Handgelenke waren rot und geschwollen, und ihre Augen schienen zwei Zoll tief im Kopf zu liegen, aber der Ausdruck darin war doch befriedigend.

„Habt ihr was zum Aufpulvern genommen?" fragte Lutyens, und die Mannschaft schüttelte die Köpfe. Sie waren zu ausgetrocknet, um zu sprechen.

„Recht so. Die ‚Erzengel‘ haben's getan. Sie sind schlimmer ausgepumpt als wir.“

„Sie haben die besseren Ponys“, meinte Powell, „soll mir nicht leid tun, wenn dies Geschäft vorbei ist.“

Die fünfte Partie war in jeder Weise traurig. Faiz Ullah spielte wie ein kleiner roter Dämon; das „Kaninchen“ schien überall zugleich zu sein, und Benami raste gegen all und jedes, was ihm in den Weg kam, während die Schiedsrichter auf ihren Ponys wie Möwen um das hin und her jagende Spiel kreisten. Aber die „Erzengel“ waren besser beritten – sie hatten ihre Renner bis zuletzt aufgehoben – und ließen es nicht dazu kommen, daß die „Skidars“ Fußball machten. Sie schlugen den Ball hin und her über den weiten Platz, bis Benami und die übrigen nicht mehr nachkommen konnten. Dann gingen sie, und einmal und noch einmal konnten Lutyens und Gray Dawn noch knapp, aber auch nur knapp, den Ball mit einem langen splitternden back-hand abschlagen. Gray Dawn vergaß, daß er ein Araber war, und wurde fast blau vor lauter Galoppieren. Er vergaß es in der Tat nur zu sehr, denn er hielt die Augen nicht auf den Boden gerichtet, wie es ein Araber sollte, sondern streckte die Nase vor und rannte um die Ehre des Spiels. Ein- oder zweimal in den Pausen war der Platz besprengt worden, und ein unvorsichtiger Wasserträger hatte nahe bei dem Tor der „Skidars“ seinen ganzen letzten Schlauch auf einmal ausgegossen. Es war kurz vor Schluß der Spielzeit, und zum zehntenmal war Gray Dawn hinter einem Ball her, als sein linker Hinterfuß auf der morastigen Stelle ausglitt und er sich mehrmals überstürzte, Lutyens noch gerade am Torpfosten vorbei abwerfend. Die triumphierenden „Erzengel“ hatten ihr Tor. Dann wurde abgerufen – zwei Tore beide! Lutyens mußte aufgeholfen werden, und Gray Dawn kam mit verstauchtem linkem Hinterfuß hoch.

„Was ist's?“ fragte Powell, den Arm um Lutyens.

„Schlüsselbein natürlich“, stieß Lutyens zwischen den Zähnen hervor. In zwei Jahren war es jetzt das dritte Mal, daß er es gebrochen hatte, und es schmerzte heftig.

Powell und die anderen pfiffen. „Aus mit dem Spiel“, meinte Hughes.

„Nur Geduld. Wir haben jetzt noch gute fünf Minuten, und es ist nicht meine rechte Hand", erwiderte Lutyens. „Wir schaffen's noch."

„Scheußlich", sagte der Kapitän der „Erzengel", der herangetrabt kam. „Sind Sie verletzt, Lutyens? Wir warten gern, wenn Sie vielleicht einen Ersatzmann einschieben wollen. Ich wünsche – ich meine – Tatsache ist, ihr Burschen verdient die Partie, wenn überhaupt jemand. Wünschte, wir könnten Ihnen einen Mann oder ein paar von unseren Ponys abgeben – oder sonst was."

„Sie sind wirklich sehr gütig, aber wir wollen zu Ende spielen, meine ich."

Der Kapitän der „Erzengel" machte ein verdutztes Gesicht. „Nicht übel", meinte er und ritt zu seiner Partei zurück, während Lutyens sich von einem seiner eingeborenen Offiziere eine Binde borgte und eine Schlinge daraus machte. Dann kam ein „Erzengel" mit einem großen Badeschwamm herangaloppiert und riet Lutyens, ihn in die Achselhöhle zu legen, um die Schulter zu stützen. Sein linker Arm wurde kunstgerecht aufgebunden, und dann kam einer von den eingeborenen Offizieren mit vier hohen Gläsern heran, in denen es schäumte und brauste.

Die Mannschaft sah Lutyens bittend an, und er nickte. Es war die letzte Partie, und was dann kam, war gleichgültig. Sie tranken den dunkelgoldenen Trank aus und wischten sich die Schnurrbärte, und dann sahen die Dinge hoffnungsreicher aus.

Die Maltakatze hatte die Nase vorne in Lutjens' Hemd gesteckt und bemühte sich zu sagen, wie leid es ihr täte.

„Sie weiß Bescheid", sagte Lutyens stolz. „Das Viecherl weiß Bescheid. Ich habe schon früher ohne Zügel mit ihr gespielt – zum Spaß."

„Jetzt ist's kein Spaß", meinte Powell. „Aber wir haben keinen anständigen Ersatzmann."

„Nein", sagte Lutyens. „Es ist das letzte Spiel, und wir müssen unser Tor machen und gewinnen. Ich vertraue auf die Katze."

„Wenn du diesmal fällst, wirst du's spüren", meinte Macnamara.

„Ich vertraue auf die Katze“, entgegnete Lutyens.

„Hört ihr das?“ sagte die Maltakatze stolz zu den anderen. „Da lohnt es sich schon, zehn Jahre lang Polo zu spielen, wenn das von einem gesagt wird. Nun los, meine Söhne! Wir wollen ein bißchen ausschlagen, um den ‚Erzengeln‘ zu zeigen, daß dieser Vierer noch bei Kräften ist.“

Und richtig, als sie auf den Platz zogen, schlug die Maltakatze, nachdem sie sich überzeugt hatte, daß Lutyens fest im Sattel saß, drei- oder viermal aus, und Lutyens lachte. Die Zügel hingen irgendwie in den Fingerspitzen seiner eingebundenen Hand, und er rechnete nicht damit, sie zu gebrauchen. Er wußte, die Katze würde auf den leisesten Schenkeldruck antworten; um der Sache ein Ansehen zu geben – denn seine Schulter schmerzte ihn sehr –, ritt er mit der kleinen Grauen eine enge Acht um die Torpfosten herum. Donnernder Beifall der eingeborenen Offiziere und Mannschaften antwortete darauf, denn solch ein dugusbashi, wie sie es nannten, ein Reiterkunststück, liebten sie leidenschaftlich, und die Dudelsäcke stimmten in tiefen, gelassen-grimmigen Tönen die ersten Takte eines volkstümlichen Basarliedes an, das beginnt: „Frisch ist frisch und neu ist neu“, just als Warnung für die andern Regimenter, daß die „Skidars“ auf dem Posten wären. Alle Eingeborenen lachten.

„Und jetzt“, sagte die Katze, als sie ihre Plätze einnahmen, „denkt daran, daß dies das letzte Spiel ist, und folgt dem Ball.“

„Nicht nötig, uns das zu sagen“, meinte „Der da“.

„Laß mich ausreden. All die Leute auf allen vier Seiten werden jetzt anfangen, vorzudrängeln – genau wie's in Malta war. Ihr werdet sehen, sie werden schreien und sich quetschen und zurückgedrängt werden, und das wird den Erzengel-Ponys sehr unangenehm sein. Wenn aber ein Ball nach der Grenze zu geschlagen wird, lauft ihm nach und laßt die Leute nur ausweichen. Ich ging einmal über die Deichsel eines Vierspänners und holte dadurch ein Spiel aus dem Dreck. Haltet euch zu mir, wenn ich renne, und folgt dem Ball.“

So etwas wie ein Chor der Teilnahme und Verwunderung ließ sich ringsum vernehmen, als das letzte Spiel begann;

und dann kam es genauso, wie die Maltakatze vorausgesehen hatte. Die Leute drängten sich dicht an die Grenzlinien, und die Ponys der „Erzengel“ warfen scheue Seitenblicke auf den immer enger werdenden Raum. Wenn man weiß, wie einem Mann zumute ist, wenn er beim Tennis eingeengt wird – nicht, weil er über den Platz hinauslaufen will, sondern weil er das Gefühl haben will, daß er es im Notfall kann –, so wird man sich vorstellen können, wie Ponys zumute sein muß, wenn sie in einer Hürde von menschlichen Wesen spielen.

„Ich werde ein paar von den Leuten umschmeißen, wenn ich loskomme“, sagte „Der da“, indes er hinter dem Ball herstürmte, und Bamboo nickte ohne ein Wort. Sie spielten mit dem Aufgebot ihrer letzten Kräfte, und die Maltakatze hatte das Tor unverteidigt gelassen, um mitzumachen. Lutyens versuchte, wie er nur konnte, sie zurückzubringen, aber dies war das erstemal in ihrer Laufbahn, daß die kleine kluge Graue auf eigene Verantwortung Polo spielte, und sie wollte soviel wie möglich dabei herausholen.

„Was machen Sie hier?“ fragte Hughes, als die Katze quer an ihm vorüberkam und einen „Erzengel“ überholte.

„Die Katze macht das – geben Sie acht auf das Tor!“ schrie Lutyens, beugte sich vor, traf den Ball mit voller Kraft und folgte ihm, wodurch die „Erzengel“ zu ihrem eigenen Tor zurückgetrieben wurden.

„Nicht Fußball!“ rief die Katze. „Haltet den Ball an der Grenze und schneidet sie ab. Spielt offenes Spiel und treibt sie an die Grenze.“

Hin und her flog der Ball in großen Diagonalen über den Platz, und jedesmal, wenn Lauf und Schlag dicht an die Grenzlinie führten, wurden die Ponys der „Erzengel“ steif. Sie hatten keine Lust, in vollem Schuß auf eine Mauer von Menschen und Wagen loszurennen, obgleich sie, wenn der Platz frei gewesen wäre, auf einem Sixpence hätten wenden können.

„Schlängelt ihn immer an der Seite lang“, rief die Katze. „Haltet ihn dicht bei der Menge. Sie hassen die Wagen. Shikast, halte ihn an dieser Seite.“

Shikast und Powell hielten sich links und rechts hinter

dem gefährlichen Gedränge der wilden Jagd, und jedesmal, wenn der Ball herausgeschlagen wurde, galoppierte Shikast in einem solchen Winkel drauflos, daß Powell gezwungen war, ihn wieder nach der Grenze hin zu schlagen; und wenn die Menge von dieser Seite weggetrieben war, schickte Lutyens den Ball nach der anderen hinüber, und Shikast sauste ihm verzweifelt nach, bis seine Freunde zu Hilfe kamen. Das war kein „Fußball" diesmal, sondern das reinste Billardspiel, immer an die Bande heran.

„Wenn sie uns in die Mitte des Platzes kriegen, gehen sie uns durch. Trudelt ihn an den Seiten lang!" schrie die Katze.

So taten sie, die ganze Grenzlinie entlang, wo kein Pony von rechts an sie herankommen konnte; und die „Erzengel" wurden wild, und die Schiedsrichter konnten nicht mehr auf das Spiel achtgeben und brüllten: „Zurück!" in die Menge, und ein paar berittene Schutzleute machten hilflose Versuche, Ordnung zu schaffen – alles in nächster Nachbarschaft des Spielgetümmels –, und die Nerven der „Erzengel"-Ponys spannten sich und rissen wie Spinnweben.

Fünf- oder sechsmal trieb ein „Erzengel" den Ball bis in die Mitte des Platzes, und jedesmal gab der wachsame Shikast Powell Gelegenheit, ihn zurückzuschicken, und jedesmal darnach, wenn der Staub sich verzogen hatte, konnte man sehen, daß die „Skidars" ein paar Yard gewonnen hatten.

Hin und wieder ertönten Rufe aus den Zuschauern: „Seite! Von der Seite weg!"; aber die Mannschaften waren zu sehr in Anspruch genommen, um sich daran zu kehren, und die Schiedsrichter hatten genug zu tun, ihre wild gewordenen Ponys von der Hetz fernzuhalten.

Schließlich verfehlte Lutyens einen kurzen leichten Schlag, und die „Skidars" mußten holterdiepolter zurückfliegen, um ihr eigenes Tor zu schützen, Shikast voran. Powell stoppte den Ball mit einem back-hand, als er kaum fünfzig Schritt von den Torpfosten entfernt war, und Shikast wirbelte herum mit einem Ruck, der Powell beinahe aus dem Sattel warf.

„Jetzt geht's um die Wurst!" rief die Katze und drehte sich wie ein aufgespießter Maikäfer. „Jetzt müssen wir laufen, was das Zeug hält. Los!"

Lutyens fühlte, wie die kleine Graue tief Atem holte und

sich gleichsam unter ihrem Reiter duckte. Der Ball hopste auf die rechte Grenzlinie zu, ein „Erzengel“ hinterdrein, mit beiden Sporen und Peitsche; aber weder Sporen noch Peitsche konnten sein Pony vorwärts bringen, als er der Menge näher kam. Die Maltakatze glitt ihm unter der Nase vorbei, scharf mit den Hinterhufen ausgreifend, denn es war kaum ein Fuß Raum zwischen ihren Schenkeln und dem Gebiß des anderen Ponys. Es ging alles so elegant wie beim Kunstlaufen auf dem Eis. Lutyens hieb mit aller Kraft, die er noch hatte, aber der Schläger glitt ein wenig in seiner Hand, und der Ball flog nach links weg, anstatt dicht an der Grenze zu bleiben. „Der da“ kam von weit drüben herangaloppiert, scharf nachdenkend. Er wiederholte das Manöver der Katze Zug für Zug mit einem anderen „Erzengel“-Pony, haschte ihm den Ball unter den Zügeln fort und kam grade noch um Haaresbreite von seinem Gegner klar, denn „Der da“ war ein wenig schwerfällig auf der Hinterhand. Dann schwenkte er nach rechts, indes die Maltakatze von links kam, und Bamboo hielt genau die Mitte zwischen ihnen. So sausten sie alle drei in pfeilförmiger Attacke heran. Es war nur der Torwart der „Erzengel“ da, um das Mal zu bewachen; aber unmittelbar hinter ihnen kamen drei „Erzengel“ aus Leibeskräften dahergerast, und mitten unter ihnen war Powell, der Shikast um die letzte Hoffnung – das wußte er – laufen ließ. Es gehört ein sehr tüchtiger Mann dazu, den Ansturm von sieben tollen Ponys bei einem Endspiel um den Ehrenpreis auszuhalten, wenn die Spieler auf Tod und Leben reiten und die Ponys rasend sind. Der Torwart verfehlte seinen Schlag und konnte gerade noch rechtzeitig ausweichen, um den Sturm vorüberzulassen. Bamboo und „Der da“ bremsten, um der Maltakatze Raum zu geben, und Lutyens nahm das Tor mit einem sauberen, weichen, klatschenden Schlag, der über das ganze Feld zu hören war. Aber die Ponys waren nicht zu halten. Sie sausten zwischen den Torpfosten hindurch, in einem Knäuel, Sieger und Besiegte zusammen, so rasend waren sie im Schuß. Die Maltakatze wußte aus Erfahrung, was kommen würde, und wendete, um Lutyens zu retten, mit einer letzten Anstrengung nach rechts, so daß sie sich eine Sehne hoffnungslos verzerrte. Im selben Augenblick hörte sie auch schon den rechten Torpfosten unterm Anprall eines Ponys krachen – krachen, splittern und stürzen wie einen Mast.

Er war, um Unglücksfällen vorzubeugen, schon im voraus zu drei Vierteln durchgesägt worden, aber das Pony wurde nichtsdestoweniger wild und taumelte gegen ein anderes, das taumelte gegen den linken Pfosten, und dann war nichts als Wirrsal, Staub und Splitter. Bambus lag am Boden, und Sterne tanzten ihm vor den Augen; ein „Erzengel"-Pony rollte neben ihm, wütend und atemlos; Shikast hatte sich wie ein Hund hingesetzt, um nicht über die anderen zu fallen, und rutschte auf seinem kleinen Stutzschwanz in einer Staubwolke herum, und Powell saß auf der Erde, hämmerte mit seinem Schläger und versuchte Hurra zu schreien. Alle übrigen schrien, was die Kehlen noch hergeben wollten, und die Abgeworfenen schrien auch. Sobald die Menge sah, daß keiner verletzt war, brachen zehntausend Eingeborene und Engländer in Rufen, Klatschen und Schreien aus, und bevor jemand sie aufhalten konnte, stürzten die Spielleute der „Skidars" auf den Platz, alle eingeborenen Offiziere und Mannschaften hinterdrein, marschierten auf und ab und spielten ein wildes Lied aus dem Norden auf, das „Zakhme Bagaan" heißt; und durch das unverschämte Geplärr der Dudelsäcke und die schrillen Schreie der Eingeborenen hindurch konnte man die Musik der „Erzengel" pauken hören: „Hoch soll'n sie leben! Hoch soll'n sie leben!" und dann vorwurfsvoll an die unterlegene Mannschaft: „Ooh, Kafuzalum! Kafuzalum! Kafuzalum!"

Außer all diesem und vielem anderen waren noch da ein Oberstkommandierender, ein Generalinspekteur der Kavallerie und der Oberveterinär von ganz Indien, die hoch auf einer Regiments-coach standen und wie Schuljungen schrien. Und Brigadiers und Obersten und Kommissare und Hunderte von hübschen Damen fielen in den Chorus ein. Die Maltakatze aber stand da, den Kopf gesenkt, und fragte sich, wie viele Beine ihr noch übriggeblieben seien; und Lutyens sah zu, wie die Männer und Ponys sich aus den Trümmern der beiden Torpfosten herausrappelten, und streichelte die Katze sehr zärtlich.

„Hören Sie", sagte der Kapitän der „Erzengel" und spuckte

einen Kieselstein aus, „wollen Sie Dreitausend für das Pony nehmen – wie es da steht?"

„Nein, danke. Ich hab so ein Gefühl, als ob es mir das Leben gerettet habe", sagte Lutyens, stieg ab und legte sich der Länge nach hin. Die Ponys beider Parteien lagen noch am Boden, mit den Schuhen in der Luft strampelnd, prustend und keuchend, indes die sais herbeigelaufen kamen, um die Tiere fortzubringen, und ein übereifriger Wasserträger die Spieler mit schmutzigem Wasser besprengte, bis sie aufstanden.

„Bei meiner Tante!" sagte Powell, sich den Rücken reibend und die Stümpfe der Torpfosten beschauend, „das war ein Spiel!"

Sie gingen es noch einmal durch, jeden einzelnen Schlag, am selben Abend bei der großen Tafel, als der Preispokal gefüllt wurde und am Tische herumging, geleert und wieder gefüllt, und jedermann beredte Ansprachen hielt. Gegen zwei Uhr morgens, als es just ans Singen ging, guckte ein kluger kleiner, glatter kleiner, grauer kleiner Kopf zur offenen Tür herein.

„Hurra! Bring sie herein!" riefen die „Erzengel"; und der sais, der überglücklich war, tätschelte die Maltakatze auf die Flanke, und sie humpelte herein in den Schimmer der Lichter und glänzenden Uniformen und sah sich nach Lutyens um. Sie war an Messen und menschliche Schlafzimmer und sonstige Plätze gewöhnt, wo Ponys gewöhnlich den Mut verlieren, und in ihrer Jugend war sie einer Wette wegen auf einen Messetisch herauf- und wieder hinuntergesprungen.

Infolgedessen führte sie sich sehr gesittet auf, aß in Salz getunktes Brot und wurde um die ganze Tafel herum getätschelt, wobei sie sich sehr behutsam bewegte. Und dann trank man auf ihre Gesundheit, denn sie hatte mehr getan, den Pokal zu gewinnen, als irgendein Mann oder Pferd auf dem Platz.

Das war Ruhm und Ehre genug für den Rest ihrer Tage, und die Maltakatze trauerte nicht sehr, als der Tierarzt sagte, sie würde auf keinen Fall mehr für Polo zu gebrauchen sein. Als Lutyens geheiratet hatte, erlaubte seine Frau ihm nicht, zu spielen; so war er gezwungen, den Schiedsrichter zu machen, und sein Pony bei solchen Gelegenheiten war eine flohzerstochene kleine Graue mit einem zierlichen Poloschwanz, ganz und gar lahm, aber verzweifelt eifrig auf den Füßen und, wie jedermann wußte, weiland Plusquamperfekt-Prestissimo-Spielerin des Spiels.

Einer sei des andern Feind

Dem Schatten des Mirza Mirkhand
mit der Bitte um Vergebung.

Als – so erzählte Abu Ali Jafir Bin Yakub-ul-isfahani (und Gott weiß am besten, daß es wahr ist) – der Herr in seinem unerforschlichen Willen beschlossen hatte, den großen Stellvertreter (Adam) zu erschaffen, da entsandte er – wie allbekannt – den getreuen und vortrefflichen Erzengel Jibrail, auf daß dieser Ton nehme von der Erde und Lehm und Sand von mannigfacher Färbung und Beschaffenheit, wie zur Bildung des Leibes unseres guten Urvaters benötigt wurde. Aber als nun Jibrail, wie ihm befohlen, herniedergefahren war und die Hand ausstreckte, um zu nehmen, wessen er bedurfte, da bebte die Erde und jammerte und flehte ihn an. Jibrail aber sprach: „Halte still und freue dich, denn Er will aus dir erschaffen das Herrlichste, was immer es geben kann – nämlich den Erben und Träger der Herrschaft über dich durch alle Zeiten.“ Die Erde sprach: „Ich beschwöre dich, laß ab von deinem Vorhaben, damit nicht Übel und Verdammnis komme über den, der aus mir erschaffen werden soll, und des Unheils Folgen seien von meinem Haupte genommen. Mir ist nicht Macht gegeben, dem Höchsten zu widerstreben, aber möge Allah mir Schutz gewähren vor dir.“ Jibrail rührten die Klagen und die Verzagtheit der Erde, und so kehrte er mit leeren Händen zum Gefilde der Seligen zurück.

Danach stieg, mit des Herrn Billigung, der gerechte und vortreffliche Erzengel Michael herab, und als er die demütigen Bitten der Erde vernahm, kehrte auch er mit leerer Hand zurück. Zuletzt wurde der Erzengel Azrael abgesandt. Und wieder schrie die Erde auf und flehte zu Gott, aber er griff in ihren Busen und entnahm Lehm und Sand, soviel er bedurfte.

Als er zum Himmel zurückkehrte, wurde er gefragt, ob wiederum die Erde Allah um Schutz angefleht habe oder nicht. Azrael sagte: „Ja." Ward die Antwort: „Wenn sie Zuflucht suchte bei mir, warum schontest du sie nicht?" Azrael antwortete: „Gehorsam steht höher als Mitleid." Ihm ward die Antwort: „Hebe dich fort von mir! Du sollst der Engel des Todes sein und die Seelen der Menschen von den Körpern trennen." Azrael aber weinte und sprach: „So werden alle Menschen mich hassen." Und ihm ward die Antwort: „Du sagtest selbst, Gehorsam stehe höher als Mitleid. Mische nun Lehm und Sand und lege es zum Trocknen aus zwischen Tayik und Mekka, bis die Zeit erfüllet sei."

So ging denn Azrael hin und tat, wie ihm geheißen. In der Eile aber gewahrte er nicht, daß er mit dem Lehm zugleich Steine entnommen hatte, die beide miteinander in Streit gelegen hatten in der Erde seit Erschaffung der Welt; und er las sie nicht heraus und legte sie beiseite. In seinem Gram darüber, zum Bringer des Todes bestimmt zu sein, mengten sich seine Tränen in die Mischung, so daß der Stoff zu Adams Körper ungleichmäßig wurde und schlecht zusammenstimmend, durchsetzt mit heißen Tropfen und im Widerstreit mit sich selbst, ehe noch Feindschaft gesetzt ward.

Das Geformte nun lag vierzig Jahre hindurch zum Trocknen aus zwischen Tayif und Mekka, und die Barmherzigkeit des Allmächtigen durchdrang es während all der Zeit, ließ Segen und Gnade darüber regnen und alle guten Eigenschaften zum Schmuck der Nachkommen. Zu jener Zeit – so wird erzählt – flogen auch die Engel darüber hin, und unter ihnen Eblis der Verdammte; dieser aber schlug nach der auserwählten Kreatur, die zum Trocknen auslag, und es klang hohl. Eblis schaute näher zu, und als er erkannte, daß der Stoff ungleichförmig war, schlecht gemischt und durchsetzt mit bittren Tränen, sprach er: „Kein Zweifel, bald werde ich Macht darüber erlangen, und leicht wird mir sein, es zu verderben." (Auch dieses lag beschlossen in der Allwissenheit des Ewigen.)

Als die Zeit kam, da die Kette von Ursache und Wirkung der Gewalt des Menschen anvertraut und der Kelch von Wunsch und Wille seinem Geist überantwortet und die Hütte seines Leibes erleuchtet werden sollte vom Odem des Lebendigen, führte Erzengel Jibrail auf des Allmächtigen Geheiß die Seele zu diesem Leib. Aber die reine und zarte Seele weigerte sich anfangs, in den schmutzigen und plumpen Lehm einzugehen, und sagte: „Ich fürchte mich vor diesem, das sein soll." Als sie es zum zweitenmal gerufen hatte, gebot ihr die Stimme: „Geh widerwillig ein, und widerwillig fahre aus." Da erst ging sie ein. Und als das Schwere vollbracht war, da kam das Wort: „Größer als mein Zorn ist mein Erbarmen." Es wird erzählt, solches waren die ersten Worte, die unser guter Urvater vernahm.

Später fügte es der Wille des Unerforschlichen, daß Adam Begehren empfand nach einer Gefährtin und Vertrauten im Garten Eden. Es wird erzählt, daß er sich zuerst um Rat an die Erde wandte, aus der sein Leib gebildet war. Aber die Erde sprach: „Laß ab davon. Ist es nicht genug, daß einer über mich herrschen soll?" Adam antwortete: „Es gibt nur Einen, der allein ist im Himmel und auf Erden. Alles Geschaffene ist zu zweit und strebt nach Vereinigung, und unaussprechlich sehnt sich meine Seele, die mir nicht von dir gekommen ist." Die Erde sprach: „Bleib in deiner Unschuld, und laß so deinen Leib, den ich dir widerwillig gab, wieder zu mir, seiner Mutter, zurückkehren." Adam sprach: „Ich habe keine Mutter. An wen soll ich mich wenden?"

Zu dieser Zeit erschien Eblis der Verdammte. Dieser trug sich seit langem mit listigem Plan und bösem Anschlag gegen unseren guten Urvater; denn er gedachte ihn zu verderben und fahndete eifrig nach Anlaß und Gelegenheit. Zuerst wandte er sich mit schlimmer Rede an den Pfau unter den Vögeln des Gartens und sprach: „Ich hege große Freundschaft für dich um deiner Schönheit willen; aber der Garten ist mir verboten, nicht durch meine Schuld. Verbirg mich doch zwischen dem Gefieder deines Schweifes, denn ich möchte hinein und euch beide anbeten, dich und Adam, den Herrn und deinen Gebieter." Der Pfau antwortete: „Nicht durch mein Zutun soll dir Eintritt werden, auf daß nicht das Gericht komme über meine Schönheit und Herrlichkeit. Aber im Garten gibt es eine Schlange, widerlich anzusehen, sie wird dir gern den Weg bereiten." Also kam die Schlange an die Pforte, und nachdem sie miteinander geredet und unheilvolle List ersonnen hatten, versteckte sich Eblis unter der Zunge der Schlange und schlüpfte so durch das Gitter. Darauf huldigte er Adam und lag ihm an mit dem Rat, eine Gefährtin zu fordern, auf daß seine Lust erhöht werde und die Nachfolge in der Herrschaft über die Erde gesichert. Denn er wußte voraus, daß viele unter diesen ihm zufallen würden. So flehte denn Adam Tag für Tag um die Gunst solchen Segens. Da sprach die Stimme zu ihm: „Wie kannst du wissen, ob die Gewährung deiner Bitte Segen oder Fluch bedeutet?" Adam antwortete: „Das weiß ich nicht. Dennoch will ich das Wagnis auf mich nehmen."

Da fiel Adam in Schlaf, wie erzählt wird, und als er erwachte, erblickte er unsere Herrin Eva (möge ihr Gnade und Vergebung werden). Da sprach Adam: „O Herrin und Leuchte meiner Welt, wer bist du?" Und Eva sprach: „O Gebieter und Gipfel meiner Freude, wer bist du?" Adam sprach: „Wahrlich, ich bin dein." Und Eva sprach: „Wahrlich, ich bin dein." Und sie ließen ab, weiter zu forschen, und wurden eins, ein Leib und eine Seele, und ihr Glück ward vollkommen, ohne Grenzen und Vergleich.

Danach, so wird erzählt, gesellte sich ihnen Eblis der Verstockte heimlich im Garten und der Pfau dazu. Und sie trieben Scherz und Kurzweil für unsern Herrn Adam und seine Herrin Eva, gaben Rätsel auf und waren unermüdlich im Aushecken von allerlei Späßen und lustigen Einfällen. Und einmal, als ihre Lust am höchsten war und ihr Glück überströmte, sprach Eblis: „O mein Gebieter und du, Herrin, nennt uns, wenn's beliebt, ein Ding oder Beispiel, was außerhalb jeder Möglichkeit liegt." Sprach Adam: „Sehr leicht! Daß die Sonne am Himmel aufhörte zu scheinen oder die Flüsse im Garten versiegten, das liegt jenseits jeder Möglichkeit." Sie stimmten zu und lachten, und der Pfau sprach: „O Herrin, nenne du uns jetzt etwas Lustiges, das ebenso unmöglich und unfaßbar wäre wie das, was dein Herr anführte." Sagte darauf unsere Herrin Eva: „Daß mein Gebieter je mit anderen Augen auf mich blicken könnte, als er zu blicken pflegt, das ist noch weniger möglich." Als sie genügend darüber gelacht hatten, fuhr sie fort: „Nun, ihr Diener, wißt ihr etwas, das noch viel unmöglicher wäre als was ich nannte?" Da sagte der Pfau: „O Herrin Eva, ausgenommen, daß auch du mit anderen Augen auf deinen Herrn blicken könntest, als wie du bisher tatest, gibt es nichts, was an Unmöglichkeit größer wäre denn das, was du sagtest." Sprach darauf Eblis: „Ausgenommen, daß der eine von euch zum Feind des andern werden sollte, gibt es nichts, o Herrin, was an Unglaubwürdigem oder Unmöglichem und Unvorstellbarem das überträfe, was du nanntest." Und alle vier in dem Garten lachten darüber aus vollem Herzen.

Als aber der Pfau sich entfernt hatte und auch Eblis verschwunden schien, sagte unsere Herrin Eva zu Adam: „Gebieter und Herr meiner Seele, wie konnte es zugehen, daß Eblis von unserer Furcht wußte?" Adam sprach: „O Herrin, was für eine Furcht?" Eva sprach: „Die Furcht, die von Anbeginn in unseren Herzen war, daß einer dem anderen Feind werden könnte." Da barg Adam das Haupt an ihrem Busen und sagte: „O Gefährtin meines Herzens, auch in mir war diese Furcht von Anbeginn. Aber wie konntest du das wissen?" Eva sprach: „Bin ich nicht dein Leib und deine Seele? Was sollen wir tun?"

Und als der Mond aufging, kamen sie zu dem verbotenen Baum, und Eblis lag schlafend darunter. Aber fröhlich wachte er auf und sprach: „O Gebieter und du, meine Herrin, dies ist der Baum des Lebens. Ißt man von seiner Frucht, so wird der Menschheit ewiges Glück zuteil; und nichts auch wird sich wandeln im Herzen derer, die davon aßen."

Da streckte Eva die Hand aus nach der Frucht, aber Adam sprach: „Es ist verboten. Laß uns gehen." Eva sprach: „O Herr, mein Stab und meine Stütze, es komme über mein Haupt und über meiner Töchter Haupt nach mir. Ich will zuerst versuchen von der Frucht, und kommt Unglück über mich, so bitte für mich, oder besser noch, iß gleichfalls, damit der Freude Ewigkeit uns gemeinsam zuteil werde."

Darauf nahm sie von der Frucht und aß und gab auch ihm davon. Da verschwand plötzlich rings um sie alle Herrlichkeit des Paradieses, und sie wurden gewahr, daß sie nackt waren, und Scham und Reue kam über sie. Und Adam, so wird erzählt, klagte Eva an vor dem Allgegenwärtigen; unsere Herrin Eva aber (möge ihr Gnade und Belohnung werden) nahm auf sich alles, was sie getan hatten.

Nachdem die Schlange und der Pfau jedes sein Teil für den bösen Anschlag bekommen hatten (die Strafe für Eblis aber blieb vorbehalten), wurde über Adam und Eva das Urteil Gottes auf Vertreibung mit diesen Worten verhängt: „Hebt euch hinweg, einer soll sein des andern Feind." Adam sprach: „Aber ich hörte, dein Erbarmen ist größer als dein Zorn." Ihm ward die Antwort: „Ich habe gesprochen. An Stelle meines Fluches gelte dieses Urteil." So gingen sie davon, und die Pforten des Gartens Eden schlossen sich hinter ihnen.

Es wird ferner berichtet von denen, die der Worte Perlen reihen und von alten Dingen erzählen, daß, als unser vortrefflicher Vorfahr Adam und seine anbetungswürdige Gattin Eva (Ruhm sei ihr und Ehre) ausgetrieben wurden, ein Wehklagen sich erhob unter den Tieren des Gartens, die Adam gehegt und Herrin Eva geliebkost hatte. Unter allen blieb allein der Maulwurf ungerührt; pflegt er doch im Boden zu wühlen und meidet das Licht der Sonne. Er war boshaft von Natur und unansehnlich von Gestalt; aber der Wille des Allmächtigen (gelobt sei sein Name) verlieh ihm Augen, ferne zu sehen im Licht wie in der Finsternis.

Als der Maulwurf den göttlichen Befehl der Vertreibung hörte, dachte er in seinem schlimmen Sinn, geheime Beobachtung und verstecktes Spähen könnten ihm wohl Nutzen und Förderung bringen. So folgte er, in der Erde verborgen, unserm Urvater und seiner hohen Gemahlin und belauschte sie in ihrem Elend, ihrer Betrübnis und ihrer Erniedrigung. Und der Garten blieb ohne ihn während dieser Zeit.

Als er genug beobachtet hatte und seiner Sache gewiß war, lief er eiligst zurück und rief zu den Wächtern am Gitter: „Macht auf! Ich habe Schreckliches zu melden." So wurde ihm der Eintritt freigegeben, und er lag still bis zum Abend.

Dann sprach er: „Können die Verfluchten auf irgendeine Weise dem Spruch entrinnen?" Ihm ward die Antwort: „Nein, auf keine Weise können sie ihm entrinnen oder ausweichen." Sprach der Maulwurf: „Aber ich habe gesehen, daß sie entronnen sind." Ihm ward die Antwort: „Berichte, was du gesehen." Sprach der Maulwurf: „Die einander Feind sein sollen, sind von dir abgefallen und versagen dir Anbetung und Verehrung. Auch ist da keinerlei Feindschaft zwischen ihnen; vielmehr leben sie in vollkommenem Glück miteinander, und überdies haben sie sich einen neuen Gott gemacht." Ihm ward die Antwort: „Beschreibe mir das Aussehen ihres Gottes." Sprach der Maulwurf: „Ihr' Gott ist winzig von Gestalt, zart rosenrot von Farbe, nackt, pausbäckig und vergnügt lächelnd. Sie betten ihn auf den Rasen, füllen seine Hände mit Blumen, beten ihn an und wünschen sich kein größeres Glück." Kam die Antwort: „Nenne mir den Namen des Gottes." Sprach der Maulwurf: „Sein Name ist Quabil (Kain), und ich bezeuge, mit diesen meinen Augen gesehen zu haben, daß er ihr Gott ist und Einiger und Freudenbringer." Ward die Antwort: „Warum kamst du zu uns?" Der Maulwurf sprach: „Aus Fleiß und Eifer; um der Ehre willen und Belohnung erhoffend." Ihm ward die Antwort: „So also machst du Gebrauch von den Augen, die wir dir gaben?" Der Maulwurf sprach: „Ich tat, was in meinen Kräften stand." Ihm ward die Antwort: „Dessen brauchte es nicht. Nicht die Bürde jener hast du vermehrt, sondern deine eigene. Von nun an sollen deine Augen verfinstert sein, auf Erden und unter der Erde. Es ist nicht gut, ein Geschöpf Gottes zu bespähen, dem Erleichterung erlaubt ist." Also verfinsterten sich des Maulwurfs Augen und schrumpften ein, und elend ward von nun an sein Los auf Erden und unter der Erde.

Aber jenen beiden, Adam und Eva, wurde Erleichterung gewährt, bis Habil und Quabil und deren Schwestern Labuda und Aqlemia zur Reife gediehen waren. Da kam aus Kabul dem Steinigen her jener Pfau zu dem großen Stellvertreter und seiner Gattin, dem Eblis der Verdammte zuerst den Durchschlupf in den Garten Eden verdankte. Und sie nahmen ihn freundlich auf und ließen ihn teilhaben an allem, was sie ersannen oder unternahmen; und er lieh ihnen Hilfe mit gleisnerischem Wort und trügerischem Rat, also daß sie auf die verwirkten Wonnen des Paradieses mit Hochmut herabsahen und ohne Reue ihrer gedachten.

Da kam die Stimme zu Erzengel Jibrail dem Getreuen und sprach: „Geh und folge eifrig diesen beiden, und wo es not tut, halte über sie den Schild deiner Güte. Haben wir sie auch für geraume Zeit Eblis überantwortet, soll doch nicht unheilbares Verderben über sie kommen." So folgte Jibrail unserem ersten Stellvertreter und der Herrin Eva – Gnade und Vergessen über sie – und hielt Wache über sie allerorts, wohin sie auf ihrer Wanderung durch die Welt gelangten. Niemals aber hörte er Wehklagen aus ihrem Munde um ihrer Sünden willen.

Es wird erzählt, daß sie während hundert Jahren mit des Pfauen Hilfe unter der Macht Eblis des Verstockten gehalten wurden, der durch Zauberei Opfergaben an Speise, Trank und reichen Gewändern zu ihrem Wohlgefallen um sie aufhäufte und täglich sich einfand, sie als Götter anzubeten. (Auch das lag vorbestimmt im Willen des Allmächtigen.) Endlich kamen sie in das Alter, da ihre Augen trübe wurden, ihr Gemüt sich verdüsterte und das Lachen aus ihrem Angesicht schwand. Als der vortreffliche Erzengel Jibrail gewahrte, daß sie aufgehört hatten, zu lachen, kehrte er zurück, mischte sich unter das Gesinde und rief: „Das schwerste der Übel hat deine Geschöpfe befallen, über die ich wachte. Das Lachen ist aus ihrem Angesicht geschwunden, und nichts mehr haben sie voraus vor Kamel oder Ochse." Ihm wurde zur Antwort: „Also war es beschlossen."

Nach weiteren hundert Jahren kam Eblis – das Gericht ist ihm sicher –, Adam anzubeten, wie er zu tun pflegte, und sprach: „O Gebieter, mein Gönner und Lehrer des Guten und Bösen, wen sahst du je in der ganzen Welt, der weiser und vollkommener gewesen wäre als du?" Adam sprach: „Solch einen habe ich nie erblickt." Fragte Eblis: „Hast du dir je einen solchen vorstellen können?" Adam antwortete: „Außer im Traum habe ich mir nie einen solchen vorstellen können." Darauf antwortete Eblis: „Achte nicht der Träume; sie kommen aus überfülltem Leib. Streck deine Hand aus und nimm Besitz von der Welt, die du geschaffen hast.“ So streckte Adam seine Hand aus und nahm in Besitz die Berge, die er eingeebnet, und die Flüsse, die er abgelenkt, und die Feuer des Himmels und der Unterwelt, die er zu seinem Dienst und Werk gezwungen hatte. Und alles nannte er sein Eigentum für sich und seine Kinder. Danach fragte Eblis: „O mein Erhalter und Krone meines Glaubens, wer gab dir diese nützlichen Dinge?“ Adam sprach: „Kraft meines Geistes und meiner Hand gab ich sie mir selbst.“ Eblis sprach: „Lasset uns den Geber preisen!“ Also pries Adam sich selbst mit lauter Stimme und baute sich einen Altar und einen Spiegel hinter dem Altar und ward unermüdlich, sich anzubeten in dem Spiegel und täglich sich zu lobpreisen vor dem Altar mit dem Namen und den Attributen des Allmächtigen.

Die Geschichtsschreiber berichten, daß bei solchem Tun der Pfau die Pracht seines Schweifs zu entfalten pflegte und unserm ersten Stellvertreter zur Seite stand und ihn bediente mit Schmeichelworten und Lobsprüchen.

Nach abermals hundert Jahren geschah es, daß der Allgewaltige – sein Name sei gepriesen – bittere Reue in die Brust des Pfaus legte. Und der Pfau schloß den Fächer seines Schweifs, setzte sich auf den Berg Serendib und weinte. Da trat der getreue und vortreffliche Erzengel Jibrail herzu und fragte: „Wie ist die Vergeltung über dich gekommen, o du unwillkommenster der Vögel?“ Der Pfau sprach: „War ich auch selbst gewißlich nicht willens, Eblis in den Garten des Baumes zu verhelfen, so wies ich ihn doch zu schlauem Plan an die Schlange, wie dir und dem Allgegenwärtigen bekannt ist; und durch der Schlange Arglist gelangte Eblis unter ihrer Zunge versteckt heimlich in den Garten. Deshalb hat Allah meine holde Stimme in mißtönendes Gekreisch gewandelt und meine schlanken Ständer verunstaltet. Nun, so fürchte ich, wird Er mich auch meines Schweifs berauben, der Zierde meiner Tage und Wonne meiner Augen. Darum, o Diener Gottes, und weil ich solches fürchte, tue ich Buße.“ Sprach hierauf Jibrail: „Buße heißt nicht allein Bekennen, sondern Wiedergutmachen und Besserung beweisen.“ Der Pfau sprach: „Erleuchte meinen Weg und prüfe meinen ehrlichen Willen.“ Jibrail sprach: „Ich trage Sorge um Adam. Durch

Eblis' bösen Zauber ist er vom Pfad der Demut abgewichen, und er betet sich selbst an täglich am Altar vor einem Spiegel." Der Pfau sprach: „O Bote des Throns, hast du dir bei Herrin Eva Rat geholt?" Jibrail fragte: „Warum sollte ich?" Sprach der Pfau: „Darum, weil das Wort geschah, als das Gebot der Austreibung erging: ‚Hebt euch hinweg, der eine sei des andern Feind.' Und das Wort steht unabänderlich." Jibrail antwortete: „Was soll das nutzen?" Der Pfau sprach: „Laß uns für eine Weile unsere Gestalten vertauschen, und ich werde dir den Nutzen weisen."

Darauf zwang Jibrail den Pfau zu dem Eide, ihm nach Ablauf der Frist seine Gestalt unbefleckt von Schande oder Betrug zurückzugeben; und der Tausch geschah. Jibrail schrumpfte ein zu des Pfauen Körper; der Pfau aber wandelte sich zur herrlichen Gestalt Jibrails, kam zu unserer Gebieterin Eva und sprach: „Wer ist Gott?" Herrin Eva antwortete: „Sein Name ist Adam." Der Pfau sprach: „Warum ist er Gott?" Herrin Eva antwortete: „Weil er Wissen hat von beidem: Gut und Böse." Der Pfau fragte: „Wie gelangte er zu solchem Wissen?" Herrin Eva antwortete: „Die Wahrheit zu sagen, war ich es, die ihm solches Wissen brachte zwischen meinen Händen von dem Baum im Garten." Sprach der Pfau: „Unübertrefflich groß, o Herrin Eva, ist deine Demut und Bescheidenheit." Darauf verließ er sie und kam zurück zu Jibrail kurz vor der Stunde des Abendgebets. Und zu dem Herrlichen und Getreuen sprach er: „Bequeme dich, bitte, in meiner Gestalt am Altar aufzuwarten zur Zeit der Anbetung." Jibrail aber willigte ein und putzte sich und spreitete den Fächer seines Schweifs am Altar und pickte zwischen seinen Klauen nach echter Pfauenart, bis unser guter Urvater und seine hohe Gattin erschienen. Als nun Adam niederkniete, um sich anzubeten, bemerkte der aufmerksame Jibrail, daß Herrin Eva unwillig beiseite stand und schließlich fragte: „Habe ich denn keinen Teil an dieser Anbetung?" Adam antwortete: „Du hast einen großen und gewichtigen Teil, o Herrin, nämlich mich zu preisen und anzubeten ohne Unterlaß." Sprach Herrin Eva: „Aber mich langweilt diese Anbetung. Baust du nicht auch mir einen Altar und machst für mich einen Spiegel, so werde ich fürderhin fernbleiben diesem Gottesdienst wie deinem Bett." Und darauf zog sie sich zurück. Adam fragte nun Jibrail, den er für den Pfau hielt: „Was sollen wir tun? Baue ich keinen Altar, so wird die Frau an meiner Seite bei Tag zu einer Plage und bei Nacht zu einer Qual, und kein Friede mehr wird sein auf Erden." Jibrail antwortete mit der Stimme des Pfaues: „Um des Friedens willen auf Erden baue ihr einen gleichen Altar." Also bauten sie einen Altar mit einem Spiegel, an Ausmaß und Pracht ganz gleich dem Altar, den Adam sich gemacht hatte. Und Adam ließ kundtun vom Anfang bis zum Ende der Welt, daß nun zwei Götter wären auf Erden – der eine Mann und der andere Weib.

Darauf kam der Pfau in der Gestalt Jibrails zur Herrin Eva und sprach: „Warum, o Herrin und Leuchte, steht dein Altar zur linken Hand und der Altar meines Herrn zur rechten?" Sprach Herrin Eva: „Dem Irrtum kann abgeholfen werden." Und sie half ihm ab mit eigenen Händen; unserem guten Urvater aber machte das schweren Verdruß. Darauf erschien Jibrail in der Verwandlung des Pfaus bei Adam und sprach: „O mein Gebieter und wahrer Deuter, was ärgerte dich so?" Adam sprach: „Was sollen wir tun? Das Weib, das mir am Herzen ruht, hat die schicklichen Plätze der Altäre vertauscht; und dulde ich nicht den Wechsel, so wird sie mich quälen Tag und Nacht, und keine Erquickung wird sein auf Erden." Jibrail sprach: „Um der Erquickung willen dulde den Wechsel." Also beteten sie vor den vertauschten Altären, dem Altar des Weibes zur Rechten und dem Altar des Mannes zur Linken.

Darauf kam der Pfau in der Gestalt Jibrails des Einziggetreuen zur Herrin Eva und sprach: „O Unvergleichliche und Allschöpferin, bist du aus Zufall Mutter von Quabil und Habil (Kain und Abel)?" Herrin Eva antwortete: „Nicht aus Zufall bin ich ihre Mutter, sondern nach unwandelbarem Gesetz der Natur." Sprach der Pfau mit der Stimme Jibrails: „Werden sie ebenso werden wie Adam?" Herrin Eva antwortete: „Sicherlich, und noch viele andere ebenso." Der Pfau als Jibrail sprach: „O Herrin der Fruchtbarkeit, erleuchte mich nun und sage mir, wer ist größer, die Mutter oder das Kind?" Herrin Eva antwortete: „Die Mutter, natürlich." Sprach darauf der verwandelte Pfau: „O Gebieterin, da ich nun erkenne, daß aus dir allein hervorgehen alle Geschlechter des Mannes, der sich Gott nennt, was bedarf es noch eines Altars dem Manne?" Herrin Eva antwortete: „Es ist ein Irrtum. Zweifle nicht, daß er berichtigt wird." Und zur Stunde der Anbetung ging sie hin und stürzte den Altar zur Linken um. Adam sprach: „Warum tatest du das, o meine Herrin und mein Ebenbild?" Herrin Eva antwortete: „Weil offenbar wurde, daß in mir ist alle Herrlichkeit und Mehrung, aller Glanz, aller Schrecken und alle Macht. Neige dich vor mir und bete mich an." Adam antwortete: „Aber, o Herrin, du bist Eva, mein Weib, und keinerlei Gottheit irgendwelcher Art. Das wußte ich von Anbeginn. Allein nur um des Friedens willen litt ich es, dir einen eigenen Altar zu bauen." Herrin Eva antwortete: „Du aber, o Gebieter, bist Adam, mein Gatte, und weltenweit entfernt, auch nur irgendeine Gottheit zu sein. Und das wußte ich von Anbeginn. Und um keinerlei Frieden der Welt werde ich ablassen, dieses zu verkündigen." So tat sie es denn kund mit lauter Stimme; und sie überhäuften sich gegenseitig mit Vorwürfen, stritten miteinander und offenbarten ihres Herzens Sinn und Trachten, indes der Pfau sich eilig davonmachte. Und er trat zu Jibrail und sprach: „Laß uns zurückkehren jeder in seine Gestalt; denn die Erleuchtung ist nahe."

So nahm denn jeder wieder ohne Trug und Schmach seine eigne Gestalt mit allen Kennzeichen an, und sie kamen wieder zurück und horchten der Rede zwischen dem ersten Stellvertreter und seiner hohen Gattin. Diese aber hörten nicht auf, sich zu schelten und wechselseitig alle Dinge vorzuwerfen, die sie beobachtet, erfahren oder sich eingebildet hatten.

Als nun endlich die Streitrosse der Anklagen müde wurden, sich auf dem Feld der Erinnerung zu tummeln, die Trommel der Beweise nicht mehr gerührt wurde vom Schlegel der Mißgunst und der Vogel der Bezichtigung Zuflucht fand im Fels des Schweigens, da neigte sich der vortreffliche und rechtschaffene Erzengel Jibrail vor unserem guten Urvater und sprach: „O Herr und Bronnen aller Macht und Weisheit, ist es erlaubt, den sichtbaren Gott anzubeten?"

Und da geschah es durch Allahs gnädige Hand, daß die

Fessel im Halse unseres ersten Stellvertreters gelöst wurde, und die Last wurde von seiner Brust genommen, und er lachte über alle Maßen und sprach: „Bei Allah, ich bin nicht Gott, sondern der Ehegatte der abscheulichsten aller Frauen, die ich liebe und die mir mehr als jedes andere unentbehrlich ist.“ Aber er unterhielt Jibrail bis in die Nacht hinein mit Geschichten von der Torheit und der Unvernunft unserer Herrin Eva.

Auch der Pfau neigte sich vor Herrin Eva und sprach: „Ist es erlaubt, den Urquell und die Vortrefflichkeit anzubeten?“ Und die Fessel wurde gelöst in Herrin Evas Hals, und sie lachte laut und fröhlich und sagte: „Bei Allah! Ich bin keinerlei Gottheit, sondern die Gattin dieses simplen Mannes, den ich trotz allem liebe von ganzer Seele.“ Aber sie beschäftigte den Pfau mit Erzählungen von der Dummheit und Kindhaftigkeit unseres Urvaters, bis die Sonne aufging.

Dann trat Adam herein, und beide blickten einander lachend an. Darauf sprach Adam: „O Herrin und Krone meiner Pein, ist Friede zwischen uns?“ Herrin Eva antwortete: „O Herr und einziger Grund meines Unverstands, es ist Friede – – bis zum nächsten Mal und bis zum nächsten Vorfall.“ Und Adam sprach: „Ich nehme an und unterziehe mich dem Wagnis.“ Herrin Eva sprach: „O Mann, möchtest du es anders haben auf irgendeine Möglichkeit hin?“ Adam sprach: „O Weib, auf keine Möglichkeit hin möchte ich es anders haben – – selbst nicht für die Rückkehr in den Garten des Baumes; das schwöre ich auf mein Haupt und das Haupt meiner Kinder und Kindeskinder.“ Und Eva sprach: „Auch ich schwöre.“ Also stürzten sie beide Altäre und bauten dazwischen einen neuen.

Jibrail aber und der Pfau huben sich davon und warfen sich nieder vor dem Thron und berichteten, was gesagt worden war. Die Antwort ward: „Wie verließet ihr sie?“ Sie sprachen: „Vor einem Altar.“ Die Antwort kam: „Was stand geschrieben auf dem Altar?“ Sie sprachen: „Das Gebot der Austreibung, wie es ergangen war: ‚Hebt euch hinweg, der eine sei des anderen Feind!‘“

Da ward die Antwort „Genug! Es sei gesetzt für beides: unseren Fluch und unseren Segen.“

Der Pfad zum Lachenden Brunnen

Nimmt man eine große Landkarte zur Hand, so findet man etwa fünfzehn Meilen oberhalb der Stelle, wo sich der Chenabfluß in den Indus ergießt, ein Dorf angegeben, das den Namen Chachuran trägt. – Fünf Meilen westlich von Chachuran liegt der „Pfad zum Lachenden Brunnen“ und die Behausung des Gosaïns oder Priesters von Arthi-goth. Er hat mir zwar den Pfad gezeigt, aber daß ich die Geschichte erzählen kann, verdanke ich ihm wahrhaftig nicht.

Fünf Meilen westlich von Chachuran befindet sich ein Stück Land, drei bis vier Meilen breit im Quadrat und bestanden mit gefiedertem Dschungelgras, das sich in Silber verwandelt, wenn der Wind weht, und zehn bis zwanzig Fuß hoch wird. – Im Herzen dieses Landstrichs haust der Gosaïn des „Pfades zum Lachenden Brunnen“.

Die Dorfbewohner werfen mit Steinen nach ihm, wenn er sich bei Tag blicken läßt, obwohl er ein Priester ist, und dann rennt er zurück in die dichten hohen Halme wie ein schweifender Wolf. Er hat nur ein Auge und trägt zwischen den Brauen das Brandmal von zwei Kupfermünzen. Es heißt, er sei vor langer, langer Zeit von einem eingeborenen Fürsten gefoltert worden, aber er ist so alt, daß ihn dies Mißgeschick in den Tagen Rundshit Singhs betroffen haben muß. Was er zur Zeit besonders nötig zu haben scheint, ist – außer einer Galgenschlinge – der Zugriff der britischen Regierung.

Damals stand das Dschungelgras schon hoch, und die Dorfbewohner von Chachuran erzählten mir, eine Herde Wildschweine hätte sich ins Arthi-goth begeben.

Wiesen mit Dschungelgras zu betreten, ist immer eine mißliche Sache, aber ich tat es dennoch – einesteils, weil ich nichts von der Wildsaujagd verstand, und andererseits, weil es hieß, der große Eber der Herde trage fußlange Hauer. Es reizte mich, sie zu besitzen, um sie in späteren Jahren zeigen zu können und mich zu brüsten, sie mit eigener Hand erbeutet zu haben.

Ich nahm eine Flinte und ging in den heißen, dichten Dschungel hinein, wähnend, nichts sei leichter, als eine Wildsau in einem Gebiet von zehn Quadratmeilen aufzuspüren. –

Mister Wardle, mein Terrier, ging mit, denn er war offenbar der festen Überzeugung, ich könnte auch nicht eine Stunde seinen Rat und Beistand entbehren. Ihm war's freilich leicht, zwischen den riesigen Halmen durchzuschlüpfen, ich jedoch mußte mir mit Gewalt einen Weg bahnen. Trotzdem sah ich mich schon nach zwanzig Minuten derart von der Außenwelt abgeschnitten, als befände ich mich mitten im Herzen von Zentralafrika. Ich merkte es erst, als ich bereits so müde geworden war, daß ich nur noch vorwärts stolpern und taumeln konnte, und überdies daran, daß Mister Wardle sich alle Augenblicke niedersetzte und die Zunge so weit herausstreckte, als es nur gehen wollte. – Nichts als Halme ringsum; keine zwei Meter nach irgendeiner Richtung hin konnte ich mehr sehen. Dazu glühten die Grasstengel wie Heizkörperröhren.

Nach einer halben Stunde war ich so weit, daß ich aus der Tiefe meines Herzens wünschte, den Eber für immer in Ruhe gelassen zu haben, da stieß ich auf einen schmalen Pfad, der sich ansah wie ein Mittelding zwischen Eingeborenenfußsteig und Sauspur. Er war höchstens sechs Zoll breit, aber immerhin geeignet, mir zu meinem Zweck zu dienen. Das Gras wuchs hier ganz besonders dicht und dick, und wo der Pfad stellenweise verschwand, blieb mir nichts übrig, als mit den Händen vor dem Gesicht mich vorwärts zu zwängen oder rücklings – um das Gewehr freizubekommen – in das Gestrüpp zu dringen. Aber ich war froh, denn schließlich mußte der Pfad doch irgendwie ins Freie führen.

Am Ende eines etwa fünfzig Meter langen, ein wenig erträglicher gewesenen Weges angelangt, blickte ich mich um, ehe ich mich entschloß, ein besonders dichtes Gestrüpp anzugehen, da bemerkte ich, daß mir Mister Wardle abhanden gekommen war. – An sich schon ein ungemein frivoler Hund, hatte er offenbar meine Fährte verloren. Ich rief ihn dreimal und sagte dann laut: „Wo das kleine Biest nur stecken mag?" – – Ich ging ein paar Schritte zurück, da wiederholte, dicht vor meinen Füßen, eine tiefe Stimme: „Wo das kleine Biest nur stecken mag?" – – Um richtig einschätzen zu können, was es heißt, die Stimme eines unsichtbaren Sprechers zu hören, muß man sich in dem steifen Gras eines Dschungels verirrt haben! – Wiederum rief ich Mister Wardle, und jedesmal half mir das unterirdische Echo dabei. Da ließ ich das Schreien bleiben und horchte aufmerksam; siehe da: Ich hörte einen Menschen lachen, und zwar in einer geradezu beleidigenden Weise. – Die Hitze machte mich schwitzen, das Gelächter aber schaudern. Es ist doch wahrhaftig nicht nötig, daß jemand im dichten Dschungel lacht! Erstens ist es unschicklich und dann eine Anmaßung sondergleichen! Plötzlich verstummte es, und ich faßte Mut und fing wieder an, zu rufen, bis ich mir einbildete, die Stelle unter oder zwischen den Riesenhalmen ausfindig gemacht zu haben, wo das Echo wohnte. Es kam aus dem Gestrüpp, in das ich hatte eindringen wollen, bevor ich Mister Wardle verlor. – – Ich schob meine Flinte bis zum Drücker nach vorwärts und abwärts gerichtet zwischen die Grasstengel und wackelte damit hin und her. Aber ich konnte keinen festen Boden finden. Sooft dabei ein Geräusch entstand, sooft gab es das Echo unter der Erde zurück; stand ich jedoch still, um mir das Gesicht abzutrocknen, so ertönte wieder das tiefe Lachen; ich konnte mich darüber keinem Zweifel mehr hingeben.

Das Gesicht voraus, den Mund offen und den Blick gespannt und auf alles gefaßt, drang ich behutsam, Zoll für Zoll, in das Gestrüpp vor. Als ich den Widerstand des Grases glücklich überwunden hatte, sah ich mich einem tiefen, schwarzen Loch im Boden gegenüber, das heißt, besser: Ich lag auf der Brust, über die Mündung eines Brunnens gebeugt, der so tief war, daß ich kaum das Wasser unten sehen konnte.

Dunkle Gegenstände schwammen darauf; und das Wasser selbst war so schwarz wie Pech und stellenweise mit einem blauen Schaum bedeckt. Das lachende Geräusch kam von einer kleinen Quelle, die aus halber Höhe der Brunnenwand herabsprudelte.

Bisweilen, wenn die schwarzen Gegenstände, sich um sich selbst drehend, in die Nähe kamen, fiel der Wasserstrahl auf ihre trommelartig gespannten Häute, und dann ging das Lachen in ein fröhliches Prusten über. Plötzlich sah ich, wie sich eins der schwarzen Dinger auf den Rücken legte, rund um die bemoosten Brunnenwände kreiste, eine Hand und einen halben Menschenarm über die Wasserfläche emporgestreckt, als wolle mir ein bis zu Tode ermüdeter Führer die Schönheit der Umgebung weisen.

Länger als eine halbe Stunde brauchte ich, um den Brunnen zu umkriechen und den Weg auf der anderen Seite zu finden. Den Schluß der Reise vollbrachte ich damit, jeden Fußbreit vor mir vorsichtig abzutasten, mich vorwärts windend wie eine Schlange. Ich trug den wiedergefundenen Mister Wardle im Arm, und er leckte mir rastlos die Nase. Entsetzt war er keineswegs, nur wünschte er sichtlich, wieder freien Grund zu gewinnen, um die Aussicht besser genießen zu können. Mir aber schlotterten die Knie, und mein Adamsapfel in der Kehle ließ sich weder aufwärts noch abwärts bewegen.

Der Weg jenseits des Brunnens wurde immer besser, wenn er auch noch von dichtem Gras flankiert war, und führte mich schließlich zu einer Priesterhütte, die in einer kleinen Lichtung stand. Als der Gosaïn mein totenbleiches Gesicht erblickte, heulte er auf vor Schrecken, fiel nieder und umklammerte meine Stiefel. Ich taumelte auf die Lagerstätte zu, die vor seiner Hütte stand, und ließ mich erschöpft darauffallen, Mister Wardle sprang ebenfalls hinauf, um mich zu bewachen. Ich selbst fühlte mich außerstande, Sorge um mich zu tragen.

Als ich aus meiner Betäubung erwachte, befahl ich dem Priester, mich ins Freie zu führen und langsam vor mir herzugehen – hinaus aus dem Arthi-goth.

Mister Wardle haßt Eingeborene, und der Gosaïn fürchtete sich vor ihm mehr als vor mir, obwohl ich grimmig genug dreinschaute. Ganz langsam schritt er vor mir her, den schmalen Pfad entlang, der mit einemmal in drei Richtungen abzweigte; alle drei liefen dem Lachenden Brunnen zu! Einmal, als ich stehenblieb, um Atem zu schöpfen, hörte ich deutlich wieder das höllische Kichern. Am liebsten hätte ich dem Priester die beiden Flintenläufe in den Rücken geschossen, aber ich brauchte seine Dienste zu nötig!

Als wir dann ins Freie gelangten, stürzte der Gosaïn schnell wieder in sein Gestrüpp zurück, und ich ging in das Dorf bei Arthi-goth, um mir etwas zu trinken zu verschaffen. Ich fühlte mich überglücklich, wieder den freien Horizont sehen zu können und festen Boden unter meinen Füßen zu wissen.

Die Dorfbewohner sagten mir, das ganze Dschungelgrasland sei bewohnt von Teufeln und Geistern, die sämtlich im Dienste des Gosaïns stünden, und daß häufig Männer, Weiber und Kinder verschwänden, wenn sie das Dickicht betreten hätten, um nie mehr wiederzukehren. Der Priester brauche ihre Leber, behaupteten sie, um Hexerei damit zu treiben. Als ich sie fragte, warum sie mir das nicht gleich gesagt hätten, meinten sie, es wäre ihnen dann das Trinkgeld für weitere Nachrichten über den Verbleib der Wildsau entgangen.

Bevor ich ging, versuchte ich noch mein Bestes, den Dschungel in Brand zu stecken, aber das Gras war noch zu grün. Ein paar heiße Sommertage und ein günstiger Wind, und ich werde mittels einiger Bogen Zeitungspapier und einer Schachtel Streichhölzer das Geheimnis des Pfades zur Lachenden Quelle enthüllen können!

Im Rukh

Unter den zahlreichen Abteilungen, die der indischen Regierung unterstehen, ist kaum eine so wichtig wie die Forstverwaltung. Ihre Aufgabe ist die Wiederaufforstung ganz Indiens oder wird es sein, sobald die Regierung über die nötigen Geldmittel dazu verfügt. Ihre Beamten kämpfen mit Triebsand und Wanderdünen, errichten Dämme gegen den fliehenden Sand und bepflanzen die Dünen zur Befestigung mit Hartgras und Krüppelkiefern nach den Regeln von Nancy. Sie sind verantwortlich für alles Schlagholz in den Staatsforsten des Himalajas ebenso wie für die kahlen Hügelhänge, die der Monsun zu klaffenden Rinnen und Schluchten zerwäscht, was aussieht, als ob aufgerissene Mäuler über die Folgen der Nachlässigkeit klagten. Mit ganzen Bataillonen ausländischer Baumsorten stellen sie Versuche an und veranlassen den Eukalyptus, Wurzel zu schlagen, um damit vielleicht das Sumpffieber zu beseitigen. In der Ebene ist ihre Hauptaufgabe, die Gürtelfeuerlinien in den Waldreservaten zu überwachen und sie klarzuhalten, damit, wenn Dürre einsetzt und das Vieh Not leidet, diese Reservate den Herden der Dörfer geöffnet werden und die Menschen sich dort Feuerholz sammeln können. Ferner müssen sie dafür Sorge tragen, daß die Holzstapel längs der Eisenbahnen, die nicht mit Kohle feuern, stets genügend aufgefüllt sind; bis in die fünfte Dezimalstelle berechnen sie ihren Gewinn aus den Plantagen, sind Ärzte und Hebammen der gewaltigen Teekholzwälder von Oberbirma, der Gummibäume der östlichen Dschungel und der Gallnüsse des Südens; stets aber sind sie gehemmt in ihrer Arbeit durch den Mangel an staatlichen Mitteln.

Da aber der Forstbeamte durch seinen Beruf weitab von begangenen Pfaden und bewohnten Orten geführt wird, sieht und lernt er mehr Dinge als solche, die nur sein Fach betreffen. Er wird vertraut mit dem Leben und mit der Art des Dschungelvolkes; er begegnet dem Tiger, Bären, Leoparden, Wildhund und all dem Getier des Waldes nicht nur einmal nach tagelangem Wandern, sondern wieder und wieder während seiner dienstlichen Verrichtungen. Den größten Teil seiner Zeit verbringt er im Sattel oder unterm Zeltdach, ist der Freund neugepflanzter Bäume, der Genosse rauher, ungeschlachter Waldhüter – bis die Wälder, die die Zeichen seiner Pflege tragen, nun ihrerseits ihm ihren Stempel aufdrücken; er singt nicht mehr die leichtfertigen französischen Lieder, die er einst in Nancy lernte, er wird schweigsam mit dem schweigenden endlosen Dickicht. –

Gisborne hatte bereits fünf Jahre im Dienste der indischen Forstverwaltung verbracht. Anfangs liebte er seinen Beruf, da er ihn auf Pferdesrücken in die freie Natur führte und ihm Macht in die Hand gab – aber er war nicht ganz erfüllt von ihm. Dann begann er seinen Beruf wütend zu hassen und würde ein Jahresgehalt hergegeben haben für einen Monat geselligen Verkehrs, wie man ihn in Indien haben kann. Als dann die Krisis vorüber war, nahm ihn der Wald wieder zurück, und er war zufrieden, ihm zu dienen. Er erweiterte und vertiefte die Feuergürtel des Forstes, schützte das junge Grün neuer Pflanzungen vor dem älteren Laubwerk, ließ versandete Flüsse ausbaggern und stärkte den Wald da, wo er am äußersten Rande dahinsiechte und unter dem hohen Riedgras erstarb. Eines stillen Morgens dann wurde dieses Gras in Brand gesteckt, und Hunderte von Tieren, die dort gehaust hatten, flüchteten vor den fahlen Flammen in der grellen Mittagssonne eiligst davon. Später dann rückte der Wald in wohlgeordneten Reihen junger Setzlinge über den geschwärzten Grund vor, und Gisborne übersah sein Werk und war wohlzufrieden.

Sein Bungalow, ein strohgedecktes, weiß getünchtes Häuschen von zwei Räumen, lag an dem einen Ende des großen Rukhs, die Wildnis überschauend. Es gab keinen Garten, denn der Urwald brandete bis an die Tür des Hauses, endete da in einem Bambusdickicht, und Gisborne konnte von seiner Veranda aus unmittelbar in das Herz des Rukhs gelangen. Abdul Gafur, sein dicker mohammedanischer Haushälter, kochte für ihn, wenn er daheim war, und die übrige Zeit schwatzte er mit der Schar kleiner eingeborener Bedienter, deren Hütten hinter dem Bungalow lagen: zwei Pferdepfleger, ein Koch, ein Wasserträger und ein Stubenboy, das war alles. Gisborne reinigte seine Gewehre selbst und hielt auch keinen Hund. Hunde verscheuchten das Wild; er aber liebte es, über die Untertanen seines Reichs genau Bescheid zu wissen, wo sie beim Mondaufgang zur Tränke gingen, wo sie vor Sonnenaufgang ästen oder schlugen und wo sie während der Hitze des Tages ruhten. Die Heger und Waldhüter wohnten in kleinen Hütten weit abseits im Rukh und erschienen nur, wenn einer von ihnen durch einen stürzenden Baum oder ein Raubtier verletzt worden war. Sonst war Gisborne immer allein.

Im Frühling zeigte das Rukh nur wenig junges Grün, im übrigen lag es noch unberührt von dem Wandel des Jahres und wartete auf Regen. Mehr Rufen und Rühren war ringsum im Dunkel während der schwülen Nächte, das Getöse eines königlichen Kampfes zwischen Tigern, das Röhren eines stolzen Bockes oder das beständige Schaben und Wetzen eines alten Ebers, der die Hauer an einem Baumstamm schärfte. Dann legte Gisborne seine wenig benutzte Büchse ganz beiseite, denn Sünde schien es ihm, zu dieser Zeit ein Lebewesen zu töten. Wenn mit der sengenden Hitze des Mais der Sommer einsetzte und das Rukh unter dem glühenden Dunst zitterte, hielt Gisborne sorgsam Ausschau nach dem ersten Zeichen kräuselnd aufsteigenden Rauchs, der den Ausbruch des Waldbrands verriet. Dann brach in Strömen der Regen los, und das Rukh verschwand unter Schwaden auf Schwaden dampfenden Nebels; die ganze Nacht durch trommelten die Tropfen auf die breiten Blätter; man hörte das Rauschen von Wasser und das Wogen saftiggrüner Stauden, wenn der Wind hindurchstrich; und die Blitze woben Muster auf die dunkle Wand des Laubwerks, bis dann die Sonne das Gewölk wieder siegreich durchbrach und das Rukh unter dem reingefegten Himmel mit dampfenden Flanken stand. Später dann verblaßten die Farben unter der Hitze und Trockenheit, und alles wurde gelb wie das Fell des Tigers. So wurde Gisborne mit dem Rukh ganz vertraut und fühlte sich glücklich.

Jeden Monat traf regelmäßig sein Gehalt ein, aber er brauchte nur wenig davon. Das Geld bewahrte er in einem Schubfach auf, zusammen mit Briefen aus der Heimat und dem Zündkapseleinsetzer. Dort häuften sich mehr und mehr die Scheine, und wenn er von dem Gelde nahm, so geschah es, um etwas von dem Botanischen Garten in Kalkutta zu kaufen oder die Witwe eines im Dienst umgekommenen Hegers mit einer Summe zu unterstützen, die von der indischen Regierung beim Tod eines Beamten niemals bewilligt worden wäre.

Mit Geld ließ sich manches gutmachen, aber mitunter war auch Vergeltung angebracht, und er nahm sie, wenn es notwendig war. Eines Nachts kam ein Bote atemlos und keuchend angelaufen mit der Meldung, daß am Ufer des Kanjeflusses die Leiche eines Waldhüters läge, und sein Schädel wäre wie eine Eierschale eingeschlagen. Beim Morgengrauen machte sich Gisborne auf, um den Mörder zu suchen. Nur Reisende und hin und wieder junge Soldaten rühmten sich vor der Welt ihrer weidmännischen Taten. Für den Forstmann gehört „Schikar“ – die „Jagd“ – zur Tagesarbeit, und selten hört man etwas davon. Gisborne begab sich zu Fuß an den Ort der Mordtat; die Witwe wehklagte an der auf einer Bahre ruhenden Leiche, während drei bis vier Männer auf dem feuchten Boden nach Fußspuren suchten.

„Der Rote ist es gewesen", erklärte einer der Männer. „Ich wußte es, daß er früher oder später den Menschen angehen würde. Und dabei gibt es reichlich genug Wild für ihn in den Wäldern. Das hat er nur aus Bosheit gemacht."

„Der Rote lagert hoch oben in den Felsen hinter den Salbäumen", antwortete Gisborne. Er kannte den Tiger, den er im Verdacht hatte.

„Nicht jetzt, Sahib, nicht jetzt. Er streift blutdürstig umher. Bedenke, daß ein erster Mord immer ein dreifacher ist. Unser Blut macht ihn toll. Vielleicht lauert er ganz nahe hinter uns, während wir reden."

„Vielleicht ist er auch zur nächsten Hütte gewechselt", sagte ein anderer. „Nur vier Koß liegt sie entfernt. – Walla, wer ist denn das?"

Gisborne und die anderen wandten sich um. Ein Mann kam das trockene Flußbett herabgeschritten, nackt bis auf das Lendentuch, aber gekrönt von einem Kranz von hängenden weißen Blüten der Winde; so geräuschlos schritt er über die Kiesel dahin, daß selbst Gisborne, der an den leisen Tritt der Fährtensucher hinreichend gewöhnt war, zusammenschrak.

„Der Tiger, der mordete", begann der Ankömmling ohne jeden Gruß, „ist zur Tränke gegangen, und nun schläft er unter einem Felsen hinter dem Hügel dort."

Seine Stimme klang klar und glockenrein, ganz anders als das übliche Genäsel der Eingeborenen, und als er nun, von der Sonne umstrahlt, das Antlitz hob, hätte er ein Engel sein können, der sich in die Wälder verirrte. Das Wehklagen der Witwe über der Leiche verstummte; mit runden Augen starrte sie auf den fremden Mann und kehrte dann mit verdoppeltem Eifer zu ihrer Klagepflicht zurück.

„Soll ich dem Sahib zeigen?" fragte er schlicht.

„Wenn du sicher bist . . .", begann Gisborne.

„Sicher, wahrlich. Erst vor einer Stunde sah ich ihn – den Hund. Er macht sich vor seiner Zeit an Menschenfleisch.

Noch hat er ein Dutzend gesunder Zähne in seinem teuflischen Schädel."

Die Männer, die nach den Fußspuren suchten, machten sich lautlos davon aus Furcht, Gisborne möchte sie zum Mitkommen auffordern; und der junge Fremdling lachte leise vor sich hin.

„Komm, Sahib, komm!" rief er, wandte sich um und schritt leichtfüßig vor seinem Begleiter her.

„Nicht so rasch. Mit dir kann ich nicht Schritt halten", rief der weiße Mann. „Bleib stehen. Dein Gesicht ist mir neu."

„Schon möglich. Erst vor kurzem bin ich in diesen Forst gekommen."

„Von welchem Dorf bist du?"

„Ich bin von keinem Dorf. Von dort kam ich her." Er wies mit dem Arm nach Norden.

„Ein Zigeuner also?"

„Nein, Sahib, ich bin ein Mensch ohne Kaste und daher auch ohne Vater."

„Wie nennt man dich?"

„Mogli ist mein Name; und wie heißt der Sahib?"

„Ich bin der Wächter des Rukhs – Gisborne ist mein Name."

„Wie? Werden die Bäume und Grashalme hier gezählt?"

„Gewiß, damit fahrendes Volk wie deinesgleichen sie nicht in Brand steckt."

„Ich! Um keinen Preis würde ich dem Dschungel Schaden antun, meine Heimat ist er."

Mit einem unwiderstehlichen Lächeln wandte er sich Gisborne zu und hob warnend die Hand.

„Jetzt müssen wir leise auftreten, Sahib. Man braucht den Hund nicht vorzeitig zu wecken, wenn er auch tief genug schläft. Vielleicht wäre es besser, wenn ich allein vorginge und ihn unter dem Winde dem Sahib zutriebe."

„Allah! Seit wann werden Tiger von nackten Männern wie Rindvieh getrieben?" rief Gisborne entsetzt über des Mannes Kühnheit.

Wiederum lächelte Mogli sanft. „Nun, dann komm mit mir und erlege ihn auf deine Art mit der schweren englischen Büchse."

Gisborne folgte den Fußspuren seines Führers, kletterte, klomm, kroch und wand sich durch alle Mühen eines schweren Dschungelpirschgangs. Er war hochrot und schweißtriefend, als Mogli ihn schließlich aufforderte, den Kopf zu heben und über einen bläulichen Felsblock dicht bei einem kleinen Bergteich zu spähen. Der Tiger lag ausgestreckt beim Wasser und leckte sich träge und wohlig seine riesige Vorderpranke sauber. Er war alt, gelbgezähnt und über und über räudig, bot aber doch, wie er so in der Sonne dalag, einen gewaltigen Anblick.

Gisborne hatte keinerlei falsche jagdliche Bedenken, wenn es sich um einen Menschenfresser handelte. Dieses Gewürm da mußte so bald wie möglich ausgetilgt werden. Er wartete, bis er wieder zu Atem gekommen war, stützte das Gewehr auf den Felsblock und pfiff leise. Die Bestie wandte langsam den eckigen Kopf, kaum zwanzig Schritt von der Mündung entfernt, und Gisborne legte ganz geschäftsmäßig seine Schüsse hin, den einen unter die Schulter und den anderen dicht unter das Auge. Auf so kurze Entfernung bieten die schweren Knochen des Tigers keinen Schutz gegen Stahlmantelgeschosse.

„Na, es lohnt sich nicht einmal, ihm die Haut abzuziehen", sagte Gisborne, als sich der Rauch verzog und das Tier sich im Todeskampf wälzte.

„Einen Hundetod für den Hund", bemerkte Mogli gelassen. „Ja, an dem Kadaver da ist nichts, was man mitnehmen könnte."

„Die Barthaare, schneidest du ihm nicht die Barthaare ab?" sagte Gisborne, der wußte, welchen Wert seine eingeborenen Heger auf solcherlei Dinge legten.

„Ich? Bin ich ein lausiger Schikarri des Dschungels, daß ich mich mit dem Maul eines Tigers abgebe? Laß ihn liegen. Da kommen schon seine Freunde." Über ihren Köpfen kam ein Geier schrill pfeifend herabgestürzt, während Gisborne die leeren Hülsen auswarf und sein Gesicht trocknete.

„Und wenn du kein Schikarri bist, wo erwarbst du da deine Kenntnisse des Tigervolks?" sagte er. „Kein geübter Fährtensucher hätte es besser machen können."

„Ich hasse alle Tiger", entgegnete Mogli kurz. „Will der

Sahib mir seine Flinte zu tragen geben? Arré, eine prächtige Büchse ist das. Und wohin geht der Sahib jetzt?"

„Zu meinem Hause."

„Darf ich mitkommen? Ich habe niemals das Haus eines weißen Mannes von innen gesehen."

Gisborne kehrte nach seinem Bungalow zurück; Mogli schritt geräuschlos neben ihm, seine braune Haut glänzte in der Sonne.

Neugierig beäugte er die Veranda und die beiden Stühle darauf, betrachtete mißtrauisch die Rollvorhänge aus Bambusstäben, und während er eintrat, sah er sich immer wieder nach rückwärts um. Gisborne ließ einen der Vorhänge zum Schutz gegen die Sonne herunter. Dieser fiel klappernd nieder, aber noch ehe er den Boden der Veranda berührt hatte, war Mogli mit einem Satz zurückgesprungen und stand heftig atmend im Freien.

„Eine Falle ist das", sagte er hastig.

Gisborne lachte. „Weiße stellen keine Menschenfallen. Du bist wahrhaftig ein echtes Geschöpf des Dschungels."

„Ich sehe, das Ding hat weder Haken noch Schlinge", sagte Mogli. „Noch – noch niemals habe ich derartiges gesehen."

Auf Zehenspitzen kam er wieder in das Haus zurück und betrachtete mit weitgeöffneten Augen die Einrichtung der beiden Räume. Abdul Gafur, der gerade das Mittagsmahl auftrug, betrachtete ihn mit tiefem Abscheu.

„Soviel Mühe, um essen zu können, und soviel Mühe, um zu ruhen nach dem Essen", sagte Mogli grinsend. „Wir in dem Dschungel haben es leichter. Sehr wunderbar ist alles. Viele kostbare Dinge gibt es hier. Fürchtet der Sahib nicht, daß man ihn berauben könnte? Nie zuvor habe ich so herrliche Dinge erblickt." Er schaute bewundernd auf eine staubige Messingschale aus Benares, die auf einem wackeligen Tischchen stand.

„Rauben würde hier nur ein Dieb aus dem Dschungel", warf Abdul Gafur ein und klapperte geräuschvoll mit den Tellern. Mogli öffnete weit seine Augen und blickte den weißbärtigen Mohammedaner an.

„In meinem Reich schneidet man Ziegen den Hals durch,

wenn sie allzu laut blöken", entgegnete er heiter. „Aber habe keine Angst, du. Ich gehe."

Er wandte sich um und verschwand im Rukh. Gisborne blickte ihm mit einem Lachen nach, das in einen leichten Seufzer ausklang. Außerhalb des regelmäßigen Dienstes gab es im Leben eines Forstbeamten nicht viel Abwechslung, und dieser Sohn der Wälder, der mit Tigern umging wie gewöhnliche Sterbliche mit Hunden, würde ihm willkommene Zerstreuung gewesen sein.

‚Ein ganz prachtvoller Bursche ist das', dachte Gisborne; ‚fast wie ein Bild aus einem Werk der Klassik. Ich hätte ihn gern zu meinem Büchsenspanner gemacht. Allein zu pirschen, ist immer langweilig, und dieser Junge würde einen vollkommenen Schikarri abgeben. Was in aller Welt mag er wohl sein?'

Am Abend des gleichen Tages saß er unter der Veranda unter den Sternen, rauchte und sann. Aus dem Pfeifenkopfe stieg eine Rauchwolke hoch. Als sie abgezogen war, sah er Mogli mit gekreuzten Armen auf dem Geländer der Veranda sitzen. Ein Geist konnte nicht geräuschloser erschienen sein. Gisborne stutzte und ließ die Pfeife fallen.

„Draußen im Rukh gibt es keinen, mit dem man reden könnte. Deshalb bin ich zu dir gekommen", sagte Mogli, hob die Pfeife auf und gab sie Gisborne zurück.

„Oh", meinte Gisborne und fuhr nach einer längeren Pause fort: „Was gibt es Neues im Rukh? Hast du wieder einen Tiger ausgemacht?"

„Die Nilghais wechseln ihre Weidegründe, wie immer zur Zeit des Neumonds, die Sauen wühlen jetzt am Kanjefluß, denn sie wollen nicht mit den Nilghais zusammen fressen, und eine ihrer Bachen wurde von einem Leoparden gerissen in dem hohen Gras der Flußmündung. Mehr weiß ich nicht."

„Und woher weißt du das alles?" fragte Gisborne, lehnte sich vor und blickte in die Augen des Fremden, die im Sternenlicht glitzerten.

„Wie sollte ich nicht wissen? Die Nilghais haben ihre Gewohnheiten und Bräuche, und jedes Kind weiß, daß Schwarzwild niemals mit ihnen zusammen äst."

„Ich wußte es nicht."

„Tck, tck! Und du bist Oberaufseher, wie die Männer in den Hütten mir sagten – Oberaufseher über alle diese Forsten?“ Mogli lachte leise.

„Kindermärchen zu erzählen, ist leicht genug“, gab Gisborne, gereizt über das Lachen, zurück. „Du kannst wer weiß was berichten, was alles im Rukh vorgeht, wenn keiner das nachprüfen kann.“

„Die Knochen der gerissenen Bache werde ich dir morgen zeigen“, entgegnete Mogli gänzlich unbewegt. „Und was die Sache mit den Nilghais betrifft, so möge der Sahib nur still sitzenbleiben, und ich werde einen Nilghaibullen hierhertreiben. Wenn der Sahib gut auf die Geräusche achtet, dann wird er erkennen, von woher der Nilghai getrieben wird.“

„Der Dschungel hat deine Gedanken verwirrt, Mogli“, sagte Gisborne. „Wer in der Welt könnte Nilghaibüffel treiben?“

„Sitze still denn, ich gehe.“

‚Beim Himmel, ein Geist ist dieser Mann‘, dachte Gisborne. Denn Mogli war in die Nacht verschwunden, ohne daß man auch nur den leisesten Tritt gehört hätte. Das Rukh breitete sich wie in breiten Falten aus schwarzem Samt unter dem ungewissen Licht der Sterne aus – so still lag es, daß der leiseste durch die Baumwipfel streichende Windhauch herüberklang wie das Seufzen eines tief schlafenden Kindes. In der Küche klapperte Abdul Gafur mit dem Geschirr.

„Ruhe da!“ rief Gisborne und sammelte sich, um zu lauschen wie einer, der mit der Grabesstille des Rukhs wohlvertraut war. Er hatte die Gewohnheit, sich regelmäßig zum Essen feierlich anzukleiden, um so seine Selbstachtung in der Abgeschiedenheit seines Daseins zu wahren, und nun knarrte die steife Hemdbrust bei jedem Atemzug, bis er die Lage änderte. Dann begann der Tabak in der etwas verstopften Pfeife zu schmoren, und er legte sie beiseite. Bis auf den leisen Atem der Nacht im Rukh war nun alles totenstill.

Aus unbestimmter Ferne drang durch das tiefe Dunkel das ganz schwache Echo eines Wolfsgeheuls. Dann trat wieder völliges Schweigen ein, für lange Stunden, wie es schien. Endlich, als seine Beine unterhalb der Knie schon alles Gefühl verloren hatten, vernahm Gisborne so etwas wie ein

Krachen weit weg im Unterholz. Er zweifelte, bis sich das Krachen ständig wiederholte.

„Das kommt von Westen", murmelte er; „irgend etwas ist dort im Gange." Der Lärm wuchs, das Knacken und Krachen wurde immer deutlicher, und dann hörte man das tiefe Grunzen eines heiß verfolgten Nilghaibullen, der in panischer Angst flüchtete, ohne seines Wegs zu achten.

Zwischen den Baumstämmen brach ein Schatten hervor, wuchtete wie erschrocken zurück, stürzte grunzend und brummend von neuem vor und kam mit Getrappel über den festen Boden so dicht an der Veranda vorbeigejagt, daß Gisborne ihn fast mit der Hand berühren konnte. Ein Nilghaibulle war es, triefend von Tau, um die Hörner hingen Schlingpflanzen, und seine Augen glühten auf in dem aus dem Hause fallenden Licht. Beim Anblick des Menschen stutzte das Tier und flüchtete am Rande des Rukhs entlang, bis es in der Dunkelheit verschwand. Als erstes dachte Gisborne in seinem verwirrten Sinn, daß es höchst ungehörig war, den schweren, blauen Bullen so aufzustöbern und so zu treiben – ihn gleichsam zur Musterung vorzuführen während der Nacht, während der man die Tiere in Ruhe lassen sollte.

Dann sagte eine sanfte Stimme an seinem Ohr, während er noch starrend dastand:

„Von der Flußmündung kam er, wo er die Herden anführte. Von Westen her. Glaubt der Sahib jetzt, oder soll ich auch noch die Herde herantreiben, auf daß sie gezählt wird? Der Sahib ist doch der Wächter des Rukhs."

Mogli hatte sich auf der Veranda niedergelassen, ein wenig kürzer atmend als sonst. Gisborne blickte ihn mit offenem Munde an. „Wie ist das möglich gewesen?" fragte er.

„Der Sahib sah. Getrieben wurde der Bulle – getrieben wie ein zahmer Büffel. Hoho! Eine schöne Geschichte wird er zu erzählen haben, wenn er zu seiner Herde zurückkommt."

„Dieser Trick ist mir neu. Kannst du denn ebenso schnell laufen wie ein Nilghai?"

„Der Sahib hat gesehen. Wenn der Sahib genaue Nachricht braucht vom Wechsel des Wildes zu irgendeiner Zeit, so bin ich, Mogli, zur Stelle. Ein gutes Rukh ist das, ich werde hierbleiben."

„Bleibe denn. Wenn du essen willst, so ist eine Mahlzeit für dich immer bereit."

„Ja, wahrlich, gekochte Nahrung liebe ich sehr", antwortete Mogli rasch. „Keiner darf sagen, daß ich nicht Gekochtes und Gebratenes ebenso gern esse wie jeder andere Mensch. Für die Mahlzeit komme ich her. Dafür verspreche ich, daß der Sahib ruhig in seinem Hause schlafen kann bei Nacht, und kein Dieb soll einbrechen, um ihm die reichen Schätze wegzutragen."

Mit Moglis plötzlichem Verschwinden nahm die Unterhaltung ein Ende. Gisborne saß noch lange rauchend auf der Veranda, und das Ergebnis seines Nachdenkens war, daß er in Mogli endlich den idealen Forstwart und Waldhüter gefunden hatte, nach dem er und die Verwaltung schon lange suchten.

‚Ich muß ihn in den Dienst der Regierung nehmen. Ein Mann, der Nilghaiherden zu treiben versteht, weiß mehr vom Walde als zwei Dutzend gute Forstbeamte. Ein wahres Wunder ist er – ein lusus naturae –, aber Wildhüter muß er werden; wenn man ihn nur dazu bringen kann, sich an einem Ort niederzulassen', dachte Gisborne.

Weniger günstig war Abdul Gafurs Urteil. Er bemerkte zu Gisborne beim Schlafengehen, daß derartige Fremdlinge von Gott-weiß-woher zumeist berufsmäßige Diebe wären, und er persönlich hätte überhaupt nichts übrig für solche nackten Kastenlosen, die sich weißen Männern gegenüber nicht zu benehmen wüßten. Gisborne lachte und schickte ihn fort, worauf sich Abdul Gafur brummend verzog. Später, in der Nacht, sah er sich veranlaßt, aufzustehen und seine dreizehnjährige Tochter durchzuprügeln. Niemandem war der Grund des Streits bekannt, aber Gisborne hörte das Geschrei.

Während der folgenden Tage kam und ging Mogli wie ein Schatten. In der Nähe des Bungalows, hart am Waldrand, hatte er sich eine Art Wohnplatz eingerichtet, und Gisborne sah ihn zuweilen, wenn er auf die Veranda trat, im Mondlicht mit der Stirn auf den Knien hocken oder ausgestreckt auf einem gegabelten Ast liegen, angeschmiegt wie ein Tier des Waldes. Mogli grüßte dann herüber, rief Gisborne zu, ruhig zu schlafen, oder kam auch zu ihm herabgestiegen und erzählte wundersame Geschichten von dem Leben der Tiere im Rukh. Einmal drang Mogli auch bis zu den Ställen vor, und man fand ihn dort, wie er lange aufmerksam die Pferde betrachtete.

„Das ist ein sicheres Zeichen, daß er bald eins stehlen wird", bemerkte Abdul Gafur gehässig. „Wenn er ständig hier um das Haus herumlungert, warum macht er da nicht eine ordentliche Arbeit, wie es sich gehört? Aber nein, er muß andauernd hin und her tapsen wie ein losgebundenes Kamel, den Narren den Kopf verdrehen und den Dummen das Maul zu törichter Rede öffnen." So gab er denn Mogli, wann immer er ihn traf, unfreundliche Worte und hieß ihn mit barscher Stimme Wasser holen oder Hühner rupfen; und gutmütig lachend gehorchte Mogli.

„Kastenlos ist er", schmähte Abdul Gafur. „Alles will er tun. Gib nur acht, Sahib, daß er nicht einmal zuviel tut. Eine Schlange ist eine Schlange, und ein Dschungelzigeuner ist ein Dieb, solange die Erde besteht."

„Hör auf damit", erklärte Gisborne. „Ich erlaube dir, deinen Haushalt in Ordnung zu halten, wenn damit nicht zuviel Lärm verknüpft ist, denn ich kenne dich und deine Gewohnheiten. Meine Art kennst du noch nicht. Ein wenig verrückt scheint der Mann ja zu sein."

„Ein klein bißchen verrückt allerdings", streichelte Abdul Gafur. „Man wird ja sehen, was dabei herauskommt."

Kurze Zeit danach führte Gisborne der Dienst drei Tage in das Rukh. Abdul Gafur, der alt und fett war, wurde zu Hause gelassen. Es lag ihm auch nichts daran, in den Hütten der Waldhüter zu nächtigen, auch benutzte er gern die Abwesenheit seines Herrn, um in dessen Namen Steuern für Getreide, Öl oder Milch von denen einzutreiben, die dergleichen Abgaben schwer aufbringen konnten. Als Gisborne beim Morgengrauen abritt, war er etwas enttäuscht, den seltsamen Waldmenschen nicht bei der Veranda zu finden, um ihn zu begleiten. Er schätzte ihn – schätzte seine Kraft, Gewandtheit, den geräuschlosen Schritt und das freie, offene Lächeln; die völlige Unkenntnis aller Umgangsformen gefiel ihm und ebenso die kindlichen Erzählungen Moglis (denen Gisborne jetzt Glauben schenkte) über das Tun und Treiben des Wildes im Rukh. Nachdem er schon eine Stunde durch den Forst geritten war, hörte er ein leises Rascheln hinter sich, und Mogli trabte neben seinem Steigbügel.

„Wir haben drei Tage Arbeit vor uns in den Schonungen", sagte Gisborne.

„Schön", erwiderte Mogli. „Junge Bäume zu pflanzen, ist immer schön. Sie geben Schutz, wenn die Tiere sie nur unberührt ließen! Das Schwarzwild müssen wir wieder verschieben."

„Wieder? Wieso?" Gisborne lächelte.

„Ach, vergangene Nacht wühlten und gruben sie unter den jungen Salbäumen, und ich trieb sie fort. Deshalb war ich heute morgen nicht an der Veranda. Auf dieser Seite des Rukhs sollte sich das Schwarzwild überhaupt nicht aufhalten. Wir müssen es unten am Kanjefluß halten."

„Wenn man Wolken treiben könnte, möchte das vielleicht gelingen. Aber, Mogli, wenn du Treiber bist im Rukh, wie du sagst, ohne Lohn und Gewinn . . ."

„Das Rukh gehört dem Sahib", sagte Mogli rasch aufschauend. Gisborne nickte Dank und fuhr fort: „Wäre es nicht besser, um festen Lohn von der Regierung zu arbeiten? Am Ende einer langen Dienstzeit winkt dir dann ein Ruhegehalt."

„Daran habe ich schon gedacht", sagte Mogli, „aber die Heger leben in Hütten mit verschließbaren Türen, und all das hat für mich zu sehr das Aussehen von Fallen. Doch ich meine . . ."

„Überlege wohl und gib mir später Bescheid. Jetzt wollen wir haltmachen und frühstücken."

Gisborne saß ab und machte sich an die in hausgenähten Satteltaschen mitgeführte Morgenmahlzeit. Heiß stieg der Tag auf über dem Rukh. Mogli lag im Grase und starrte in den Himmel. Plötzlich flüsterte er in schläfrigem Ton: „Sahib, hast du irgendeinen Befehl im Bungalow gegeben, die weiße Stute heute zu bewegen?"

„Nein, sie ist fett und alt und lahmt auch ein wenig. Warum fragst du?"

„Sie wird jetzt geritten, und durchaus nicht langsam, auf der Straße, die nach der Eisenbahn führt."

„Bah, die Straße liegt zwei Koß weit entfernt. Ein hämmernder Specht ist es."

Mogli hob den Oberarm, um seine Augen gegen die Sonne zu schützen.

„Vom Bungalow macht die Straße einen großen Bogen nach hierher. Es ist nicht weiter als ein Koß im Geierflug; der Schall fliegt mit den Vögeln. Wollen wir nachsehen?"

„Unsinn! Einen Koß weit in der Sonnenglut zu laufen, nur um ein Geräusch im Forste festzustellen!"

„Nun, das Pferd ist das Pferd des Sahibs. Ich meinte nur, es hierherzubringen. Ist es nicht die Stute des Sahibs, dann gut. Ist sie es – der Sahib kann tun, was ihm beliebt. Ganz augenscheinlich wird sie sehr scharf geritten."

„Und wie willst du sie hierherbringen? Narr, du."

„Hat der Sahib vergessen? Auf die Art der Nilghais."

„Auf denn und laufe, wenn dir der Sinn danach steht."

„Oh, zu laufen brauch ich gar nicht." Er streckte seine Hand aus zum Zeichen des Schweigens, und ruhig auf dem Rücken liegenbleibend, rief er dreimal laut – mit tiefem, gurgelndem Schrei, wie ihn Gisborne noch nie gehört hatte.

„Sie wird kommen", sagte Mogli zuletzt. „Wir wollen im Schatten warten." Die langen Wimpern senkten sich über seine herrischen Augen, und er begann in der Morgenstille leicht einzuduseln. Gisborne wartete geduldig. Mogli war zweifellos nicht recht bei Sinnen, aber der unterhaltsamste Begleiter, den sich ein einsamer Forstbeamter wünschen konnte.

„Hoho", machte Mogli lässig mit geschlossenen Augen. „Er ist heruntergefallen. Die Stute wird also zuerst kommen und danach der Mann." Dann gähnte er, indes Gisbornes Ponyhengst zu wiehern begann. Drei Minuten später kam die weiße Stute gezäumt und gesattelt in die Lichtung getrabt und drängte sich zu ihrem Gefährten.

„Sehr warm ist sie geworden", sagte Mogli, „aber in dieser Hitze kommt der Schweiß leicht. Gleich werden wir den Reiter sehen, denn ein Mann geht langsamer als ein Pferd, besonders – wenn er dabei noch dick und alt ist."

„Allah, das ist Teufelsblendwerk!" rief Gisborne und sprang auf die Füße, denn ein Schrei drang aus dem Dschungel.

„Habe keine Sorge, Sahib, er kommt nicht zu Schaden. Auch er wird sagen, daß es Teufelswerk ist. Horch! Wer ist das?"

Die Stimme Abdul Gafurs drang in Todesschrecken herüber. Unbekannte Mächte flehte er an, ihn und seine grauen Haare zu schonen.

„Nein, keinen Schritt mehr kann ich weiter", jammerte er. „Ich bin alt, und verloren ist mein Turban. Arré! Jaja, ich gehe schon, eilen will ich, laufen, was ich kann! Oh, ihr Teufel der Hölle, ein Muselman bin ich!"

Das Unterholz teilte sich, und Abdul Gafur tauchte auf, ohne Turban, ohne Schuhe, das Hüfttuch aufgelöst, Schmutz und Gras in den geballten Fäusten und das Gesicht purpurrot. Als er Gisborne erblickte, schrie er von neuem auf, wankte vor und fiel erschöpft und am ganzen Leibe zitternd vor seinem Herrn nieder. Mogli betrachtete ihn mit sanftem Lächeln.

„Das ist kein Scherz mehr", sagte Gisborne streng. „Der Mann kann sterben, Mogli."

„Er wird nicht sterben, er hat nur Angst. Es war gar nicht nötig, daß er ins Laufen verfiel."

Abdul Gafur erhob sich stöhnend, an allen Gliedern zitternd.

„Hexerei war es, Hexerei und Teufelswerk", schluchzte er und tastete mit seiner Hand auf der Brust herum. „Meiner Sünde wegen haben mich Teufel durch den Wald gepeitscht. Es ist alles aus, ich bereue. Nimm sie, Sahib!" Und er hielt Gisborne eine Rolle zerdrückter Papiere hin.

„Was soll das bedeuten, Abdul Gafur?" Gisborne erriet bereits, was geschehen war.

„Wirf mich ins Gefängnis – hier sind die Banknoten alle –, aber laß mich so sicher verschließen, daß keine Teufel mehr folgen können. Versündigt habe ich mich gegen den Sahib und gegen sein Salz, das ich aß; aber wären die verfluchten Walddämonen nicht über mich gekommen, so würde ich weit weg von hier haben Land kaufen können und in Frieden leben bis an mein seliges Ende."

Voller Verzweiflung und Reue schlug er mit dem Kopf auf den Boden. Gisborne drehte das Banknotenpäckchen in den

Händen. Es war sein Gehalt der letzten neun Monate, das angesammelte Geld, das immer im Schubfach lag, zusammen mit den Briefen aus der Heimat und dem Zündkapseleinsetzer.

Mogli betrachtete Abdul Gafur und lachte leise vor sich hin.

„Es ist nicht nötig, mich wieder auf das Pferd zu setzen. Ich will zusammen mit dem Sahib langsam zu Fuß nach Hause gehen, und dann kann er mich unter Bedeckung ins Gefängnis schicken. Die Regierung gibt viele Jahre für ein solches Vergehen", sagte der Diener mit gebrochener Stimme.

In der Einsamkeit des Rukhs beginnt man über sehr vieles im Leben anders zu denken. Gisborne blickte auf Abdul Gafur und dachte daran, daß er ein sehr brauchbarer Diener war, ein Nachfolger sich erst in die Gewohnheiten des Hauses langsam einarbeiten müsse und bestenfalls eine neue, fremde Erscheinung mit fremder Stimme sein würde.

„Höre, Abdul Gafur", sagte er schließlich. „Du hast großes Unrecht getan, hast deine Ehre und dein Ansehen eingebüßt. Ich glaube aber, daß die Versuchung ganz plötzlich über dich gekommen ist."

„Allah! Nie zuvor habe ich nach dem Geld Verlangen getragen. Der Teufel packte mich an der Gurgel, während ich hinsah."

„Das meine ich auch. Geh jetzt zurück zu meinem Haus, und wenn ich heimkehre, werde ich die Noten durch einen Läufer zur Bank schicken, und es soll nicht mehr davon die Rede sein. Du bist zu alt für das Gefängnis, und deine Familie hat doch keine Schuld daran."

Abdul Gafur schluchzte und hielt Gisbornes rindslederne Reitstiefel umklammert. „Und der Sahib wird mich nicht entlassen?" stieß er hervor.

„Das wird sich finden. Das hängt ganz davon ab, wie du dich in Zukunft führst. Setz dich jetzt auf die Stute und reite langsam heim."

„Aber die Teufel?! Das Rukh steckt voller Teufel."

„Keine Sorge, alter Papa. Sie werden dir nichts tun, außer, du gehorchst nicht den Befehlen des Sahibs", sagte Mogli. „In diesem Falle aber werden sie dich nach Hause treiben –

auf die Art der Nilghais." Abdul Gafur starrte Mogli sprachlos an, während er sich das Hüfttuch umschnürte.

„Sind es seine Teufel? Seine Teufel? Und ich dachte bei der Heimkehr alle Schuld auf diesen Hexenmeister zu schieben!"

„Gut ausgedacht war das, Huzrud. Aber bevor du eine Falle machst, sieh zu, wie groß das Wild ist, das da hineingeraten soll. Ich glaubte anfangs nur, daß irgendein Fremder das Pferd des Sahibs gestohlen hätte. Wenn ich gewußt hätte, daß du mich vor dem Sahib zum Diebe machen wolltest, da hätten dich meine Teufel bei den Beinen hierhergeschleppt. Doch es ist noch nicht zu spät dazu."

Mogli blickte fragend auf Gisborne; aber Abdul Gafur watschelte hastig zu der weißen Stute, kletterte auf ihren Rücken und floh davon, daß die Waldpfade hinter ihm krachten und hallten.

„Gut getan", sagte Mogli. „Aber er wird wieder herunterfallen, wenn er sich nicht an der Mähne festhält."

„Jetzt wirst du mir aber erklären, was das alles zu bedeuten hat!" befahl Gisborne streng. „Was redest du da von Teufeln? Wie können Menschen im Rukh hin und her getrieben werden wie Rindvieh? Sprich!"

„Ist der Sahib zornig, weil ich ihm sein Geld gerettet habe?"

„Nein, aber da ist irgendein Trugwerk dabei, und das gefällt mir nicht."

„Sehr wohl. Aber wenn ich jetzt aufstünde und drei Schritt in das Rukh ginge, dann würde niemand, selbst der Sahib nicht, mich finden, bis es mir beliebte. Das aber würde ich ungern tun, ebenso ungern wie Rede stehen. Gedulde dich ein wenig, Sahib, und eines Tages werde ich dir alles zeigen, und wenn du willst, treiben wir eines Tages den Bock gemeinsam. Teufelei ist nicht dabei, ganz und gar nicht, nur ... Ich kenne das Rukh so gut wie der Koch seine Küche."

Mogli sprach wie zu einem ungeduldigen Kinde. Gisborne schwieg verwirrt und verärgert, starrte zu Boden und dachte nach. Als er aufsah, war der Waldmensch verschwunden.

„Es ist nicht gut, wenn Freunde sich erzürnen", sagte eine leise Stimme aus dem Dickicht. „Warte bis zum Abend, Sahib, wenn es kühler geworden ist."

„Im Stich gelassen, mitten im Herzen des Rukhs“, fluchte Gisborne; dann lachte er, stieg wieder auf und ritt weiter. Er besuchte eine Hegerhütte, besichtigte neue Anpflanzungen, gab Weisung zum Abbrennen eines trockenen Grasstreifens und machte sich dann zu seinem gewohnten Übernachtungsort auf, einer Anhäufung von Felsstücken, dürftig mit Zweigen und Blättern überdacht, unweit vom Ufer des Kanjeflusses gelegen.

Es dunkelte schon, als er sich dem Ruheplatz näherte, und der Wald erwachte schon zu dem heimlichen, blutgierigen Leben der Nacht.

Von einem Erdhügel blinkte ein Lagerfeuer, und der Wind trug den Duft eines vortrefflichen Mahls heran.

„Hm“, meinte Gisborne, „das ist auf jeden Fall besser als kaltes Fleisch. Das kann nur Müller sein; offiziell sollte er das Tschangamanga-Rukh abreiten, und deshalb ist er, denke ich, zur Zeit auf meinem Grund und Boden.“

Der gigantische Deutsche, den Gisborne meinte, war Haupt und König der gesamten Wälder und Forsten Indiens, Oberforstmeister von Birma bis Bombay. Er hatte die Gewohnheit, wie eine hurtige Fledermaus von einem Revier zum anderen zu flitzen, ohne vorherige Ankündigung, und tauchte immer da auf, wo er am wenigsten erwartet wurde. Nach seiner Theorie waren überraschende Kontrollbesuche das beste Mittel, um Fehler oder Nachlässigkeiten im Dienst richtigzustellen; er zog die persönliche Rüge dem umständlichen schriftlichen Dienstverkehr vor, der gewöhnlich mit einem amtlichen Verweis endete und dem sonst tüchtigen Forstmann das Führungszeugnis verdarb. Müller erklärte das so: „Wenn ich zu meinen Leuten wie ein holländischer Onkel reden kann, dann sagen sie: ‚Na ja, der olle Müller hat wieder mal Krach geschlagen‘, und das nächste Mal machen sie's besser. Aber wenn sich mein dicker Schreiber erst hinsetzt und ein lange Schrift losläßt: ‚Der Herr Generalinspektor kann nicht begreifen, ist äußerst befremdet –‘, dann kommen wir erstens nicht weiter, denn ich bin nicht zur Stelle, und zweitens kann mein Ochse von Nachfolger zu meinem besten Beamten sagen: ‚Sehen Sie hier, schon mein Vorgänger war höchst unzufrieden mit Ihnen.‘ Sie können mir glauben, von wegen dicker Achselstücke und goldener Knöpfe wachsen die Bäume noch lange nicht."

Aus der Dunkelheit hinter dem Feuerschein erscholl Müllers tiefe Stimme, der sich über die Schulter seines Lieblingskochs beugte: „Nicht soviel Sauce, Sohn Belials! Worcestersauce ist eine Würze und keine Brühe. Siehe da, Gisborne! Mit dem Essen haben Sie heute nicht viel Glück. Wo ist Ihr Lager?" Er kam heran und schüttelte Gisborne kräftig die Hand.

„Ich bin mein eigenes Lager", erwiderte Gisborne. „Ich wußte gar nicht, daß Sie in der Nähe seien."

Müller betrachtete wohlgefällig die schlanke Figur des jungen Mannes. „Gut, sehr gut! Ein Pferd und etwas kaltes Fleisch zur Nahrung. Als ich jung war, machte ich es genauso. Jetzt essen Sie mit mir. Ich war gerade bei der Regierung, um meinen letzten Monatsbericht vorzulegen. Halb habe ich ihn selbst geschrieben – hoho! –, und den Rest habe ich meinen Schreibern überlassen und bin spazierengegangen. Die Regierung ist ganz verrückt nach solchen Berichten. Das habe ich auch dem Vizekönig neulich in Simla zu verstehen gegeben."

Gisborne lachte und erinnerte sich der vielen Geschichten, die über Müllers ständige Reibereien mit der hohen Regierung im Umlauf waren. Er war der leibhaftige Schrecken aller Amtsstellen, aber als Forstmann hatte er nicht seinesgleichen.

„Ich sage Ihnen, Gisborne, wenn ich Sie mal in Ihrem Bungalow antreffe beim Berichteschreiben an mich anstatt beim Abreiten der Pflanzungen, dann versetze ich Sie mitten in die Bikhanerwüste, damit Sie die aufforsten. Mir ist das Papierkauen schon zum Kotzen, die Arbeit kommt dabei nicht vorwärts."

„Es ist keine Gefahr, daß ich meine Zeit mit Berichteschreiben vergeude. Mir ist das ebenso zuwider wie Ihnen."

Die Unterhaltung ging auf Berufsangelegenheiten über. Müller hatte einige Fragen zu stellen, und Gisborne empfing dienstliche Weisungen, bis das Essen fertig war. Für Gisborne war es seit Monaten wieder einmal eine menschenwürdige Mahlzeit. Keine noch so große Entfernung von den Nahrungsmittelmärkten durfte Müllers Koch in seinem Werk beeinträchtigen, und das Essen in der Wildnis begann mit frischen Süßwasserfischen in vortrefflicher Würze und endete mit Kaffee und Kognak.

Mit einem „Ah!" höchster Befriedigung streckte sich Müller in seinem abgenutzten Feldstuhl aus und zündete sich eine Zigarre an. „Wenn ich meine Berichte verfasse, dann bin ich Freidenker und Atheist; aber hier im Rukh bin ich richtiggehender Christ. Auch Heide bin ich übrigens." Genießerisch sog er an seiner Zigarre, ließ die Hände auf die Knie fallen und blickte vor sich hin in das leise schlagende Herz des Waldes, aus dem geheimnisvolle Geräusche drangen. Zweige knackten, wie das Knacken des Lagerfeuers hinter ihm, Äste, von der Sonnenhitze krumm gebogen, reckten und dehnten sich seufzend in der Kühle der Nacht; das leise Rauschen des Kanjeflusses mischte sich mit den mannigfachen Tönen des reichbevölkerten Graslands, das, der Sicht entzogen, jenseits einer Hügelwelle lag. Müller stieß eine dicke Rauchwolke aus und begann Goethe zu zitieren.

„Ja, schön ist es, sehr schön. ‚Und mit Geistesstärke wirke Wunder ich', und weiß Gott, sie werden wahr. Ich denke an die Zeit, wo das Rukh kaum kniehoch war von hier bis zum Ackerland, und zur Trockenzeit fraßen die Tiere alle die Reste des verendeten Rindviehs. Jetzt stehen überall wieder hohe Bäume: Die sind von einem Freidenker gepflanzt, weil der etwas von Ursache und Wirkung verstand. Aber unter den Bäumen hier herrscht der Kult der alten Götter – ‚und die Christengötter wimmern'. Sie können nicht leben im Rukh, Gisborne."

Auf dem zum Lager führenden Pfade bewegte sich geschmeidig ein Schatten – glitt heran und trat dann in das Licht der Sterne.

„Recht habe ich. Still! Hier ist Faunus höchstselbst, der kommt, um sich den Generalinspektor anzusehen. Wahrhaftig, der Gott ist es! Sehen Sie doch!"

Mogli war es, auf dem Kopf einen Kranz weißer Blüten und in der Hand einen halbgeschälten Ast. Er mißtraute dem flackernden Feuer und schien jeden Augenblick bereit, wieder in das Dickicht zu entfliehen.

„Mein Freund ist es", erklärte Gisborne. „Er sucht mich. Hallo! Mogli!"

Ehe sich Müller von seinem Staunen erholen konnte, stand der seltsame Mensch schon neben Gisborne und rief: „Unrecht war es von mir, fortzugehen. Unrecht war es. Aber ich wußte nicht, daß die Gefährtin des Tigers, den du hier am Fluß getötet hast, wachte und dir auflauerte. Sonst wäre ich nicht fortgegangen. Sie schleicht dir nach, Sahib, auf der Schneise dahinten."

„Er ist ein wenig verrückt", sagte Gisborne. „Er spricht von allen Tieren hier herum, als ob sie seine Freunde wären."

„Natürlich – natürlich, wer sonst als Faun kann mit Tieren vertraut sein?" entgegnete Müller ernst. „Was meint er denn mit den Tigern – dieser Gott, der sie so gut kennt?"

Gisborne steckte sich eine frische Zigarre an, und sie war bis zum Ende heruntergebrannt, als er die Geschichte von Mogli und seinen Heldentaten beendet hatte. Müller hatte zugehört, ohne einmal zu unterbrechen. „Das ist kein Wahnsinn, ganz und gar nicht", sagte er schließlich, als ihm Gisborne die Hetze Abdul Gafurs beschrieben hatte.

„Was soll es sonst sein? Heute morgen verließ er mich aufgebracht, nur weil ich ihn fragte, wie er das zuwege gebracht hätte. Irgendwie ist der Bursche besessen, glaube ich."

„Nein, das ist keine Besessenheit, aber höchst wunderbar ist es. Gewöhnlich sterben sie jung, diese Leute. Und Sie sagen, Ihr Spitzbube von Diener hat nichts darüber ausgesagt, wer die Stute trieb – der Nilghaibulle kann natürlich nicht sprechen."

„Nein, und verdammt noch mal, da war auch nichts. Ich habe genau gehorcht, und meine Ohren sind gut. Der Bulle und der Mann kamen einfach angestürzt – wie irrsinnig vor Angst."

Müller schwieg, musterte Mogli von oben bis unten und winkte ihm dann, näher zu treten. Mogli kam heran wie ein Rehbock auf verwischter Fährte.

„Brauchst keine Angst zu haben", sagte Müller in der Landessprache. „Streck deinen Arm aus!"

Er betastete den Arm an dem Ellbogen und nickte. „Das habe ich mir gleich gedacht. Nun die Knie." Gisborne sah, wie er die Kniescheibe betastete, und lächelte. Ein paar Narben dicht über dem Fußgelenk fielen ihm auf.

„Die kamen, als du noch ganz jung warst?“ fragte Müller.

„Ja, Liebesbeweise der Kleinen“, antwortete Mogli lächelnd. Dann zu Gisborne gewandt: „Dieser Sahib weiß alles; wer ist er?“

„Das kommt später, mein Freund. Wo sind denn nun die Kleinen?“ fragte Müller.

Mogli schwenkte seinen Arm im Kreis über dem Kopf.

„So! Also Nilghais kannst du treiben? Paß auf. Dort drüben steht angepflockt meine Stute. Kannst du sie hierher zu mir bringen, ohne sie zu erschrecken?“

„Kann ich die Stute zu dem Sahib bringen, ohne sie zu erschrecken?“ wiederholte Mogli und erhob dabei ein wenig seine Stimme. „Was ist leichter, wenn die Fußfesseln gelockert sind?“

„Lockere die Kopf- und Fußriemen“, rief Müller dem Pferdewärter zu. Kaum war das geschehen, als das Pferd, ein riesiger schwarzer Australier, den Kopf aufwarf und die Ohren spitzte.

„Vorsicht! Ich möchte nicht, daß sie ins Rukh getrieben wird“, sagte Müller.

Mogli stand unbeweglich und starrte in das Licht des Feuers – in Gestalt und Haltung dem vielgepriesenen griechischen Gott gleichend. Die Stute wieherte, hob ein Hinterbein, fühlte sich von den Fesseln frei, kam rasch zu ihrem Herrn getrabt und legte ihm den Kopf auf die Schulter.

„Sie kam von selbst, meine Pferde tun das auch“, wandte Gisborne ein.

„Fühle, ob sie heiß ist“, sagte Mogli.

Gisborne legte die Hand auf die feuchte Flanke des Pferdes.

„Das genügt“, erklärte Müller.

„Das genügt“, wiederholte Mogli, und ein Fels hinter ihm warf die Worte hallend zurück.

„Unheimlich, nicht wahr?“ fragte Gisborne.

„Nein, aber wunderbar, höchst wunderbar. Sie begreifen noch immer nicht, Gisborne?“

„Ich muß gestehen, nein.“

„Na, dann erzähle ich Ihnen auch nichts. Er sagt, daß er

Ihnen später alles zeigen wird. Es wäre doch grausam, ihm die Freude zu nehmen. Aber höchst seltsam ist es, daß er noch lebt. Nun höre, du."

Müller blickte Mogli scharf an und redete wieder in der Landessprache: „Ich bin der Herr aller Wälder im Lande Indien und anderer jenseits des schwarzen Wassers. Wie viele Leute ich unter mir habe, weiß ich nicht – vielleicht fünf-, vielleicht zehntausend. Das aber sei deine Aufgabe – nicht mehr umherzustreifen im Rukh und Tiere zur Kurzweil oder zur Schau zu treiben, sondern in den Dienst zu treten unter mir, der für Wälder und Forsten die Regierung ist. Von nun ab sollst du im Rukh als Waldhüter leben, sollst die Ziegen der Dörfler verjagen, wenn nicht Weisung gegeben ist, sie im Rukh grasen zu lassen, dafür sorgen, daß Schwarzwild und Nilghais nicht allzusehr überhandnehmen, sollst Gisborne Sahib melden, wo Tiger wechseln und was für jagdbares Wild im Walde ist und ihm sichere Warnung zukommen lassen vor Waldbränden, denn du kannst schneller Meldung bringen als jeder andere. Für diese Arbeit bekommst du jeden Monat dein Gehalt in Silber und später, wenn du dir ein Weib genommen hast, Kinder und Vieh besitzt, eine Rente vom Staat. Was sagst du dazu?"

„Genau das habe ich ihm ...", begann Gisborne.

„Mein Sahib sprach diesen Morgen von solch einem Dienst. Den ganzen Tag wanderte ich umher und sann darüber nach. Dies meine Antwort: Ich diene, aber nur in diesem Rukh und unter keinem anderen als Gisborne Sahib."

„So sei es. In einer Woche bekommst du deine schriftliche Anstellung und die Verpflichtung der Regierung auf eine ausreichende Rente für dich nach Ablauf der Dienstzeit. Dann wirst du dir dort eine Hütte aufbauen, wo Gisborne Sahib es bestimmt."

„Ich wollte schon darüber mit Ihnen reden", sagte Gisborne.

„Besser war es, daß ich den Mann selbst sah. Einen besseren Waldhüter wird es niemals geben. Ein Wunder ist er. Ich kann Ihnen sagen, Gisborne, das werden Sie eines Tages auch herausfinden. Hören Sie, er ist Blutsbruder mit jedem Tier im Rukh."

„Es würde mir angenehmer sein, wenn ich ihn durchschauen könnte."

„Das kommt schon noch. Ich will Ihnen sagen, daß ich nur einmal in meiner Dienstzeit, und das sind dreißig Jahre, einen Jungen getroffen habe, der so anfing wie dieser Mann hier. Aber er starb. Manchmal ist in den Regierungsberichten von solchen Wesen die Rede, aber alle sterben sie früh. Der hier ist am Leben geblieben und ist ein richtiger Anachronismus, denn sein Ursprung liegt noch vor der Eisen- und Steinzeit. Er steht gewissermaßen noch am Anfang der Geschichte der Menschheit – Adam im Garten Eden, und nur die Eva fehlt noch. Ach wo, älter ist er noch als diese Kindermärchen. So, wie das Rukh noch älter ist als die Götter. Gisborne, von nun an bin ich Heide, ein für allemal."

Den ganzen langen Abend noch saß Müller, rauchte und rauchte und starrte in die dunkle Nacht; seine Lippen formten mannigfache Zitate, und ein großes Staunen lag auf seinem Gesicht. Dann ging er in sein Zelt, trat aber dann bald in seinem majestätisch-prachtvollen Schlafanzug wieder heraus, und als Letztes hörte Gisborne ihn das Rukh anreden, und durch die Totenstille der schwarzen Mitternacht klang es mit dröhnender Stimme:

„Wir bedecken, verhängen, verhüll'n uns,
Du aber bist edel, nackt und antik;
Libidina deine Mutter, Priapus
Dein Vater, Grieche und Gott."

„Ob Heide oder Christ, in die Seele des Rukhs werde ich nie ganz eindringen können."

Es war Mitternacht im Bungalow eine Woche später, als Abdul Gafur, aschgrau vor Wut, an Gisbornes Bett stand und ihn mit Geflüster weckte.

„Auf, Sahib", stammelte er. „Auf, und nimm dein Gewehr. Meine Ehre ist dahin. Auf, und töte, ehe die Schande ans Tageslicht kommt."

Das Gesicht des alten Mannes war derart verändert, daß Gisborne ihn verständnislos anstarrte.

„Darum also half mir dieser Dschungelauswurf den Tisch

des Sahibs säubern, Wasser tragen und Hühner rupfen. Auf und davon sind alle beide, trotz aller meiner Prügel, und jetzt sitzt er unter seinen Teufeln und schleift ihre Seele hinab zur Hölle. Steh auf, Sahib, und folge mir."

Er drückte dem noch halb schlafenden Gisborne die Flinte in die Hand und zerrte ihn fast aus dem Zimmer auf die Veranda.

„Dort im Rukh sind sie, kaum auf Flintenschußweite vom Haus entfernt. Komm mit, aber leise!"

„Was ist denn los? Was hast du denn, Abdul?"

„Mogli und seine Teufel und meine Tochter dazu."

Gisborne pfiff durch die Zähne und folgte seinem Führer. Nicht ohne Grund also hatte Abdul Gafur in den Nächten seine Tochter geschlagen, und nicht ohne Grund hatte Mogli einem Manne bei der Hausarbeit geholfen, den er vor kurzem noch, kraft seiner unbegreiflichen Macht, des Diebstahls überführt hatte. Ja, schnell freit man im Dschungel.

Die Töne einer Flöte kamen aus dem Rukh, es klang fast wie der Gesang eines schweifenden Waldgottes; und beim Nähertreten hörten sie Stimmengemurmel. Der Pfad endete in einer kleinen halbkreisförmigen Lichtung, die zum Teil von Bäumen, zum Teil von hohem Gras umhegt war. In der Mitte der Lichtung, mit dem Rücken zu den Beobachtern, saß Mogli auf einem Baumstamm, festlich bekränzt mit frischen Blumen, hatte einen Arm um den Nacken von Abdul Gafurs Tochter gelegt und spielte auf einer Bambusflöte, zu deren Klängen vier riesige Wölfe das Paar mit feierlichen Bewegungen umtanzten.

„Seine Teufel sind das", flüsterte Abdul Gafur. In der Hand hielt er ein Bündel Patronen. Auf einen langgezogenen zitternden Ton hin legten sich die Wölfe still nieder und blickten mit grünlich schillernden Augen auf das Mädchen.

„Schau doch", sagte Mogli und legte die Flöte beiseite. „Ist hier irgend etwas zu fürchten? Ich sagte es dir gleich, und du, kleines tapferes Herz, du glaubst mir. Dein Vater – o hättest du ihn laufen sehen, als er getrieben wurde wie ein Nilghai –, dein Vater sagte, daß es Teufel wären, und bei Allah, deinem Gott, ich wundere mich nicht, daß er sie dafür hielt."

Das Mädchen lachte mit einem kleinen girrenden Lachen, und Gisborne hörte Abdul Gafur mit seinen paar noch übriggebliebenen Zähnen knirschen. Das war nicht mehr das kindliche Mädchen, das Gisborne kannte, schweigsam und mit scheuem Blick hinter dem dichten Schleier, sondern – ein Weib, voll erblüht über Nacht, wie die Orchidee, die sich in wenigen Augenblicken entfaltet in der feuchten Hitze.

„Spielgefährten sind sie mir und Brüder, Kinder der Mutter, die mich säugte", fuhr Mogli fort. „Kinder des Vaters, der mich mit seinem Leibe schützte vor der eindringenden Kälte am Rande der Höhle, als ich ein kleines nacktes Kind war. Schau!" – Ein Wolf erhob seinen grauen Kopf und beleckte Moglis Knie. – „Mein Bruder weiß, daß ich von ihm spreche. Ja, als ich ein Kind war, war er ein Wolfsjunges und wälzte sich mit mir auf dem lehmigen Boden der Höhle."

„Aber du sagtest doch, daß du von Menschen geboren bist?" gurrte das Mädchen und nestelte sich dichter an seine Schulter. „Bist du von Menschen geboren?"

„Ich sagte es. Nun fühle ich es auch, daß ein Menschenweib mich gebar, denn du hältst mein Herz, Geliebte." Ihr Kopf schmiegte sich an Moglis Brust. Gisborne hob abwehrend eine Hand, um Abdul Gafur zurückzuhalten, der nicht im geringsten von dem Wunder dieses Anblicks berührt war.

„Aber dennoch war ich Wolf unter Wölfen, bis eine Zeit kam, da mich die vom Dschungel baten, heimzukehren zu meiner Art, da ich ein Mensch war."

„Wer bat dich, zu gehen? Du sprichst nicht wie ein ehrlicher Mann."

„Die Tiere selbst taten es. Du wirst es mir nie glauben, aber es war so. Die Tiere des Dschungels baten mich, sie zu verlassen; diese vier aber folgten mir, weil ich ihr Bruder war. Dann war ich Hüter der Viehherden der Menschen und lernte ihre Sprache. Hoho! Zoll zahlten die Herden an meine Brüder, bis eine Frau, eine alte geliebte Frau, mich spielen sah bei Nacht mit meinen Brüdern in den Saaten. Teufelbesessen wäre ich, sagten die Menschen, mit Stöcken und Steinen vertrieben sie mich aus dem Dorf, und die vier folgten mir heimlich, von niemandem gesehen. Damals lernte ich gekochtes Fleisch essen und dreist reden. Von Dorf zu Dorf ging ich, Herz meines Herzens, Kühehüter, Wärter der Büffel, Fährtensucher des Wildes, aber niemanden gab es, der es wagte, zum zweitenmal gegen mich die Hand zu erheben." Mogli beugte sich nieder und streichelte einen der grauen Köpfe. „Tue das auch. Nichts Böses ist an ihnen und keinerlei Zauber. Siehe, sie kennen dich."

„Alle Arten Teufel hausen in den Wäldern", sagte das Mädchen mit einem Schaudern.

„Lügen, Kindermärchen", erwiderte Mogli fest. „Oft lag ich im Tau unter den Sternen oder der schwarzen Nacht, und ich weiß, der Dschungel ist meine Wohnstatt. Soll der Mann die Balken seines eigenen Daches fürchten oder die Frau ihres Mannes Herd? Beuge dich nieder und streichele sie."

„Hunde sind sie und unrein", murmelte das Mädchen, indes sie sich mit abgewandtem Gesicht vorbeugte.

„Die verbotene Frucht ist verzehrt. Gedenken wir nun des Gesetzes", erklärte Abdul Gafur düster. „Was zögerst du noch, Sahib? Töte!"

„Still, du! Laß uns hören, was geschah", gab Gisborne zurück.

„Das hast du gut gemacht", lobte Mogli und legte wieder seinen Arm um das Mädchen. „Hunde oder nicht Hunde, durch tausend Dörfer sind sie mir gefolgt."

„So, und wem gehörte damals dein Herz? Durch tausend Dörfer! Tausend Mädchen hast du gesehen. Ich – ich – die ich – die ich kein Mädchen mehr bin – besitze ich ganz dein Herz?"

„Bei wem soll ich schwören, bei Allah, deinem Gott?"

„Nein, schwöre bei dem Leben, das in dir ist, und das sei mir genug. Wo war dein Herz in jenen Tagen?"

Mogli lachte leicht. „In meinem Wanst, denn ich war jung und immer hungrig. So lernte ich jagen und der Fährte folgen und sandte meine Brüder aus in alle Winde, wie ein König seine Heere. Auf diese Weise trieb ich den Nilghaibullen für den jungen törichten Sahib und die große fette Stute für den großen fetten Sahib, damals, als sie zweifelten an meiner Macht. Ebenso leicht hätte ich die Männer selbst treiben können. Jetzt sogar" – er hob ein wenig die Stimme –, „jetzt sogar weiß ich, daß dein Vater und Gisborne Sahib hinter mir stehen. Nein, flüchte nicht davon, denn nicht zehn Mann würden wagen, sich auch nur einen Schritt vorzubewegen. Denke daran, wie oft dich dein Vater schlug. Soll ich das Wort sprechen und ihn abermals im Kreise durch die Dschungel jagen?" Einer der Wölfe richtete sich auf mit gefletschten Zähnen.

Gisborne merkte, wie Abdul Gafur neben ihm am ganzen Leibe zitterte. Gleich darauf war der Platz neben ihm leer, und der fette Mann stolperte eiligst davon.

„Bleibt nur noch Gisborne Sahib", stellte Mogli fest, ohne sich umzudrehen. „Aber ich aß sein Brot, und bald stehe ich in seinem Dienst; auch meine Brüder werden seine Diener sein, Wild für ihn treiben und Meldungen bringen. Verbirg dich im Grase."

Das Mädchen entwich, und das hohe Gras schloß sich hinter ihr, während ein Wächterwolf ihr folgte. Mogli, umgeben von den drei anderen Wölfen, wandte sich Gisborne zu, als dieser auf die Lichtung hinaustrat.

„Das ist der ganze Zauber", Mogli deutete auf seine drei Begleiter. „Der dicke Sahib wußte, daß wir, die wir unter Wölfen aufwachsen, auf Ellbogen und Knien laufen eine Zeitlang. Er befühlte meine Arme und Beine und begriff die Wahrheit, die du nicht kanntest. Ist das so wunderbar?"

„Wahrhaftig, noch wunderbarer ist es als Zauberei. Diese also trieben die Nilghais?"

„Ja, sogar Eblis, den Engel der Finsternis, würden sie treiben, wenn ich es sie hieße. Augen und Füße sind sie mir."

„Dann nimm dich nur in acht, daß Eblis keine Doppelflinte führt. Sie haben noch einiges zu lernen, deine Teufel, denn einer hinter dem anderen stehen sie jetzt, und zwei Schüsse würden genügen, um sie alle drei umzulegen."

„Recht, aber sie wissen, daß sie deine Diener sein werden, wenn ich erst Waldhüter bin."

„Hüter oder nicht, Mogli, du hast Scham und Schande über Abdul Gafur gebracht. Sein Haus hast du entehrt und sein Antlitz geschwärzt."

„Schwarz war es ohnehin, als er dein Geld nahm. Und wurde noch schwärzer, als er vor kurzem dir ins Ohr flüsterte, einen nackten Mann zu töten. Ich selbst werde mit

Abdul Gafur reden, denn ich stehe im Dienst der Regierung mit einer Altersrente. Er soll die Heirat vollziehen, in einer Form, die ihm beliebt, oder er wird wiederum gehetzt werden. Wenn der Morgen kommt, gehe ich zu ihm. Im übrigen, dort ist das Haus des Sahibs, und hier ist das meinige. Es ist Zeit, sich wieder schlafen zu legen."

Mogli wandte sich um und verschwand im Grase – allein blieb Gisborne zurück.

Der Wink des Waldgottes war nicht mißzuverstehen, und Gisborne ging nach seinem Bungalow zurück, wo Abdul Gafur ihn rasend vor Wut und Angst empfing.

„Friedlich, friedlich", beruhigte Gisborne und schüttelte den Mann, denn er sah aus, als könnte er jeden Augenblick einen Schlaganfall bekommen. „Müller Sahib hat ihn zum Waldhüter in diesem Rukh ernannt, und nun steht er im Dienst der Regierung und hat, wie du weißt, Anspruch auf eine Altersrente."

„Paria ist er – ein Mletsch –, Hund unter Hunden, Aasfresser! Welche Rente wäre dafür hoch genug!"

„Allah weiß es; und du hast's gehört, daß das Unglück geschehen ist. Willst du es allen Leuten in die Ohren blasen? Richte schnell die Hochzeit, und das Mädchen wird ihn zum Muselman machen. Er ist sehr schön. Ist es ein Wunder, daß sie zu ihm lief, nachdem du sie verprügelt hast?"

„Drohte er, mich wieder hetzen zu lassen durch seine Tiere?"

„So schien es. Wenn er ein Zauberer ist, so ist er immerhin ein sehr mächtiger."

Abdul Gafur sann einen Augenblick nach, dann brach er heulend zusammen, vergessend, daß er ein Muselman war.

„Brahmane bist du. Ich bin deine Kuh. Bringe die Sache in Ordnung, Sahib, und rette meine Ehre, wenn es noch möglich ist!"

Zum zweitenmal in dieser Nacht ging Gisborne in den schweigenden Wald und rief nach Mogli. Die Antwort kam von hoch oben aus den Wipfeln der Bäume und in durchaus nicht unterwürfigem Ton.

„Rede anständig", rief Gisborne und blickte auf. „Es gibt noch Mittel genug, dich zu zähmen und dich samt deinen

Wölfen zu jagen. Das Mädchen kehrt sofort in das Haus ihres Vaters zurück. Morgen wird Schadi – Hochzeit – sein nach moslemischem Brauch. Dann kannst du sie mit dir nehmen. Bringe sie jetzt zu Abdul Gafur."

„Ich höre." Oben in den Zweigen war das Gemurmel zweier sich beratender Stimmen. „Also, wir wollen gehorchen, zum letztenmal."

Ein Jahr später ritten Müller und Gisborne zusammen durch das Rukh und unterhielten sich über den Dienst. Bei den Felsen, nahe dem Kanjefluß, kamen sie aus dem Wald heraus; Müller ritt um eine Pferdelänge vor Gisborne. Im Schatten eines Dornbusches kroch ein nacktes braunes Kind herum, und aus dem Dickicht, unmittelbar dahinter, äugte der graue Kopf eines Wolfes. Gisborne hatte gerade noch Zeit, Müllers Büchse hochzuschlagen, und die Kugel schlug prasselnd in das Geäst darüber.

„Sind Sie von Sinnen?" donnerte Müller. „Sehen Sie gefälligst hin."

„Ich sehe", erwiderte Gisborne gelassen. „Die Mutter ist irgendwo in der Nähe. Sie werden das ganze Pack in Aufruhr bringen."

Das Gebüsch teilte sich, eine unverschleierte Frau stürzte hervor und riß das Kind an sich.

„Wer hat geschossen, Sahib?" rief sie Gisborne zu.

„Dieser Sahib. Er dachte nicht an die Diener deines Mannes."

„Dachte nicht. Aber das mag wohl sein, denn wir, die wir mit ihnen leben, vergessen ganz, daß sie fremde Geschöpfe sind. Mogli ist unten am Fluß und fängt Fische. Will der Sahib ihn sehen? Kommt heraus, ihr aus dem Gebüsch, und macht eure Reverenz vor den Sahibs."

Größer und größer wurden Müllers Augen. Er schwang sich von der bäumenden Stute, indes der Dschungel drei riesige Wölfe auswarf, die Gisborne umschmeichelten. Die Mutter wiegte das Kind in den Armen und drängte die Tiere beiseite, wenn sie ihr die nackten Füße beleckten.

„Sie hatten ganz recht mit Mogli", wandte sich Gisborne an Müller. „Ich wollte Ihnen schon immer davon erzählen, aber ich habe mich so an den Burschen gewöhnt in den letzten zwölf Monaten, daß ich es ganz vergaß."

„Ach, nur keine Entschuldigungen", erwiderte Müller. „Hat nichts zu sagen. Gott im Himmel! ‚Und mit Geistesstärke wirk ich Wunder auch' – und sie werden dann wahr."

Das Wunder des Purun Baghat

Und als mit Brüllen der Berg zerbrach,
Denn wir liebten ihn mit der Liebe Macht,
Da schlichen wir hin und berührten ihn leis,
Als die Erd zu wanken begann in der Nacht,
Die nicht versteht, aber fühlt und weiß.

Im Regensturz unsere Welt zerfiel,
Wir Kleinen schützten ihn – doch ach!
Nun lauscht er nicht mehr unsrem Spiel.

Mit scheuer Lieb, nach Wildlings Art,
Hat unsre Schar ihn treu bewacht,
Weh! Unser Bruder schläft, und hart
Von hinnen seine Sipp uns jagt.

Klagelied des Langurs

Einst lebte ein Mann in Indien, der war erster Minister eines der halb unabhängigen Eingeborenenstaaten im nordwestlichen Teil des Landes. Ein Brahmane war er, von so hoher Kaste, daß Kaste aufhörte, eine besondere Bedeutung für ihn zu haben. Sein Vater war ein wichtiger Beamter gewesen in dem farbig heiteren und bequemen Trott eines altmodischen Hinduhofes. Aber als Purun Daß heranwuchs, erkannte er, daß die alten Zeiten im Schwinden waren und daß man, um vorwärtszukommen, sich mit den Engländern freundlich stellen und alles nachahmen müßte, was sie für gut hielten. Gleichzeitig aber mußte ein eingeborener Beamter sich auch die Gunst seines eigenen Herrn zu erhalten suchen. Das war eine schwierige Aufgabe, aber der ruhige, wortkarge junge Brahmane, dem auch eine gute englische Erziehung an der Universität in Bombay dabei half, faßte die Sache mit kühlem Kopf an und stieg Stufe für Stufe höher auf, bis er zuletzt erster Minister des Königreichs wurde. Das will heißen, daß er mehr wirkliche Macht besaß als sein Herr, der Maharadscha.

Als der alte König – der den Engländern mit ihren Eisenbahnen und Telegraphen immer mißtraut hatte – starb, stand Purun Daß in hoher Gunst bei dem jungen Thronerben, der von einem Engländer erzogen worden war. Beide zusammen gründeten nun Schulen für Mädchen, legten Straßen an, eröffneten Staatsapotheken, landwirtschaftliche Ausstellungen und gaben ein jährliches Blaubuch heraus über den „moralischen und materiellen Fortschritt des Staates". Das Auswärtige Amt in London und die Regierung in Indien waren natürlich entzückt darüber; aber Purun Daß trug stets Sorge, daß alle Ehre seinem Herrn und König zuteil wurde.

Nur sehr wenige Eingeborenenstaaten nahmen den englischen Fortschritt ohne Vorbehalt an, weil sie nämlich nicht der Meinung waren, daß alles, was für Engländer gut ist, für Asiaten doppelt gut sein müßte; aber Purun Daß war dieser Meinung. So wurde der erste Minister der geachtete Freund von Vizekönig und Gouverneuren, ärztlichen Missionaren und gewöhnlichen Missionaren und gut zu Pferde sitzenden englischen Offizieren, die kamen, um in den Schutzstaaten zu jagen, sowie auch der Freund ganzer Scharen von Reisenden, die Indien während der kalten Jahreszeit durchquerten und den Leuten zeigten, wie alles gemacht werden müßte. In seiner Mußezeit gründete er Stipendien für das medizinische Studium, Fabriken aller Art genau nach englischem Muster und schrieb Artikel für den „Pionier", die größte indische Tageszeitung, in denen er die Ziele und Pläne seines Herrn erklärte.

Zuletzt reiste er zu einem Besuch nach England und hatte bei seiner Rückkehr riesige Summen an die Priester zu zahlen. Denn selbst ein Brahmane von so hohem Rang wie

Purun Daß verlor die Rechte seiner Kaste, sobald er das dunkle Meer kreuzte. In London traf er mit allen Persönlichkeiten zusammen, deren Bekanntschaft ihm von Bedeutung war – Männer mit Namen von Weltklang –, und sah ein gut Teil mehr, als er sagte. Ihm wurden Ehrengrade von Universitäten und gelehrten Gesellschaften verliehen; er hielt Reden, unterhielt sich mit Damen in ausgeschnittenen Kleidern über soziale Reformen der Hindus, bis ganz London rief: Das ist der interessanteste Mann, den wir bei einem Essen trafen, seitdem es überhaupt gedeckte Tische gibt!

Als er nach Indien zurückkehrte, strahlte sein Ruhm im höchsten Glanz, denn der Vizekönig kam in eigener Person zu Besuch, um dem Maharadscha das Großkreuz des „Sterns von Indien", diamanten-, schmelz- und bänderflimmernd, zu überreichen. Bei der gleichen Zeremonie wurde unter dem Donnern der Kanonen Purun Daß zum Großritter des „Ordens vom Indischen Reich" ernannt, so daß sein Name fortan lautete: Sir Purun Daß, K. C. I. E.

Am Abend beim Diner im vizeköniglichen Zelt erhob er sich, geschmückt mit Stern und Ordensband, und hielt in Erwiderung einer Rede auf seines Königs Gesundheit eine Ansprache, die kaum ein Engländer hätte übertreffen können.

Im Monat darauf, als über der Stadt wieder sonnendurchglühte Ruhe lag, tat er etwas, das einem Engländer auch nicht im Traume eingefallen wäre – er starb für die Welt. Der juwelengeschmückte Orden seiner Ritterschaft ging an die indische Regierung zurück, ein neuer Minister wurde mit der Führung der Staatsgeschäfte betraut, und ein eifriges Spiel „Wechselt das Bäumchen" begann in den untergeordneten Beamtenstellen. Die Priester wußten, was vorgegangen war, und das Volk erriet es; aber Indien ist das einzige Land in der Welt, wo man tun kann, was einem beliebt, ohne daß nach dem „Warum" gefragt wird. Nichts Außergewöhnliches fand man in der Tatsache, daß Sir Purun Daß, K. C. I. E., Amt, Palast und Macht entsagte, um das ockergelbe Gewand eines „Sunnjasi" oder heiligen Mannes anzulegen und die Bettelschale zu nehmen. Wie das alte Gesetz empfiehlt, war er zwanzig Jahre ein Jüngling gewesen, zwanzig Jahre ein Kämpfer – obgleich er nie in seinem Leben eine Waffe geführt hatte – und zwanzig Jahre das Haupt eines Hausstandes. Reichtum und Macht hatte er entsprechend dem Werte, den er ihnen beimaß, genutzt; Ehren hatte er genommen, wenn sie ihm entgegengebracht wurden; Menschen und Städte hatten sich vor ihm geneigt und ihn geehrt. Nun ließ er das alles fallen, wie ein Mann den Mantel abwirft, wenn er seiner nicht mehr bedarf.

Als er durch das Stadttor schritt, ein Antilopenfell auf dem Stab mit messingnem Griff über dem Arm, die Bettelschale aus poliertem braunem Seekokos in der Hand, barfuß, einsam, die Blicke gesenkt, ertönten hinter ihm von den Bastionen die Salutschüsse zu Ehren seines glücklichen Nachfolgers. Purun Daß nickte. Das Leben war beendet; belanglos war für ihn das Vergangene, nicht besser und nicht schlechter als ein farbloser Traum.

Ein Sunnjasi war er jetzt – unbehaust, ein wandernder Bettler, für sein tägliches Brot auf die Gnade seiner Mitmenschen angewiesen, und solange noch ein bißchen zu teilen ist in Indien, hungert kein Priester und kein Bettler. Fleisch hatte er nie in seinem Leben geschmeckt und Fisch nur selten gegessen. Eine Fünfpfundnote hätte ausgereicht, seine Bedürfnisse an Nahrungsmitteln auf ein Jahr auch in jener Zeit zu decken, als er unbestrittener Herr über Millionen war. Sogar als er in London der Löwe des Tages gewesen war, hatte er sich immer seinen Traum von Frieden und Ruhe vor Augen gehalten – die lange, weiße, staubige indische Landstraße, bedeckt mit zahllosen Spuren nackter Füße, dem ununterbrochen träge dahinfließenden Verkehr und dem beißenden Holzrauch, der in der Dämmerung unter den Feigenbäumen aufsteigt, wo die Wanderer bei ihrer Abendmahlzeit sitzen.

Als die Zeit gekommen war, diesen Traum zu verwirklichen, unternahm der erste Minister die nötigen Schritte – und schon nach drei Tagen wäre es leichter gewesen, ein Bläschen in dem Becken des weiten Atlantischen Ozeans zu finden als Purun Daß unter den umherstreifenden, sich ballenden und wieder trennenden Millionen Menschen Indiens.

Für die Nacht breitete er das Antilopenfell aus, wo immer die Dämmerung ihn überraschte – zuweilen in einem Sunnjasikloster am Rande der Straße; zuweilen bei einem Lehmschrein der Göttin Kala Pir, wo ihn dann die Jogis, eine andere geheimnisvolle Sekte heiliger Männer, aufnahmen wie einen Mann der Bedeutung von Kasten und Sekten; manchmal auch am Rande eines kleinen Hindudorfes, wo die Kinder sich heranstahlen mit Nahrung, von den Eltern gesandt; und zuweilen bei der Quelle eines mageren Weideplatzes, wo dann die Flamme eines kleinen Holzfeuers schläfrige Kamele weckte. Es war alles gleich für Purun Daß oder Purun Baghat, wie er sich jetzt nannte – Erde, Menschen, Nahrung, alles nur eins. Aber seine Füße zogen ihn unbewußt fort, nach Norden und Osten hin; von Süden nach Rohtak, von Rohtak nach Kurnol, von Kurnol nach dem verfallenen Samanah und dann stromaufwärts, das ausgetrocknete Bett des Guggerflusses entlang, das sich nur mit Wasser füllt, wenn in den Bergen die Regen niedergehen, bis er eines Tages die ferne Kette des Großen Himalaja erblickte.

Da lächelte Purun Baghat, denn er entsann sich, daß seine Mutter, von Geburt eine Rajputbrahmanin, aus der Gegend des Kulupasses stammte – eine Frau der Berge, immer mit dem Heimweh nach den Schneegipfeln –, und daß der kleinste Tropfen Bergblut den Menschen am Ende immer dahin zurücklockt, wo er ursprünglich wurzelte. „Dort oben", sagte Purun Baghat, indes er die tiefer gelegenen Hänge des Sevalik hinanstieg, wo die Kakteen wie siebenarmige Leuchter stehen, „dort oben werde ich niedersitzen und Wissen erlangen." Und der kühle Wind des Himalaja pfiff ihm um die Ohren, als er die Straße wanderte, die nach Simla führt.

Das letztemal, als er diese Straße gekommen war, geschah es mit großem Gepränge, mit klirrender Kavallerieeskorte, um den gütigsten und leutseligsten der Vizekönige zu besuchen; und die beiden hatten sich wohl eine Stunde lang über ihre gemeinsamen Bekannten in London unterhalten und von dem, was das indische Volk in Wahrheit dachte und fühlte. Diesmal aber sprach Purun Baghat bei niemandem vor, sondern lehnte am Geländer des Mall, vertieft in die herrliche Aussicht über die Ebene, die sich unter ihm vierzig Meilen weit ausdehnte, bis ein einheimischer mohammedanischer Schutzmann ihm bedeutete, daß er den Verkehr behindere; und Purun Baghat verbeugte sich ehrfurchtsvoll vor dem Gesetz, denn er kannte dessen Wert, suchte er doch ein Gesetz für sich selbst. Dann pilgerte er weiter und schlief des Nachts in einer leeren Hütte zu Chota Simla, das aussieht, als läge es am Ende der Welt; aber es war nur der Anfang seiner Wanderung.

Dann folgte er der Himalaja–Tibet-Straße, dem zehn Fuß breiten Pfade, der aus massigen Felsen gesprengt ist oder auf Balken über tausend Fuß tiefen Schluchten hängt – dem Pfade, der in feuchte, eingeschlossene Täler hinabtaucht, über kahle, grasbewachsene Berghänge klettert, wo die Sonne wie ein Brennglas sticht, oder durch dunkle triefende Wälder sich windet, wo Baumfarne die Stämme von oben bis unten umhüllen und der Goldfasan sein Weibchen lockt.

Tibetanischen Hirten begegnete er mit Hunden und Schafherden, jedes Schaf mit einem Stückchen Borax auf dem Rücken, und wandernden Holzfällern und Lamas aus Tibet, in Mäntel und Wolldecken gehüllt, die nach Indien zur Pilgerfahrt zogen, und Boten kleiner, einsamer Gebirgsstaaten, die auf ihren scheckigen Ponys hastig vorbeijagten, oder der bunten Kavalkade eines Radschas, der auf einem Besuch unterwegs war; oder er sah einen ganzen kristallklaren Tag lang nichts als etwa einen schwarzen Bären, der unten im Tal brummte und wühlte.

Zu Beginn seiner Wanderung tönte noch das Getöse der Welt in seinen Ohren, so wie der Donner im Tunnel nachhallt, wenn ein Zug hindurchgefahren ist. Als er aber den Muttieaniepaß hinter sich hatte, war das alles verklungen – und Purun Baghat war allein mit sich selbst, wandernd, staunend, sinnend, die Augen am Boden, die Gedanken in den Wolken.

Eines Abends erreichte er nach zweitägigem Aufstieg den höchsten Paß, den er bisher erklommen hatte, und stand nun plötzlich vor einer Kette von Schneegipfeln, die wie ein Gürtel den Horizont umschlossen – Berge von fünfzehn- bis zwanzigtausend Fuß Höhe schienen so nahe, als könnte man sie mit einem Steinwurf erreichen, und waren doch fünfzig bis sechzig Meilen entfernt. Die Paßhöhe war bedeckt mit dunklem, dichtem Wald – Deoda, Walnuß, wilder

Kirsche, wilder Olive und wilden Birnbäumen –, aber zumeist mit Deoda, das ist die Himalaja-Zeder; und im Schatten der Deodazedern stand ein verlassener Schrein der Kali – das ist Durga oder Sitala, die manchmal gegen die Blattern angerufen wird.

Purun Daß fegte den Steinboden sauber, lächelte der grinsenden Gottheit zu, baute sich im Hintergrunde des Schreins eine kleine Feuerstelle aus Lehm, breitete sein Antilopenfell über ein Lager von frischen Fichtenreisern, schob den Bairagi – die Stütze mit Messinggriff – in die Achselhöhle und setzte sich nieder, um zu ruhen.

Unmittelbar zu seinen Füßen fiel die Bergwand jäh ab, fünfzehnhundert Fuß tief bis zu einem kleinen Dorf mit Häusern aus Steinmauern und gestampften Erddächern, die am steilen Hange klebten. Rund um das Dorf lagen in winzige Terrassen geteilte Felder, die wie eine Schürze aus Flickwerk die Knie des Berges bedeckten, und Kühe, nicht größer als Käfer, weideten zwischen den glatten Steinen der kreisförmigen Dreschtennen. Beim Blick über das Tal hinweg täuschte man sich über die Größenverhältnisse, und zuerst war nicht gleich zu erkennen, daß scheinbar niedriges Gestrüpp auf der Bergseite gegenüber in Wahrheit ein Wald mit fünfhundert Fuß hohen Fichten war. Purun Baghat sah einen Adler über dem gewaltigen Talgrund schweben, aber der große Vogel schrumpfte zu einem Punkte ein, ehe er noch halb hinüber war. Einzelne Wolkenfetzen strichen an den Talwänden dahin, hafteten wohl an einem Bergvorsprung oder trieben hoch und verwehten schließlich auf der Höhe des Passes. Und Purun Baghat sprach: „Hier werde ich Frieden finden."

Nun bedeutet einem Bergbewohner einige hundert Fuß Auf- und Abstieg herzlich wenig; und sobald die Dörfler den Rauch in dem verlassenen Schrein bemerkt hatten, stieg der Dorfpriester die Hügelterrassen hinauf, um den Fremdling zu begrüßen. Als er Purun Baghats Blick begegnete – dem Blick eines Mannes, der gewohnt war, Tausenden zu befehlen –, neigte er sich zur Erde, nahm schweigend die Bettelschale, stieg ins Dorf zurück und sagte: „Endlich haben wir einen Heiligen bei uns. Nie zuvor sah ich einen solchen Mann.

Vom Flachland ist er, aber von heller Farbe – ein Brahmane über Brahmanen."

„Glaubt ihr, daß er bleiben wird?" fragten sogleich die Frauen des Dorfes, und jede beeilte sich, schmackhafte Speisen für den Baghat zu bereiten.

Gebirgskost ist sehr einfach; aber mit Buchweizen, Mais und Reis und rotem Pfeffer, Fischen aus dem Flüßchen im Tal und Honig aus den röhrenartigen Bienenstöcken in den Felskaminen, mit getrockneten Aprikosen und Gelbwurz, wildem Ingwer und Haferkuchen – mit all dem kann eine fromme Frau schon etwas Gutes zubereiten; und so war die Schale wohlgefüllt, die der Priester dem Baghat hinauftrug.

Würde er bleiben? fragte der Priester, wünsche er einen Chela – einen Schüler –, der für ihn bettle? Habe er eine Decke gegen die Kälte? Wäre das Essen gut gewesen? Purun Baghat aß und dankte dem Spender. Er gedenke zu bleiben. Genug wäre das, sagte der Priester; möge die Bettelschale immer vor dem Schrein stehen, in der kleinen Höhlung zwischen den beiden knorrigen Wurzeln, so würde sie täglich für den Baghat gefüllt werden. Denn das Dorf sei geehrt, wenn so ein Mann – scheu blickte er zu dem Baghat auf –, wenn so ein Mann unter seinen Bewohnern weile.

An diesem Tage endete die Wanderschaft des Purun Baghat. Er hatte den Platz gefunden, der ihm bestimmt war – allwo Schweigen war und Weite. Von nun an stand für ihn die Zeit still; und er saß am Eingang des Schreins und konnte nicht sagen, ob er lebte oder tot war, ob ein Mensch und Herr seiner Glieder oder ein Teil der Berge, der Wolken, des Regens und des Sonnenscheins. Leise wiederholte er einen Namen hundert- und hundertmal, und allmählich ward ihm, als ob bei jeder Wiederholung er sich mehr und mehr von seinem Körper löse und aufwärts schwebe bis an das Tor einer machtvollen Offenbarung; aber immer gerade, wenn das Tor sich öffnete, zog ihn sein Körper niederwärts, und er erkannte mit Schmerz, daß er wieder eingeschlossen war in Fleisch und Bein von Purun Baghat.

Jeden Morgen stellte man die gefüllte Bettelschale schweigend in die Gabel der Wurzeln vor dem Schrein. Mitunter trug der Priester sie hinauf, manchmal ein Händler von

Ladakh, der im Dorf übernachtet hatte und sich Verdienst erwerben wollte; aber für gewöhnlich kam die Frau, die das Essen über Nacht bereitet hatte, und kaum hörbar murmelte sie etwa: „Sprich für mich vor den Göttern, Baghat. Sprich für die und die, das Weib des Soundso!" Dann und wann wurde wohl auch einem beherzten Kinde die Ehre zuteil, und Purun Baghat hörte, wie es hastig die Schale niederstellte und dann eilig zurücklief, so schnell es seine kleinen Beine tragen konnten. Aber niemals kam der Baghat in das Dorf hinunter. Es lag wie ein Bild zu seinen Füßen ausgebreitet. Er sah die abendlichen Versammlungen auf dem Rund der Dreschtennen, denn das war der einzige ebene Grund, sah das herrliche leuchtende Grün vom jungen Reis, das Indigoblau der Maisblüte, die dunklen Flecken der Buchweizensaat und zu seiner Zeit das Purpurblühen des Amarants, dessen winzige Samen zur Fastenzeit, da weder Korn noch Hülsenfrucht genossen werden, die vom Gesetz erlaubte Nahrung für den gläubigen Hindu geben.

Um die Jahreswende lagen die Maiskolben zum Trocknen auf den Dächern und ließen sie wie Flächen von reinstem Gold erscheinen. Imkern und Ernten, Reissäen und -aushülsen geschah vor seinen Augen dort unten auf den vielflächigen Feldern, und er dachte an das alles – dachte daran, wohin am Ende alles führen würde.

Sogar in dem bevölkerten Indien kann ein Mann nicht den ganzen Tag dasitzen, ohne daß Getier über ihn hinwegläuft, als wäre er ein Felsblock. In dieser Wildnis aber kamen die Tiere, die Kalis Schrein kannten, sehr bald wieder zurück, um sich den Eindringling anzusehen. Die Langurs, die großen graubärtigen Affen des Himalaja, waren natürlich die ersten, denn sie brannten vor Neugier.

Sie warfen die Bettelschale um, rollten sie über den Steinboden, versuchten ihre Zähne an dem Messinggriff des Bettelstabes und schnitten Fratzen vor dem Antilopenfell; und darauf entschieden sie, daß der so unbeweglich verharrende Mensch harmlos war. Am Abend kamen sie aus den Fichten heruntergeklettert, bettelten mit ausgestreckten Händen um etwas Eßbares und schwangen sich dann in anmutigem Bogen wieder in die Wipfel. Sie liebten die Wärme des Feuers und drängten sich so dicht darum, daß Purun Baghat sie beiseite schieben mußte, um Holz aufzulegen; und am Morgen fand er oft einen zottigen Affen mit sich unter der Decke liegen. Während des ganzen Tages saß der eine oder andere des Stammes an seiner Seite, starrte nach den fernen Schneegipfeln, surrte leise und sah unendlich weise und kummervoll aus. Nach den Affen kam der Barasingh, der große Hirsch, der unserm Edelhirsch gleicht, aber weit stärker ist. Er gedachte, den Bast seines Geweihes an den kalten Steinen von Kalis Bildwerk zu fegen, und als er den Mann am Schrein sah, stampfte er zornig mit dem Lauf. Aber Purun Baghat rührte sich nicht, und nach und nach schob sich der königliche Hirsch näher und schnüffelte an Purun Baghats Schulter. Purun Baghat strich mit kühler Hand über das heiße Gehörn, und die Berührung besänftigte das erregte Tier; es senkte den Kopf, und Purun Baghat rieb sehr behutsam das Geweih und zog den Bast ab. Später brachte der Barasingh seine Hindin mit dem Kälbchen, sanfte Geschöpfe, die sich auf der Decke des heiligen Mannes niederlegten und geruhsam wiederkäuten; oder er kam auch allein zurück in der Nacht, grün die Augen im Feuerschein, und er bekam seinen Anteil an frischen Walnüssen. Zuletzt aber kam das Moschustier, das scheueste und kleinste Rotwild, die langen Kaninchenohren steif aufgerichtet, und selbst dieses scheckige, schweigsame Tier mußte feststellen, was das Licht im Schrein zu bedeuten habe; es drückte seine moosweiche Nase an Purun Baghats Schoß und kam und ging mit dem Schatten des Feuers.

Purun Baghat nannte sie alle seine Brüder; und sein leiser Ruf „Bhai, Bhai“ lockte sie, wenn sie um die Mittagszeit in Hörweite waren, vom Walde herbei. Der schwarze Himalajabär, der launische und argwöhnische Sona, mit dem V-förmigen weißen Zeichen unter dem Kinn, kam mehr als einmal vorüber; und da der Baghat keine Furcht zeigte, zeigte Sona keinen Grimm, sondern beäugte ihn und bettelte schließlich um ein Stück Brot, um wilde Beeren oder um eine Liebkosung. Oft in der schweigenden Frühe, wenn der Baghat den Gipfel des gewundenen Passes erstieg, um den roten Morgen über die Schneegipfel wandern zu sehen, watschelte Sona leise brummend dicht hinter ihm drein, schob die Vorderpranke unter einen herabgefallenen Ast und schob ihn mit einem ungeduldigen „Wuff“ beiseite. Oder des Baghat morgenfrühe Schritte weckten Sona, wo er im Schlaf zusammengekauert lag, und das gewaltige Tier erhob sich auf die Hinterpranken, bereit zum Kampf, bis es die Stimme Baghats vernahm und den liebsten Freund erkannte.

Fast alle Eremiten und heiligen Männer, die abseits der großen Städte leben, stehen im Ruf, Wunder zu wirken bei wilden Tieren; aber das Wunder liegt im Stillhalten, im Vermeiden hastiger Bewegungen und darin, daß man, wenigstens eine Zeitlang, dem Besucher nicht gerade in die Augen schaut. Die Dorfbewohner sahen die Umrisse des Barasingh schattenhaft vom Walde her nach dem Schrein schreiten, sahen den Minaul, den Himalajafasan, vor dem Bildwerk der Kali sein glänzendes Gefieder spreizen und die Langurs im Innern auf ihren Schenkeln sitzen und mit Walnußschalen spielen. Einige der Kinder hatten auch Sona gehört, wie er hinter einem Felsblock nach Bärenart vor sich hin summte – und fest stand der Ruf des Baghat als Wunderwirker.

Dennoch, nichts lag ihm ferner, als Wunder zu wirken. Er sah die ganze Schöpfung als ein großes Wunder an, und ist ein Mensch erst zu dieser Erkenntnis gelangt, so hat er etwas, worauf er weiterbauen kann. Ihm war es Gewißheit geworden, daß es nichts Kleines und Großes auf dieser Welt gab; Tag und Nacht strebte er danach, sich in das Herz aller Dinge hineinzudenken, dorthin zurück, woher seine Seele gekommen war.

Unter solchem Denken und Sinnen wuchs ihm das Haar bis über die Schultern hinab. Die Steinplatte zur Seite des Antilopenfells war ausgehöhlt von der Spitze des Stockes mit dem Messinggriff, und der Platz zwischen den Baumwurzeln, wo Tag und Nacht die Bettelschale stand, wurde zu einer Höhlung, so glatt fast wie die braune Schale selbst; und jedes Tier kannte seinen bestimmten Platz am Feuer.

Die Felder wechselten die Farbe mit den Jahreszeiten, die Dreschtennen füllten und leerten sich; und wieder und wieder, wenn der Winter kam, tummelten sich die Langurs in dem schneeüberdeckten Geäst, bis mit Beginn des Frühlings die Affenmütter ihre kleinen Jungen mit den traurigen Augen heraufbrachten aus den wärmeren Tälern.

Wenig änderte sich im Dorf. Der Priester war älter geworden, und manche von den Kindern, die einst die Bettelschale hinaufgetragen hatten, schickten nun ihre eigenen Kinder. Und fragte man die Dorfbewohner, wie lange der heilige Mann schon lebte auf der Paßhöhe in Kalis Schrein, so antworteten sie: „Immer schon."

Dann aber fielen so starke Sommerregen, wie man sie seit Jahren in den Bergen nicht gekannt hatte. Drei volle Monate war das Tal in Wolken und trächtige Nebel gehüllt – unaufhörlich stürzte der Regen hernieder, unterbrochen von einer Gewitterbö nach der andern. Kalis Schrein ragte fast immer über den Wolken, und einen ganzen Monat lang erspähte der Baghat nicht den kleinsten Schimmer seines Dorfes. Es lag begraben unter einer weißen Wolkendecke, die auf und ab schwankte, wogte und wallte, sich aber niemals von ihren Pfosten, den strömenden Flanken des Tales, löste.

In all der Zeit hörte der Baghat nichts als das Rauschen von Millionen kleiner Wasser; sie rieselten über ihn von den Bäumen, drangen aus dem Boden unter seinen Füßen, sickerten durch die Fichtennadeln, tröpfelten von zerfetzten Farnen und gurgelten in neugeschaffenen schmutzigen Furchen die Hänge hinab. Dann endlich brach die Sonne durch, sog würzigen Duft aus Zedern und Rhododendron, und alles war durchdrungen von dem fernen, klaren Duft, den das Bergvolk den Geruch der Schneegipfel nennt. Eine Woche hielt der heiße Sonnenschein an; dann sammelten sich die Regen erneut zu einem letzten Wolkenbruch; das Wasser stürzte in Strömen herab, riß den Boden fort und trug ihn als Schlamm davon.

In dieser Nacht schürte Purun Baghat sein Feuer besonders hoch, denn er war sicher, daß seine Brüder der Wärme bedurften. Aber nicht ein Tier kam zum Schrein, soviel er auch rief und rief, und verwundert, was wohl in den Wäldern geschehen sein könnte, sank er in Schlaf.

Mitten in der schwarzen Nacht, während der Regen mit dem Getöse von tausend Trommeln niederstürzte, erwachte er von einem Zupfen an seiner Decke. Er fuhr hoch und fühlte die kleine Hand eines Langurs. Schläfrig schlug er die Decke zurück und sagte: „Hier ist es besser als draußen in den Bäumen; komm und wärme dich."

Der Affe aber faßte erneut seine Hand und zog daran. „Willst du etwa Futter?" fragte Purun Baghat. „Warte ein wenig, ich bereite dir etwas."

Als er niederkniete, um Reiser auf das Feuer zu legen, lief der Langur zur Tür des Schreins, gurrte leise, lief wieder zurück und zupfte den Mann am Knie.

„Was ist? Welchen Kummer hast du, Bruder?" fragte Purun Baghat, denn in den Augen des Langurs lag viel verborgen, nur daß ihm die Sprache fehlte. „In das Wetter hinaus geh ich nur, wenn einer von deinem Stamm in einer Falle steckt – aber hier stellt keiner Fallen. Sieh, Bruder, selbst der Barasingh sucht Schutz hier."

Als der Hirsch in den Schrein trat, schlug er krachend das Geweih gegen das grinsende Götterbild der Kali, dann senkte er es gegen Purun Baghat, stampfte gereizt und schnob durch die halbgeschlossenen Nüstern.

„Hei, hei, hei!" sagte der Baghat und schnalzte mit den Fingern. „Ist das der Dank für das Nachtquartier?"

Aber der Hirsch drängte ihn dem Ausgang zu, und nun hörte Purun Baghat einen Laut, so, als ob sich etwas öffne mit einem Seufzer, und er sah, wie zwei Steinplatten des Bodens voneinander rückten, während die fettige Erde darunter ein schmatzendes Geräusch von sich gab.

„Nun verstehe ich", sagte Purun Baghat. „Kein Wunder, daß meine Brüder heute nacht nicht zu meinem Feuer kamen. Der Berg stürzt ein. Dennoch – warum sollte ich flüchten?" Da aber fiel sein Blick auf die leere Bettelschale, und der Ausdruck seines Gesichtes wandelte sich. „Sie haben mir gutes Essen geschickt Tag für Tag, seit ich hier bin; und wenn ich jetzt nicht eile, wird am Morgen nicht eine lebendige Seele mehr im Tale sein. Ja, ich muß hinunter und sie warnen. Zurück da, Bruder, laß mich ans Feuer."

Widerwillig trat der Barasingh zur Seite, während Purun Baghat eine Fackel nahm und sie tief in die Flamme stieß, bis sie hell brannte.

„Jaja, mich zu warnen, kamt ihr", sagte der Baghat und richtete sich auf. „Aber mehr noch müssen wir tun, Besseres noch. Auf und fort jetzt! Leih mir deinen Nacken, Bruder, denn nur zwei Füße habe ich."

Mit der rechten Hand griff er in den gesträubten Widerrist des Barasingh, in der Linken hielt er die Fackel und schritt so hinaus aus dem Schrein in die grauenvolle Nacht. Windstill war es, aber der strömende Regen löschte beinahe die Fackel; und der große Hirsch setzte sich auf die Hinterläufe und glitt so eilig den Abhang hinab. Als sie aus dem Walde hinaus waren, gesellten sich noch mehr von den Brüdern des Baghat zu ihnen. Sehen konnte er sie nicht, aber er hörte die Langurs sich um ihn scharen und hinter ihnen das „Wuffwuff" des Sona.

Sein langes schlohweißes Haar hing ihm in nassen Strähnen um den Kopf, das Wasser spritzte um seine nackten Füße, und das gelbe Gewand klebte an dem gebrechlichen alten Leib, aber unaufhaltsam eilte er hinunter, gestützt auf den Barasingh. Nun war er nicht mehr der heilige Mann, er war Sir Purun Daß, K.C.I.E., erster Minister eines nicht kleinen Staates, ein Mann, gewohnt zu befehlen, der auszog, um Leben zu retten.

Abwärts stürmten sie miteinander den jähen, schlüpfrigen Pfad, der Baghat und seine Brüder, hinab und hinab, bis des Hirsches Hufe auf die Steinfliesen einer Dreschtenne schlugen und er zu schnauben begann, da er Menschen witterte. Sie waren an den Ausgang der einzigen gewundenen Dorfstraße gelangt; und der Baghat schlug mit dem Stab gegen die vergitterten Fenster am Hause des Schmiedes. Seine Fackel lohte nun heller auf im Schutz der Dächer.

„Auf da und heraus!" rief Purun Baghat, und er erkannte kaum seine eigene Stimme wieder, denn seit Jahren hatte er nicht mehr laut zu Menschen gesprochen. „Der Berg stürzt! Der Berg kommt herunter! Auf und heraus, ihr da drinnen!"

„Unser Baghat ist es", sagte das Weib des Schmiedes. „Er steht draußen mit seinen Tieren. Nimm die Kinder und gib den Ruf weiter!"

Von Haus zu Haus lief der Ruf; die Tiere, in den engen Wegen gepfercht, drängten sich dicht um Purun Baghat.

Die Leute des Dorfes stürzten auf die Straße – es mochten im ganzen nicht mehr als siebzig Seelen sein –, und im Schein ihrer Fackeln sahen sie, wie ihr Baghat den entsetzten Hirsch zurückhielt, wie die Affen angstvoll an seinem Gewand zupften; Sona aber saß aufrecht da und brüllte.

„Durch das Tal hinüber und auf den nächsten Berg“, rief Purun Baghat. „Niemanden zurücklassen! Mir folgen!“

Dann liefen die Leute, wie nur Bergvolk laufen kann; denn sie wußten, daß man bei einem Bergrutsch den höchsten Punkt jenseits des Tals erreichen mußte. Sie durchwateten fliehend den kleinen Fluß in der Tiefe und keuchten am anderen Ufer die terrassenförmigen Felder hinauf. Der Baghat aber und seine Brüder folgten. Höher und höher drangen sie am jenseitigen Berg hinauf, einander mit Namen rufend; und dicht hinter ihnen arbeitete sich der Barasingh hinauf, beladen mit dem niederbrechenden Purun Baghat. Endlich hielt der Hirsch an im Dunkel eines tiefen Fichtenwaldes, fünfhundert Fuß hoch in den Bergen. Der Instinkt, der ihn vor dem nahen Bergsturz gewarnt hatte, sagte ihm jetzt, daß er hier sicher war.

Purun Baghat sank ohnmächtig an seiner Seite zu Boden. Die Frostschauer des Regens und der furchtbare Anstieg waren sein Tod; aber noch rief er den zerstreuten Fackeln über ihm zu: „Haltet an und zählt die Köpfe!“ Dann, als er die Fackeln zu einem Haufen sich sammeln sah, hauchte er leise dem Hirsch zu: „Bleibe bei mir, Bruder. Bleibe – bis ich scheide.“

Nun ging es wie ein Seufzen durch die Luft, es wuchs zu einem Murren; das Murren wuchs zum Gebrüll, und Gebrüll schwoll an über alles Hören hinaus. Die Bergseite, auf der die Dörfler standen, wurde in der Finsternis wie von einem Schlage getroffen und erbebte bis ins Innerste. Dann erklang ein Ton, stetig, tief und voll, wie das tiefe C der Orgel, und verschlang für fünf Minuten jeden anderen Laut, und die hohen Fichten erzitterten bis in ihre Wurzeln hinein. Der Ton starb dahin – und das Rauschen des Regens, der meilenweit auf harten Boden geschlagen hatte, wurde zum dumpfen Trommeln der Wässer auf weicher Erde. Das sprach seine eigene Sprache.

Keiner der Dorfbewohner, nicht einmal der Priester, war kühn genug, zu dem Baghat zu reden, der ihr Leben gerettet hatte. Still kauerten sie unter den Fichten und erwarteten den Tag. Als der Morgen kam, blickten sie über das Tal hin. Wo einst Terrassenfelder gewesen waren, Wälder und fährtendurchfurchte Weidegründe, war jetzt nur noch eine rohe, rötliche, fächerartig verspreizte Lehmmasse, aus der kopfüber gestürzte Baumstämme da und dort herausragten. Die rötliche Masse war noch hoch am Berg ihrer Rettung aufgelaufen und staute den kleinen Fluß, der sich zu einem ziegelfarbigen See auszudehnen begann. Von dem Dorfe, dem Pfad, der zu dem Schrein geführt hatte, von dem Schrein selbst und dem Wald dahinter war keine Spur mehr zu sehen. Eine Meile in der Breite und zweitausend Fuß in der Tiefe war die Bergwand abgestürzt, mit glatter Schnittfläche vom Gipfel bis zur Sohle.

Die Bewohner des Dorfes, einer nach dem andern, schritten leise durch den Fichtenwald, um vor ihrem Baghat zu beten. Sie sahen den Barasingh über ihm stehen, aber als sie näher kamen, floh er davon; sie hörten die Langurs in den Bäumen wehklagen und Sona im Geklüft stöhnen, aber ihr Baghat war tot. Er saß mit gekreuzten Beinen, den Rücken gegen einen Stamm gelehnt, die Stütze unter der Achselhöhle und sein Antlitz gegen Nordosten gekehrt.

Und der Priester sagte: „Seht, Wunder über Wunder, denn in dieser Stellung müssen alle Sunnjasis begraben werden. Deshalb lasset uns an dem Ort, wo er nun sitzt, den Tempel errichten für unseren heiligen Mann."

Sie bauten den Tempel, ehe das Jahr verstrichen war – einen kleinen Schrein aus Stein und Erde; und sie nannten den Berg den Baghatberg; und noch heutigentags beten sie dort und bringen Blumen und Lichter und fromme Gaben. Aber niemand weiß heute, daß der Heilige, den sie verehren, der verstorbene Sir Purun Daß ist – K.C.I.E.; D.C.L.; Ph.D. und so weiter, einst erster Minister des erleuchteten und fortschrittlichen Staates von Mohiniwala, Ehren- und korrespondierendes Mitglied von mehr wissenschaftlichen und gelehrten Gesellschaften, als gut sind in dieser Welt oder der nächsten.

Die einzelnen Erzählungen in diesem Band sind verschiedenen Geschichtensammlungen entnommen, daher auch von unterschiedlichen Übersetzern ins Deutsche übertragen:

Vorwort
Das Stigma des Tieres
Imrays Rückkehr
Der Mann, der König sein wollte
Der Ausgelöschte
Köpfe
Serang Pambés Harren und Hoffen
Durchs Feuer
Ohne priesterlichen Segen
Die Stadt der furchtbaren Nächte
Naboth
Moti Gudsch, der Meuterer
Der Pfad zum lachenden Brunnen

aus: *Dunkles Indien*, in: *Gesammelte Werke* Band I, München 1978
engl. Erstveröffentlichung in: *The Phantom 'Rickshaw*, Allahabad 1888 (*The Man who would be King*) und *Life's Handicap*, London und New York 1891
Übersetzer: Gustav Meyrink

Zwillinge (auch: *Gemini*)
Dray wara yow dee
Zweiundzwanzig
Überschwemmung
Die Wache Howli (auch: *Die Wache in Howli*)

aus: *In Schwarz und Weiß*, in: *Gesammelte Werke* Band II, München 1978
engl. Erstveröffentlichung in: *In Black and White*, Allahabad 1988
Übersetzer: Rudolf von Scholtz

Im Rukh
Das Wunder des Purun Bhagat

aus: *Das neue Dschungelbuch*, in: *Gesammelte Werke* Band I, München 1978

engl. Erstveröffentlichung in: *Many Inventions*, London und New York 1893 (*In the Rukh*) und *The Second Jungle Book*, London und New York 1895
Übersetzer: Dagobert von Mikusch

Das Grab seiner Ahnen
Die Maltakatze

aus: *Die schönste Geschichte der Welt*, in: *Gesammelte Werke* Band II, München 1978
engl. Erstveröffentlichung in: *The Day's Work*, London und New York 1898
Übersetzer: Hans Reisiger

William
Die Brückenbauer

aus: *Geschichten aus Simla*, in: *Gesammelte Werke* Band II, München 1978
engl. Erstveröffentlichung in: *The Day's Work*, London und New York 1898
Übersetzer: E. A. Reinhardt

Einer sei des andern Feind

aus: *Bilanz*, in: *Gesammelte Werke* Band II, München 1978
engl. Erstveröffentlichung in: *Debits and Credits*, London und New York 1926
Übersetzer: Hans Reisiger